《天下全輿總圖》原圖尺寸：604×523mm
收藏者　劉鋼

凡未加經圖者
皆原畫所未命
名者
北
北海
今名歐羅巴
今名亞細亞
西海
地中海
食人國
今名利未亞
西洋
食人國
小西海
天竺
大清海
波斯
回回
天山
長城
皇朝聖土
山東
極
南
乾隆癸未仲秋月
倣明永樂十六年
天下諸番識貢圖
臣莫易仝繪

古地圖密碼

1418中國發現世界的玄機

劉鋼 著

謹以此書紀念

曾為人類進步做出貢獻的

中國古代探險家、科學家和地圖學家

目次

為什麼中國古代科技從十五世紀開始停滯不前？史料分析解答這一問題。十三世紀，曾經促進科技發展的道教理念發生了實質性變化，道教哲學理念的轉變是中國傳統科技衰退的主要原因。

第一節　中國古代科技發展的動力——道教哲學觀　337

第二節　中國古代科技衰退的主要原因　344

第十五章　以史為鑑　351

古圖探祕引發出一個令人深思的問題：在中國漫長的興衰史中，現代人應該領悟到什麼樣的經驗和教訓呢？

附錄一　懷卡托大學（The University of Waikato）碳十四測驗報告　354

附錄二　張匡正墓頂黏貼物痕跡分析　356

附錄三　裴秀「製圖六體」新釋　359

後記　368

彩圖圖錄

插圖圖錄

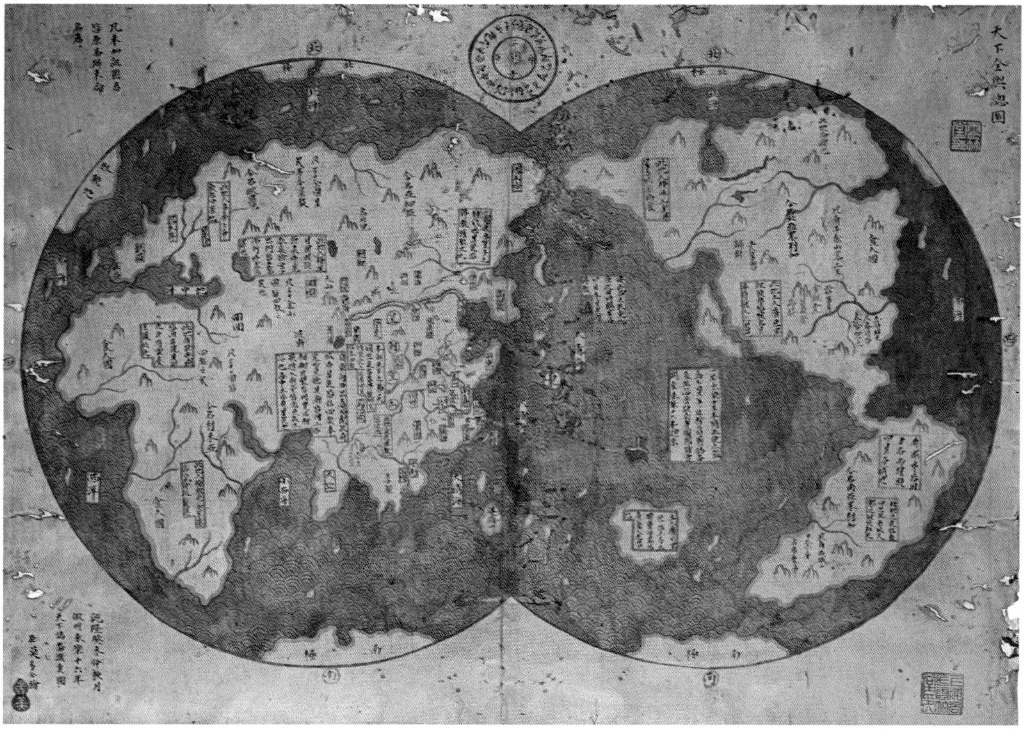

圖1　1418年《天下諸番識貢圖》摹本。此圖採用了中國古典地圖投影法。圖中紅框內的注釋為1418年《天下諸番識貢圖》原有注釋。

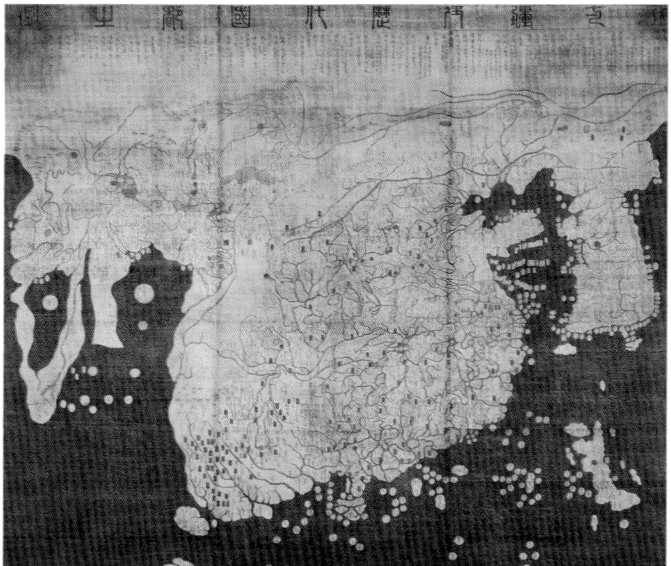

圖3　1402年《混一疆理歷代國都之圖》。此圖與《大明混一圖》類似，對中國和非洲大陸採用了兩種完全不同的地圖投影方法。並且，該圖將地中海繪成一個大海灣。（此圖現由日本龍谷大學圖書館收藏）

圖2　1389年《大明混一圖》。此圖左下方描繪出印度半島和非洲大陸。該圖對中國和非洲大陸採用了兩種完全不同的地圖投影方法，以至於非洲大陸的輪廓被大幅度縮小。（此圖現由中國國家檔案館收藏）

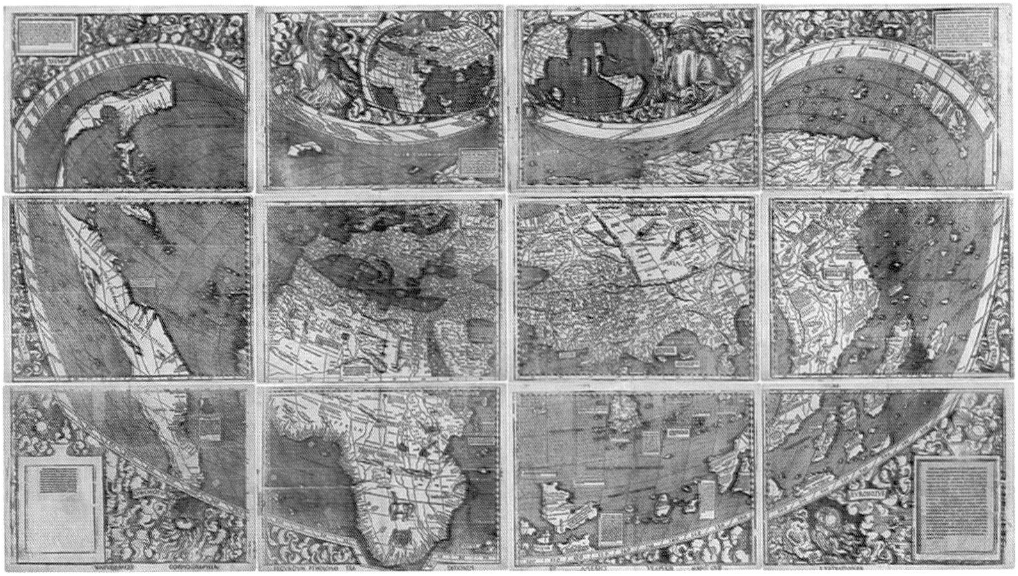

圖4　1507年《瓦德西穆勒世界地圖》。此圖不僅呈現出南美洲大陸的輪廓，並且還繪出安第斯山脈和南美洲主要河流的流向。這些地理資訊意味著，在1507年之前曾有人對南美洲大陸進行過地理勘測。（此圖現由美國國會圖書館收藏）

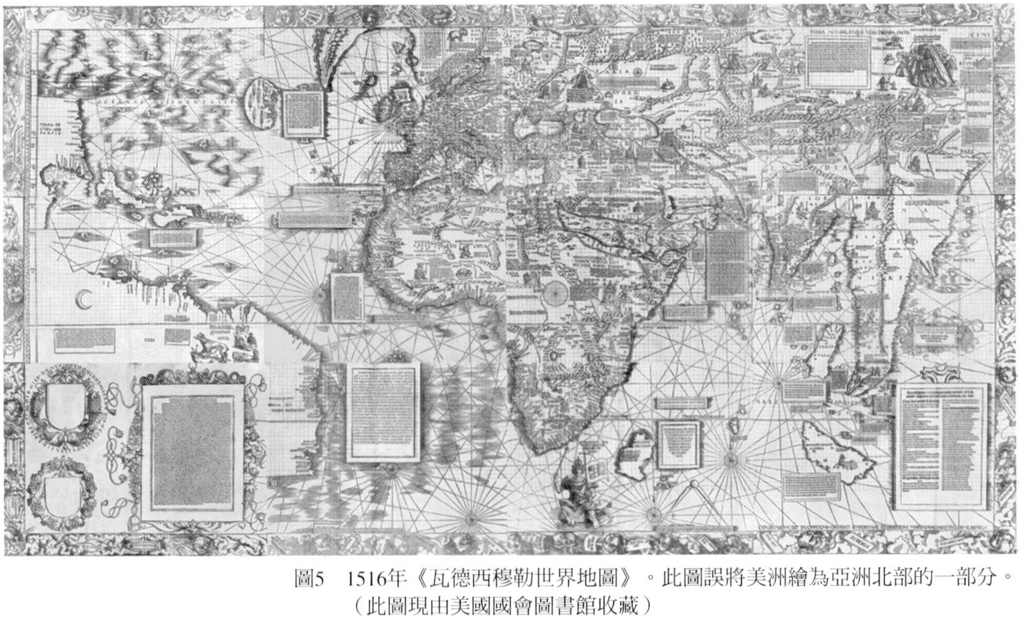

圖5　1516年《瓦德西穆勒世界地圖》。此圖誤將美洲繪為亞洲北部的一部分。（此圖現由美國國會圖書館收藏）

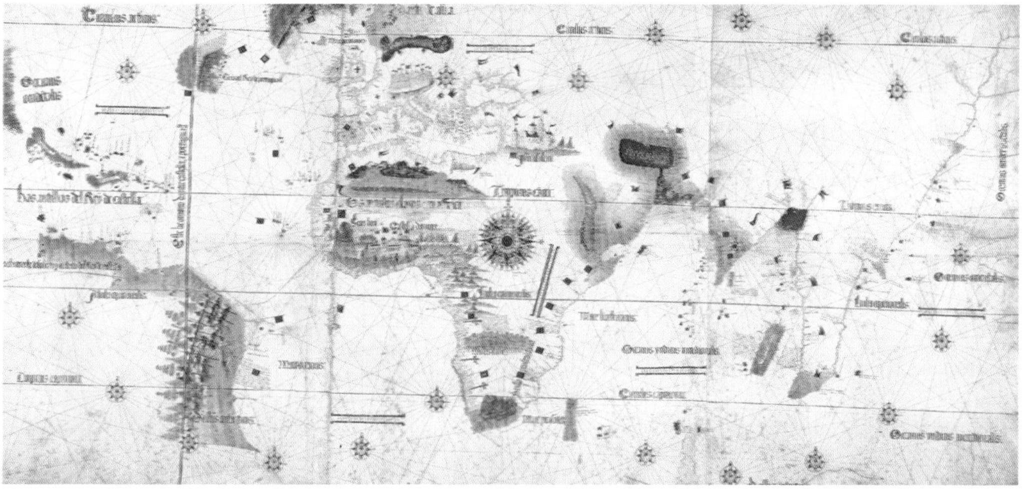

圖6　1502年《坎提諾世界地圖》。此圖繪出了南美大陸南端的輪廓。這意味著，在麥哲倫船隊穿越麥哲倫海峽之前，歐洲人早已知道這一海上通道。（參見孟席斯，《1421：中國發現世界》）

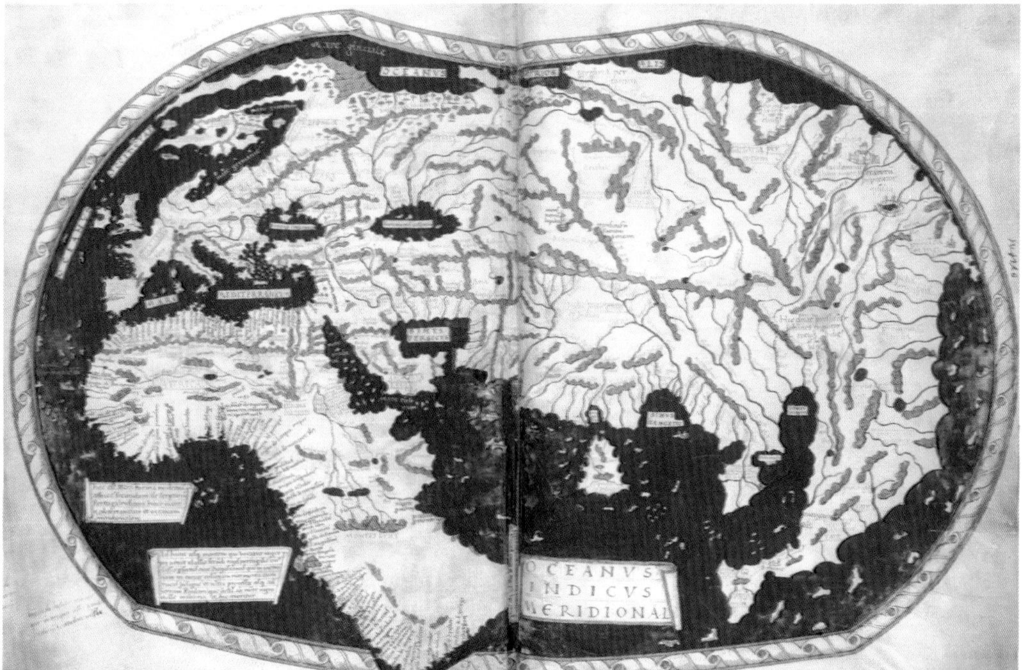

圖7　1489年《馬爾特魯斯地圖》。此圖中，歐洲西海岸至亞洲東海岸之間的距離被極度誇大。有學者認為，造成這種繪圖錯誤的原因是將美洲誤作為一個附屬於亞洲的半島。（此圖現由英國國家圖書館收藏）

圖8　1492年貝海姆地球儀。此地球儀極度誇大了歐、亞大陸東西走向的寬度。（此物現由德國紐倫堡日耳曼國立博物館收藏）

圖9　1489年《馬爾特魯斯地圖》中南美洲河流體系的圖示。拉丁美洲史學家葛雷茲博士認為，1489年《馬爾特魯斯地圖》呈現出南美的河流體系：①馬格達雷那河；②奧里諾科河；③亞馬遜河；④托坎廷斯河；⑤聖弗郎西斯科河；⑥拉普拉塔河；⑦巴拉那河；⑧烏拉圭河；⑨南美科羅拉多河；⑩黑河；⑪秋波河；⑫里奧格蘭德河。並且，此圖還顯示出南美大陸東部海岸的一些地理輪廓：C.沃德斯半島；D.垂斯潘塔斯海角；E.保拉海角。（此圖由Nito Verdera博士提供）

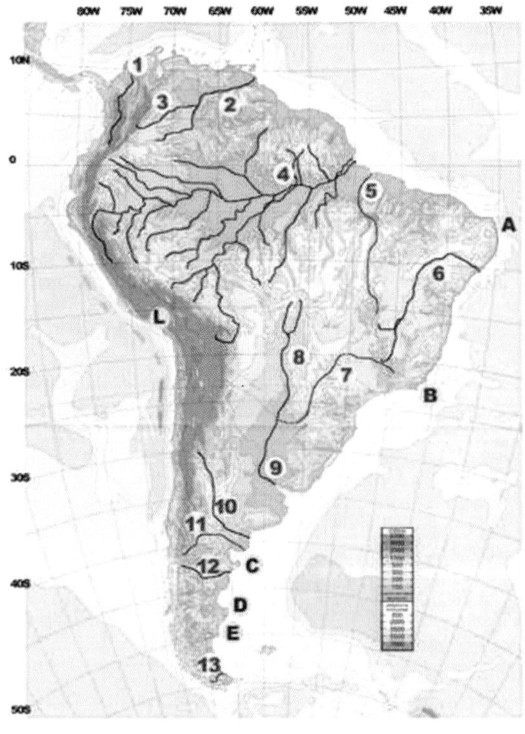

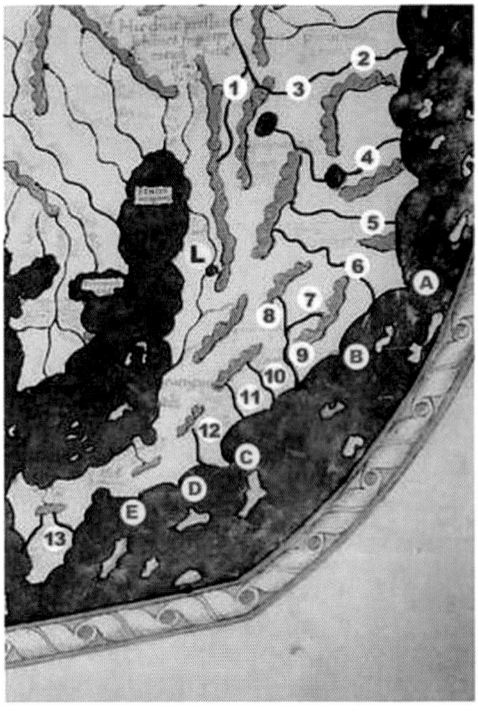

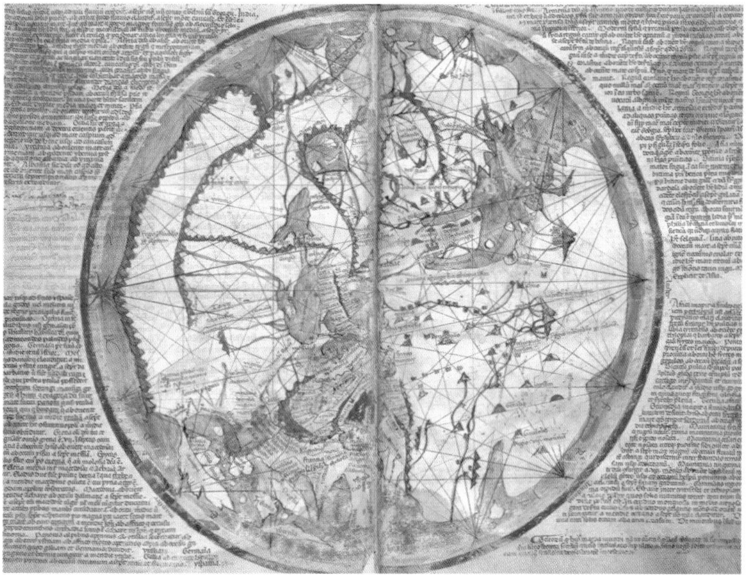

圖10　1321年《維斯康緹地圖》。此圖以東為上方，並將非洲南端海角的朝向繪成向東。（此圖現由英國國家圖書館收藏）

圖11　1459年《毛羅地圖》。此圖不僅繪出非洲大陸輪廓，還記載了一支探險船隊曾於1420年由東向西繞過非洲南端海角。（此圖現由威尼斯馬爾西亞那國家圖書館收藏）

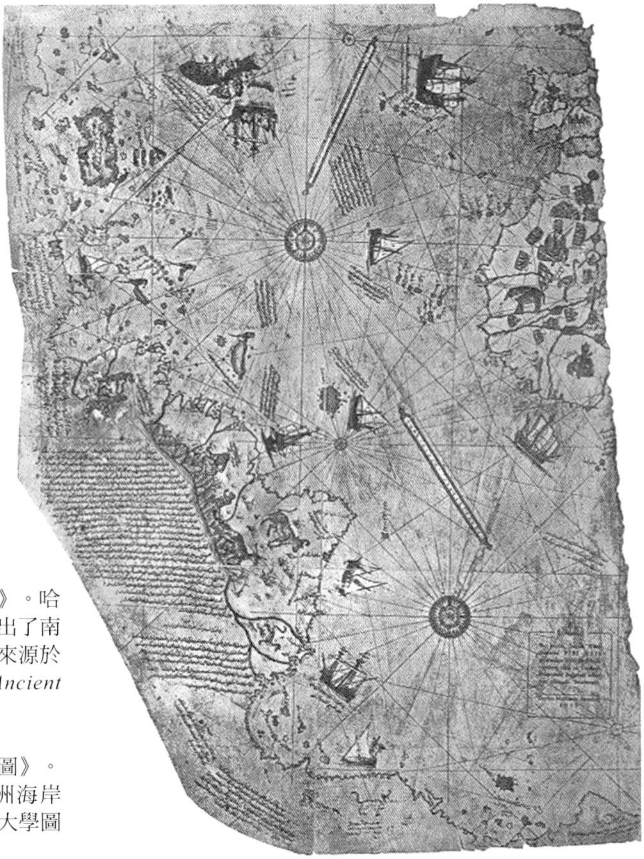

圖12　1513年《皮里・雷斯地圖》。哈普古德教授認為，此圖繪出了南極部分海岸線。（此圖片來源於哈普古德，*Maps of the Ancient Sea Kings*）

圖13　1546年《加斯托迪世界地圖》。此圖繪出絕大部分南極洲海岸線。（此圖現由美國布朗大學圖書館收藏）

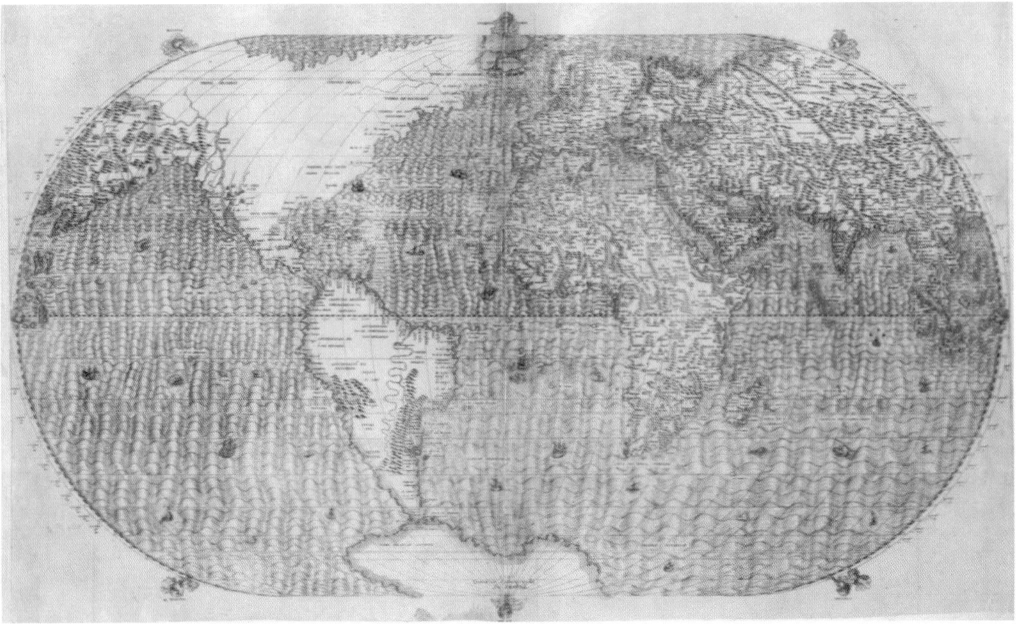

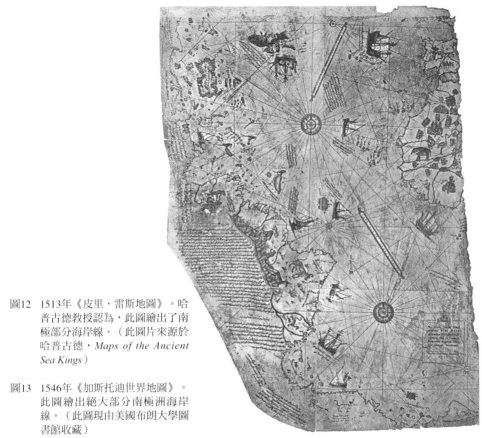

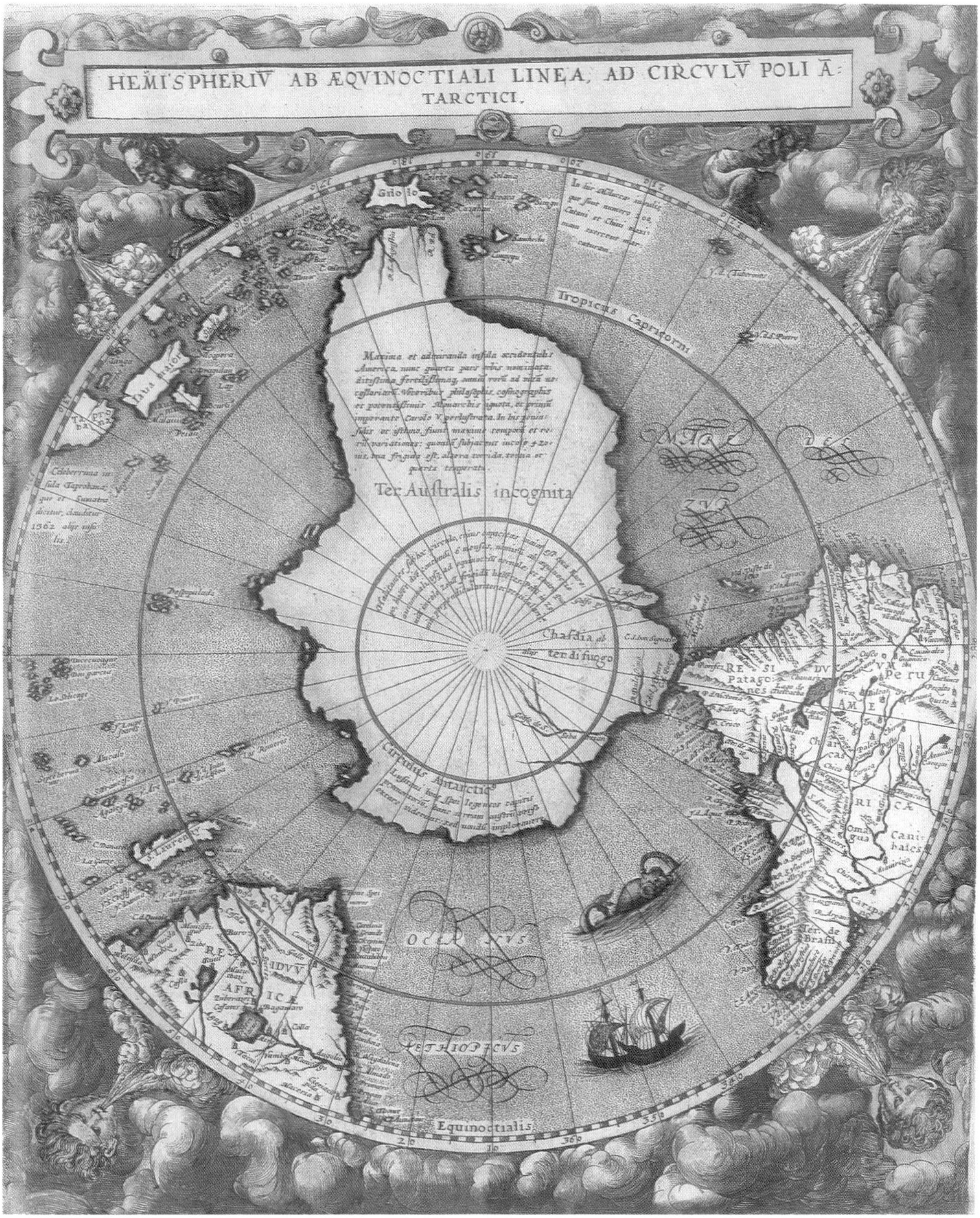

圖14　1593年《久德南半球世界地圖》。此圖繪出了完整的南極洲輪廓。（此圖來源：Thomas Suarez, *Early Mapping of the Pacific*）

圖15　1260年《帕薩爾特地圖》。此圖是歐洲13世紀世界地圖的一幅代表作。該圖以東為上方。（此圖現由英國國家圖書館收藏）

圖16　1154年《伊德里希圓形世界地圖》。此圖是12世紀伊斯蘭世界地圖的傑出作品。該圖以南為上方。（此圖現由英國牛津大學Bodleian 圖書館收藏）

圖17　1450年《卡特蘭．艾斯坦斯世界地圖》。此圖是15世紀伊斯蘭世界地圖的代表作。（此圖現由義大利Biblioteca Estense圖書館收藏）

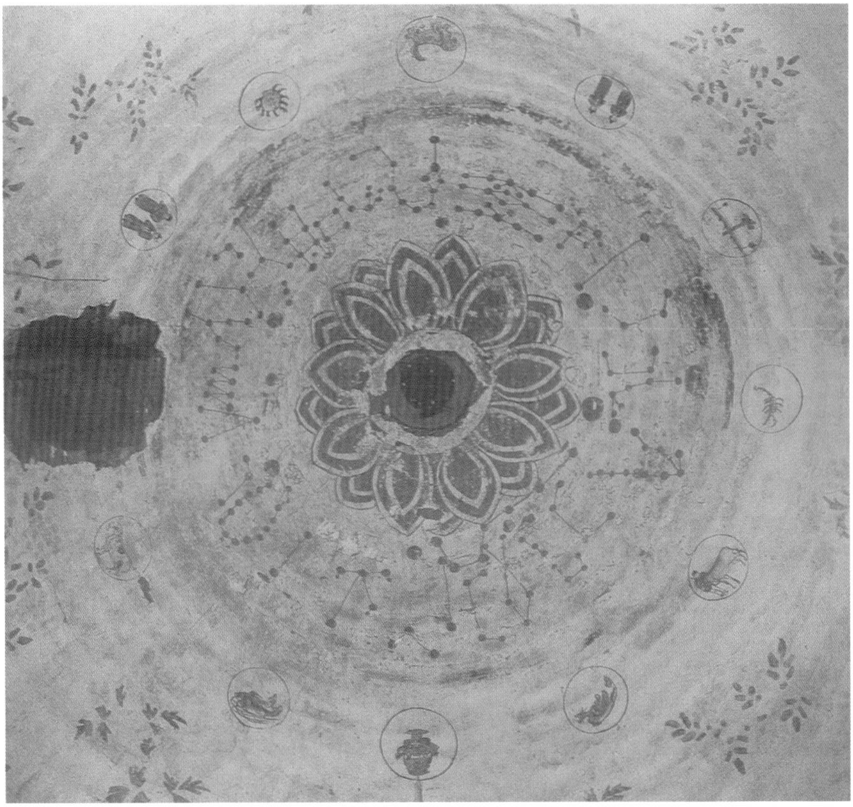

圖18　張世卿墓星象圖。此星象圖繪出了中國傳統的二十八星宿體系和西方黃道十二宮星象體系。

圖19　張匡正墓頂木地圖痕跡

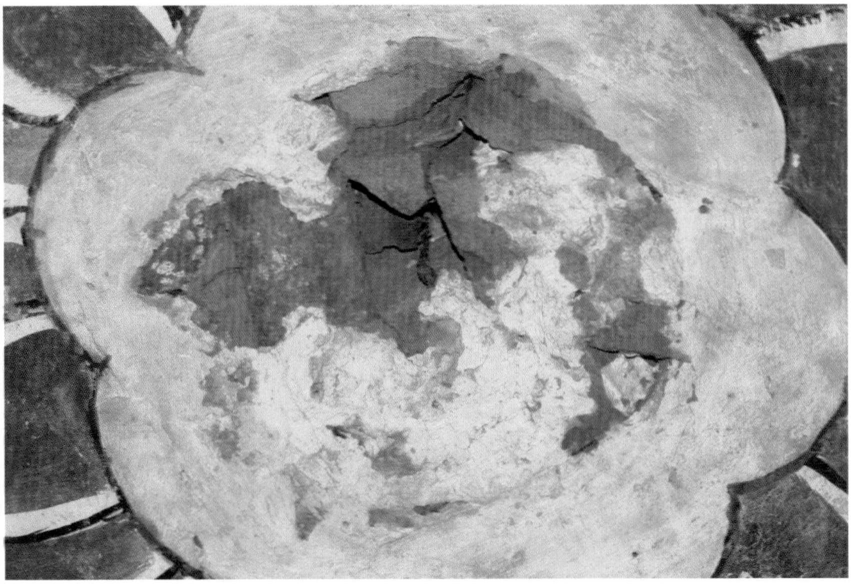

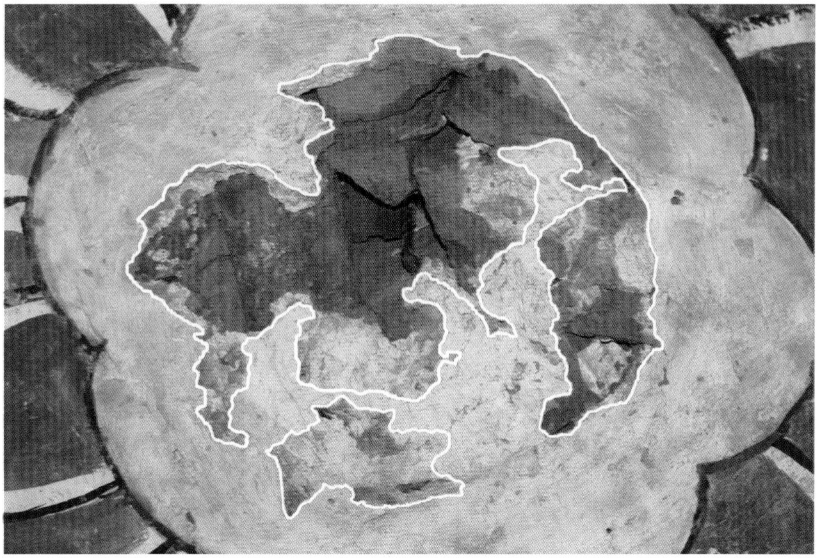

圖20　1093年《張匡正世界地圖》輪廓。此圖呈現出美洲大陸和澳洲大陸。

圖21　1722年《天下全圖》。此圖的構圖與1093年《張匡正世界地圖》非常相似。並且，該圖呈現出一條穿越古蘇伊士運河的環球航道（紅線）。

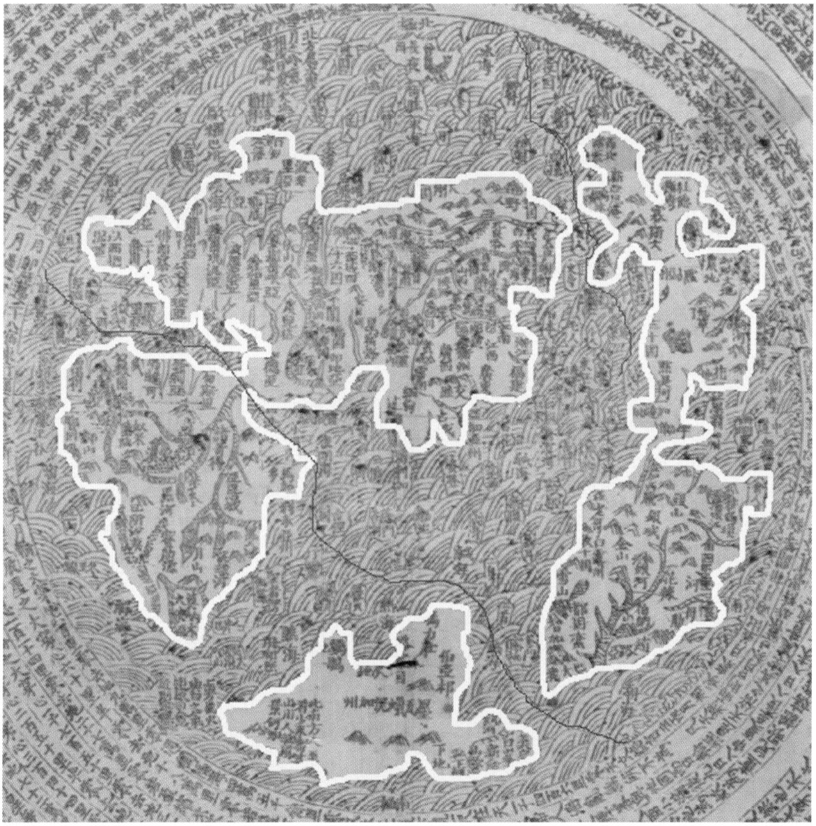

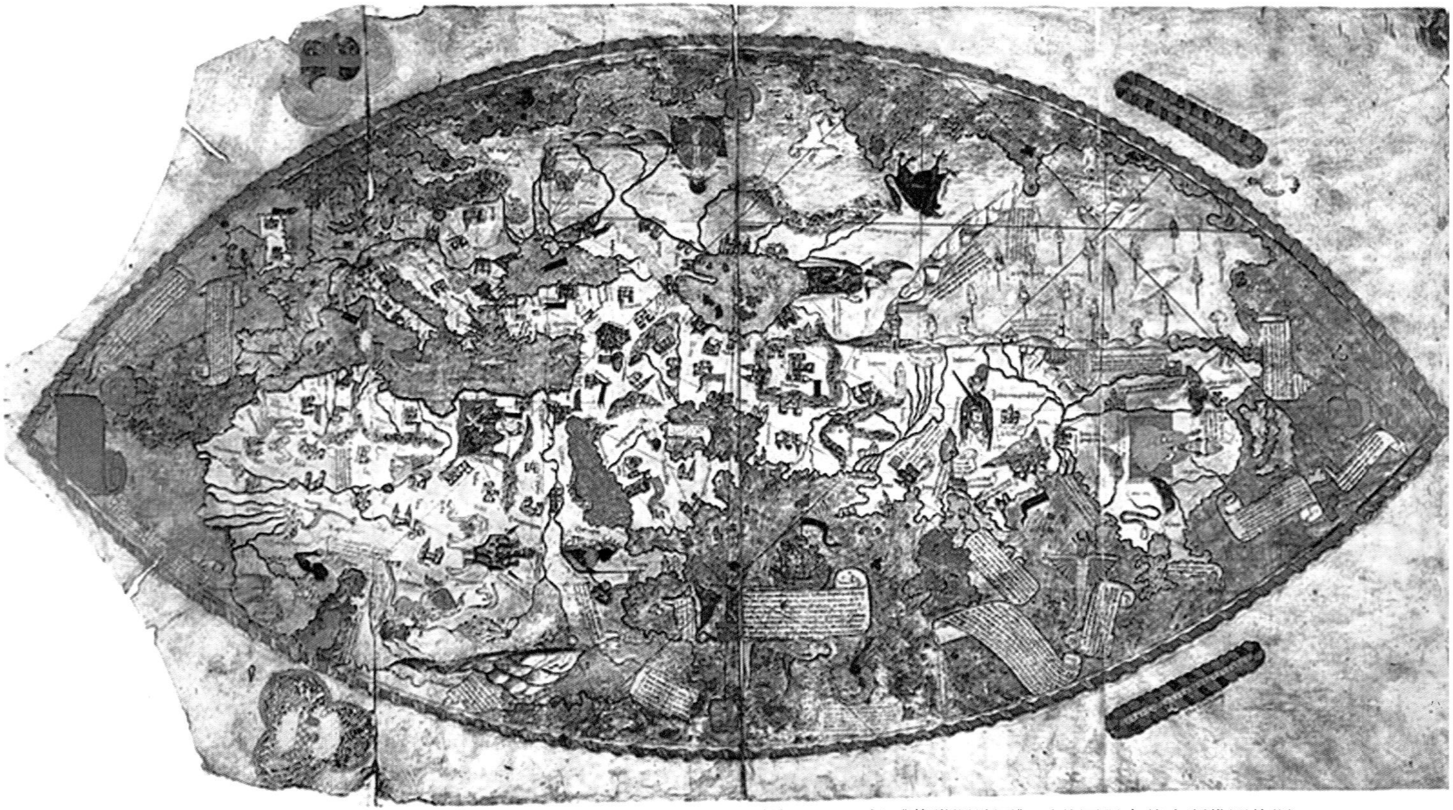

圖22　1457年《葛諾斯地圖》（此圖現由義大利佛羅倫斯Biblioteca Estense圖書館收藏）

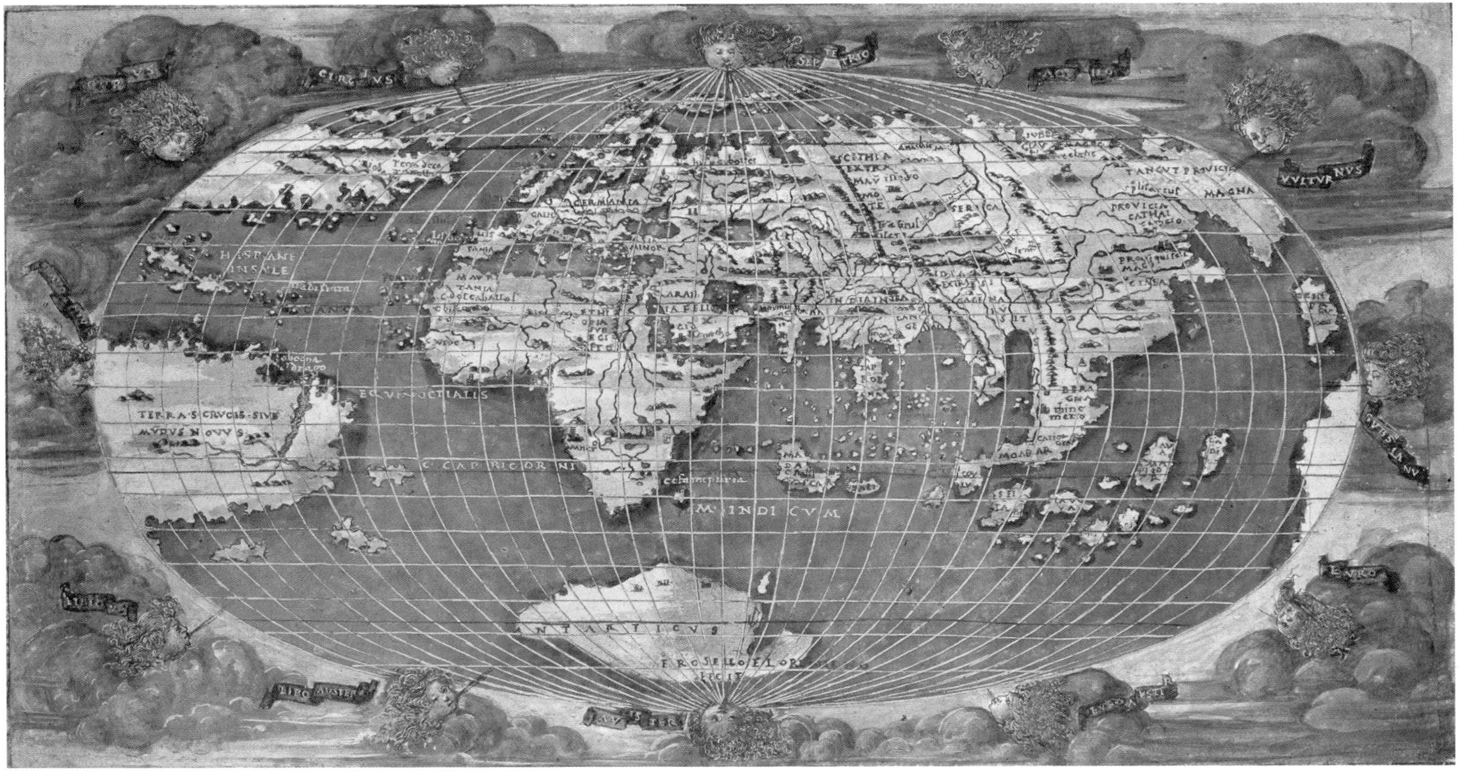

圖23　1508年《羅塞利世界地圖》（此圖現由英國國家海事博物館收藏）

圖24　1543年沃普渾天儀。此地球儀呈現出完整的南極洲海岸線，並且艾默里冰架輪廓線與1418年《天下諸番識貢圖》摹本非常相似。（此物現由美國國會圖書館收藏）

圖25　1555年《特斯徒世界地圖》。此圖呈現出南極洲部分海岸線。該圖海域採用了中國古代繪畫的海浪繪法。

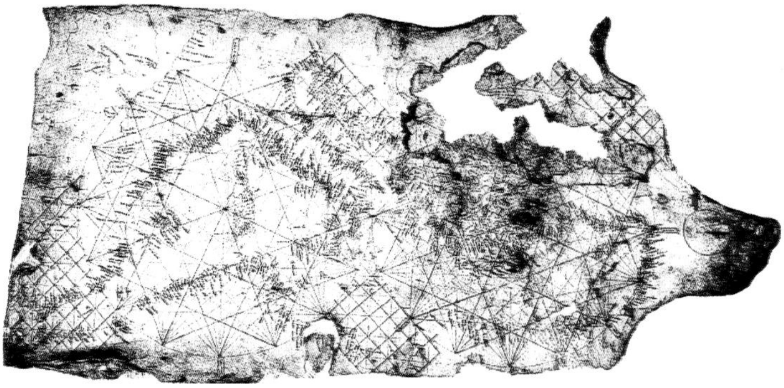

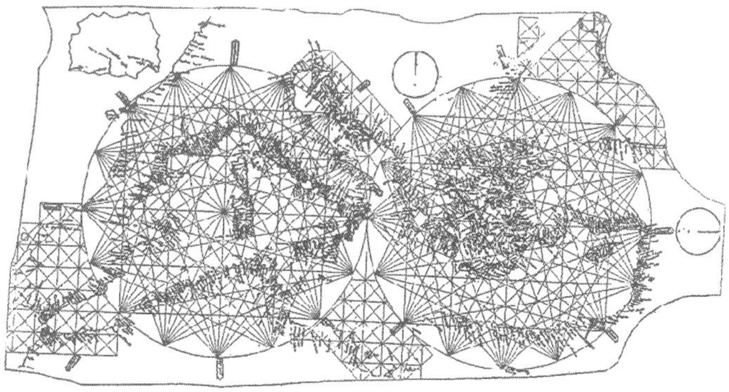

圖26　1290年《卡特・皮薩圖》。此圖比較準確地描繪出地中海和黑海的輪廓。（此圖現由法國國家圖書館收藏）

圖27　1375年《卡塔蘭世界地圖》（此圖現由法國國家圖書館收藏）

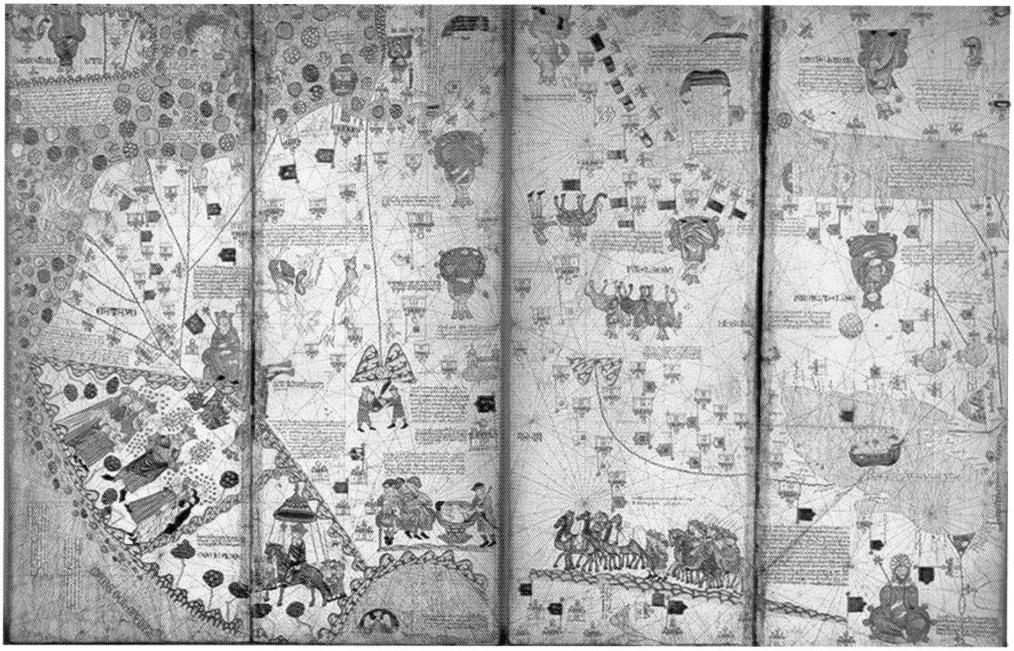

圖28　羅盤花皇冠圖形

圖29　1547年《瓦拉德地圖》。此圖中的人物造型以南為上方，但是羅盤花北方指標上的皇冠卻是頭朝下。（此圖來源於Thomas Suarez, *Early Mapping of the Pacific*）

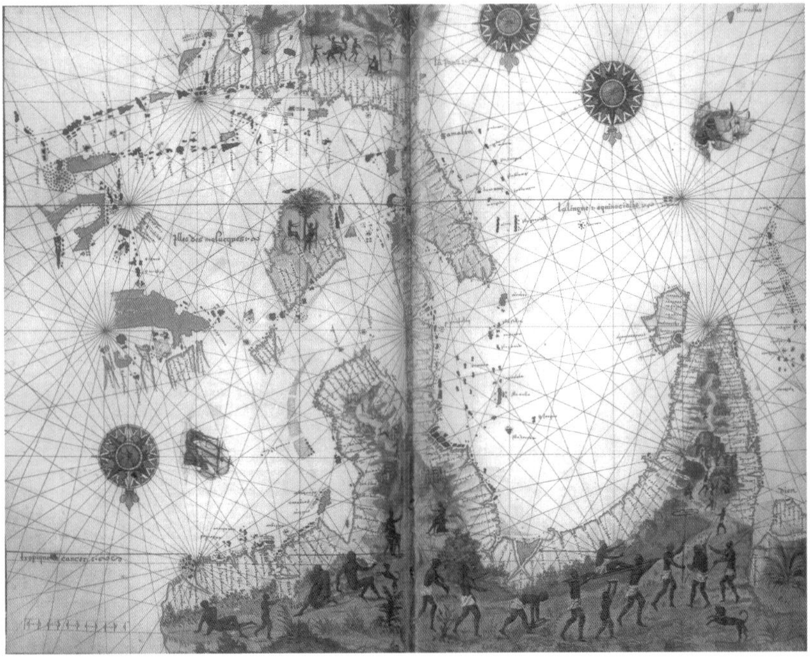

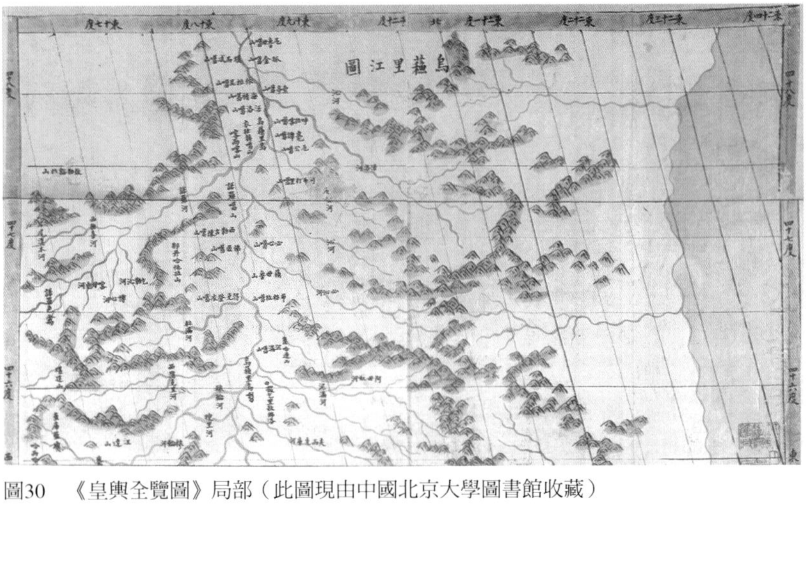

圖30　《皇輿全覽圖》局部（此圖現由中國北京大學圖書館收藏）

第一篇

神祕的古地圖

第一章
《天下諸番識貢圖》

我自小喜好收藏。童年時代，我是個火柴盒收藏迷。觀賞火柴盒上的各種圖畫是我兒時的一種樂趣。三十而立之後，收藏古地圖逐漸成為我的一項主要嗜好。回想起來，此愛好已經伴隨我度過了十八個春秋。

收藏古地圖就如同尋寶。當得到一幅罕見的古地圖時，我會感到無比興奮，有時竟然徹夜不眠。隨著時間的推移，我逐漸意識到，研究古地圖遠比收藏更為重要。這種研究使我接觸到一種古老並且神祕的哲學。這一哲學不僅巧妙地將迷信、科學與技能結合在一起，並且一直是中國古代天文學、地理學和地圖學發展的推動力。在研究過程中，我還發現了一個歷史祕密：現代地圖學實際上是一種東、西方文化結合的產物。

工作之餘，我經常伏案研究古地圖。在我的藏品之中，有些古地圖就像一本歷史教科書，圖上的地域輪廓、城鎮布局和文字注釋蘊藏著豐富的史實；有些古地圖如同一幅精美的水墨畫，圖中充滿韻律的山河好似出自一位藝術大師之筆，而這位藝術大師就是我們的大自然；有些古地圖給我帶來韶華易逝的感覺，發黃的圖紙和累累蛀痕經常喚起我對時間如煙的哀歎；還有的古地圖簡直就是令人費解的謎團，圖上的線條、符號和記述似乎是繪圖者故意留給後人的謎語。古地圖給我帶來的快樂和感慨是無法用語言來詳盡的，而這正是古地圖的奧妙之處。

古地圖的奧妙誘發出我對中國古代天文學和傳統科技的興趣。我逐漸發現，許多中國古代地圖學家跟占星術、古典數學和道教有著不解之緣。為了探究古地圖的奧祕，我研究的範圍漸漸擴展到古代天文學、數學以及宗教。

我從未預料到，收藏古地圖竟然會引導我獲得一系列令人驚奇的發現。這些發現的起因都源於一幅古地圖。這幅地圖不僅激發出我對地理大發現史的興趣，同時還引起我對相關歷史記載的質疑。

在我們的心目中，地理大發現史是一段蓋棺定論的「史實」。其中一些人物及其功績已成為眾人皆知、家喻戶曉的歷史常識：

一四八七年，葡萄牙航海家迪亞斯（Bartholomeu Dias）駕船由西向東經過好望角，為此他被稱作世界上首位繞過這一岬角的探險家；

一四九二年，哥倫布（Christopher Columbus）率領的船隊抵達美洲巴哈馬群島。由此，哥倫布被譽為美洲大陸的發現者；

一五一九年九月，麥哲倫（Ferdinand Magellan）率領船隊自歐洲始航。這隻船隊歷時三年繞地球一周回到始發地。從而，麥哲倫被授予首次完成環球航行的桂冠。由於麥哲倫被視為發現大西洋與太平洋之間海峽的探險家，這一海峽至今一直以他的姓氏命名。

但是我發現，這些歷史常識卻無法與我的一件地圖藏品相吻合。這件藏品究竟是一幅什麼樣的地圖？它與歷史常識之間存在著何種差異？它與我之間又有何種緣分呢？

第一節　發現《天下諸番識貢圖》摹本

二〇〇一年春季，我因公務到上海出差。臨回北京之前，我來到著名的東台路古玩市場。這個分布在街

道兩旁的露天市場被譽為「上海古玩一條街」。其實，市場中擺放的物品絕大部分都是冒牌貨。

在這個充斥假古董的市場裡，有一家非常不起眼的小書鋪。這家店鋪的面積不足六平方公尺，裡面擺滿了舊書、舊報紙和舊雜誌。小書鋪的主人是一位姓向的老先生，他的前輩曾以古籍買賣為生，他的兒子也熱中於繼承祖業，而且在古籍收藏圈內小有名氣。我與向家有多年的交往，從他們那裡我買過不少古籍和古地圖。每次去上海出差，我總是抽空到這家小書鋪，看看有沒有值得收藏的東西。

我此次閒逛書鋪真是一次天賜的良緣。一進店門，我看見向先生正在往牆上掛一幅破舊的世界地圖（見彩圖1）。這幅地圖的右上角寫著「天下全輿總圖」，左下角注明「乾隆癸未仲秋月仿明永樂十六年天下諸番識貢圖」，在這一注釋左邊有一落款：「臣，莫易仝繪。」這些文字表明，此幅世界地圖是一四一八年間一幅《天下諸番識貢圖》的仿繪品，仿繪時間為一七六三年，仿繪者為「莫易仝」。地圖的左上角還寫有一段注釋：「凡未加紅圈者皆原圖所未命名者。」這幾個字意味著圖上的注釋有些是《天下諸番識貢圖》原有的，有些是仿繪者後加的，而原有的注釋都用紅墨加以圈注。

仔細察看這幅世界地圖之後，我感到非常困惑不解。這幅地圖不僅畫出了地球上所有的大陸和海域（其中包括南極、北極和格陵蘭），並且在美洲和澳洲大陸上都有紅墨圈注的注釋。

很明顯，這幅世界地圖中的許多內容與我們所知的歷史常識完全不相吻合。難道中國人於一四一八年繪出了近乎完整的世界地圖？十五世紀初期的地圖上怎麼會出現美洲和澳洲大陸？莫非此幅地圖是件贋品？

憑藉我多年積累的經驗，判定一幅古地圖的繪製年代，除了參考繪圖者在圖中所寫的注釋外，更重要的是採用中國古籍、古紙和古字畫等方面的傳統鑑定方法對繪圖年代加以驗證。

我仔細察看了一番地圖，聞了一下圖紙的氣味。這幅地圖外表發黃，紙質脆硬，並且散發出一種陳舊的氣味。這種氣味與在老房子中聞到的陳舊氣息很相似。從圖紙的色變、氣味和脆化程度我判斷出，地圖紙張已逾百年之久[1]。

這幅地圖的中部有一條對折痕跡，這表明圖紙一直以面朝裡的對折方式保存。圖紙上有很多蟲蝕蛀孔，特別是在透氣性差的對折部位。圖紙左、右兩頁上的蛀痕相互吻合，這一現象再次證實，地圖曾長期處在對折狀態。蛀痕的布局顯示出，這些蛀孔均為自然狀態下產生的。我用高倍放大鏡仔細察看了蛀痕，蛀痕的邊緣為毛邊，這也是自然蟲蛀的特徵[2]。

圖上注文的紅框以朱砂墨繪成。清朝時期的朱砂墨雖然目前仍然可以找到，可是兩百多年前留在紙上的朱砂顏色與現代人用老朱砂墨畫在古紙上的效果截然不同。正如元朝人夏文彥在《圖繪寶鑑》中所云：「古人作畫墨色俱入絹縷。」「偽者雖極力仿效而粉墨皆浮於縑素之上。」很容易看出，紅框的朱砂墨顏色屬於「俱入絹縷」，為古人之跡；而圖中的三方紅色鑑藏印則是「浮於縑素之上」，為近現代人所蓋之印。

地圖上的海域以青綠色繪成。這種墨色經過相當長的時間才會呈現出褪色的效果。由於地圖對折部位的透氣性較其他部位差，這一部位的褪色程度明顯小於其他部位，從而在圖紙中部形成了一條縱向的深色帶。不均勻、不規則的褪色是自然褪色的特徵。這種褪色與古字畫造假者採用人工方法造出的「褪色」效果完全不同。人造「褪色」不僅顯得均勻，並且「褪色」程度也一致。

察看地圖的紙張、蛀痕和墨色之後，我又對繪圖者的書寫習慣和字體做了進一步的鑑別。

現代人作畫、寫字的書寫習慣與古人有很大區別。前者寫字順序為從左向右，而後者書寫則是從右上方

1 為了確定地圖圖紙的年代，我從這幅地圖的邊緣處取下紙樣，通過劍橋大學送交紐西蘭懷卡托大學（The University of Waikato）檢測。該大學於二〇〇六年二月七日出具碳十四測驗報告，確認紙樣年代為一七三〇年至一八一〇年期間的可能性是百分之四十二·四，為一六四〇年至一六九〇年期間的可能性是百分之三十九·七。據此，紙張年代為一七三〇年至一八一〇年期間的可能性最大（見附錄一）。

2 有些作偽者在偽造古圖或古書時用香燙的方法做出「蛀痕」。通過此方式偽造成的「蛀痕」，其周邊比較平滑，與自然蛀痕的毛邊完全不同。

開始。由於不同的書寫習慣，現代人塗色的第一筆通常畫在圖紙的左上部位，而古人著色的第一滴墨均落在右上方。基於褪色的緣故，很容易辨認出《天下諸番識貢圖》摹本上塗抹青綠色的第一筆和第二筆的墨蹟。這兩筆塗色都落在圖紙的右上方，這表明繪圖者具有古人的書寫習慣。

中國古代書法猶如古代服飾，幾乎每一朝代都有各自流行的書法風格。清中期的科舉制度要求考生以規定的「館閣體」書寫答卷。這種「館閣體」看上去字字勻稱並且橫平豎直，然而卻是一種平庸、呆板的書體。現代人對「館閣體」持貶義之態，研習者寥寥無幾。「上有所好，下必有甚焉。」由於大清朝廷宣導「館閣體」，乾隆時期文人社會無形之中形成「館閣體」的書風。乾隆、嘉慶年間的著名學者洪亮吉對此評論道：「今楷書之勻圓豐滿者謂之館閣體，類皆千手雷同。乾隆中葉以後，四庫館開，而其風益盛。」《天下諸番識貢圖》摹本上的字體（尤其是落款）具有明顯的「館閣體」書風，這又是此圖已有兩百多年歷史的旁證。

採用中國傳統的書畫鑑定方法對《天下諸番識貢圖》摹本進行檢驗之後，我斷定，這幅地圖是十八世紀的作品。

這幅古代世界地圖雖然有許多跟歷史常識相矛盾的地域圖形和注釋，但是這些奇怪的內容並沒有減弱我對此幅地圖的興趣，而是激起我更大的好奇心。在好奇心的促使之下，我毫不猶豫地買下了這幅《天下諸番識貢圖》的摹本。

第二節　《天下諸番識貢圖》摹本的謎團

把《天下諸番識貢圖》摹本帶回家後，我首先對此圖的署名者莫易仝做了一番研究。我查閱了許多書籍，但是沒有能夠找到任何有關莫易仝的史料。

地圖左下角簽署的「臣，莫易仝繪」幾個字屬於「臣字款」。「臣字款」是中國古代書籍、字畫鑑賞方面的一個術語，它是指古代書籍作者或書畫作家在署名前加上一個「臣」字的落款方式。此種落款方式出現的原由無疑是為了向皇帝表示效忠之心[1]。莫易仝的署名方式似乎在向我暗示，他或許是清朝朝廷中的一名官員。但是，我很快就否定了這種可能性。

清朝政府選拔官員主要通過科舉考試。進士科考試是清朝科舉的主要形式，它分為院試、鄉試、會試和殿試四級考試。前一級考試的優勝者才有資格參加更高一級的考試。乾隆年間的科舉考試對考生的書寫水準要求很高。而《天下諸番識貢圖》摹本上的毛筆字水準實在無法令人相信，書寫者能夠通過科舉考試謀得一官半職。莫易仝「臣字款」中的「臣」字靠左邊，這一寫法不完全符合清朝官方的規範。按照清朝宮廷的行文規則，凡是呈交給皇帝的奏摺、文章以及字畫等文書必須在署名前面加上一個「臣」字。為了表示尊卑，這一「臣」字比署名字體小一些，並且通常居右邊。但也有一些例外。據史料記載，乾隆皇帝在位的六十年間曾多次出京城南下巡視。在巡視時，一些沒有任何官職的民間人士，曾向皇帝進獻字畫作品。這些民間人士進獻的作品中，許多「臣字款」寫得不是非常規範。從莫易仝不高的書寫水準和不規範的「臣字款」可以推斷，此人應該是乾隆年間一位讀過些書的民間儒生。

1 「臣字款」最早出現在宋朝。宋朝宮廷畫師馬遠和夏圭等人的一些作品上即有「臣字款」。此外，一些宋代刻本的撰書人在署名前也加有「臣」字。宋代書畫和善本帶有「臣字款」的雖然不是很多，但從中已能尋出一定之規，這就是「臣」字和畫家或撰書者的名字比其姓氏小一些，而且「臣」字大多居中。明代書畫和刻書基本上是沿襲了宋朝的做法。到了清朝，「臣字款」大量出現，並且形成比較獨特的固定格式，即所有為皇帝繪製的書畫作品或刻印的書上均帶有「臣字款」。民間刻本雖然沒有「臣字款」，但一些刻書坊繼續沿用宋明時期的方式，刻書時將撰書者的名字刻成比其姓氏小一些，其位置大多居中，也有居左或居右的。

《天下諸番識貢圖》摹本上的「臣字款」說明，莫易仝仿繪《天下諸番識貢圖》的目的是想將地圖呈獻給乾隆皇帝審閱。這就引出來一個問題：為什麼莫易仝非要臨摹一四一八年《天下諸番識貢圖》？為什麼他不將《天下諸番識貢圖》的原本呈獻給皇帝呢？

經過對圖中的文字和注釋做了一番研究，我揣摩出莫易仝仿繪《天下諸番識貢圖》的緣故。

首先，莫易仝仿繪的主要目的是希望乾隆皇帝能夠知悉他的名字。按照清朝的管理體制，平民百姓甚至中、下等官吏親自向皇帝呈獻貢品的機會微乎其微，他們必須將貢品交給特定的官僚機構，通過清朝官僚體系一層一層地向上級傳遞。在傳遞的過程之中，許多貢品被清朝官吏們以各種藉口截留下來或者以其他官吏的名義呈遞上去。莫易仝非常明白，如果將原圖委託官吏們呈獻給乾隆皇帝，最終皇上很可能根本不知曉他的名字。為了確保乾隆皇帝審閱地圖時看到自己的名字，莫易仝想出了一條妙計：在原圖的基礎上臨摹出一幅署有自己姓名的地圖。

其次，莫易仝想讓皇帝知道他在地理方面有所專長。為此，莫易仝特意在仿繪的圖中添加了許多原圖中沒有的注釋，同時在圖的左上方特意注明「凡未加紅圈者皆原圖所未命名者」。

最後，並且最主要的原因就是出於避諱。康、乾兩朝時期文字獄是文人的夢魘，許多學者在文字書寫方面由於疏忽大意遭他人誣陷，從而變成刀下鬼。莫易仝深知避諱的重要性。一四一八年《天下諸番識貢圖》在中國地域寫有兩條注釋——「皇朝聖土」和「本朝天下之第一大國也……」在現今太平洋海域注有三個「大明海」的標識。莫易仝非常明白，這些原圖注釋都與明朝相關。倘若將原圖呈交上去，他非但不會得到賞識，還可能會被認為妄想明朝復辟。為了避免誤會，同時盡量反映《天下諸番識貢圖》的原狀，莫易仝仿繪原圖時對明朝時期的地理名稱做了一些改動。他將明朝的「湖廣」省改成清朝「湖北」和「湖南」的省份建制，在「南直隸」旁增加了「安徽」，並且他還將三個「大明海」的原注改為「大清海」。通過這一系列的改動，莫易仝試圖表明，《天下諸番識貢圖》中的原注已經變為讚頌大清王朝的注釋了[1]。

對莫易全身分有所認識，並且找出他仿繪《天下諸番識貢圖》的緣故之後，接下來需要破解的疑團就是一四一八年《天下諸番識貢圖》的出處。

史料中沒有能夠查找到任何有關一四一八年《天下諸番識貢圖》的記載。然而，圖中太平洋海域內的一個紅圈注釋引起了我注意。該注釋寫道：「一於永樂十三年，隨正使太監馬三寶等往榜葛剌諸番直抵忽魯謨斯等國，開讀賞賜，至永樂十六年回京。」注釋提及的「正使太監馬三寶」指明朝初期著名航海家鄭和。毫無疑問，該注釋在向我暗示：一四一八年《天下諸番識貢圖》一定與明朝鄭和下西洋相關。帶著重重疑問，我鑽進了鄭和下西洋的史料和相關論文之中。

史學界一致認為，十五世紀中期成書的《星槎勝覽》、《瀛涯勝覽》和《西洋番國志》是記載鄭和下西洋的三部原始史料，具有極高的可信度。研讀這三部史冊後我發現，一四一八年《天下諸番識貢圖》中有關鄭和下西洋的原文注釋與《星槎勝覽》記錄鄭和第五次下西洋的文字紀錄幾乎完全一致[2]。這種一致性說明，一四一八年《天下諸番識貢圖》與《星槎勝覽》有關聯。

---

1 在清代翻刻的明代書籍和地圖中，出於避諱的原因對明朝時期注釋做出改動的現象較為普遍。例如《月令廣義》成書於一六〇二年，該書附有《山海輿地全圖》，其清朝時期的翻刻本所附圖中「大明國」被改為「大清國」。再如，一七四三年《今古輿地圖》刻印者參考了明代萬曆二十一年（一五九三）的《乾坤萬國全圖》和崇禎十七年（一六四四）的《天下九邊分野人跡路程全圖》。一七四三年《今古輿地圖》中的明代政區已改換名稱，如：北京改做「盛京」，南京改為「南省」，但「南省」其實並不是清朝的省份名稱。更有甚者，有些明朝的地圖在清朝時期被人篡改圖中的注釋。例如，維也納奧地利國家圖書館所藏的利瑪竇一六〇二年刊印的《坤輿萬國全圖》中注文「大明一統」被清人挖改為「大清一統」；倫敦皇家地理協會所藏的利瑪竇《坤輿萬國全圖》注文中「明」字一律被清人改為「清」字（見李孝聰，《歐洲收藏部分中文古地圖敘錄》）。一三八九年《大明混一圖》中的明朝地名也由清朝人在上面貼了很多寫有清朝地名的小紙條，以示改朝換代。

2 一四一八年《天下諸番識貢圖》原注釋「一於永樂十三年，隨正使太監馬三寶等往榜葛剌諸番直抵忽魯謨斯等國，開讀賞賜，至永樂十六年回京」中，除「馬三寶」三個字外，其他文字與《星槎勝覽》中的文字完全一致。

《星槎勝覽》成書於一四三六年，署名作者為費信。此人信奉伊斯蘭教，明永樂七年至宣德六年間（一四〇九年至一四三一年）曾四次隨鄭和下西洋。在最後一次出航之後，費信撰寫了《星槎勝覽》一書，記述他親眼所見的異域風土以及耳聞的異俗人情。此書流傳至今已形成多種版本，史學界將這些版本歸為兩大類：兩卷本和四卷本[1]。四卷本與兩卷本相比較，前者用句措辭比後者更有文采。四卷本的自序寫道：「采輯圖寫成帙。」此記述表明四卷本中附有地圖。但是，兩卷本自序中卻未提「圖」字。四卷本序文的後題還寫道：「正統元年丙辰春正月吉日臣費信稽首謹序。」依據四卷本自序和後題中費信的「臣字款」，有些學者推測，兩卷本為費信編撰的原版，而四卷本則是在兩卷本的基礎上編輯而成。編撰四卷本的目的是呈報給皇帝過目[2]。

《星槎勝覽》四卷本中曾經附有地圖，而且《天下諸番識貢圖》中一條注釋的文字與《星槎勝覽》中的一段文字極其相近。這兩個相互聯繫的現象使我確信，《天下諸番識貢圖》應該是《星槎勝覽》四卷本提到的「采輯圖」中的一種。

似乎覺得找到《天下諸番識貢圖》的出處了，為此我感到非常興奮。不僅如此，當我發現地圖上有關異國奇俗的注釋與史書記載的十五世紀世界風土人情相一致時，我更是感到激動不已。

今北美洲靠近阿拉斯加地帶有一紅筆圈注：「此地人種亦如契丹、蒙古，以魚為食。」地理常識告訴我，這是有關因紐特人的注釋。因紐特人的長相與蒙古人非常近似，並且魚是因紐特人的主要食物之一。

今美國西部地域有一紅框注釋：「此地土人膚色黑紅，頭腰皆披鳥羽，亦有食人之習也。」這一描述與史書中有關北美印第安人的記載完全相符。

今南美洲有兩個紅筆圈注：「有城市皆用巨石而建，故曰其石城也。」「此地之民信教曰巴拉卡，以人祭之，以火拜之。」前一個注釋與印加帝國有關，印加帝國時期的許多城市建築以巨石作為建材，且城市大多建在山頂或高原地區。印加帝國起源於十三世紀左右，十五世紀中期達到全盛，十六世紀三〇年代亡於西班牙人的刀槍之下。後一個注釋應指祕魯中世紀時期印第安人信奉的「巴拉卡」（Paracas）宗教。

今澳大利亞陸地上的紅筆圈中注有：「土人膚亦黑色，皆不著衣，腰墜骨器，皆有食人之習也。」這是有關澳大利亞土著人的注釋。

今非洲南部紅框中的注釋為：「此地人種膚色如黑漆，齒白，唇紅，髮卷。」此注釋所描述的應當是非洲人。

位於今亞洲西部的紅圈注釋寫道：「自東向西出嘉峪關，凡有城市，其民皆信回教，奉莫哈莫德，其廟皆用土石相砌，凡壁皆用寶石相嵌，進入廟堂皆需更衣沐浴也，吾中土亦有其民也。」在今亞洲和歐洲交界處有紅框注釋：「此地人種深目、圓眼，頭纏長布，寬衣長褲，女子出門皆裹面而行，違者治罪也。」這兩條注釋完全符合中、西亞地區古代伊斯蘭教的風俗習慣。

在今東歐部分有紅圈注釋：「此地人多奉上帝，教名曰景也。」此注釋與歐洲古代宗教相關。

《天下諸番識貢圖》摹本中共有九條與宗教有關的原注文。其中，西亞和東歐的三條注文說明，這一地域的民眾信奉伊斯蘭教。在中國除了有一條關於佛教的注文外，還有一條寫道：「本朝天下之第一大國也，民多信佛教禪宗，道家次之，亦有回民信奉回教。」有關朝鮮的注文顯示：「其民信佛教，道教次之。」有關日本的注文記載：「其民信佛教。」在美洲只有一條記載古代祕魯「巴拉卡」宗教的注文；在東歐有一條關於「景教」的注文，它是全圖中唯一與歐洲宗教有關的注釋。這些與宗教相關的原注文顯示出，在

1 見向達，〈關於三寶太監下西洋的幾種資料〉一文。該文載於王天有、萬明編著的《鄭和研究百年論文選》，北京大學出版社二〇〇四年出版。《星槎勝覽》四卷本又可分為「正版」和「歷代小史本」兩種，兩者區別為：前者有費信撰寫的自序，且分卷目；後者既無費氏的自序，又無卷目。因此，四卷本「正版」和「歷代小史本」之間，以「正版」最為可信。此處所述「四卷本」僅指「正版四卷本」。

2 見伯希和著，馮承鈞譯，《鄭和下西洋考》。

一四一八年《天下諸番識貢圖》繪製時期，世界上傳播最廣且最有影響力的宗教是佛教和伊斯蘭教，傳播範圍最小的是歐洲的「景教」和南美的「巴拉卡」教。《天下諸番識貢圖》原注文記載的各類宗教傳播範圍與世界宗教史記載的中世紀宗教分布狀況基本相符。

《天下諸番識貢圖》摹本中有一些紅圈標注的海域名稱。現今南大西洋和北大西洋分別標注為「西洋」和「西海」，印度洋海域被標識為「小西海」。這三個海域名稱注釋的字體相比較，「小西海」和「西海」的字體略比「西洋」的字體小。這意味著，在一四一八年《天下諸番識貢圖》繪製者的觀念中，「西洋」包含「小西海」和「西海」這兩個海域。

《天下諸番識貢圖》摹本中的海域名稱揭示出一個重大的歷史誤解。許多史學家認為，中國古人所說的「西洋」僅指印度洋，「鄭和下西洋」的航行範圍也僅限於東南亞和印度洋海域。但是，《天下諸番識貢圖》摹本卻顯示出，十五世紀初期中國人對「西洋」的解釋與現代史學家的理解完全不同，「鄭和下西洋」的航行範圍也並非局限於東南亞和印度洋一帶，而是深入到大西洋。

這是一個難以想像並且令人感到驚駭的發現。這一發現既使我感到興奮又使我感到惶惶不安。近百年來，數代中國史學家費盡心血，最終論證出鄭和船隊最遠到達過東非海岸。難道這些史學家都是在誤讀歷史嗎？

更使我感到忐忑不安的是，《天下諸番識貢圖》摹本顯示出，地理大發現史實際上是一部「誤導史」。我不禁反覆自問：難道幾個世紀以來世代相傳的地理大發現常識都是一些歷史的誤解嗎？難道幾個世紀以來家喻戶曉的哥倫布、麥哲倫等航海探險家都是些名不副實的「英雄」嗎？這樣重大的歷史問題怎麼以前從未引起史學界的注意呢？

這種既興奮又疑惑的心境使我對《天下諸番識貢圖》摹本的忠實性產生了疑問。我禁不住自問：仿繪《天下諸番識貢圖》時，莫易仝會不會將西方的地理知識竄改成原圖的地理輪廓和注釋呢？

不過，既然莫易仝仿繪原圖是為了上報給乾隆皇帝，並且他還在圖上寫明「仿明永樂十六年天下諸番識貢圖」和「凡未加紅圈者皆原圖所未命名者」兩條注釋，莫易仝應當明白，如果仿繪原圖時弄虛作假，他會被認定為犯下「欺君」之罪。

怎樣才能驗證出莫易仝是否忠實地臨摹一四一八年《天下諸番識貢圖》呢？最好的辦法當然是將《天下諸番識貢圖》摹本與十七、十八世紀歐洲人繪製的世界地圖做一番比較。

不同文化背景的繪畫藝術家在創作時，會以不同的風格表現出不同的理念和思想。地圖繪製與繪畫藝術非常相似。在繪製風格、地理觀念和設計布局等方面，《天下諸番識貢圖》摹本與歐洲文藝復興時期的世界地圖有著很大的區別。其中，最主要的是地圖水平中心線所在的緯度。《天下諸番識貢圖》摹本的水平中心線約在北緯三十五度，而歐洲人繪製的世界地圖都以緯度為零的赤道作為水平中心線。

《天下諸番識貢圖》摹本的水平中心線的位置與中國古代的「洛邑地中說」有關。古籍中有許多關於「洛邑地中說」的記載。例如《論衡・難歲篇》載：「雒，則土之中也。」「雒」即「洛」，周代以後稱洛邑，其位置在今河南省洛陽市。「土之中」的意思為「大地之中心」。「洛邑地中說」有著深遠的歷史淵源。就地理位置而言，洛邑約在北緯三十五度。遠古時代，這一地區為先民的棲息之地，是中國古代文明發祥地之一。《史記・封禪書》說：「昔三代之居，皆在河洛之間。」現代考古也證明了這一說法。「洛邑地中說」對中國古代地理學的影響很大，保留至今的一些宋、元、明地圖，其水平中心線均在北緯三十五度左右。例如，中國國家檔案館收藏的一三八九年《大明混一圖》（見彩圖2）和日本收藏的一四〇二年《混一疆理歷代國都之圖》（見彩圖3）。

《天下諸番識貢圖》摹本的另一個顯著特點就是採用了局部重疊的雙環形構圖。這種構圖有兩個目的：第一，將中國繪在地圖的中部；第二，體現出陰陽和諧的思想。在中國傳統藝術理念中，部分重疊的雙環形代表陰陽和諧，左邊的環為陽，右邊的環為陰。例如，天壇的雙環萬壽亭是乾隆皇帝為母親祝壽而建的壽

亭1。該雙環萬壽亭的建築造型出於陰陽和諧的理論，這種造型是乾隆皇帝為了表達祝其母親長壽的意願。該亭的地面形狀為兩個部分重疊的環形，重疊部分占兩圓面積的百分之二十五。這一重疊的比率與《天下諸番識貢圖》摹本中雙環重疊的比率完全相同。《天下諸番識貢圖》摹本採用的這種交叉且局部重疊的雙環形構圖在歐洲人繪製的世界地圖之中是找不到的。文藝復興時期的歐洲也有採用兩個圓形繪製的世界地圖，可是圖中的兩個圓形幾乎沒有重疊而只在赤道線上相互銜接。

在《天下諸番識貢圖》摹本中，我們還可以找到與道教相關的文字。圖的正上方畫有一個中國古代風水羅盤，羅盤上方寫有「六合出行定圖式」七個字。「六合」是一個道教概念，它有多種涵義，其中之一是指東、西、南、北、上、下六個方向組合而成的大地。在道教中，「六合出行定圖」專指一種用於吉凶占卜的方位羅盤，明朝手抄本《海道針經指南正法》和《修造通書》均有「六合出行定圖」的記載。根據圖中風水羅盤以及「六合」等概念可以推測，《天下諸番識貢圖》的原創者很可能是一位道士。

從《天下諸番識貢圖》摹本中的歐洲地域輪廓也可以判斷出，此幅地圖的母本絕非源自歐洲。歐洲十七、十八世紀的世界地圖對本土輪廓的描繪比較準確，而且注文也較詳盡。反觀《天下諸番識貢圖》摹本，不僅英倫三島的位置不對，斯堪的那維亞半島及黑海均不見蹤影，歐洲國家或地區的名稱或注文更是寥寥無幾。

《天下諸番識貢圖》摹本中存在一些古老的地理錯誤。這些錯誤在歐洲十七、十八世紀世界地圖上是找不到的，而只能在十三、十四世紀中國古地圖之中看到。例如，在十五世紀以前中國古代世界地圖中通常看不到波斯灣的輪廓。一三八九年《大明混一圖》（見彩圖2）和一四〇二年《混一疆理歷代國都之圖》（見彩圖3）均沒有繪出波斯灣。《天下諸番識貢圖》摹本同樣也沒有繪出波斯灣。而這一錯誤在歐洲或阿拉伯人繪製的世界地圖中是見不到的。

《天下諸番識貢圖》摹本不僅在繪圖理念和圖形等方面與歐洲地圖學家的世界地圖有很大差異，在地名和宗教方面，《天下諸番識貢圖》摹本中一些原有詮注也與歐洲人的理念格格不入。比如，在今歐洲伊比利亞半島位置上有一個國家名稱為「希番」。此國名中的「番」字為「番邦」之意，即指外國。再如，《天下諸番識貢圖》中有關宗教的注釋顯示出，歐洲宗教在世界上的影響力非常小。這種對歐洲宗教的評價與莫易仝所處時期的世界宗教分布狀況有很大差異，尤其是美洲大陸。從十六世紀開始，西方天主教和基督教迅速向歐洲以外擴張。到了十八世紀（即莫易仝仿繪時期），天主教不僅在美洲占據了主導地位，在亞洲也有很大的影響力。

《天下諸番識貢圖》摹本中還有一些地域、島嶼和關於當地風俗的詮注，超出了十八世紀歐洲人的知識範圍。運用邏輯分析，我們可以得出這樣一個結論：《天下諸番識貢圖》摹本中的這些訊息不可能來源於歐洲人繪製的世界地圖。

歷史教科書告訴我們，歐洲人於一八二〇年「發現」南極，之後又於一九六二年對南極艾默里冰架（Amery Ice Shelf）進行了首次勘探。在此次勘探之後，艾默里冰架的輪廓才出現在地圖上。可是，莫易仝在歐洲人首次勘探南極艾默里冰架的兩百年前已將這一地域的輪廓繪在了他的地圖上。

一七七二年初，法國皇帝路易十五委派探險家克爾格倫（Kerguelen-Tremarec）出航為法國尋找新的大陸。當年二月十二日，克爾格倫發現並登上位於印度洋之中的克爾格倫島（Kerguelen Island）。該島在被克爾格倫「發現」之前，沒有任何一幅歐洲地圖標注出它的地理位置。然而，莫易仝卻在克爾格倫島被「發現」九年之前已經知道該島的地理位置並將它繪在地圖上。

英國航海家庫克船長（James Cook）於一七六九年和一七七〇年對紐西蘭島嶼進行了勘測，在此之前歐洲人一直以為紐西蘭是地球南部大陸的一部分。在庫克船長勘測紐西蘭之前，歐洲地圖學界從未將紐西蘭視

1 此壽亭原先位於中南海內，一九七七年被搬到天壇公園。

為島嶼。而莫易仝卻搶在庫克船長之前，將紐西蘭幾個島嶼的地理方位描繪在地圖上。

澳大利亞昆士蘭的兩個古代部族有食人之習，對此歐洲人也曾做過記述。根據記載，最先將此現象記錄在案的歐洲人是約翰・格林（John Green），紀錄時間是一八五一年七月二十二日。但是，在約翰・格林做此紀錄八十八年之前，莫易仝已經將澳大利亞古代部族的食人之習注釋在《天下諸番識貢圖》摹本之中。

有關北美洲印第安人的食人之習，以及南美洲的人祭習俗直到二十世紀初才被史學家證實。但《天下諸番識貢圖》摹本中卻有關於北美印第安人食人和南美人祭的注文。

通過一系列的研究，我逐漸建立起對《天下諸番識貢圖》摹本的信心。看來，這幅地圖是件真品，圖中紅圈內的注釋也應該是一四一八年《天下諸番識貢圖》的原有注釋。這些注釋說明，鄭和船隊下西洋的航行範圍遠遠超出了史學家們認定的界線。

雖然種種跡象表明鄭和船隊曾經周遊過世界，但是有一個疑問在我腦海中徘徊了很長時間：為什麼史書中隻字未提鄭和船隊在印度洋和南太平洋以外的航行呢？為找到答案，我幾乎查閱了所有與鄭和下西洋相關的原始史料。經過反覆閱讀和思考，我發現一些史料的真正涵義一直沒有得到正確理解。而這些史料實際上在向我們暗示：鄭和船隊的航行範圍遠遠超出印度洋和東南亞。〈天妃靈應碑〉中的一段文字就是一個典型的例子[1]。

〈天妃靈應碑〉是鄭和與其他航海將領在福建長樂共同刻立的一座紀念碑，刻立的年代為明宣德六年（一四三一）。該碑文詞句鏗鏘頓挫，情節真實可信，被史學界視為鄭和下西洋的最主要史料之一。碑文前兩句寫道：「皇明混一海宇，超三代而軼漢唐，際天極地，罔不臣妾。其西域之西，迤北之北，固遠矣，而程途可計。」此碑文前一句的意思是：明朝皇帝派人訪探外域的成就超過了以前所有的中國皇帝，世界所有地方都俯首稱臣於明朝皇帝。此碑文的第二句記述最為關鍵，如何正確領會此句的涵義取決於理解句中的兩個概念：「西域」和「迤北之北」。

我國古代「西域」概念有狹義和廣義之分。狹義的「西域」指中國西部地區的玉門關以西、蔥嶺以東區域；廣義的「西域」指中國以西所有能夠抵達的陸地，包括中亞、西亞、印度半島、歐洲大陸和非洲東、北部地方。有學者認為，此句中的「西域」指狹義的西域。這一觀點明顯是一種誤判。明朝時期有關域外旅行的書籍普遍採用廣義的西域概念。例如，成書於明永樂年間的《西域行程記》和《西域番國志》所涉及的地域範圍遠超出狹義的西域範圍。再如，鄭和於明宣德六年刻立的〈婁東劉家港天妃宮石刻通番事蹟記〉，碑文中有「直抵於西域忽魯謨斯等三十餘國」的記載。特別是〈天妃靈應碑〉碑文本身還有兩處記述提及「西域」概念，這兩處記述涉及的地域包括西亞和東非[2]。

有些中國史學家認為，「迤北」一詞是向北延伸之意，即「迤北之北」指中國北面方向的地域。這也是一種誤解。〈天妃靈應碑〉的碑文通篇講的是航海，而不是陸地旅行。現代地理學中，「北極點」是一個非常清晰的概念。根據現代地理學理論，從中國向北極方向行進時的方向為北，越過「北極點」後再向北美洲大陸行進時的方向則為南。中國古代並不是所有的人都非常明確知道「北極點」的概念。〈天妃靈應碑〉所述「迤北之北」的涵義是：從亞洲北部海岸向北越海抵達的地方。

一些中國史學家認為，「西域之西，迤北之北」分別指兩個不同的地方。這同樣還是誤解。從碑文的上下文可以看出，「西域之西，迤北之北」應該是指一個離中國最遙遠的地方。〈天妃靈應碑〉中「其西域之西，迤北之北，固遠矣，而程途可計」的正確涵義應該是：歐洲和非洲東、北部地域向西，同時位於西伯利

1 〈天妃靈應碑〉全名為「天妃之神靈應記碑」。

2 〈天妃靈應碑〉中有兩段涉及「西域」的記載。其一為：「所歷番國由占城國、爪哇國、三佛齊國、暹羅國，直逾南天竺、錫蘭山國、古里國、柯枝國，抵於西域忽魯謨斯國、阿丹國、木骨都束國，大小凡三十餘國，涉滄溟十萬餘里。」其二為：「永樂十五年，統領舟師往西域，其忽魯謨斯國進獅子、金錢豹、大西馬。阿丹國進麒麟，番名祖剌法，並長角馬哈獸。木骨都束國進花福鹿，並獅子。卜剌哇國進千里駱駝，並駝雞。」

亞以北並與其隔海相望的地域固然離中國最為遙遠，但是仍然可以到達。從現代地圖上我們可以清楚地看出，這個離中國最遙遠的地方就是北美大陸。

《天下諸番識貢圖》摹本中浮現出來的疑團逐漸煙消雲散，並且其他一些史料也能夠證實鄭和船隊曾經周遊過整個世界。然而，我卻遲遲沒有膽量將這一發現公布於眾。在中國史學界，鄭和下西洋是一個重要的研究課題，而我僅僅是一名業餘愛好者而已。對於這樣一個重大的歷史課題，有誰會相信一個業餘愛好者的發現呢？哥倫布和麥哲倫都是全世界公認的航海先驅者，他們在人類文明史中占據了非常重要的地位。向這兩位歷史巨人發起挑戰的人無疑會被視為一個荒唐、愚蠢的傢伙。

我絕對未曾想到，世界上還真有一個膽大包天的業餘愛好者，他居然向史學權威發起了挑戰。這位膽大妄為、不怕恥笑的人就是英國退休海軍軍官孟席斯先生（Gavin Menzies）。

第三節　發布《天下諸番識貢圖》摹本

我偶然得知有一位名叫孟席斯的英國人寫了一本書，他在書中宣稱：鄭和早於哥倫布發現美洲大陸。得知此消息後，我迫不及待地購得孟席斯的書。從孟席斯的書中我驚奇地發現，他也是無意間從一幅古代地圖中獲得了啟發。十幾年前，孟席斯在一幅一四二一年的古地圖中發現了大西洋的四個島嶼。根據這一線索，孟席斯追蹤鄭和船隊的蹤跡。先後到達一百二十多個國家，走訪了九百多家圖書館和博物館，收集了許多資料和證據。基於大量的調查研究，孟席斯得出了鄭和首先發現美洲的論斷。

孟席斯的論點在世界範圍引發很大回響，專家、學者們反應不一，贊同、懷疑、否定和譏諷之聲皆有之。中國學界的反應比較冷淡。許多中國史學家認為，孟席斯的觀點雖然新穎，但具有很多猜測的成分。有些中國史學家甚至說：孟席斯既看不懂中文又沒有足夠的中國歷史知識，他沒有資格對一百多年來數百名中國史學家的研究提出挑戰。面對專家、學者們的冷嘲熱諷，孟席斯沒有退縮，他堅持自己的觀點並與那些學術權威展開了論戰。

孟席斯這種眼界開闊、毫無偏見並且堅定執著的探索精神令我感到十分敬佩，特別是他那不畏權威的勇氣深深地觸動了我。通過郵件，我與孟席斯取得了聯繫。出乎預料，這位英國人看到《天下諸番識貢圖》摹本的照片之後，立即動身來到北京查看原圖。

當親眼看到《天下諸番識貢圖》摹本時，孟席斯顯得異常興奮，他建議將此圖公之於眾。我深知此舉的後果：這幅古地圖以及我本人將會成為一些學者責難和嘲諷的對象。我的一位朋友在得知我準備發布此圖的消息後打來電話，他不可置信地問我：「你是不是瘋了？你知道你正要挑起一場爭鬥嗎？一方只有兩個業餘愛好者，你和孟席斯，你倆手中除了一張紙沒別的；而另一方卻是成千上萬的教授、學者……你覺得在這場爭鬥中你會是勝者嗎？」我真不知道如何回答這一問題。但是，我堅信，此圖是一幅珍貴的古地圖，它忠實地臨摹了一四一八年中國古人繪製的世界地圖。我覺得有責任將此圖公之於眾，以此拋磚引玉，喚起中國學術界對鄭和下西洋做進一步的研究。

在孟席斯的安排下，此圖於二〇〇六年一月被公布於眾，並引起了國內外史學界的巨大回響。中外一些史學家、地圖學家紛紛對此圖提出了種種質疑。有的學者甚至在尚未見到此圖原貌的情況下做出斷言，稱此幅圖為「現代不法奸商根據舊地圖以及一知半解的歷史知識炮製的偽造品」。

對這類評論我不是很在意，因為從他們的評論中可以看出，這些學者對中國古代地圖史並不是非常了解，有的甚至缺乏一些基本的歷史常識[1]。然而，令我深感意外並且大惑不解的是來自幾位中國地圖史學專

1 例如，有位歷史研究人員認定《天下全輿總圖》為現代偽造品。他得出這一結論的根據是圖中幾個「餘」字都是簡體字。

家的評論。

一位對古地圖做過一些研究的大學歷史系教授撰文聲稱，從地圖學上說，明朝初期要繪製出像《天下諸番識貢圖》這樣的世界地圖，必須有三大前提：「第一，認為我們生活的世界是個球體，而不是一個平面；第二，要把地球表現為一幅平面的世界地圖，必須要有投影知識與方法；第三，必須非常清楚世界各大洲的實際地理狀況。」他進一步認為：「在歐洲的地圖學發展史上，我們可以找到這三大前提發展的歷程。《天下諸番識貢圖》反映的是歐洲地圖學發展的成果，特別是地理大發現之後歐洲人海外探險與製圖學發展的成果。相反，在鄭和時代的中國，這三大前提都不存在。」另一位專家對記者說：「兩個半圓的地圖是在十七世紀才從西方傳入中國，此前，從未發現中國有這樣的地圖。」這兩位學者的評論使我感到，當今中國地圖史學研究的水準實在令人擔憂。

仔細研究這些中國學者對《天下諸番識貢圖》摹本的評論，我發現，他們得出這種錯誤結論的主要原因之一是對古代「天圓地方」之說的誤解。這種誤解使許多重要的古地圖、古代航海紀錄和古老的地理訊息從這些資深的史學家面前大搖大擺地走了過去。可是，如何才能夠證明這些史學家的觀點是錯誤的呢？並且，怎樣才能讓大眾看到隱藏在塵埃之下的歷史真相呢？

只有一條路：挖掘史料，揭示史實，還歷史本來面目。

面對千絲萬縷的線索、堆積如山的古籍，我的探索應該從何處開始呢？孟席斯的著作給予我很大啟發。我應該從歐洲古地圖起程，去尋覓那些被遺棄、被忘卻、被掩蓋的古代文明。

（續）

他認為，中國的簡體字只有「五十年的歷史」，圖中的簡體字應是現代人偽作的證據。實際上，唐、宋時期簡體漢字已經出現。二十世紀六〇年代推行漢字簡化的目的是在統一和推廣，並不意味著在此之前沒有人寫簡體字。

第二章 西方古代世界地圖中的疑惑

二十世紀初，數幅十五、十六世紀期間歐洲人或阿拉伯人繪製的世界地圖先後被世人發現。它們給史學界帶來了驚喜，但同時也帶來了許多疑惑和煩惱。這些地圖向史學界暗示，在十六世紀歐洲航海家的「地理大發現」之前，早已有人完成了環球勘測，並且有些勘測結果還比較準確。在這些古地圖之中，有的在一四九二年之前繪出了尚未被歐洲人知悉的美洲大陸，還有的甚至描繪出南極洲陸地的輪廓。

很多史料證明，這些古代地圖的繪製者並沒有親自參與過任何越洋勘測，他們只不過是一些編纂者或抄寫者。他們在地圖中記載的地理勘測資訊和地域輪廓都是來源於前輩的地圖。史學家們非常清楚地記得，十六世紀以前歐洲人和阿拉伯人尚未掌握準確計算地球經、緯度的技術。那麼，在十六世紀以前何人曾經勘測過地球？這些人採用了何種勘測方法和手段？並且，他們勘測地球的目的又是什麼呢？

近百年來，地圖史學家們費盡心機、刻苦鑽研，試圖在地中海一帶的文明古國中尋找出那些在「地理大發現」之前測繪世界的英雄們。可是，這些史學家的努力不僅遲遲得不到結果，反而他們的疑惑和煩惱卻變得越來越多。有些史學家似乎已經感到絕望，他們不得不找出一些似是而非的說法來安慰自己。有的把目光轉向了天空，認為這些「古怪」的地圖都是外星人的傑作；有的把希望寄託在上帝身上，認為這些古地圖中的成就歸功於上帝恩賜的靈感；還有的乾脆閉上眼睛宣稱，這些古地圖全都是不可信賴的。

究竟哪些古代世界地圖令那些受人尊敬的史學家們傷透了腦筋？這些地圖的繪製者是誰？圖中又有什麼樣的疑惑使學者們感到一籌莫展呢？

第一節 《瓦德西穆勒世界地圖》中的問題

《瓦德西穆勒世界地圖》（*Waldseemuller World Map*）繪於一五〇七年（見彩圖4），繪製者是德國教士、地圖學家瓦德西穆勒（Martin Waldseemuller）率領的工作小組。此幅地圖採用心型圖形繪出了幾乎完整的地球，其中包括南、北美洲和太平洋海域。《瓦德西穆勒世界地圖》的正上方，繪有一對以東、西兩半球為圖形的小型世界地圖。學者們注意到，在心型世界地圖中，北美與南美之間隔著一個根本不存在的海峽，而東、西半球世界地圖中的北美和南美由一個地峽相連接。心型世界地圖與東、西半球世界地圖雖有所不同，但兩幅地圖具有一些相同的錯誤。例如，日本被繪成豎在太平洋中央並且靠近北美大陸的一個大島嶼，東南亞的馬來半島東面有一個巨大的海灣和一個碩大的半島。

《瓦德西穆勒世界地圖》中有很多標注。其中，最引人注目的是此圖將美洲大陸命名為「亞美利加」（America）（見圖1）。這一命名源自於義大利籍探險家亞美利哥・維斯普奇（Amerigo Vespucci）的名字。瓦德西穆勒以為，這位義大利人是發現新大陸的英雄。

《瓦德西穆勒世界地圖》發表後，人們似乎只記住了「亞美利加」這一名稱，而地圖本身卻被忘得一乾

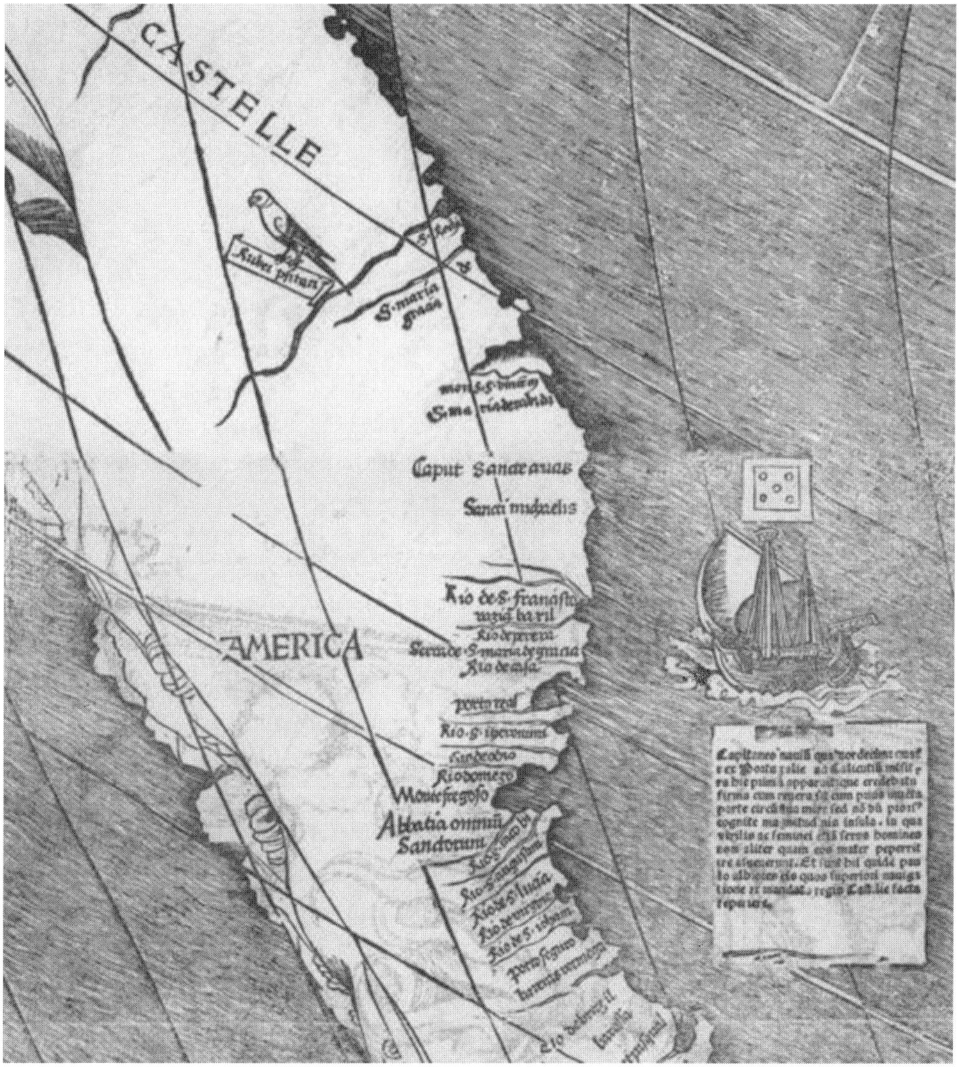

圖1　1507年《瓦德西穆勒世界地圖》中美洲命名

二淨。此地圖誕生幾十年之後逐漸變得無人知曉，並且從此銷聲匿跡近四百年。直到一九〇一年，一位名叫費舍爾（Joseph Fischer）的歷史學家在德國一座古堡的藏書室中發現了它。

費舍爾發現《瓦德西穆勒世界地圖》的消息公布於世後，立即在歐、美史學界引起轟動。許多史學家將此圖稱之為「美洲的出生證」。還有些地圖史學家認為，該圖有史以來首次繪出了美洲大陸、太平洋海域的基本輪廓，以及亞洲與美洲的地理關係。為此，他們將《瓦德西穆勒世界地圖》視為世界上最重要並且最有價值的古地圖。正是由於《瓦德西穆勒世界地圖》在學術上占有極高的地位，美國國會圖書館從二十世紀初開始遊說德國收藏家和德國政府，試圖將這幅珍貴的地圖納入他們的館藏之中。經過近百年努力，二〇〇三年美國國會圖書館最終取得了德國政府的同意，出巨資從德國收藏家手中購得此幅地圖。可是，並不是所有的專家和學者都認為，《瓦德西穆勒世界地圖》是一幅完美無缺的古地圖。一些史學家指出，此地圖存有許多無法解釋的問題。

有的史學家認為，《瓦德西穆勒世界地圖》的出世在當時的確是人類世界觀的一次飛躍。可是這次飛躍的跨度如此之大，使人無法相信它是真的。十六世紀之前，歐洲人的世界觀一直被西元兩世紀古希臘天文學家、地理學家托勒密的地球學說所統治。按照此學說，地球上根本不存在美洲大陸和太平洋。在《瓦德西穆勒世界地圖》出世之前，歐洲人繪製的世界地圖均顯示出，在歐洲西海岸與亞洲東海岸之間只間隔有大西洋。正因如此，探險家哥倫布一四九二年航行抵達巴哈馬群島時，以為所到之地是印度。可是，為什麼《瓦德西穆勒世界地圖》描繪出了美洲大陸和太平洋的輪廓呢？瓦德西穆勒又是從何得知大西洋的海域面積小於太平洋呢？

地理大發現編年史對太平洋的發現者早有明確的定論。一五一三年，西班牙探險家巴爾博亞（Vasco Nunez de Balboa）從美洲東海岸穿過巴拿馬地峽來到西海岸，他是第一個看到太平洋海水的歐洲人。一五二〇年，麥哲倫率領船隊通過麥哲倫海峽駛入太平洋海域，他是第一位帶領船隊在太平洋中航行的歐洲航海家。

在史學家心目中，這些都是無可爭議的歷史紀錄。可是，它們卻無法與《瓦德西穆勒世界地圖》相吻合。這幅地圖的出世比巴爾博亞看到太平洋海水早六年，比麥哲倫船隊在太平洋中航行早十三年。

《瓦德西穆勒世界地圖》還提供了一些令人感到吃驚的地理訊息，這就是安第斯山脈和南美洲主要河流的走向。《瓦德西穆勒世界地圖》繪出這些地理訊息的涵義非同小可，它意味著一五〇七年以前曾經有人對整個南美大陸的地形、地貌做過勘測，從而知悉安第斯山脈是南美大陸上最高的山脈，並且南美的主要河流都是由西向東流入大海。

由於《瓦德西穆勒世界地圖》與歷史紀錄不一致，有些學者對此圖的繪製年代提出了質疑。然而，紙張的水銀印和相關的歷史文件都證實，《瓦德西穆勒世界地圖》的繪製時間的確是在一五〇七年。那麼，哪一個環節出了問題？是否曾有人捷足先登，搶在巴爾博亞之前抵達太平洋東岸？是否曾有航海家早於麥哲倫船隊橫跨太平洋？何人曾在一五〇七年之前完成勘測南美地形地貌的壯舉呢？

這些問題引發了歐美學者對地理大發現史的深入研究和豐富的想像力。有人認為亞美利哥・維斯普奇或者其他歐洲航海家曾在一五〇七年之前祕密地在太平洋中航行，他們曾對太平洋東岸進行了測繪；有的史學家認為，瓦德西穆勒曾借助於史前文化遺產；還有人幻想，外星人曾向瓦德西穆勒伸出了援助之手。可是，這些推測都沒有任何根據。一些學者在對《瓦德西穆勒世界地圖》的評論中無可奈何地說，一五〇七年繪出世界地圖的功勞只能歸屬於瓦德西穆勒的想像力，他在上帝和幸運之神的幫助下猜出了美洲大陸和太平洋海域的地理狀況[1]。

有誰會相信這些高談闊論呢？《瓦德西穆勒世界地圖》中不僅有美洲大陸和太平洋海域，而且南、北美

1 持這種觀點的代表人物是已故美國學者、地圖史學權威著作*The History of Cartography*編撰者之一的David Woodward，他認為《瓦德西穆勒世界地圖》中出現一些準確的地理資訊完全是一種巧合。

洲的地理位置以及大西洋與太平洋兩者之間的大小比例關係也接近於現代地圖。這些都是瓦德西穆勒猜出來的嗎？如果瓦德西穆勒真的具有超人的能力，為什麼他把日本錯畫成一個豎在太平洋中間的大島嶼？為什麼他在心型世界地圖中誤把南美洲和北美洲畫成了兩個相互不連接的陸地呢？

實際上，瓦德西穆勒在地圖的左下角寫有一段注釋：「我們在地圖中仔細繪出的所有內容提供了真實、準確的地理知識。」[1]並且，瓦德西穆勒在地圖右上方的一段注釋之中清楚地說明，圖中的許多地理資訊來自於古人繪製的世界地圖：

在描繪世界總體外觀時，最好的辦法是將古人的發現先畫在地圖上，之後再畫上當今的發現，例如中國之地。這樣，當那些對地理感興趣並且希望找出各種各樣地方的人們在圖上看一眼並且看到所有地理發現或者最新探明的地域被仔細地、清楚地繪在一起，他們會感到滿足並會對我們的努力表示感激[2]。

注釋中，瓦德西穆勒使用了「發現」和「探明」兩個詞語描述畫在地圖上的新大陸。這兩個詞語表明，《瓦德西穆勒世界地圖》的美洲大陸輪廓並不是瓦德西穆勒幸運猜測的結果。

二〇〇五年至二〇〇六年間，美國國會圖書館地圖史學家赫斯勒（John Hessler）先後發表了兩篇分析《瓦德西穆勒世界地圖》的學術文章[3]。此文章中，赫斯勒採用多項式回歸法和多項式變形計算等涉及多次方程的數學方法對圖中南美洲的輪廓進行了測算。赫斯勒的測算結果證明，《瓦德西穆勒世界地圖》中南美洲大陸一些地域的經、緯度比較精確。美國國會圖書館地圖部主任赫伯特（John Hébert）指出：「（圖中）南美洲大陸形狀準確……並且南美洲大陸寬度在一些關鍵點上誤差只有七十英里。」[4]基於這些研究結果，赫斯勒做出了這樣的推測：《瓦德西穆勒世界地圖》的南美西部海岸線不大可能是幸運猜測的結果；瓦德西穆勒曾經參考過前人對南美大陸勘測的資料，但是這些數據資料已不復存在。

赫斯勒的研究結果令人感到信服。然而，這一研究涉及的兩個問題卻沒有引起足夠的重視。赫斯勒對《瓦德西穆勒世界地圖》的測算採用了涉及多次方程的數學方法。這種方法揭示出，那些曾經對南美大陸進行地理測量的古人掌握了高水準的數學運算技巧，其中包括多次方程和球面三角學。這些數學知識在地理測量和地圖學方面都具有重要的意義。可是，十六世紀初，歐洲人的數學水準並沒有達到如此程度。赫斯勒的研究結果還顯示出，《瓦德西穆勒世界地圖》中歐、亞、非大陸輪廓的投影方法與美洲大陸輪廓的投影法完全不同。為什麼瓦德西穆勒在一幅地圖中採用了兩種不同的地圖投影法呢？

一五〇七年，瓦德西穆勒還撰寫了一部名為《宇宙介紹》（*Cosmographiae Introductio*）的著作。在此書中他自信地寫道：「現已知道，地球分為四個部分，前三個部分是相互連接的大陸，第四個部分是一個四周環海的島嶼。」[5]

---

1 見John Hessler, *The Naming of America*, GILES in 2008, p. 17.

2 見John Hessler, *The Naming of America*, GILES in 2008, p. 30.

3 見John Hessler所寫 "Warping Waldseemuller: A Cartometric Study of Coast of South America As Protrayed on the 1507 World Map", *Coordinates: Online Journal of the Map and Geography Round Table, American Library Association*, ser. A, No. 4 (August 29, 2005), http://purl.oclc.org/coordinates/a4.htm（accessed May 6, 2007）; "Warping Waldseemuller: A Phenomenological and Computational Study of the 1507 World Map", *Cartographica*, October 10, 2006, pp. 101-113.

4 見David Alexander所寫 "Map that named America is a puzzle for researchers"一文，路透社二〇〇七年十二月三日發表。

5 此段記載的拉丁原文為："Hunc in midu terre iam quadripartite conscitiet; sunt tress prime partes cotinenentes Quarta est insula cu omni quaque mari circudata cinspiciat." 赫斯勒先生根據此拉丁文所做的英文翻譯為："The earth is now known to be divided into four parts. The first three are continents, while the fourth part is an island, because it has been found to be surrounded on all sides by the sea."

瓦德西穆勒對世界地理的描述令人感到吃驚，特別是他非常確信地說明：地球第四部分（即美洲大陸）四周環海。這一描述意味著，在麥哲倫海峽被「發現」的十三年之前，歐洲人已經知曉這一海上通道，並且瓦德西穆勒已經掌握有關美洲大陸輪廓的訊息。

不知道出於何種原因，瓦德西穆勒後來改變了他對美洲大陸輪廓的看法。一五一六年，瓦德西穆勒出版了另外一種版本的世界地圖[1]。與一五〇七年《瓦德西穆勒世界地圖》相比較，此幅世界地圖出現了很大變化（見彩圖5）。太平洋海域從地圖中消失，南美大陸的面積明顯縮小，美洲大陸的命名也不再是「亞美利加」而改為「未知大陸」（Terra Incognita）。更加令人驚奇的是，瓦德西穆勒還在注釋中暗示，北美大陸為亞洲北部的一部分。很明顯，瓦德西穆勒對地球的認識出現了巨大的退步。對這種退步，史學界一直感到莫名其妙。在一五一六年版世界地圖的詮釋中，瓦德西穆勒提及他於一五〇七年繪製的世界地圖，並稱這幅地圖是基於「古代的、不可靠的原始資料」繪製而成的。根據瓦德西穆勒的這一表述以及一五一六年版世界地圖出現的變化，我們可以推測出，瓦德西穆勒認為他於一五〇七年繪製的世界地圖是不準確的。遺憾的是，瓦德西穆勒沒有進一步說明，那些「古代的、不可靠的原始資料」究竟來源於何處。

在十六世紀初期，瓦德西穆勒並不是唯一知曉南美大陸輪廓和地貌的歐洲地圖學家。一五〇二年，歐洲地圖學家坎提諾（Alberto Cantino）繪製了一幅世界地圖，史學界將此圖稱之為《坎提諾世界地圖》（*Cantino World Map*）（見彩圖6）。非常有意思的是，與《瓦德西穆勒世界地圖》非常相似，《坎提諾世界地圖》對南美大陸和歐亞非大陸分別採用了兩種完全不同的地圖投影法。

十六世紀初德國地圖學家斯楚訥（Johannes Schöner）於一五一五至一五二〇年間製作了一個地球儀（見圖2）。在此地球儀上，不僅可以清晰地看到麥哲倫海峽和安第斯山脈，還可以看到南極大陸的輪廓。

《瓦德西穆勒世界地圖》、《坎提諾世界地圖》和斯楚訥地球儀引發出一系列問題：為什麼在一幅地圖中採用了兩種不同的地圖投影法？為什麼《瓦德西穆勒世界地圖》和《坎提諾世界地圖》將南、北美洲的輪廓繪為南北走向的長條形狀？為什麼瓦德西穆勒在一五一六年繪製的世界地圖中將北美大陸視為亞洲北部的一部分？斯楚訥地球儀的製作者是從哪裡獲得有關南美和南極的地理訊息呢？瓦德西穆勒所說的「古代的、不可靠的原始資料」又是來源於何處呢？

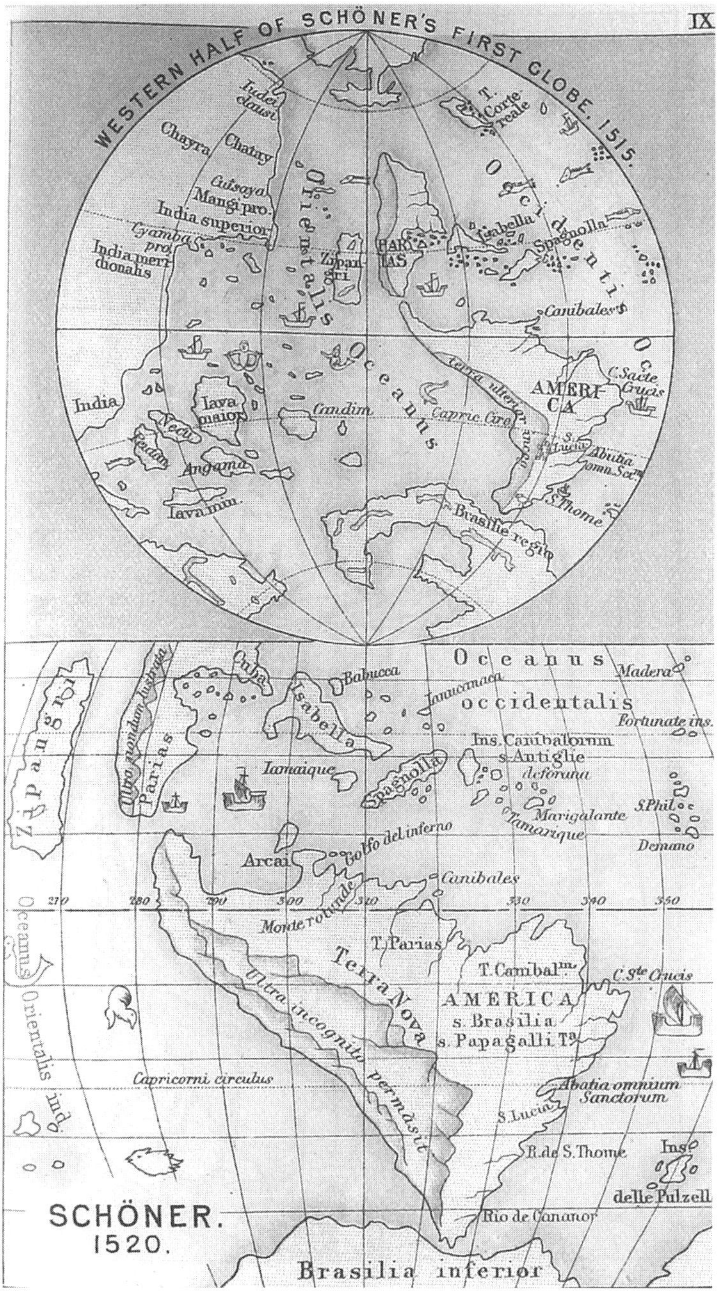

圖2　1515-1520年斯楚訥地球儀平面圖

1　歐美地圖史學家將此地圖稱為“Carta Marina”。

第二節　一四八九年《馬爾特魯斯地圖》上的南美洲河流水系

《馬爾特魯斯地圖》的繪製者是十五世紀下半葉德國地圖學家馬爾特魯斯（Henricus Martellus）。史料中有關這位地圖學家的記載寥寥無幾。一些支離破碎的訊息顯示出，這位地圖學家出生於紐倫堡，曾在一四八〇年至一四九六年期間旅居義大利，《馬爾特魯斯地圖》是他於一四八九年在佛羅倫斯繪製的。十五世紀，義大利佛羅倫斯是歐洲地圖學界的中心。當時，這座城市中有許多來自歐洲各地的地理學家和地圖學家。他們聚集在一起，相互交流訊息、討論地圖的繪製技巧。

《馬爾特魯斯地圖》看上去只繪出歐、亞、非三塊大陸（見彩圖7）。圖中，歐洲西海岸至亞洲東海岸之間的距離被極度誇大，誇大的長度多達八千公里，這幾乎相當於地球圓周的五分之一。相反，此圖卻縮小了大西洋東、西方向的寬度。在一些史學家心目中，《馬爾特魯斯地圖》具有極高的史學價值。這些史學家認為，這幅地圖非常具有代表性，它反映出美洲大陸被發現之前歐洲公認的世界觀。正是這種世界觀誘發哥倫布提出從歐洲橫跨大西洋抵達亞洲的設想，並由此導致「發現」美洲大陸。

為了證明哥倫布「發現」美洲之前歐洲人的世界觀確實如此，史學家們還列舉出了一件十五世紀時期的地球儀（見彩圖8）。這件地球儀由德國地理學家貝海姆（Martin Behaim）於一四九二年製作，製作的時間早於哥倫布首次橫跨大西洋。與《馬爾特魯斯地圖》很相似，貝海姆地球儀誇大了歐、亞大陸東西走向的寬度，同時縮小了大西洋的寬度。

《馬爾特魯斯地圖》和貝海姆地球儀還有另外一個共同錯誤，這就是東南亞馬來半島以東多出來一個巨型半島，它的面積幾乎大於圖中的歐洲大陸（見圖3）。毋庸置疑，亞洲大陸根本沒有這個巨大的半島。可是，這個半島不僅僅出現在《馬爾特魯斯地圖》和貝海姆地球儀上，還多次出現在十六世紀繪製的其他世界地圖之中，《瓦德西穆勒世界地圖》就是其中之一。

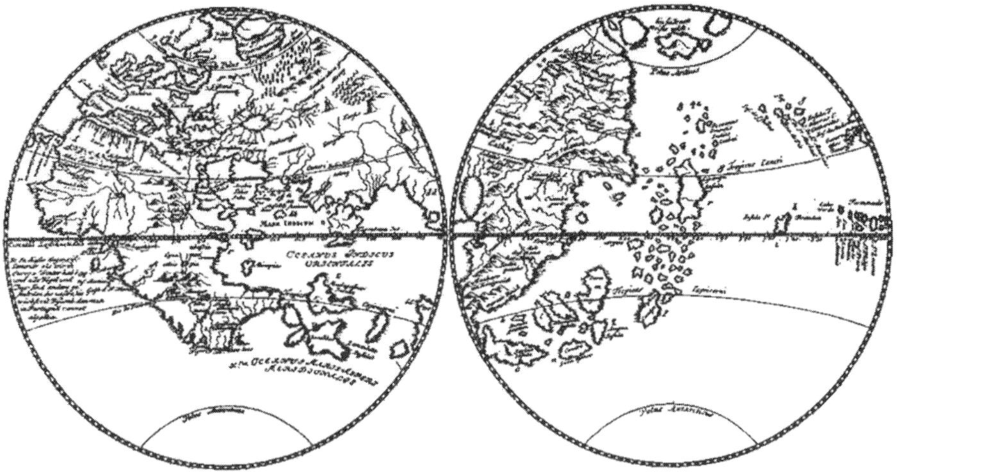

圖3　1492年貝海姆地球儀平面圖

十五、十六世紀的歐洲地圖學家為什麼會犯下這種顯而易見的錯誤？形成這種錯誤的原因又是什麼呢？

有一些學者認為，出現這種錯誤的原因是繪圖者將美洲大陸誤為一個附屬於亞洲的半島。首次提出這一觀點的是著名阿根廷籍史學家甘迪亞（Enrique de Gandia）。他在二十世紀五〇年代初期撰寫的一本書中指出，《馬爾特魯斯地圖》上那個虛構的「東南亞半島」很可能是南美大陸。甘迪亞的這種觀點在當時並沒有引起史學界的關注。四十多年之後，另一位著名阿根廷籍史學家格拉索（Dick Edgar Ibarra Grasso）撰文支持甘迪亞的觀點。格拉索進一步指出：《馬爾特魯斯地圖》中那個所謂「東南亞半島」就是南美洲，十六世紀史學家曾將此半島稱之為「龍尾」；並且，此半島西部的海域不是印度洋的一部分，而是太平洋。

格拉索的文章引起了國際史學界的注意，他的理論使一些史學家聯想起葡萄牙史學家加爾沃（Antonio Galvao）於一五五五年寫下的一段話：

> 葡萄牙國王的長子敦·佩德羅是一位偉大的旅行家。他於一四二八年經英格蘭、法國、德國抵達聖地（Holy Land）和其他地方。之後，他取道義大利

> 返回家鄉，途中經過羅馬和威尼斯。在那裡他買到一幅世界地圖並將此圖帶回家鄉。此幅地圖繪出了整個世界的所有部分，為敦・亨利的「大發現」事業提供了很大幫助。圖中，麥哲倫海峽被稱為「龍尾」，好望角被稱作「非洲之前沿」，此外還有一些其他訊息[1]。

雖然甘迪亞和格拉索的觀點引起很多史學家的注意，《馬爾特魯斯地圖》繪出南美大陸的理論並沒有得到學術界的廣泛認可。大多數學者認為，這種觀點只能被視為一種沒有任何證據支持的「假想」。然而，出乎意料的是，這一「假想」的支持者很快找到了具有說服力的證據。

葛雷茲博士（Dr. Paul Gallez）是一位知名的拉丁美洲史學家。與現代南美地圖進行詳細比較之後，葛雷茲博士發現，《馬爾特魯斯地圖》「龍尾」半島上面的河流體系與南美的馬格達雷那河（Magdalena）、奧里諾科河（Orinoco）、亞馬遜河（Amazon）、托坎廷斯河（Tocantins）、聖法蘭西斯科河（San Francisco River）、拉普拉塔河（Río de la Plata）、巴拉那河（Parana）、烏拉圭河（Paraguay）、南美科羅拉多河（Rio Colorado）、黑河（Rio Negro）、秋波河（Chubut）以及里奧格蘭德河（Rio Grande）等十二條主要河流體系非常相似（見彩圖9）。葛雷茲博士還指出，《馬爾特魯斯地圖》中的「龍尾」半島顯現出南美大陸南端東部海岸的沃德斯半島（Peninsula Valdes）、垂斯潘塔斯海角（Cabo Tres Puntas）和保拉海角（Cabo San Francisco de Paula）的輪廓。

葛雷茲博士認為，這些相似之處充分證明《馬爾特魯斯地圖》中的「龍尾」半島就是南美大陸。他進一步論證說：「在哥倫布之前沒有任何勘探南美洲的紀錄。但是，《馬爾特魯斯地圖》顯示的水文地質揭示出一個待考證的史實。我們或許應該相信，在馬爾特魯斯繪製地圖之前，他已經知曉南美洲的地理訊息。我們應該從一些更早的地圖中尋找這些訊息的來源。」[2]

葛雷茲博士細緻的對比、嚴謹的分析和出人意料的結論令史學界感到非常震驚。他的理論對哥倫布的歷史地位無疑是一次強有力的挑戰。認同這一理論，就等於默認在哥倫布之前歐洲人已經知曉南美大陸的水文地理、東部海岸線以及太平洋。而這一切將會釜底抽薪，使得傳統的「地理大發現史」陷於崩潰的境地。

為了維護苦心經營近五百年的「地理大發現史」和哥倫布的歷史地位，一些史學家紛紛向葛雷茲博士發難。有些學者認為，葛雷茲博士的對比研究毫無意義，他們聲稱《馬爾特魯斯地圖》「龍尾」半島的河流體系與南美大陸相似僅僅是一種巧合。有的質疑《馬爾特魯斯地圖》的繪製年代，認為這幅地圖很可能是十七或十八世紀製作的贋品。還有的指責葛雷茲博士的研究不徹底。這些指責者聲稱，除非能夠找到《馬爾特魯斯地圖》「龍尾」半島的訊息來源以及將南美誤為半島的原因，否則葛雷茲博士的理論只能歸類於毫無疑義的假想。

面對種種責難，葛雷茲博士沒有退縮。對於「巧合論」，他回答說：《馬爾特魯斯地圖》「龍尾」半島上主要河流的數量與南美大陸完全相同，既不多也不少。尤其是《馬爾特魯斯地圖》「龍尾」半島上「Y」字形的河流體系。這一河流體系無論是形狀、河道方向、比例關係，還是所在的地理位置，都與由拉普拉塔河、巴拉那河和烏拉圭河組成的河流體系非常相似。河流的發源及其河道的走向完全是由河流所在地勢、地貌決定的。「龍尾」半島上河流的走向與南美大陸實際水文相同的現象說明，「龍尾」半島的地勢、地貌在

1 安東尼奧・加爾沃的此段記載摘自Robert Kerr, F. R. S. & F. A. S. Edin所著*A General History and Collection of Voyages and Travels*，記載的英譯文為：“In the year 1428, Don Pedro, the King's eldest son, who was a great traveler, went in to England, France, and Germany, and thence into the Holy Land and other places, and came home by Italy, through Rome and Venice. He is said to have brought a map of the world home with him, in which all parts of the earth were described, by which the enterprises of Don Henry for discovery were much assisted. In this map the Straits of Magellan are called the Dragons-tail, and the Cape of Good Hope the Front of Africa, and so of the rest.”

2 見Paul Gallez, “Walsperger and His Knowledge of the Patagonian Giants, 1448”, *Imago Mundi*, Vol. 33, (1981), pp. 91-93.

諸多方面與南美大陸相吻合。除南美大陸之外，世界上沒有任何一個地方與「龍尾」半島的地勢、地貌及河流體系相同或類似。因此，這種相同或者類似絕對不可能是出於巧合。對於「贗品論」，他申辯說：在一八三〇年之前，沒有人知曉秋波河河道的走向，十七、十八世紀的人怎麼可能偽造《馬爾特魯斯地圖》並繪出當時無人知曉的秋波河呢？對於第三種指責，葛雷茲博士雖然認為毫無道理，可是承認在史料中無法找到《馬爾特魯斯地圖》「龍尾」半島的訊息來源以及將南美大陸誤為半島的原因。然而，葛雷茲博士相信，並且也希望，《馬爾特魯斯地圖》「龍尾」半島的訊息來源最終會浮出水面，那時人們自然會知曉《馬爾特魯斯地圖》將南美大陸誤為亞洲一個半島的原因。

第三節 《德·韋哥地圖》和《毛羅地圖》中的驚奇

《德·韋哥地圖》（*De Virga Map*）銷聲匿跡的時間長達近五百年，一九一一年一位古地圖收藏家在一家舊書店中發現了它。這幅地圖為圓形，繪出了東半球的地域輪廓，包括亞洲、歐洲和非洲（見圖4）。圖上載有繪製者德·韋哥（Albertinus de Virga）的簽名，並記錄了繪製地點威尼斯和繪圖年代。可惜，圖上簽署的年代只能看清前三位阿拉伯數字“141”，最後一位阿拉伯數字已經模糊不清，無法辨認。經地圖專家驗證，此圖為真跡，繪圖時間推定為一四一五年。

中世紀時期，歐洲人繪製的世界地圖遵循以東為上方的原則，並且將聖地耶路撒冷置於地圖的中央。但是，《德·韋哥地圖》卻似乎以北為上方，地圖中心也不是耶路撒冷，而是位於現今烏茲別克斯坦的撒馬爾罕（Smarkand）。這一地區在十三世紀不僅是蒙古人的一個重鎮，而且是蒙古帝國進行天文、地理研究的重要基地之一。圖中亞洲的一些地名屬於蒙古統治時期，中國的一些河流和城市的名字與《馬可·波羅遊記》

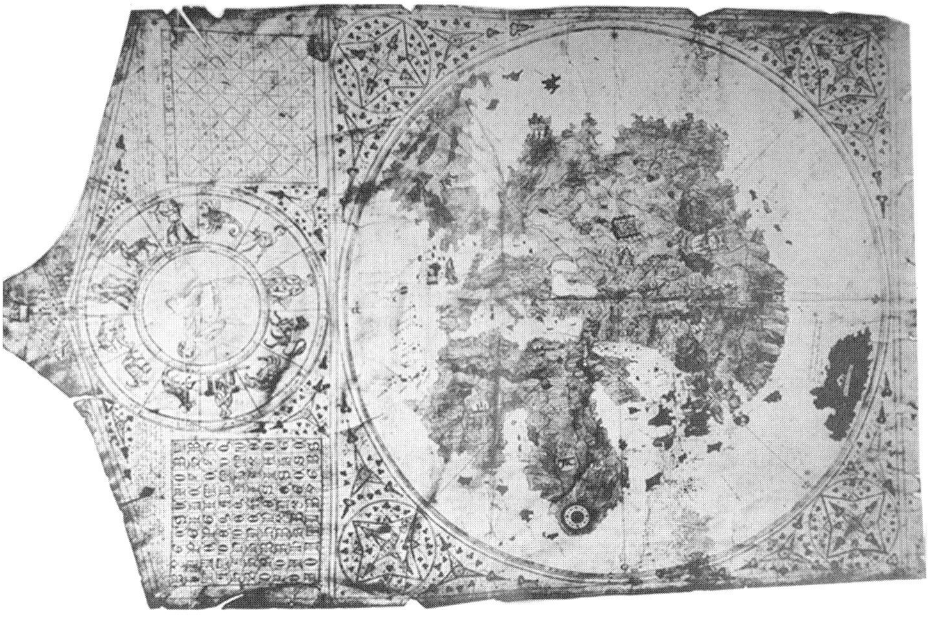

圖4　1415年《德‧韋哥地圖》

中的記載相同或相近。亞洲東部海域中的日本島被標注為"Cipangu"，這是馬可‧波羅給予日本島的命名。這些地名揭示出，德‧韋哥參考過蒙古人留下的資料。但是，這些都不是令史學界感到驚奇的事情。

《德‧韋哥地圖》描繪出北大西洋中的亞述爾群島。根據歷史記載，葡萄牙人於一四二七年發現這一群島，可是它們卻出現在一四一五年繪製的地圖上。圖的右下方露出一塊大陸的部分海岸線。有學者猜測這塊大陸可能是澳大利亞，另有學者推測這是南美洲。圖的左上方露出另一塊V形陸地。有學者猜測這可能是格陵蘭島或者北美洲的一部分。可是，按照正統的史學觀，無論澳大利亞、美洲還是格陵蘭島，都不應該出現在一四一五年繪製的地圖之中。

《德‧韋哥地圖》還描繪出亞洲大陸東北端的傑日尼奧夫角和北冰洋海岸線。不僅如此，非洲南端的好望角和非洲東部海岸線也出現在這幅地圖之中。德‧韋哥在一四一五年就知曉這些地域輪廓，這的確令史學界感到非常吃驚。一四一五年，歐洲

「地理大發現」的領軍國家葡萄牙還處在「大航海」的萌芽階段，葡萄牙人剛剛從穆斯林手中奪下北非與西非交接點上的沿海城鎮休達[1]。在一四八七年葡萄牙航海家迪亞斯越過好望角駛入印度洋之前，非洲東部海岸線對歐洲人而言是一片未知地帶。在一六四八年哥薩克探險家傑日尼奧夫勘測出傑日尼奧夫角之前，也沒有任何歐洲航海探險家越過這一海角。可是，德．韋哥為什麼能夠於一四一五年就繪出這兩個「未知」的海角以及海岸線呢？這位威尼斯人是從哪裡獲得有關的地理訊息呢？

實際上，歐洲最早繪出好望角的世界地圖並不是《德．韋哥地圖》，而是維斯康緹教父（Pietro Vesconte）於一三二一年繪製的一幅世界地圖（見彩圖10）。這幅地圖錯誤地將非洲南部海角的朝向畫成向東。雖然如此，我們還是能夠辨認出圖中的好望角。史學界對這幅地圖一直存有這樣的疑問：維斯康緹教父為什麼將非洲大陸南端的朝向繪成向東？這種不正確的非洲大陸輪廓是維斯康緹教父發明的嗎？

地圖史學家們在討論《德．韋哥地圖》時，常常會提及另一幅世界地圖——《毛羅地圖》（見彩圖11）。這幅傑作是威尼斯修道士毛羅（Fra Mauro）和他的助手比安科（Andrea Bianco）受葡萄牙國王阿豐索五世之託繪製的。在葡萄牙航海史中阿豐索五世扮演了一個非常重要的角色，他不僅向葡萄牙航海家提供地理訊息，並且還提供大量的資助。有西方學者猜測，《毛羅地圖》上的很多地理訊息是阿豐索五世提供的。

毛羅修士和比安科從一四五七年開始繪製這幅地圖，直到一四五九年四月才大功告成。由於此幅地圖繪得非常精美，葡萄牙皇室特意給毛羅修士頒發了勳章。可是，不知何種原因，這件傑作未能流傳至今。幸運的是，比安科在毛羅修士去世之後又繪製了一件複製品。此件複製品現陳列在威尼斯的一家博物館內。

《毛羅地圖》與《德．韋哥地圖》一樣，呈圓形。但是，《毛羅地圖》的構圖方向卻與《德．韋哥地圖》完全相反。它以南面為上方。一些學者指出，就亞洲部分而言，《毛羅地圖》與《德．韋哥地圖》很相似，圖中很多亞洲地名均是馬可．波羅時期的名稱。《毛羅地圖》中的非洲輪廓也與《德．韋哥地圖》類似，同樣描繪出非洲南端的好望角和非洲東部海岸線[2]。在非洲大陸地理訊息方面，《毛羅地圖》比《德．

韋哥地圖》更為詳細。

史學界非常明白，《毛羅地圖》中的一些地域輪廓和注釋與「地理大發現」的編年史是不一致的。《毛羅地圖》繪成之時，即一四五九年，葡萄牙人向南的航海範圍尚未越過非洲西北部塞拉里昂沿海海域。可是，《毛羅地圖》不僅描繪出非洲東、西海岸線，在海岸線上以及非洲內陸還標注出許多地名，似乎毛羅修士對非洲大陸已經瞭若指掌。在非洲大陸的南端，毛羅修士寫下一條令人感到驚奇的注釋：

> 大約在我們主的一四二〇年，一艘被稱之為印度舟的船橫穿印度洋駛向「男人和女人島」。這艘船在風力的助動下駛過德迪亞卜角（即好望角），並經過綠島向西南方向駛入黑暗海洋（即大西洋）。航行四十天後，除了天空和汪洋他們一無所見。據他們估計，他們已航行了兩千英里，命運之神拋棄了他們。當風力減弱時，在七十天內他們又返回到所謂的德迪亞卜角……。

這一注釋說明，在葡萄牙航海家迪亞斯越過好望角二十八年前，早已有人越過了這一海角。在注釋中，毛羅修士沒有指明這艘跨越印度洋的「印度舟」是何人的船隻。可是，圖中的另一條注釋為我們提供了線索：

> 航行在這些海域中的那些船隻被稱之為舟，它們具有四個或者更多的桅杆，這些桅杆有的可升可降。船中設有四十至六十個供商人居住的船艙。船隻有一個舵柄。這些船航行時無需借助指南針，

1 休達：Ceuta，現在摩洛哥境內。

2 在毛羅圖中，好望角被稱為「德迪亞卜角」（Cap de Diab）。

因為船上有占星家。站在船邊的占星家手中拿著星盤向航海家發出指令。

有些西方史學家曾對這些注釋的可靠性表示懷疑。然而，《毛羅地圖》中的一條注釋不得不令人相信，毛羅修士為了繪製這幅地圖做了大量的考證工作：

> 在此期間，我一直盡最大努力親自驗證（圖中）所寫的，我經過幾年的調查並與一些值得信任的人們交換意見，這些人都親眼看到那些被詳述（在地圖上）的東西。

史學界一致認同《德·韋哥地圖》和《毛羅地圖》的真實性。同時，他們也承認，這兩幅地圖顯示出，在「地理大發現」之前，歐洲人實際上已經知曉一些尚未被「發現」的地域。這兩幅地圖印證了葡萄牙史學家加爾華奧（Antonio Galvao）於一五六三年寫下的一段話：

> 佛朗西斯·德·索撒告訴我，在一五二八年，王子及皇位繼承人東·費南多向他出示了在皇室圖書館中發現的一幅地圖。這幅一百二十年前繪製的地圖（注：即一四〇八年繪製的地圖）公布了所有東印度的航行……這幅地圖表明，古代的地理發現比現在多得多……。[1]

既然十六世紀的歐洲史學家承認，古代的地理發現比歐洲人於十五世紀末開始進行的「地理大發現」多得多，接下來需要解答的問題是：《德·韋哥地圖》和《毛羅地圖》中的地理訊息來自何方？何人在歐洲人之前曾經對非洲和亞洲大陸進行了勘測？何人建造了《毛羅地圖》注釋所描述的那些具有四個或者更多桅杆的船隻？《毛羅地圖》注釋中所述的那些站在船邊、手持星盤的占星家又是從哪裡來的呢？

第四節 《皮里·雷斯地圖》中的南極洲

一九二九年，在土耳其伊斯坦堡皇宮中，幾位史學家發現了一張十六世紀奧斯曼王朝時期的地圖殘片以及繪圖者的筆記本。從這張地圖殘片中，不僅能夠辨認出大西洋、南歐和北非，並且還能看見延伸到最南端的南美東部海岸線（見彩圖12）。地圖上寫滿了密密麻麻的土耳其文字，這些文字說明，此圖的繪製者是信仰伊斯蘭教的皮里·雷斯海軍上校，繪製年代為一五一三年[2]。根據圖中的署名，史學界將此幅地圖稱之為《皮里·雷斯地圖》（*Piri Reis Map*）。有學者仔細研究《皮里·雷斯地圖》上面的注釋後推斷，這張圖僅是一幅世界地圖的一部分，完整的地圖還應包括地中海、印度洋和遠東地區。《皮里·雷斯地圖》的出現在史學界引發了一連串的爭論。

十五、十六世紀時期，穆斯林是基督教徒的競爭對手，他們封鎖了從歐洲通往亞洲的陸地通道，切斷了歐亞之間的貿易往來。由此促發葡萄牙和西班牙在海上尋找通往亞洲的航道。無論葡萄牙還是西班牙都將發現美洲大陸的消息視為國家高度機密，海圖和航海訊息更是無價之寶。可是，繪有美洲大陸的地圖怎麼會從基督教徒的懷中落入穆斯林之手呢？

有些學者草率地認為，《皮里·雷斯地圖》上的地理訊息來源於哥倫布。這些學者聲稱，《皮里·雷斯地圖》的故事始於一五〇一年，也就是哥倫布發現美洲新大陸之後的第九年。此年間，一支奧斯曼王朝的艦隊俘獲了幾艘來自西班牙的商船。商船中有一位水手恰好攜帶了一張哥倫布繪製的美洲大陸地圖。皮里·雷

1 源自Antonio Galvao的著作*Tratado Dos Diversos e Desayados Caminhos*。

2 圖上注明的繪圖年代為穆斯林九一九年，相當於西元一五一三年。

斯的叔叔收藏了這張珍貴的地圖，並在死前將它傳給了皮里．雷斯。皮里．雷斯根據這幅地圖繪製了自己的世界地圖。

這個故事聽起來似乎合情合理。歷史常識告訴我們，哥倫布於一四九二年首先發現美洲大陸。所以，將《皮里．雷斯地圖》中關於美洲大陸的地理訊息歸功於哥倫布看上去的確很恰當。但是，這個「合情合理」的故事有一個明顯的破綻。哥倫布四次美洲航行都沒有深入到南半球，他的航海圖不可能提供赤道以南的地理訊息。可是，《皮里．雷斯地圖》卻繪出了赤道以南的南美東部海岸線。這意味著，皮里．雷斯繪製地圖時肯定參考了其他地圖。

在那些學者們講述離奇故事的同時，另外一些史學家正在仔細研讀《皮里．雷斯地圖》上的文字和皮里．雷斯筆記本中的紀錄。從中他們發現，為繪製世界地圖，皮里．雷斯參考了二十幅地圖。其中，八幅是西元前四世紀亞歷山大時期的地圖，一幅阿拉伯人繪製的印度地圖，四幅葡萄牙人繪製的印度洋和中國地域地圖，以及那幅哥倫布繪製的地圖。非常遺憾，皮里．雷斯沒有對其餘六幅地圖做出任何說明。這六幅地圖是否為皮里．雷斯提供了南美東部海岸線的地理訊息呢？並且，這六幅地圖又是何人繪製的呢？

在研究《皮里．雷斯地圖》時，史學家們發現在南美陸地上記載了一段與哥倫布發現美洲有關的注釋：

這些海岸被稱之為安緹里亞海濱。阿拉伯紀年八九六年（注：西元一四九二年）這些海岸被發現。據說，一位名叫哥倫布的熱那亞異教徒（注：熱那亞指現今義大利西北部地區）發現了這些地方。這個哥倫布無意中得到一本書。書中寫道，在西海（即大西洋）的盡頭，也就是西海的西邊，有海岸、島嶼以及各種各樣的金屬礦和寶石。哥倫布從頭到尾仔細研究了這本書，並將書中的內容逐一解釋給熱那亞的大人物。哥倫布向這些大人物提議說：「給我兩條船，讓我去發現這些地方吧！」這些大人物回答說：「喂！你這個不中用的人。難道西海會有盡頭嗎？西海冒出的蒸汽都是漆黑一

> 團。」（注：中世紀時期歐洲人和阿拉伯人將大西洋稱為「黑暗之海」）哥倫布看到無法從熱那亞人那裡得到幫助，他便投奔西班牙並將他的故事詳細地告訴了西班牙皇室。最初西班牙皇室的反應與熱那亞大人物一樣。簡而言之，在哥倫布請願了很長時間之後，西班牙皇室最終提供給他兩條裝備良好的船隻，並對他說：「哥倫布，如果你真的能夠說到做到，你將被任命為海軍司令。」受西班牙皇室的委派，哥倫布遠洋西海……。[1]

《皮里・雷斯地圖》的這一注釋與我們所知的歷史常識不相吻合。按照史學家們編寫的地理大發現史，哥倫布率領船隊離開西班牙向西航行時，他對前方一無所知。可是與哥倫布同時期的皮里・雷斯卻在他的地圖上寫道，當時哥倫布已從一本書中獲悉，歐洲西面不僅有海岸和島嶼，還能發現各種各樣的金屬礦和寶石。

《皮里・雷斯地圖》引發的疑惑不僅僅局限於哥倫布「發現」美洲。二十世紀六〇年代中期，一位名叫馬勒瑞（Arlington Mallery）的美國退休海軍軍官發現，《皮里・雷斯地圖》採用了投影繪圖手法，並且圖右下方的海岸線似乎與南極洲莫德皇后地[2]的輪廓很相似。歷史常識告訴馬勒瑞先生：人類發現莫德皇后地的年代是一九三〇年。馬勒瑞先生認為，一五一三年《皮里・雷斯地圖》呈現出南極部分海岸線簡直是一件不可思議的事情。他猜測皮里・雷斯可能擁有古人繪製的世界地圖。當馬勒瑞先生把這一猜想告訴一些史學家時，他所看到的大都是一些嗤之以鼻、不屑一顧的表情。然而，有一位學者的反應卻與眾不同。這位學者就是哈普古德教授（Charles Hapgood）。

1 根據Afet Inan博士所著的*The Oldest Map of America*（一九五四年版）英譯文轉譯成中文。

2 Queen Maud Land.

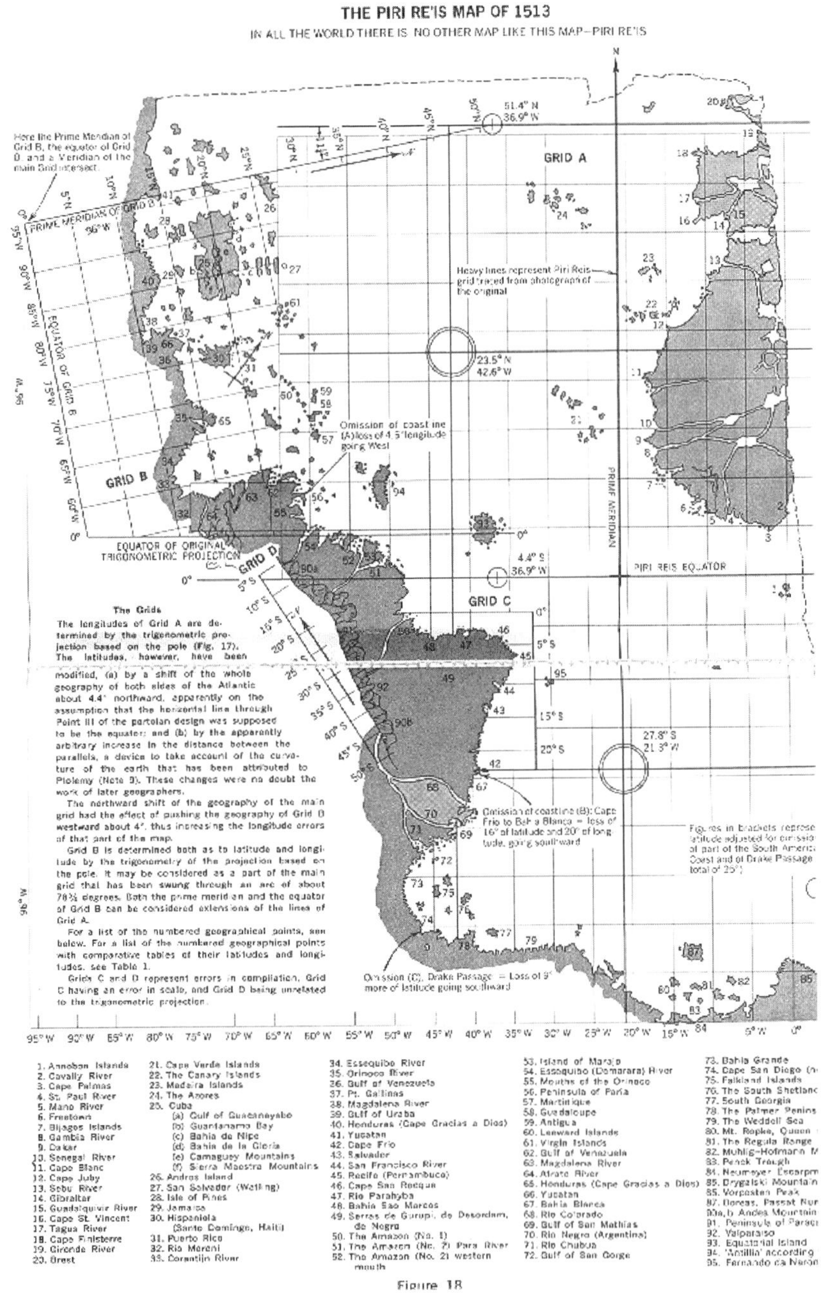

圖5　《皮里．雷斯地圖》與現代地圖的比較

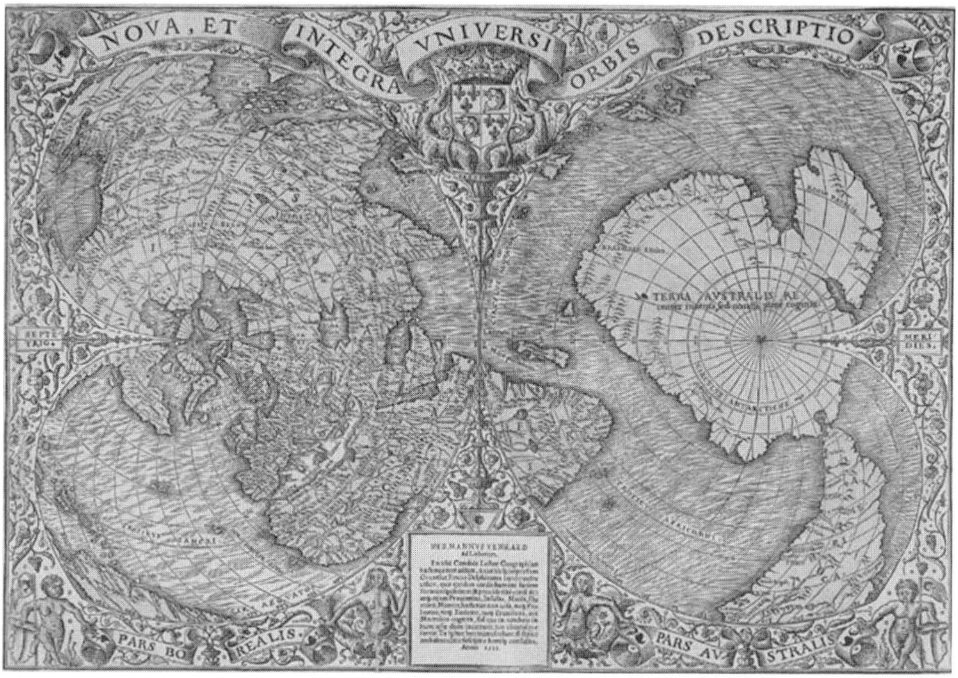

圖6　1531年《費納烏斯世界地圖》（此圖現由美國國會圖書館收藏）

哈普古德教授認為《皮里．雷斯地圖》採用了「等距方位投影」繪圖法，其右下方的地域輪廓肯定是南極部分海岸線（見圖5）。可是哈普古德教授無法解釋，皮里．雷斯怎麼能夠在一五一三年知曉南極洲的輪廓呢？由於哈普古德教授無法自圓其說，他在學術界備受譏諷，許多學術評論將哈普古德教授戲稱為「幻想家」，更有甚者將哈普古德教授稱之「學術騙子」。

哈普古德教授雖被學術界歸類為幻想家或者騙子，可他認為自己仍應回歸史學家的行列。他繼續在古地圖中查詢線索，希望有朝一日能找到證明《皮里．雷斯地圖》下方陸地是南極洲的證據。

一九六〇年初，他在美國國會圖書館發現一幅由費納烏斯（Oronteus Finaeus）於一五三一年繪製的《費納烏斯世界地圖》（*Oronteus Finaeus Map*）（見圖6）。此圖採用正軸方位投影法繪出了完整的南極陸地，並且其輪廓與現代地圖很接近。幾年之後，哈普古德教授撰寫出一部名為《古代海王地圖》的著作。此書在歐美引起了很大回響，可是哈普古德教授仍無法逃脫歷史學家們的嘲笑。一位歷史學家在評論此書時，提出了一連串的問題：古人通過什麼方式抵達南極？又以何種技術方法繪製出南極陸地輪廓？面對這些問題，哈普古德教授張口結舌。

史學家們雖然在公開場合上幸災樂禍地嘲笑哈普古德教授，可是私下他們卻在疑惑。因為他們非常清楚，《費納烏斯世界地圖》是件真品。不僅如此，還有另外幾幅十六世紀世界地圖也繪出了南極洲的輪廓。比如，一五八一年西班牙皇家地圖學家查沃思（Jerónimo de Chaves）在其著作中收錄了一幅西半球世界地圖，該圖呈現出南極洲的部分輪廓（見圖7）；一五四六年由加斯托迪（Giacomo Gastaldi）繪製的世界地圖繪出了絕大部分南極洲海岸線（見彩圖13）；而一五五五年弗洛瑞恩（Antonio Florian）繪製的南半球世界地圖（見圖8）和一五九三年久德（Cornelis de Jode）所繪的南半球世界地圖（見彩圖14）均繪出完整的南極洲輪廓。史學家們非常明白，按照他們撰寫的世界地理探險史，人類在十九世紀初才抵達南極洲的邊緣，在二十世紀中期才測繪出南極洲的陸地輪廓。他們無法解釋，為什麼數幅十六世紀地圖上會出現十九世紀才發現的南極洲呢？難道時鐘會倒轉嗎？這似乎成為一個既

圖7　1581年《查沃思世界地圖》

滑稽又令人啼笑皆非的問題。

圖8　1555年《弗洛瑞恩世界地圖》（此圖現由美國國會圖書館收藏）

第五節　《文蘭地圖》的困境

在古代世界地圖之中，《文蘭地圖》的命運最為跌宕起伏。這一厄運源於《文蘭地圖》的繪製時間和圖中的「文蘭島」（Vinilanda Insula）（見圖9）。

一九五七年夏季的一天，一位義大利古董商人帶著一本拉丁文手稿來到了倫敦大英博物館。這位義大利人聲稱，他帶來的是一本中世紀時期的手稿，希望大英博物館能夠買下這本珍貴的古籍。

大英博物館的專家們仔細查驗了這本手稿，發現它的抄錄時間大約在十五世紀中期。手稿的名稱為《韃靼關係》，內容與十三世紀中期聖芳濟會修道士出使蒙古有關。專家們還發現，《韃靼關係》手稿中夾著一張羊皮紙世界地圖，上面繪有歐、亞、非三大洲和一些島嶼。圖中最引人注目之處是繪在歐洲大陸西面的冰島、格陵蘭島和「文蘭島」。從地理位置和地域輪廓上看，這座「文蘭島」似乎應該是位於北美大陸東北部的新斯科舍半島（Nova Scotia）。「文蘭島」左上方的三行字寫道：「文蘭島，布加爾尼和雷夫共同發現。」在「文蘭島」的正上方還有這樣一段文字：「布加爾尼和雷夫從格陵蘭島出發，破冰向南航行，前往

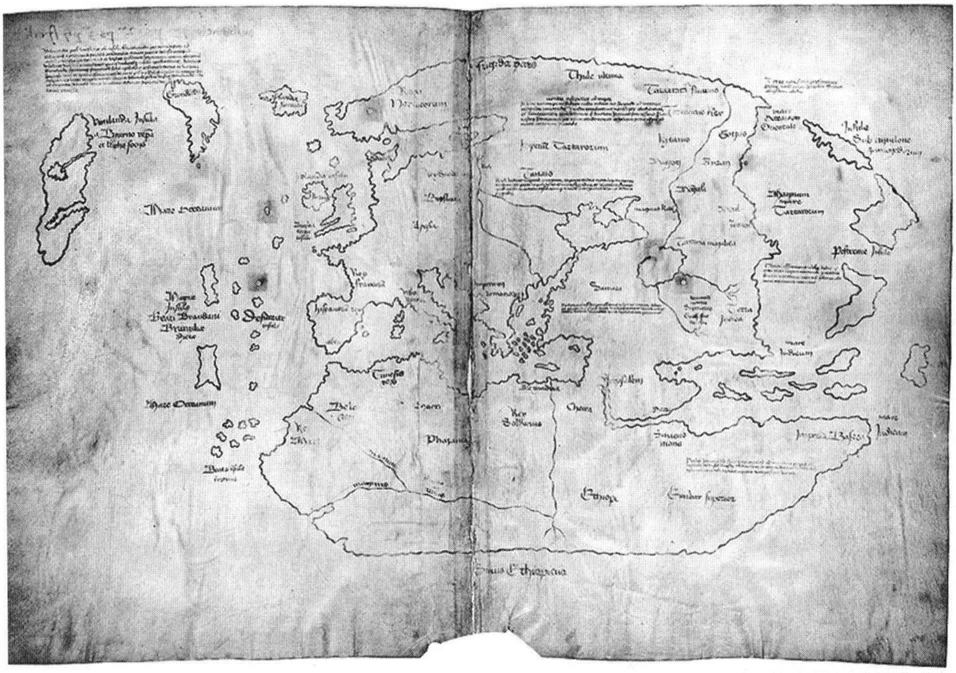

圖9　1440年《文蘭地圖》（此圖現由美國耶魯大學圖書館收藏）

西面大海中不為人知的遙遠地域。經過長時間的航行，在上帝的祝福下，他們看到了一個新的陸地。這個地方土地肥沃……他們將這個地方命名為『文蘭』。」博物館的專家們非常明白，這段注釋提到的「布加爾尼」和「雷夫」是傳說中發現北美大陸的兩名十世紀的北歐探險家。

《韃靼關係》手稿和地圖看上去都很老舊。不過，專家們發現地圖上的蟲蛀痕與手稿紙張上的蟲蛀痕不太吻合，而且手稿曾在幾年前被重新裝訂過。出於這些原因，大英博物館將《韃靼關係》手稿連同地圖一起退還給義大利商人。

幾年後，義大利商人將《韃靼關係》手稿和地圖賣給了美國古董商維騰（Laurence Witten）。仔細研究這兩份文獻後維騰先生意識到，《韃靼關係》手稿的紙張與從這位義大利商人購得的一本十三世紀手抄名著《歷史之鏡》很相近。當將《歷史之鏡》手抄本夾在地圖和《韃靼關係》手稿中間時，維騰先生發現，三者的蟲蛀痕竟然完全吻合。這些相互吻合的蟲蛀痕表明，這三件古物原來是按照地圖在上、《歷史之鏡》在中、《韃靼關係》手稿在下的順序保存在一起。根據這一發現，維騰先生推測，此幅地圖應是《歷史之鏡》的附圖。

大英博物館專家們得知這一新發現的消息後，再次對《韃靼關係》手稿和地圖進行了檢查。經過幾年的研究之後，這些專家認為，《歷史之鏡》抄本、《韃靼關係》手稿和地圖都是極其珍貴的古代文獻。

在美國著名金融家梅隆（Paul Mellon）的贊助下，美國耶魯大學圖書館以高價從維騰先生手中購得那幅地圖。鑑於地圖上那座奇異的「文蘭島」，耶魯大學圖書館的專家們將這幅地圖命名為「文蘭地圖」。

一九六五年十月十一日，即哥倫布發現美洲紀念日的前一天，耶魯大學學刊發表了《文蘭地圖》的照片，同時還刊登了數篇文章。這些文章分別出自耶魯大學和大英博物館專家之筆，他們從不同角度對《文蘭地圖》的真實性進行了論證，並推定繪製年代約為一四四〇年。

《文蘭地圖》和耶魯大學學刊上的文章立即在史學界掀起了軒然大波。一些學者持肯定態度，認為這幅地圖證明，在哥倫布抵達美洲大陸的數百年之前，北歐探險家已經發現了美洲大陸。然而，大多數學者對《文蘭地圖》的真實性持懷疑態度。更有一些學者斷言，《文蘭地圖》為贗品。個別專家甚至推測，這幅地圖是古地圖專家和造假高手串通一氣的「傑作」。

一九六六年，著名的美國史密森學會組織了一次國際研討會，專門探討《文蘭地圖》的真偽性問題。研討會中，雖然個別學者對《文蘭地圖》的可靠性提出了異議，但是絕大多數講演者認同《文蘭地圖》為真品。這些認同者提出了一些有利於《文蘭地圖》的證據。例如，《韃靼關係》手稿紙上的水銀印表明，手稿紙張是瑞士巴塞爾一家作坊於一四三一年至一四四九年期間製造的產品，而《文蘭地圖》的繪製年代恰好在這一期間；再如，《歷史之鏡》封皮內側的襯紙上寫有一些人名，其中一位曾於一四三五年被巴塞爾理事會委任為公證員，這也與《文蘭地圖》的繪製年代相吻合。似乎，《文蘭地圖》的真實性可以得到認可了。然而，這幅地圖的命運卻在幾年之後發生了逆轉。

一九七四年，耶魯大學聘請化學專家邁克隆先生（Walter McCrone）對《文蘭地圖》進行了化學鑑定。當耶魯大學看到邁克隆先生的報告時大吃一驚。在報告中邁克隆聲稱，他在《文蘭地圖》的墨蹟中發現了含量較高的銳鈦礦型二氧化鈦，這一化學元素自然存在的機會很少，而含有這一化學元素的墨水直到一九二〇年才被生產出來。這一結論無疑將《文蘭地圖》判定為二十世紀二〇年代之後偽造的贗品。邁克隆報告在史學界和新聞界引起了巨大回響。由此，《文蘭地圖》從一幅珍貴的古地圖變成為一張廢紙。對此，耶魯大學雖然感到很尷尬，可是不得不承認《文蘭地圖》為贗品的可能性。

一九八七年，受耶魯大學之託，美國加州大學戴維斯分校凱西教授（Thomas Cahill）採用一種新型的技術，再次對《文蘭地圖》進行化學測定。凱西教授的測定結果表明，《文蘭地圖》墨蹟中銳鈦礦型二氧化鈦的含量並非如邁克隆報告所述的那麼高，而是極少。凱西教授的測定結果雖不能當作有利於《文蘭地圖》的證據，卻引起學術界懷疑邁克隆報告的可信度。在凱西教授之前已有學者提出，中世紀時期的墨水可能會含有這種化學元素。還有學者對邁克隆有關自然界不存在銳鈦礦型二氧化鈦的結論持否定態度。

一九九六年，耶魯大學組織了一次研討會，再次對《文蘭地圖》的真偽問題展開了辯論。同年五月，《耶魯男校友雜誌》刊登了一篇文章稱，《文蘭地圖》的名譽不可詆毀[1]。由於《文蘭地圖》的命運發生了轉機，它的價值也大為提高，耶魯大學為這張地圖買下了保賠金額高達兩千多萬美元的保險單。

二〇〇二年七月，兩位科學家分別發表了觀點完全對立的學術文章。一位認為《文蘭地圖》上的墨水為二十世紀的產物，而另一位依據碳十四測定結果判定《文蘭地圖》紙張的生產年代約為一四三四年。此後，《文蘭地圖》超出了歷史學的範圍並深深陷入了化學家們的爭吵之中。

在化學家們對《文蘭地圖》墨蹟的化學元素爭論不休之時，一些史學家試圖從史學方面尋找將《文蘭地圖》置於死地的論證。有幾位史學家認為，證明《文蘭地圖》為贗品的最好方法是找出地圖的「偽造者」。

他們判定，這個「偽造者」應當符合三個條件：第一，對中世紀時期的歷史非常了解；第二，在辨別古地圖真偽方面具有豐富的經驗；第三，生活在一九二〇年至一九五七年之間，即含有銳鈦礦型二氧化鈦墨水出產之後以及《文蘭地圖》被發現之前。

在學術界，「知識淵博」和「經驗豐富」一直都被用於讚譽那些傑出的學者。可是，誰又曾想到，這兩個讚譽之詞在二十一世紀竟被當作判定學術欺騙的證據。不幸由此被認定為「偽造者」的學者就是在地圖史學界享有盛譽的費舍爾神父。費舍爾神父是德國人，生於一八五八年，死於一九四四年。他在古地圖研究方面具有很高的造詣，被公認為傑出的地圖史學家。費舍爾神父的成名之舉就是發現了《瓦德西穆勒世界地圖》。正是由於這些傑出的成就，費舍爾神父不幸被人指控為偽造《文蘭地圖》的罪魁禍首。一位史學家於二〇〇四年出版了一本書，書名為「地圖、神話和男人：文蘭地圖的故事」[2]。在此書中，作者煞有介事地對費舍爾神父的「犯罪」動機做了一番設想和分析。作者認為，由於納粹黨宣揚納粹文化源於北歐古代文化，同時他們又對羅馬天主教廷的耶穌會實施迫害，為了提高教廷的地位並且揶揄納粹黨，費舍爾神父偽造這幅《文蘭地圖》，由此費舍爾神父想說明教廷與北歐古代文化有著緊密的聯繫。

還有一些史學家給《文蘭地圖》的支持者們出了一道難題。這些史學家指出，沒有地理測繪技能的人不僅無法判定某一地域的地理位置，更不可能測繪出地理方位和地域輪廓相對準確的地圖。基於這一道理，他們提出了一個非常刁鑽的問題：沒有掌握地圖測繪技術的北歐航海家怎麼能夠測繪出《文蘭地圖》呢？這一問題好似一記重拳，狠狠地擊中了《文蘭地圖》支持者的要害。

自耶魯大學將《文蘭地圖》公之於眾以來，這幅地圖一直處在是真是假的爭論之中。正方和反方誰也

1 參見*The Yale Alumni Magazine*一九九六年五月刊載的題為"Tales of the Un-Fake"的文章。

2 見*Maps, Myths and Men: The Story of the Vinland Map*, By Kirsten Seaver, Stanford University Press, 2004.

說服不了誰。在近六十年的辯論中，專家、學者們爭論的焦點集中在地圖墨蹟的化學元素方面。似乎沒有人側重這麼幾個問題：《文蘭地圖》為什麼與《歷史之鏡》手抄本及《韃靼關係》手稿保存在一起？《文蘭地圖》與《歷史之鏡》手抄本之間存在何種聯繫呢？

第六節　與庫克船長作對的《道芬地圖》

誰是發現澳洲大陸的英雄？對此問題大多數人都會不假思索地回答說：英國探險家庫克船長。可是，仔細閱讀地理大發現史就會意識到，庫克船長發現澳洲大陸的故事不僅顯得很離奇，有些「情節」甚至令人感到有些滑稽。

古希臘地理學家托勒密的名著《地理學指南》被史學界認為是一部西元兩世紀的傑作。此書所附的一幅世界地圖在印度洋南面繪有一塊與非洲大陸連接的陸地，上面標明"Terra Australis Incognita"（未知南方大陸）。可見，在庫克船長「發現」澳洲大陸一千五百多年之前，這塊大陸已經被命名為"Australis"（即「澳大利亞」）[1]。至於托勒密繪出「未知南方大陸」的原因，一些史學家解釋說，他是根據一個猜想繪出了這片大陸。這個所謂的猜想就是：為了保持南半球與北半球之間的平衡，在赤道與南極之間，應該存在一片巨大的南方大陸。這是一個聽起來多麼不合乎情理的解說。以治學嚴謹著稱的古希臘天文學家、數學家和地理學家托勒密，怎麼會依據一個荒謬的猜想繪製地圖呢？

還有更加令人感到莫名其妙的事情：十六紀歐洲地圖學家墨卡托和奧特利烏斯等人分別在地圖中繪出「未知南方大陸」。與托勒密地圖相比較，在輪廓和地理位置方面，這些地圖中的「未知南方大陸」更接近於現實。墨卡托等人是從哪裡獲得相關的地理訊息呢？

地圖中時隱時現的「未知南方大陸」引誘著葡萄牙和西班牙兩國的君王。從十六世紀初開始，這兩個海上強國先後數次派出探險隊尋找這片南方大陸。然而，他們的探險隊卻都無功而返。

一六〇五年底，荷蘭人揚茨（Willem Jansz）受荷蘭東印度公司的派遣，率領一支海上探險隊從爪哇島啟程。揚茨船長此次航行的使命是去新幾內亞島勘探金礦。然而，他卻在無意之中登上了「未知南方大陸」的西海岸。揚茨船長當時並不知道他腳下的這片土地為何方。當揚茨船長帶領船員上岸勘察時，他們遭到了當地土人的襲擊，其中一些船員因此喪命。揚茨船長不願再讓更多的人去冒生命危險，最終，他決定掉轉船頭返回爪哇島。

然而，更多的歐洲史學家傾向於將發現「未知南方大陸」的榮譽授予庫克船長。一七六八年八月的一天，一艘名為「努力號」的英國船隻在庫克船長的指揮下，從英國起航向南方駛去。庫克船長此次出航的目的就是發現「未知南方大陸」。庫克船長真是不虛此行，他於一七七〇年四月發現了澳洲大陸。

一七七一年，庫克船長回到英國隆重地向世界宣布，他發現了澳洲大陸！這一發現贏得英倫島的一片歡騰。按照當時的國際慣例，英國紳士們毫不猶豫地將比英倫島大十幾倍的澳大利亞納入英國的統治之下。在庫克船長盡情享受國人授予他的無比榮耀之時，他未曾想到，十幾年之後竟然有人對他的發現提出了質疑。

一七八九年，一位名叫道林普（Alexander Dalrymple）的英國人站出來聲稱：在庫克船長發現澳洲大陸之前，已經有人在地圖上繪出了這片大陸的輪廓，因此庫克船長根本配不上澳洲大陸「發現者」的稱號。道林普不是一個普通的英國人，他不僅是一位傑出的地理測量學家和地圖學家，他還是英國皇家學會的會員。道林普對庫克船長提出的質疑是有根有據的，他拿出的證據就是一五四五年成圖的《道芬地圖》（見圖10）。

「道芬」（Dauphin）是十四世紀中期至十九世紀四〇年代法國皇太子的稱號。《道芬地圖》在法國繪

1 「澳大利亞」一詞源於拉丁語"Australis"，其涵義為「南方」。

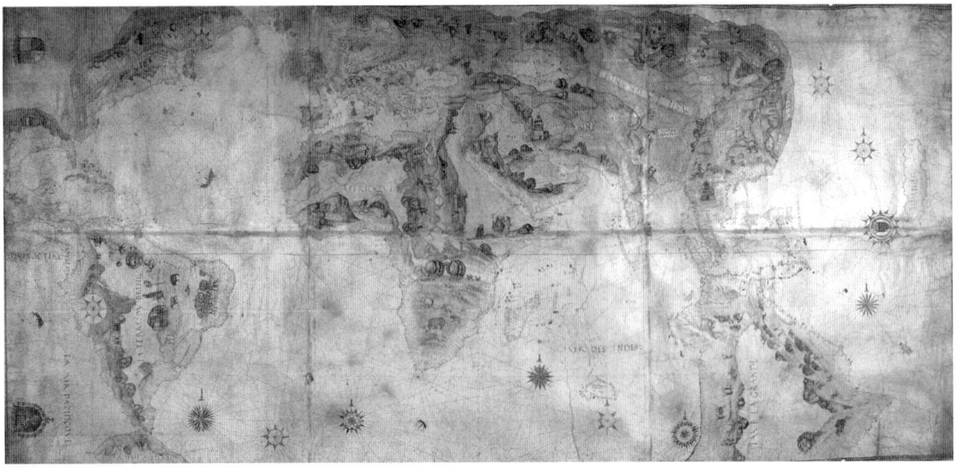

圖10　1545年《道芬地圖》（此圖現由英國國家圖書館收藏）

製成圖，並以法國皇太子的稱號命名。對於英國人而言，承認一五四五年《道芬地圖》繪出了澳洲大陸，就意味著大英帝國根本沒有權利將澳洲大陸視為她的殖民地。按照當時的國際慣例，新大陸的所有權歸屬於它的發現者。如果承認法國人的《道芬地圖》繪出了澳洲大陸，這片大陸豈不應該成為法國的殖民地了嗎？道林普對庫克船長的質疑涉及大英帝國殖民地的領土問題。不用細說，他的觀點立即遭到大英帝國政府和學界的嚴厲批判。幾年之後，《道芬地圖》漸漸地淡出了人們的視線。

出乎意料，一百八十多年之後，《道芬地圖》再次托出了水面。二十世紀八〇年代末，業餘歷史學家麥肯梯（Kenneth McIntyre）撰寫了一部名為「葡萄牙探險家祕密發現澳大利亞」的著作[1]。二〇〇七年三月，歷史學家垂克特（Peter Trickett）出版了他的得意之作——《超越摩羯座》[2]。這兩部著作一致認為：葡萄牙航海探險家蒙東薩（Cristovao de Mendonca）曾於一五二二至一五三九年期間勘測澳洲大陸，蒙東薩測繪的地圖是《道芬地圖》的原始資料。

然而，一些學者對這一推斷提出了質疑：十六世紀葡萄牙王室一直將地圖視為國家高度機密，蒙東薩船隊帶回給葡萄牙國王的地圖怎麼會跑到了法國？並且，當時葡萄牙航海家尚未掌握足夠的勘測技術，他們通過什麼方式測繪出澳洲大陸的地理位置呢？《道芬地圖》不僅繪出了澳洲大陸，還繪有北美大陸、南美大陸以及部分南極洲的地理輪廓，如果《道芬地圖》源於蒙東薩的測繪成果，這就意味著這支船隊還對美洲大陸和南極洲進行了測繪。根據歷史記載，蒙東薩船隊由數條輕型帆船組成。這幾條輕型帆船怎麼可能在十七年間內遊遍全球並且勘測出南極洲的地理輪廓呢？

很明顯，有關葡萄牙人於一五二二年發現澳洲大陸的推測，無論在史料方面還是邏輯方面，都無法自圓其說。然而，《道芬地圖》又是怎麼一回事呢？此幅地圖上的地理訊息來自何人的勘測結果呢？

第七節　彼此關聯的疑惑

對於西方古地圖中出現的諸多問題，不僅是普通人，就連史學家們也會感到困惑不解。這些奇怪的古地圖接二連三地揭示出，一批無名英雄曾在十五世紀之前完成了勘測地球的壯舉。

為什麼許多西方古地圖與「地理大發現」編年史不一致呢？我將上文提及的幾幅古地圖圖片擺在桌上，仔細做了一番對比。這種對比使我意識到，這些地圖呈現出來的各種「奇異」現象之間存在著某種聯繫。

《皮里．雷斯地圖》和《道芬地圖》不僅繪出了南極的部分輪廓線，而且還都有一些羅盤花和交叉直線圖案。很明顯，這些圖案基於相同的繪圖原理。但是，如何解釋這些圖案呢？

在《道芬地圖》中，澳洲大陸過於靠近亞洲大陸。這種錯誤在《德．韋哥地圖》中也能看到。《道芬地

1 此著作的英文名為*The Secret Discovery of Australia: Portuguese Ventures, 200 years Before Captain Cook*。

2 此書英文名稱為*Beyond Capricorn*。

圖》和《德・韋哥地圖》還犯有另外一個相同的錯誤：紅海與地中海之間的蘇伊士地峽過於寬闊。《道芬地圖》與《德・韋哥地圖》之間相差一百多年，十六世紀根本沒有關於《德・韋哥地圖》的記載。這一切說明，《道芬地圖》的繪製者不可能參考過《德・韋哥地圖》。然而，兩幅地圖卻在相同方位犯有相同的錯誤。這一現象揭示出，這些錯誤同出一源。

《道芬地圖》的另一個錯誤在《瓦德西穆勒世界地圖》中也能看到。這個錯誤就是不完整的北美大陸。安第斯山脈均出現在《瓦德西穆勒世界地圖》、斯楚訥地球儀和《皮里・雷斯地圖》之中。《馬爾特魯斯地圖》顯現出南美大陸的河流體系。這些現象暗示出，有人曾在十六世紀之前完成了對南美地理的勘測。

《瓦德西穆勒世界地圖》在馬來半島東面多出了一個巨大的海灣和一個碩大的半島。這兩個「無中生有」的地域圖形在《馬爾特魯斯地圖》和貝海姆地球儀上也能看到。

《毛羅地圖》與《文蘭地圖》也有相同的錯誤，即非洲南端海角轉向東方。

相互關聯的現象暗示著，這些相同錯誤不可能是偶然現象。在這些奇異地圖的啟發下，我逐一查閱了十三至十八世紀期間西方人繪製的世界地圖。從中我發現，還有更多的古地圖與地理大發現史完全不一致。在這些為數眾多的古地圖中，有些地圖顯現出高水準的地理測繪技術，而這又與科學技術史的記載不相吻合。正如哈普古德教授所說：按照科學技術史的記載，人類直到十八世紀才發明出準確測量經度的精密儀器，可是一三三九年《杜色特航海圖》（*Dulcert Portolano*）和一三八〇年《澤諾地圖》（*Zeno Map*）對經度的測算相當精確，這說明人類在十四世紀已經發明出測量經度的儀器[1]。

地圖史學家哈威教授（P. D. A. Harvey）也注意到古地圖背後隱藏的問題。他提出幾個與古地圖精確性相關的疑問：十六世紀歐洲繪圖師為什麼會注重地域輪廓的精確性和比例尺的一致性呢？這種地圖繪製理念最初源於何人？十六世紀歐洲繪圖師究竟運用何種方法測繪出精確的世界地圖呢[2]？

還有一些歷史學家注意到另外一個問題：為什麼十六世紀西方地圖改變此前以東為上或以南為上的繪圖

規則，將北作為地圖的上方？並且，以北為上的地圖規範最初又是源於何人呢？

1 見哈普古德，*Maps of the Ancient Sea Kings*。

2 見P. D. A. Harvey, "Medieval Maps: An Introduction"，載於*The History of Cartography*, Vol.1, pp. 283-285.

第三章 誰最先將北作為地圖的上方

查看地圖時，潛意識會告訴我們，地圖通常是以北為上方。這種潛意識來自於地圖的繪製規則。可是，我們曾否想過，這種規則源於何處？為什麼這一規則不以東、以西或者以南為上方呢？

準確地講，世界上並沒有一個明文規定，要求地圖學家在繪製地圖時必須以北為上方。以北為上，僅僅是一種地圖繪製習慣。

傳統史學觀認為，這一習慣源於歐洲，十六世紀歐洲航海家依據北極星辨別方向，由此逐漸形成了以北為上的繪圖規則。然而，這種觀點卻與許多古代地圖相矛盾。在十六世紀之前，不僅許多中國地圖學家，甚至一些歐洲或阿拉伯繪圖師也早已將北作為地圖的上方。

古代地圖繪製者與現代地圖學家不同，他們在繪製地圖時，有意無意地會在圖中反映出本民族或本區域的文化、信仰以及他們的世界觀。正是這些因素促成了一個民族或者一個區域的諸多民族在繪製地圖時普遍接受了某種習慣，這種習慣經過千百年之後形成了公認的規則。此後，隨著人類的進步、社會的發展、東西方交流日益頻繁，全世界逐漸接受了某一民族的地圖繪製習慣，最終形成了當今世界各地一致公認並且遵循的繪圖規則。

為了尋求這種規則的起源，我們必須沿著地圖史的脈絡，溯委窮源。鑑於一些歷史學家聲稱，此規則源於西方，我們的探索之旅就從歐洲地圖史中起步。

第一節　以東為上的古代世界地圖

五世紀至十四世紀期間，歐洲知識界一直深受基督教教會的控制。為了維護基督教的統治地位，教會想盡一切辦法排擠科學技術的發展。有些西方史學家將這一時期稱之為歐洲的「黑暗時代」[1]。

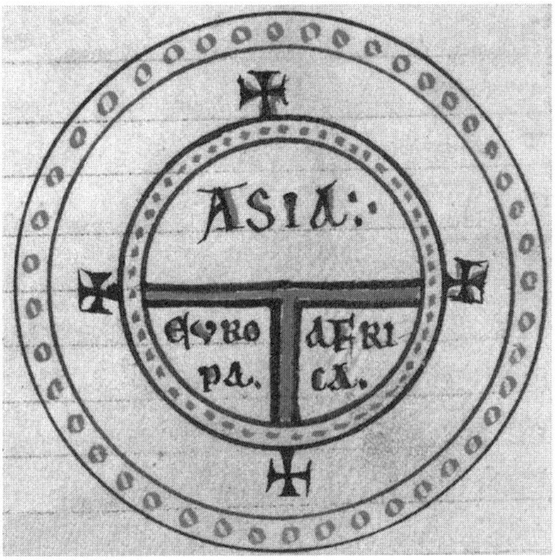

圖11　12世紀T-O世界地圖
（此圖現由英國國家圖書館收藏）

在這一漫長的歲月中，基督教教義主宰著歐洲的地圖學。此時期歐洲出現的地圖基本上都將世界繪成一個圓圈，基督教聖地耶路撒冷位於地圖的中心，伊甸園所在的東方處於地圖的上方。這些圓形世界中間通常用一個與英文字母「T」相類似的圖形將整個世界分成歐、亞、非三塊大陸（見圖11）。歐洲與亞洲之間隔著頓河或者黑海，非洲與亞洲之間為尼羅河，將歐洲和非洲分開的則是地中海。史學界認為，這一形狀的世界地圖是七世紀西班牙塞維利亞主教聖．伊斯多爾（St. Isidore）發明的。這種世界地圖出世之後，其模式在歐洲盛行了近八百年。由於這種世界地圖的構成要素是一個圓圈和其中的「T」字，

1　學界對「黑暗時代」的解釋有所不同，另一種觀點認為「黑暗時期」的年代應自五世紀至十二世紀。

史學界普遍將這類地圖稱之為「T-O世界地圖」[1]。據統計，歐洲目前已經發現了六百多幅這種類型的古代世界地圖。這一數字顯示出，在黑暗時代的歐洲地圖學中，T-O世界地圖居占著絕對的主導地位[2]。

中世紀早期，歐洲還流行著另外一種世界地圖。它看上去略比T-O世界地圖複雜，但基本上保持了T-O世界地圖的格局。這種世界地圖通常繪出歐、亞、非大陸上的四條主要河流，即尼羅河、幼發拉底河、底格里斯河、恆河，並且將亞當和夏娃畫在地圖的正上方。據稱，這種地圖最初源於八世紀西班牙修道士貝徒斯（Beatus）之手。為此，史學界將此類地圖稱之為「貝徒斯地圖」（Beatus Map）。

十三世紀之前，基督教教義認定世界是一個平坦的圓形，耶路撒冷位於大地的中央，大地四周都是深不見底的海洋。在基督教教義的主導下，當時歐洲人繪製世界地圖的主要目的僅僅是為了解說《聖經》中講述的世界，而不是為了表現真實的地域輪廓。那時，歐洲的世界地圖繪製者大多是教堂的神職人員，他們繪製的世界地圖通常作為基督教書籍中的插圖，或者掛在教堂內作為宗教宣傳畫。這些地圖內容簡單，注釋稀少，圖中描繪的重點是天堂所處的方位和聖地耶路撒冷的所在地。正是由於這些原因，中世紀早期歐洲人繪製的T-O世界地圖和貝徒斯地圖，總是按照《聖經》中的記載，將伊甸園所在的東方作為地圖的上方，以耶路撒冷作為地圖的中心。

十三世紀下半葉，歐洲繪圖師們逐漸將一些地理訊息添補到T-O世界地圖之中，「T」和「O」兩個構圖要素開始發生了變化，並且逐漸從圖中消失。但是，以東為上方的繪圖原則很長時間維持不變。一二六〇年《帕薩爾特地圖》（*Psalter Map*）被史學界視為歐洲十三世紀世界地圖的代表作之一（見彩圖15）。此圖為圓形，耶穌被畫在圖的正上方，他左手持有一個傳統的T-O世界地圖。帕薩爾特地圖中的所有文字注釋都與《聖經》有關，T-O結構在此圖中雖然已經有了很大的改變。但是，此地圖仍然以東為上方，耶路撒冷仍舊處在圖的正中央。

進入十四世紀，世界地圖在歐洲擺脫了作為《聖經》圖示的地位，漸漸地被視為一件獨立的作品。從十四世紀一些歐洲教堂的圖書目錄中可以看到，世界地圖開始被單獨編排目錄，而不是像以前僅僅作為書籍的插圖。西方史學界將歐洲這一時期出現的世界地圖稱之為「轉型期地圖」。最能反映此類地圖特徵的，當數維斯康緹教父於一三二一年繪製的世界地圖（見彩圖10）和黑格登（Ranulf Higden）於一三五〇年繪製的一幅世界地圖（見圖12）。在這兩幅世界地圖之中，已經可以看到一些表現地域輪廓的圖形以及相關的地理訊息。但是，兩幅地圖仍然嚴格遵循著歐洲傳統的繪圖原則，將東作為地圖的上方。

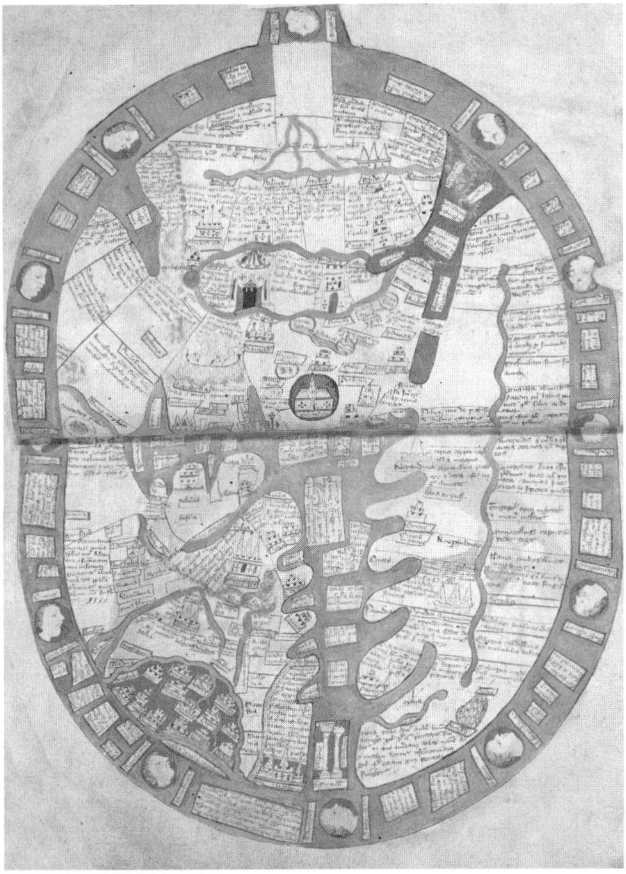

圖12　1350年《黑格登世界地圖》（此圖現由英國國家圖書館收藏）

從十四世紀下半葉開始，歐洲人的地圖方位格局出現了實質性變化。許多歐洲地圖學家放棄了以東為上的傳統，改成將北作為地圖的上方。同時，他們不再將聖地耶路撒冷置於地圖的中央。最為典型的圖例就是一四一五年《德・韋哥世界地圖》。此圖以北為上，圖的中心位於曾經作為蒙

1　也有學者將此類地圖稱之為「三分地圖」（Ripartite Map）。

2　見John Rennie Short, *The World Through Maps — A History of Cartography*, Firefly Books出版。

古帝國天文、地理研究基地的撒馬爾罕。

第二節　以南為上的古代世界地圖

十九世紀末、二十世紀初，考古人員分別在幾座埃及金字塔下的古墓裡發現了一些地圖。其中，最引人注目的是一幅雕刻在西元前四世紀石棺外側的宇宙圖（見圖13）。

此圖具有很高的藝術性。圖的外部輪廓由一位深彎腰、雙手下垂觸地的女神構成，女神上身刻有三顆太陽和一排星星。史學家認為，這位女神是古埃及傳說中天外之天的化身。女神身體下方是一個刻有一顆太陽和許多星星的拱形天空，天空下面有一位雙臂張開的女神。此女神的下身是一個圓形的人類世界，之中又有一個圓圈表示埃及。內圓的外側畫了一些各式各樣的人物和符號，這些代表埃及周圍的其他部族。外圓內側的左右兩邊分別刻有長臂女神，左邊為東方女神，右邊為西方女神。從構圖可以看出，此幅宇宙圖以南為上方[1]。

除此宇宙圖外，幾幅繪在莎草紙上的古埃及地圖也都是以南為上方。古埃及人崇拜南方的原因很可能與尼羅河的流向有關。尼羅河是一條古老的河流，它的發源地位於赤道南部的東非高原，其幹流由南向北，最後注入地中海。尼羅河被古埃及人視為一條具有神靈的河流。在古埃及人心目中，尼羅河的源頭神祕莫測。也許正是尼羅河由南向北的流向，使古埃及人將南方視為神聖的方向。

七世紀初，穆罕默德在麥加創立伊斯蘭教之後，伊斯蘭人迅速向外擴張，占據了中東、北非、西班牙、印度和亞美尼亞地區。隨著伊斯蘭世界的擴張，阿拉伯人的科學技術也逐漸領先於歐洲人。在地圖學方面也是如此。

圖13　西元前4世紀埃及宇宙圖（此圖現由美國紐約大都會博物館收藏）

1 有關此圖的解說可參見A. F. Shore所寫的"Egyptian Cartography"一文。此文收錄在J. B. Harley和David Woodward編著的*The History of Cartography*一書之中。

圖14　11世紀伊斯蘭世界地圖
（此圖現由美國國會圖書館收藏）

十世紀，波斯地理學家巴奇（Abu Zayd Ahmad ibn Sal al-Balkhi）基於前人的研究成果，創立了伊斯蘭人描繪世界地圖的方法。他的著作《氣候圖像》雖然早已失傳，但同世紀的阿拉伯地理學家豪卡爾（Ibn Hawqal）繼承了巴奇的學說。豪卡爾是一位著名的地理學家和旅行家，曾在波斯、裏海東岸和北非一帶旅行將近三十年，最終定居在西西里。豪卡爾發展了巴奇的學說，撰寫出一部名為《地球圖像》的著作。該著作收錄了一幅世界地圖。豪卡爾世界地圖被許多伊斯蘭繪圖師仿繪，至今仍看到數幅不同種類的傳抄本。這些傳抄本很相似，從中可以看出早期伊斯蘭世界地圖的特點（見圖14）。

與歐洲**T-O**世界地圖相似，早期伊斯蘭世界地圖也是一個圓形。這些地圖大都由兩個圓圈構成，兩圓之間象徵海洋，內圓中左右兩大海域分別代表印度洋和地中海。與**T-O**世界地圖不同的是，早期伊斯蘭世界地圖以伊斯蘭教聖地麥加為中心，以南為上方。

受伊斯蘭審美觀的影響，十四世紀以前伊斯蘭世界地圖普遍具有三個共同特點：一是模式化，不同時期的地圖看上去彼此相似；二是概念化，缺乏詳細的地理訊息；三是抽象化，大陸圖形都是用直線或者平滑的曲線繪成，根本不講究地域輪廓的準確性。然而，有一位伊斯蘭地理學家卻與眾不同，他繪製的地圖突破了早期伊斯蘭地圖學的傳統模式。這位伊斯蘭地理學家就是十二世紀著名學者伊德里希（AL-Idrisi）。

伊德里希是一位偉大的伊斯蘭地理學家和旅行家，他曾長期在歐洲、北非和中亞一帶旅行。受西西里國王羅傑二世的委託，伊德里希於一一五四年繪製了一幅世界地圖（*AL-Idrisi World Map*）。雖然這幅世界地圖的原圖沒有能夠流傳下來，我們還是能夠在一幅十五世紀的傳抄本中看到原圖的風采（見彩圖16）。

此世界地圖的地域輪廓雖然不準確，但是已經沒有模式化、概念化和抽象化等以往伊斯蘭世界地圖必備的特徵，而且能夠辨認出歐、亞、非的基本輪廓。伊德里希世界地圖為圓形，以南為上方，非洲南部被繪成了一個向東彎曲的月牙形。圖中能看到地中海、黑海、裏海、印度洋、波斯灣和紅海等海域。地圖的西部為大西洋，伊德里希將這一海域標注為「黑暗的海洋」。東部為太平洋，在此海域中能看到一個標注"Sila"的島嶼，有學者認為這是當時朝鮮半島「新羅」的譯音。伊德里希在地圖上畫了八條類似於經線的弧線，這八條弧線將世界分成七個氣候帶。這些氣候帶說明，在伊德里希的心目中，大地是一個球形體。

伊德里希還著有一部世界地理著作，書名為「地球上旅行的快樂」。此著作收錄了七十餘幅長方形地圖，分別描繪世界不同區域的地理輪廓。這些長方形地圖都與伊德里希圓形世界地圖一樣，以南為上方。然而，伊德里希的幾幅長方形地圖採用了與中國古代「計里畫方」非常相似的方格網畫法（見圖15）。這種方法在十二世紀以前阿拉伯人的地圖中是見不到的。這是否意味著，伊德里希曾經參考過來自中國的地圖呢？

古代伊斯蘭地圖學很大程度上受到伊斯蘭教義的影響。許多中世紀伊斯蘭地圖學家在繪製地圖時都表現出伊斯蘭教的理念。伊斯蘭教信徒每天禱告五次，每次禱告的方向都是面向麥加。麥加在伊斯蘭教徒心目中是非常神聖的，它必須位於上方。麥加位於阿拉伯世界的南部，由此中世紀伊斯蘭人將南作為地圖的上方。

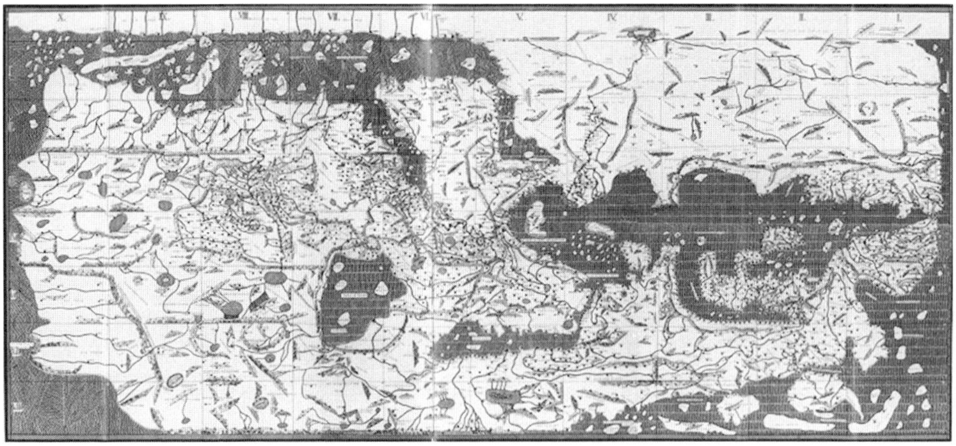

圖15　12世紀《伊德里希長方形世界地圖》（此圖現由英國牛津大學Bodieian圖書館收藏）

十五世紀之前，雖然絕大部分伊斯蘭世界地圖以南為上方，但仍有個別以東為上，這也許是受到歐洲T-O世界地圖的影響。在這類伊斯蘭世界地圖中，耶路撒冷同樣被繪在地圖的中心。然而，此類圖中的耶路撒冷當然被視為伊斯蘭教的聖地。

從十五世紀開始，伊斯蘭人的地圖方位也出現了變化。有些伊斯蘭地圖學家放棄了以南為上的伊斯蘭傳統，改為以北作為地圖的上方。最為典型的圖例是一四五〇年《卡特蘭・艾斯坦斯世界地圖》（*Catalan-Estense World Map*）（見彩圖17）。

第三節　中國古代地圖學中的幾件傑作

華夏是世界上最早萌發地圖學的民族之一。與古埃及人一樣，早在遠古時期中國人已經開始製作地圖了。根據史料記載，「九鼎圖」堪稱為中國最早的地圖。

「禹鑄九鼎」是中華民族最著名的古老傳說之一。據西元前兩世紀史學家司馬遷撰寫的《史記》記載，西元前兩千多年以前大禹用青銅鑄造了九座寶鼎，分別代表天下九州[1]。儘管沒有更多的史料核實這一傳說，但是依據其他史書的記載可以確信，九鼎圖出現的時間不晚於商朝末年（約西元前十一世紀）。西元前五世紀成書的《左傳》記載，西元前十二世紀周武王滅商後曾將九鼎遷移到雒邑，即現今河南洛陽市一帶。

在史書之中，可讀到有關九鼎圖的記述。《山海經》是中國最早的一部百科全書，其內容涉及古代神話、天文、地理、動物、植物、巫術、宗教、醫藥、民俗等許多方面。雖然《山海經》成書於西元前一世紀，但書中的許多內容源於西元前十一世紀[2]。從《山海經》的記載可以得知，九鼎的重要性在於上面鑄刻的九幅地圖。這些地圖不僅記載了華夏九州的名山大川、草木禽獸，而且還描繪出九州的地界[3]。

刻載華夏地圖的九鼎一直被視為王權的象徵，許多古代帝王認為占有九鼎意味著擁有了天下。據西元一世紀史學家班固在《漢書》中的記載，自夏、商、周直至戰國時期，歷代君王都視九鼎為極其貴重的神品。《史記・始皇本紀》記載，秦國從周王朝奪得九鼎之後，在一次交戰中不慎將九鼎失落在河中[4]。為了尋找九鼎，秦始皇令千人下水打撈，但沒有任何結果。從此，九鼎失去了蹤跡。

九鼎圖不僅被視為王權的象徵，還被看做具有避邪和吉祥功能的鎮物。《說文解字》成書於西元二世紀，是中國最古老的字典。此書稱，大禹鑄造的九鼎反映出上天的神明，所有妖魔鬼怪都避其而遠之[5]。西元前四世紀史學名著《左傳》記載，周定王的使節向楚王講解九鼎時，將九鼎描述為一件神物，此件神物能

1 《史記・武帝紀》：「禹收九牧之金，鑄九鼎，象九州。」

2 近現代中國學者普遍認為，《山海經》成書時間跨度很長，大約自戰國初年到漢代初年，書中許多內容源自大禹時期，並經口頭流傳下來。現存《山海經》最早的版本是由西漢劉向、劉歆父子校刊而成。

3 《山海經補注・序》：「鼎象物，則取遠方之圖，山之奇，水之奇，草之奇，木之奇，禽之奇，獸之奇，說其形，別其性，分其類，其神其殊匯，駭視警聽者，或見或聞，或恒有，或時有，或不必有，皆一一畫焉。」《山海經新校正・序》：「按其（九鼎）文，有國名，有山川，有神靈奇怪之所際，是鼎所圖也。」

4 《史記》：「鼎沒於泗水彭城下。」

5 《說文・鼎部》：「鼎，昔禹收九牧之金，鑄鼎荊山之下，入山林川澤，魑魅魍魎莫能逢之，以協承天體。」

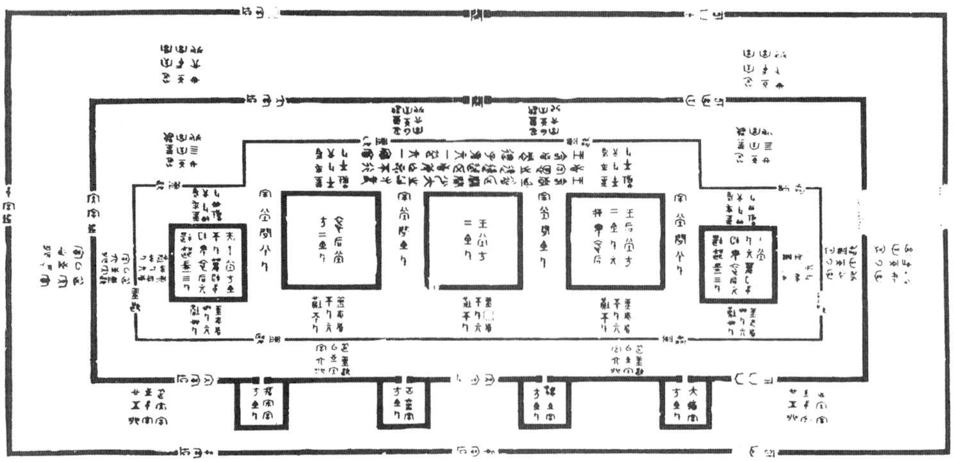

圖16　《兆域圖》銅版銘文摹本

夠銜接天、地，將上天的吉祥承轉到人間[1]。

有關九鼎的史料記載揭示出，中國古代地圖學誕生於濃厚的神祕色彩之中。中國古人繪製地圖的目的不僅僅是為了查看地理狀況，更重要的是為了顯示皇權，為了實現上天保佑的祈望。中國古代地圖學的這種神祕性也可以由另外幾幅地圖加以驗證。

在中國，現存最早的古地圖是一幅西元前四世紀鐫刻在青銅板上的《兆域圖》（見圖16）。此圖從河北省平山縣中山國第五代國王的王陵地宮中出土，距今已有兩千三百多年的歷史。「兆」是中國古代對祭壇或墓域的稱謂，《兆域圖》則是記載王陵方位、墓葬區域及建築面積的平面圖。該圖顯示王陵及王后、夫人等五個陵墓的建築方位，圖中還有四百四十三個字的銘文，詳細說明墓葬區域各部分的名稱和長度。學界認為，此圖的比例尺為一比五〇〇。從《兆域圖》的內容可以看出，《兆域圖》具備了圖形、符號、比例尺和方位等地圖的基本要素。《兆域圖》的方位為上南下北。這種圖式反映出中國古代哲學有關陰冥世界的理念。這種哲學認為，人死後其靈魂所在的陰界以南為上方。從銘文中「其一從，其一藏府」的記述可知，此圖有兩件原版，

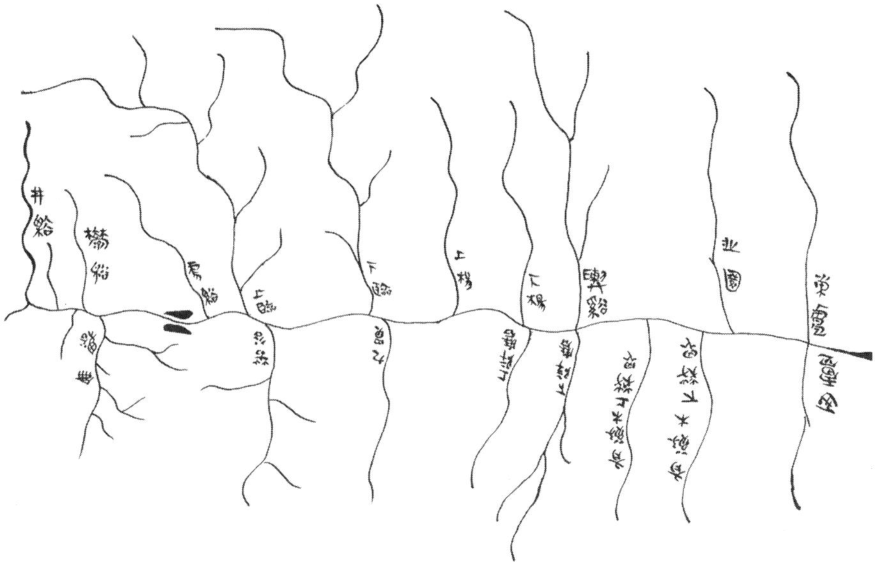

圖17　《放馬灘木板地圖》墨線圖

一件從葬，一件藏於府庫。這一記載揭示出地圖在古代哲學中的意義。中國古人認為，地圖是陰、陽兩界的仲介物，通過地圖，死者的靈魂可以與人間相溝通。（本書第四章將詳細討論這種古代哲學理念）

一九八六年，考古人員從甘肅省天水市放馬灘戰國秦墓中出土了七幅地圖。由於這七幅地圖都用墨線繪在四塊大小基本相同的松木板上（長二十六．七公分、寬十八．一公分、厚一．一公分），學術界將它們統稱為《放馬灘木板地圖》（見圖17）。根據同時出土的竹簡紀年和隨葬品，這七幅木板地圖被斷定為秦王政八年（西元前二三九年）時期的作品[2]。《放馬灘木板地圖》描繪出秦國邽縣地區幾處地域的地理狀況（現今甘肅天水一帶）。按其用途，七幅木板地圖可分為《政區圖》、《地形圖》和《林木資源圖》。從這些圖中，不僅能辨認出山川、河流、居民點、城邑，還可看到各地之間相距的里程資料。可見，這些地圖都是基於實際測量繪製的實測圖。

1 《左傳．宣公三年》：「用能協於上下，以承天體。」

2 有學者認為，《放馬灘木板地圖》繪製時間是秦惠文王年間，即西元前三二三年至西元前三一〇年。

此七幅地圖都以南北豎列為圖式。其中一幅明顯以北為上方。另外六幅雖然注釋文字的書寫方向不一致，但有學者認為，這六幅地圖也都以北為上方[1]。史學界對《放馬灘木板地圖》給予了很高的評價，認為這些圖以水系作為繪圖框架，不僅標有注釋和符號，而且還採用了比例尺的繪圖理念。這些內容反映出，戰國時期地圖繪製技術已經達到了較高的水準。

除《放馬灘木板地圖》外，從墓中還出土了四百六十枚竹簡，上面的文字內容涉及天文、曆法、音律、占卦、巫術、五行等學說。此外，殉葬品還包括毛筆、算籌、木尺、木棰、木匕、木棒、木屑、木板等用於地圖測繪的器具。根據墓中發現的這些文物可以推測，墓主生前是一位精通地圖繪製和占筮數術的陰陽術士，《放馬灘木板地圖》很可能就是這位陰陽學家的作品。

在放馬灘挖掘出的另外一件陪葬品也非常值得一提。這就是在屍體胸前發現的一張地圖殘片，此圖用線條描繪出放馬灘地區的山巒、河流以及道路。古人將地圖作為隨葬品放在屍體胸前絕對不是一種偶然現象。這種喪葬習俗源於古人的信仰。屍體胸前的地圖是專門為死者靈魂準備的「禮品」。

一九七三年在湖南長沙馬王堆三號漢墓出土的三幅錦帛地圖與放馬灘地圖殘片大致屬於同一個時代。它們都是西元前兩世紀的作品，距今已有兩千一百多年。三幅錦帛地圖不僅是稀世之寶，而且具有很高的學術價值。根據圖的內容，學界將它們分別命名為「地形圖」、「駐軍圖」和「城邑圖」。《地形圖》和《駐軍圖》出土時狀況良好，已被整理復原；《城邑圖》卻破損嚴重，目前仍在修復之中。

《地形圖》是一幅長、寬均為九十六公分的正方形地圖，其方位以南為上（見圖18）。《地形圖》的繪製水準很高，以統一的符號、圖例表現出豐富的地理訊息。圖中，由細到粗的漸變線，按流水方向示意出三十多條河流；方框符號標注出八個縣城所在的地理位置；大小不等的圓圈代表七十多個鄉、里級村莊；層層魚鱗狀曲線反映了峰巒起伏的地貌；水平山形線和陡崖符號顯示出山脈；閉合曲線、暈線表示山脈的走向。經推算，《地形圖》採用了比例尺繪圖法，其比例在十七萬分之一到十九萬分之一的範圍內。

《駐軍圖》長九十八公分，寬七十八公分，是一幅以黑、紅、田青三色繪成的軍事地圖（見圖19）。圖中黑色「山」字象形符號代表山脈；青色水流表示河流、湖泊；黑底套紅標注出軍隊駐地；紅色虛線示意軍隊行動通路；紅色三角形和黑色圓圈分別表示城堡或居民點。此圖運用色彩作為標記，使人看後一目瞭然。

與《地形圖》相同，《駐軍圖》也以南面為上方，並且也採用了比例尺繪圖法。

地圖既是地理、地貌的紀錄，又是測量、計算和繪製等技術水準的綜合反映。從上述幾幅古地圖可以看

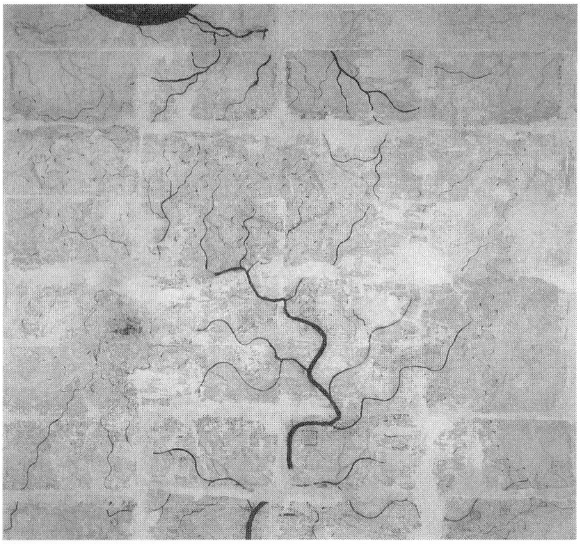

圖18　西漢《地形圖》

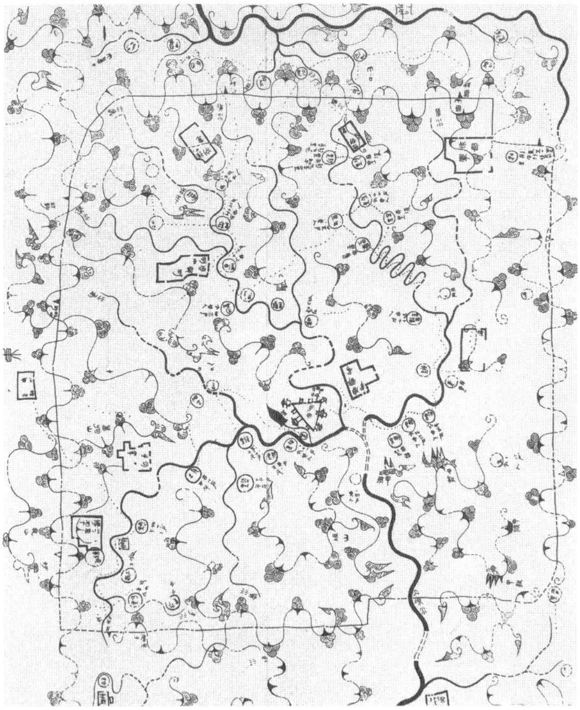

圖19　西漢《駐軍圖》墨線圖

1　見葛劍雄，《中國古代的地圖測繪》。

出，秦漢時期中國人已經掌握了高水準的測量和計算方法。《放馬灘木板地圖》和馬王堆西漢地圖所繪的地域均是地形複雜、地貌變化多端的區域。把山脈、河流、湖泊等地形地貌按照幾乎相同的比例畫成地圖，這在當時是一件高科技含量的工作。完成這種工作，不僅需要經過精確的實地測量，還必須通過數學運算將測出的距離換算成地圖上的尺寸長度。特別是對於帶有弧形、曲線和三角形的地形、地貌，不僅需要高水準的測量方法，還須掌握圓形和三角形的計算方法，否則無法將實際地貌按同比描繪在地圖上。

傳統史學觀點認為，中國古代地圖學始於魏晉時期。然而，《放馬灘木板地圖》和馬王堆西漢地圖卻反映出，早在秦漢時期中國已初步形成了自成體系的地圖學。這幾幅地圖不僅運用了統一的標識、符號，而且還採用了比例尺繪圖法。這些地圖的準確性反映出，兩千多年以前中國古代地圖學家已經將數學應用於製圖。當然，從上述幾幅地圖也可看出，秦漢時期地圖的方位並沒有形成固定的格局。《放馬灘木板地圖》以北為上，而馬王堆西漢地圖卻以南作為地圖的上方。

在中國古代地圖史中，《兆域圖》、《放馬灘木板地圖》和馬王堆西漢地圖具有特殊的意義。它們或者與墓地有關，或者作為陪葬品埋入墓中。（《史記》記載，秦始皇陵墓中也有作為陪葬品的地圖和星象圖）這些奇異的現象說明，中國古代地圖學的目的不僅僅是為了查驗地理狀況，而是與中國傳統信仰緊密相關。

第四節 「協於上下，以承天體」之圖

清代著名陰陽學家葉九升在《地理大成山法全書》中將中國古代傳統地理學分為兩大類：一類稱之為「地利」之學，即為了識別道路遠近、審視山川險易或測量地勢高低等實際目的所做的地理研究；另一類稱之為「地脈」之學，即出於勘驗風水和命運占卜等目的所做的堪輿研究[1]。

正如葉九升所言，中國古代地圖的確可分為實用和堪輿兩大類。實用之圖的作用是幫助人們了解自然地理狀況，而堪輿之圖則是出於華夏民族的信仰。我們談論九鼎圖時曾提及《左傳》中的一段記載：周定王的使節向楚王講解九鼎時稱，九鼎是「協於上下，以承天體」。與九鼎一樣，中國古人繪製堪輿地圖的目的是為了承轉天意。

「禮」是中華傳統文化的核心觀念之一。禮之觀念的萌生以及禮儀制度的雛形，甚至可以追溯到三千多年以前的夏、商、周三代。「禮」的內容非常豐富，然而在縟禮煩儀的古代禮儀之中，「祀天祭地」是一個永恆不變的重要內容。「祀天祭地」的禮儀起源於中國傳統哲學中有關天、地、人關係的理論。這種理論認為：天是萬物的主宰，地是萬物的載體，地上萬物都應遵循自然規律，這種規律是天意的體現；人必須順從自然規律和天的意志，而皇帝則是傳達天意的人傑，他應當進行「祀天祭地」。正如《漢書》所載：對皇帝而言，承轉上天規定的秩序是其最重要的責任。為了承轉上天的意願皇帝必須注重禮拜天地，因此君王都必須盡心盡力地制定禮拜天地的制度[2]。

由於古人認為承轉上天規定的秩序是皇帝的一項重任，祀天祭地在古代社會被視為一件國家大事。《左傳》稱，國家大事無非分為兩種，一是祀天祭地，一是軍事征伐[3]。《三國志》也記載：但凡君王立國建都，首先應確定祀天祭地禮儀所在的位置[4]。祀天祭地包括「祀天」和「祭地」兩部分。「祀天」是對天的崇拜，在陰陽五行中屬陽性；「祭地」也稱「社祭」，是對地的崇拜，在陰陽五行中屬陰性。而地圖則是「祭地」儀式中不可缺少的「禮」品。

1 葉九升將「地脈」之學描述為：「相其陰陽，觀其流泉，大而建都立邦，小而卜宅營葬。」
2 《漢書》記載原文：「帝王之事莫大乎承天之序，承天之序莫重於郊祀，故聖王盡心極慮以建其制。」
3 《左傳》：「國之大事，在祀與戎。」
4 《三國志．魏志．高堂隆傳》：「凡帝王徙都立邑，皆先定天地社稷之位，敬恭以奉之。」

中國古代有關祭地的最早記載，可見於兩千多年以前成書的《周禮》。但在漢朝之前，對祭地的方式並沒有統一的規定。自漢文帝始（西元前兩世紀），祭地逐漸演變成為一種固定不變的禮儀。漢代之後，歷屆封建朝廷基本上承襲漢制禮儀，直至清朝末年。

中國古代祭地禮儀的規則主要包括：祭壇為方丘，且位於都城之北[1]；將犧牲祭品埋在祭壇北側[2]；祭地儀式中，皇帝面朝北方[3]。祭地時祭壇上、下擺有許多社祭用品，地圖就是其中之一。《周禮注疏》記載：祀拜蒼天必須配有天文圖，祭拜大地必須配有地圖[4]。漢代史學家班固在《漢書．郊祀志》中也說：祀拜蒼天須用天文圖，祭拜大地須用地圖，畫有日、月、北斗的為天文圖，畫有山川的為地圖[5]。《漢書．律曆志》也載：祭拜大地，應用正方形地圖表現出大地的形狀[6]。《通典》和《後漢書．祭祀志》也均有關於地圖作為祭地供品的記載[7]。《十洲記》記述說：漢武帝曾經要求東方朔繪出載有東海、南海、西海和北海的地圖，漢武帝得此圖後將其隨身攜帶，並常對此圖行禮朝拜[8]。《文獻通考．郊社考》記載了西元五十六年漢光武帝的一次祭拜儀式，此儀式在漢朝國都正北方舉行，儀式上擺有地圖、神像和供品[9]。

在上述史料記載中，地圖被稱為「地理」。「地理」最初是易學中的概念，它專指用於「祭地」或占卜的地圖，這種地圖通常描繪出山脈、河流、海洋以及地域輪廓[10]。

漢朝之後，許多封建王朝承襲漢制，在祭地儀式中將地圖作為祭品。《元典章．崇祭祀》記載了元朝皇帝數次祭地禮儀，從記述中可以看出，每次祭地禮儀都使用了地圖。

作為祭品的地圖，在方位、形狀和內容方面必須服從祭地禮儀的要求[11]。祭地是對土地的崇拜，故用於祭地的地圖必須畫有陸地、海洋、山川、江河。古人以正方形表示靜止不動的大地；從其形，擺放在正方形祭壇旁邊的地圖也必須是正方形。祭地禮儀的朝向為北方；順其向，祭地禮儀中擺設的地圖也必須是以北為上方。

中國古代製作地圖的另一個特殊目的就是用於占卜。地圖占卜起源於易學。這種哲學認為，地圖是連接天地、反映天意的神物，從中既可以預測上天賜予的吉祥，也可窺測出天意安排的凶災。有關古人將地圖用於占卜的最早記載可見於孔子編撰的《尚書・洛誥》。此書記述說，古人通過觀察河水進行占卜，並且通過繪製地圖反映占卜的結果[12]。

中國古代占卜有多種方術，占星術是其中之一。占星術源於原始的宗教信仰。古人認為天是最高的神，是宇宙萬物的主宰，人間萬事都必須順應天意。地上的人和事，在天界都有對應的星宿或星象。人間發生任何變化之前，對應的星宿或星象會出現預兆。中國最古老的哲學著作《易經》寫道：通過觀測星象的變化，

---

1 《通典》卷四十一：「後漢光武中元二年，營北郊，祀地祇。在洛陽城北四里為方壇，四陛。」

2 《通典》卷四十五：「祭畢，瘞牲體於壇北亥地。」

3 《通典》卷一百一十二記載：「太常卿引皇帝，樂作，皇帝就望瘞位，北向立，樂止。」

4 《周禮注疏》：「《古尚書》說：祀天則天文從祀，祀地則地理從祀。」

5 《漢書・郊祀志》：「祀天則天文從，祭地則地理從。三光，天文也；山川，地理也。」

6 《漢書・律曆志》：「祭地，以方象地形。」

7 《通典》和《後漢書・祭祀志》：「地理、群神、從食，皆在壇下。」

8 《十洲記》：「武帝欣聞至說，明年遂復從受諸真形圖。常帶之肘後，八節當朝拜靈書，以書求度脫焉。」

9 《文獻通考・郊社考》：「光武中元元年，定北郊祀地祇，地理、群神、從食，如元始故事，在壇下。」

10 王充《論衡》：「天有日月星辰謂之文，地有山川陵谷謂之理。」唐代孔穎達疏云：「地有山川原隰，各有條理，故稱地理。」《史記》載，秦始皇墓中「以水銀為百川江河大海，機相灌輸，上具天文，下具地理」。此記載中的「地理」指的是地圖。朱熹在〈答李季章〉中寫道：「聞黃文叔頃年嘗作地理木圖以獻，其家必有元樣，欲煩為尋訪，刻得一枚見寄。」《宋史・黃裳傳》記載，黃裳曾經「作八圖以獻：曰太極，曰三才本性，曰皇帝王伯學術，曰九流學術，曰天文，曰地理，曰帝王紹運，以百官終焉，各述大旨陳之」。

11 《周禮注疏》：「祀地則地理從祀。」《漢書・郊祀志》：「祭地則地理從。」此兩段記載中的「從」字不僅指地圖出現祭地禮儀之中，而且還具有地圖必須服從祭地規則的涵義。

12 《尚書・洛誥》：「我卜河朔黎水，我乃卜澗水東……伻來，以圖及獻卜。」

可以察覺到政治局勢的變遷[1]。基於這種哲學觀，古人認為，天文觀測能預報人間禍福。由於古人普遍相信「天人感應」的理論，中國歷代皇帝極其重視對天象的觀測和占驗，並據此作為政治、人事、軍事等決策的依據。《周禮》記載：君王創建國家時通過觀測星象劃分領地、設置官僚體系、並制定管理國家的準則，為此國家應設立負責天文觀測的機構和主管官員，這些機構和官員將協助君王治理國家[2]。

西元前五世紀至西元前三世紀的戰國時期，中國劃分為若干個諸侯國，其中七個最具實力。為了預測這七個諸侯國的興衰，古人把天上的星宿分別對應七個諸侯國。這種星宿分配就是古代「分野」理論的起源。戰國之後，許多封建朝代基於分野的理論，以星象作為轄區劃分、布兵設營以及官隸設置的參考依據。

中國古代軍事活動也深受占星術的影響。古代戰爭不僅表現為激烈的武裝衝突，同時也是占星術的詭譎對抗。西元前兩世紀哲學著作《淮南子．兵略訓》稱：掌握日月星辰運行的規律，理解獎懲等陰陽法術，知悉遣兵方向，這些對戰中取勝具有很大的幫助[3]。宋代《百戰奇法》說道：凡派遣大軍討伐叛逆，必須觀測天文，根據天象調兵遣將[4]。馬王堆西漢墓中出土的帛書《天文氣象占》，繪有二十九個彗星圖形和十八個星宿名稱，每個圖形之下均有吉凶占文，且絕大多數與軍事行動有關。

中國古代的國都建築規劃也受占星術的影響。北京故宮之所以稱之為紫禁城，其名稱源於紫微垣星宿。古人認為，紫微垣星宿是天神的居住地[5]。與其相對應，人間皇帝的起居地稱之為「紫禁城」。北京故宮的東華門、西華門、左掖門、右掖門以及端門等名稱也都源自一些星象的稱謂。比如《史記．天官書第五》在描述太微垣星座時說：在上天的皇宮中，武將位於西方，文官位於東方[6]。據此，北京故宮院內，西南有武官進出的武英門和專為武官配備的武英殿，東南有文官進出的文華門和專為文官配備的文華殿；北京內城南側有兩個側門，西邊的側門稱之為「宣武門」，東邊的側門稱之為「崇文門」。由此可見，占星術在北京古城的規劃布局中曾起到非常大的作用。

在中國古代星象觀測體系中，北極星是最主要的恆星，北斗七星也是最主要的星座。《論語．為政》

稱：政權以道德為中心，這如同北極星居眾星之中[7]。《史記．天官書》也說：北斗七星是天上皇帝的坐騎，它位於天的正中央，陰陽五行、季節時令全部都圍繞著北斗七星運轉[8]。

古人觀測星象時，北極星不僅是最主要的參考依據，它還被視為「天心」。西元三世紀學者趙君卿在《周髀算經》的注釋中寫道：「北辰正居天之中央。」《後漢書．郎顗傳》記載「北極亦為天辰」，對此記載中的「北極」一詞唐朝學者李賢援引漢代李巡的注釋稱：「北極，天心也。」宋元之際學者俞琰也寫道：天的正中心位於正北方向[9]。中國古代典籍中有許多關於北極星為天心的記載。除此之外，從一些出土文物也能看出中國古人的這種理念。

一九七七年，在安徽阜陽西漢汝陰侯墓中發現了一個用於星象占卜的羅盤，此羅盤的正中央畫著北斗七星（見圖20）。一九六五年考古人員在杭州發掘出一座建於西元九四二年的古墓。古墓的墓頂為一件石刻星象圖（見圖21）。此星象圖為圓形，上面刻有兩百一十八顆星，其中央刻有北斗七星。

由於中國古人非常重視北方夜空的星象，用於占卜的星象圖自然都是以北為上方。

---

1 《易經．象傳》：「觀乎天文，以察時變。」《易經．賁卦》：「觀乎天文以察時變，觀乎人文以化成天下。」
2 《周禮》：「惟王建國，辨方正位，體國經野，設官分職，以為民極。乃立天官塚宰，使帥其屬而掌邦治，以佐王均邦國，治官之屬。」
3 《淮南子．兵略訓》：「明於星辰日月之運，刑德奇賌之數，背鄉左右之便，此戰之助也。」
4 《百戰奇法》：「凡欲興師動眾，伐罪弔民，必在天時，非孤虛向背也。」
5 《淮南子》：「紫宮者，太一之居也。」
6 《史記．天官書第五》：「太微，三光之庭。匡衛十二星，藩、臣：西，將；東，相。」
7 《論語．為政》：「為政以德，譬如北辰居其所而眾星共之。」
8 《史記．天官書》：「斗為帝車，運於中央，臨制四鄉。分陰陽，建四時，均五行，移節度，定諸紀，皆繫於斗。」
9 俞琰：「天心，北方子之中也。」

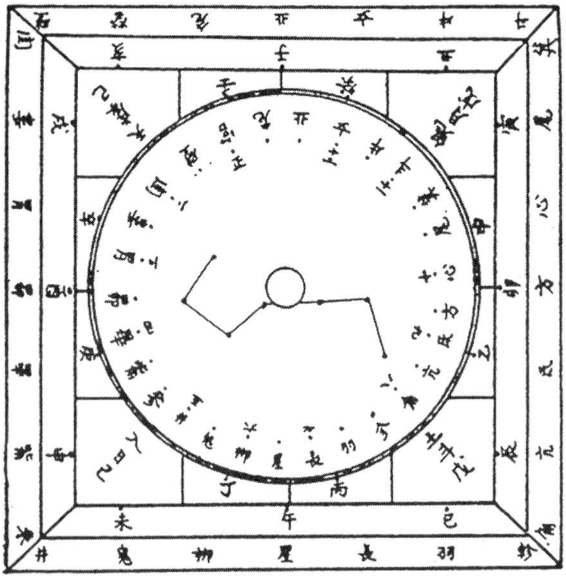

圖20　阜陽漢代汝陰侯六壬式羅盤示意

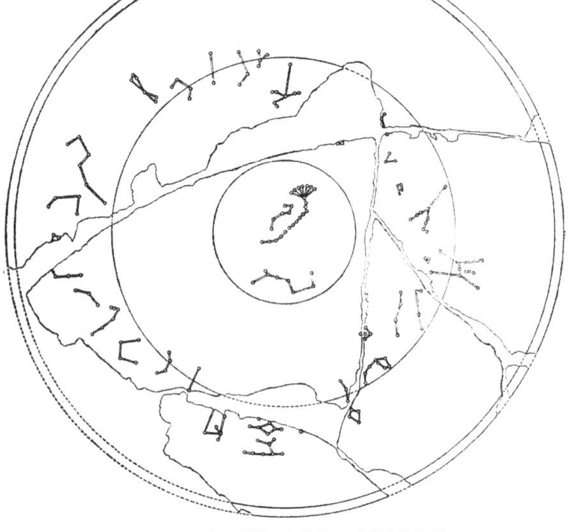

圖21　942年《錢元瓘墓石刻星象圖》

古人星象占卜時，離不開地圖。《易經・繫辭上傳》記載：易學是一門探究天與地之間規則的哲學，易學家通過天文、地理觀測，揭示出天與地之間深奧的關係[1]。西元前一世紀歷史學家司馬遷是漢朝宮廷中的一位占星家，他在《史記》中寫道：仰面觀測星象，低頭研讀體現上天規律的地圖；天空中有日月，與其相對應大地分為陰陽兩性；天空中有金、木、水、火、土五星，與其相對應大地分為金、木、水、火、土五行；天空中有星宿，大地上設置有國度；大地的陰陽兩性來源於天象，治理國家的法度也是源於天象[2]。可見，司馬遷在做占卜時，抬頭觀星象，低頭查地圖。西元三世紀西晉文學家左太冲在敘述星象占卜方法時說：占星需用兩種相互對應的圖，一種是天文圖，另一種圖則是地圖[3]。《太平御覽》卷七十八引用《春秋內事》中的記載：古人一邊觀測天文一邊查看地理，通過天文、地理觀察繪製八卦圖，並以此推測出時光、季節和福禍[4]。在一些流傳至今的古代風水占卜書籍中，我們可以看到書中同時繪有星象圖和地形圖，且星象圖在上，地形圖在下。例如，西元四世紀晉朝人郭景純編撰的《水龍經》為一部與風水、占卜相關的著作，此書收錄了一些由星象圖和地形圖組合而成的占卜圖，在這些占卜圖中星象圖居上方、地形圖在下方。

古籍記載和出土文物均告訴我們，古代占星家占卜時面向北方，占星用的星象圖也是以北為上方。正因如此，用於占卜的地圖方位也自然是以北為上。

第五節　中國古代地圖的方位規範

中國古地圖有的以北為上，有的以南（或東）為上。一些學者據此斷言：中國古代地圖的方位趨於多元化，並無定規。還有些學者認為，中國古地圖的方位依據地圖的擺放方式。例如，清朝學者俞正燮認為：凡是懸掛的地圖都以北為上，凡是放在桌上查看的地圖是以南為上[5]。這種論斷明顯有失偏頗。

---

1 《易經．繫辭上傳》：「易與天地準，故能彌綸天地之道。仰以觀於天文，俯以察於地理，是故知幽明之故。」

2 《史記》：「仰則觀象於天，俯則法類於地。天則有日月，地則有陰陽。天有五星，地有五行。天則有列宿，地則有州域。三光者，陰陽之精，氣本在地，而聖人統理之。」

3 西晉文學家左太沖：「夫上圖景宿，辨於天文者也。下料物土，析於地理者也。」

4 《太平御覽》卷七十八：「仰觀天文，俯察地理，始畫八卦，定天地之位，分陰陽之數，推列三光，建分八節，以文應氣，凡二十四，消息禍福，以制吉凶。」

5 俞正燮，《癸巳存稿》：「凡輿地懸圖宜以北為上，几案展閱之圖宜以南為上。」

縱觀中國古代地圖史，實用性古地圖的方位確實沒有定規。但是，源於華夏風俗和信仰的古地圖卻具有統一的方位規範。這就是以北為上。這種規範萌芽於遠古，在魏晉時期形成了明確的繪圖準則。秦漢之前用於社祭或者占卜的地圖早已失傳，我們無法看到它們的原貌。然而，從戰國時期的一部著作中，我們可以揣摩出秦漢之前這種地圖的模樣。這部著作就是《尚書》中收錄的〈禹貢〉。

史學界認為，〈禹貢〉是戰國時期無名氏假託大禹之名撰寫的著作。雖然並非出於大禹之手，史學界仍給予〈禹貢〉很高的評價，認為它是中國最早的一部地理專著。〈禹貢〉言簡意賅，全文只有一千一百九十三個字。文字雖少，卻為後人提供了豐富的古代地理訊息，其中包括古人研究地理的緣由，以及地圖的方向格局。

〈禹貢〉兩字說明，此著作是大禹奉獻的一件貢品。〈禹貢〉序言寫道：「任土作貢。」這表明，大禹奉獻貢品的對象是土地神。〈禹貢〉正文在描述各地物產時多次使用「貢」和「賦」兩字，如「厥貢鹽絺」，「厥賦中下」，「厥貢惟球、琳、琅」等等[1]。「貢」、「賦」兩字說明，〈禹貢〉是奉獻給土地神的貢品。〈禹貢〉最後一句「禹錫玄圭，告厥成功」中的「錫」字指錫杖，即古代的一種法器；「玄圭」指古代帝王在社祭禮儀中使用的一種黑色玉器，它是土地神的象徵[2]。此句的涵義是：大禹手持錫杖向土地神行禮，向其報告大功告成。從〈禹貢〉的名稱、序、用詞和結束語幾個方面可以看出，此文是一件用於祭地的貢品。

〈禹貢〉雖無附圖，可是其文詞卻揭示出，撰寫時作者頭腦裡有一幅清晰的地圖。此圖不僅將中華大地劃分為「九州」，還繪有山川江河、動物植物、風土人情、田野道路。〈禹貢〉在描述九州時，按冀、兖、青、徐、揚、荊、豫、梁、雍的順序，由北至南排列；在描繪江河湖泊時，按從上到下的流水方向。這些順序表明，〈禹貢〉作者腦中的地圖方位必定是上北、下南。

〈禹貢〉被史學界視為中國地理學的開篇之作，它對中國地理學、地圖學的發展具有深遠的影響。這種影響包括地圖以北為上的方位格局。〈禹貢〉之所以具有如此之大的影響，究其原由，主要歸功於一位中國古代地理學家的貢獻。這位地理學家就是魏晉時期的著名學者——裴秀。

裴秀，出生於河東聞喜（今山西省聞喜縣）。西元二六五年，司馬炎廢黜魏元帝曹奐，自立為帝，國號稱「晉」。司馬炎稱帝後，裴秀受到重用。西元二六八年，裴秀晉升為司空（朝廷最高官員之一），統管全國戶籍、土地、賦稅和地圖等政務。由於職務上的便利條件，他掌握了很多地理訊息，並有機會查看不同時期的地圖。

裴秀在研究〈禹貢〉之後認為：年代久遠，文中原載的山川、地名等已經發生了很大的變化。為此，裴秀在詳細考證〈禹貢〉和古代疆域沿革的基礎上，結合當時的行政劃分，繪製了《禹貢地域圖》十八篇。《禹貢地域圖》是一部以疆域政區為主的歷史地圖集。此地圖集記載了上自〈禹貢〉成書之年、下至西晉時期的城市變遷。地圖集中繪有山川、平原、河流、湖泊、海洋等自然地理要素。

裴秀對中國地圖學的貢獻不僅僅是《禹貢地域圖》，還包括創立「製圖六體」理論。所謂「製圖六體」是指，繪製地圖時應遵守六項原則，即「分率」、「準望」、「道里」、「高下」、「方邪」和「迂直」。其中，「準望」與地圖的方位有關。成書於六四八年的《晉書》記載，裴秀認為前人繪製的地圖「不考正準望」，由於沒有「準望」，這些地圖雖然某些部分畫得準確，但其他部分必定會出現差錯[3]。為此裴秀提出，「準望」是確定地圖方位的前提[4]。

自清以降，諸輩史學家一致認為，「準望」與地圖方位有關。清初著名學者胡渭在《禹貢錐指．禹貢圖

1「賦」字在此與「貢」字同義，指貢奉。

2《漢書．王莽傳上》：「伯禹錫玄圭，周公受郊祀，蓋以達天之使，不敢擅天之功也。」

3 原文：「無準望，雖得之於一隅，必失之於他方。」

4 原文：「正彼此之體也。」「彼此之實定於準望。」

後識》中解釋說：「準望」的涵義是指端正地圖的方位[1]。但是，對「準望」的具體涵義，史學界歷來存有不同的理解。清初地理學家劉獻廷認為「準望」是計里畫方，他在《廣陽雜記》中評論說：晉朝裴秀為地圖學創立了「準望」的原則，可惜裴秀的理論早已失傳，元朝朱思本用橫、縱線條繪製地圖，圖中每一個方格的間距為五十里，這種方法是裴秀「準望」的遺風[2]。有些史學家推測，「準望」是利用地圖中的一個單一的控制點來度量距離並確定方向，但此說有些牽強附會[3]。裴秀在「製圖六體」的論述中明確指出，無「高下」、「方邪」和「迂直」之校則會「失準望之正」，並且「準望之法既正，則曲直遠近無所隱其形也」。這些論述說明，「準望」與高低和曲線有關。利用圖中的一個控制點確定方向只能使用直線，不會涉及高低，更不可能涉及曲線。

從字義上理解，「準望」是指通過觀望一個準點來確定地圖的方位[4]。裴秀「準望」之說源於古人根據北極星確定方向的法則。先秦時期的手工藝專著《考工記》記載：匠人建造城邑，以水平測地平，以懸繩校直表杆；觀察日影，畫圓，分別識記日出與日落時的杆影。白天參究日中時的杆影，夜裡考察北極星的方位，用以確定東西南北方向[5]。從《考工記》可以看出，當時人們確定方向的方法之一是在夜間觀望、考正北極星。《周髀算經》中的記載更為詳細。《周髀算經》記述說：將木製尺規的尺頭拴在一根繩子上，冬至日傍晚五點至七點之間，手持繩子的另一端瞄準北方一顆明亮的星星，之後再把尺規順著垂直的繩子放在地上，該尺規頂端所指的方向為正北方[6]。裴秀參照先哲發明的北方定位法，確立了「準望」的法則，即通過準望北極星確定地圖的方位。這一法則意味著，繪製地圖必須以北作為上方。

自裴秀提出「準望」之後，唐、宋時期的地圖學家紛紛效仿，如唐代的賈耽和宋代的沈括等都曾在著作中闡述，「準望」是地圖繪製的規範之一。從一些宋、元時期的地圖可以看出，十四世紀之前，中國古代地圖已經形成了以北為上的規範。十八世紀初期，清朝政府曾組織過一次大規模的全國地理測繪。《清史稿》記載，測繪人員以北極星「定準望」，並以「北極高度」測繪地圖。《清史稿》還評論說，這種測繪方法源於裴秀[7]。

第六節　地圖以北為上引發的問題

古代地圖的朝向確實令我感到很奇妙。六百多年以前，無論中國、歐洲，還是伊斯蘭世界，地圖學家繪製地圖的方位都基於各自的宗教信仰，但他們崇拜的方向卻各不相同。

源於傳統文化，中國古代地圖學在十三世紀已經形成了以北為上的地圖規範。當中國古代繪圖師普遍遵守這一規範時，歐洲人仍然嚴格地遵循著以東為上的繪圖原則，而伊斯蘭繪圖師們則以南方作為地圖的上方。

---

1 《禹貢錐指·禹貢圖後識》：「準望者，辨方正位，某地在東西，某地在南北之謂也。」

2 《廣陽雜記》：自裴秀「作準望，為地學之宗，惜其不傳於世。至宋（按：當為元）朱思本，縱橫界畫，以五十里為一方，即準望之遺意也」。

3 見余定國，《中國地圖學史》。

4 「準望」中「準」字的涵義為「箭靶」、「準心」。

5 《考工記·匠人》：「匠人建國，水地以懸，置槷以懸，眡以景，為規，識日出之景與日入之景，晝參諸日中之景，夜考之極星，以正朝夕。」

6 《周髀算經》：「冬至日加酉之時，立八尺表，以繩繫表顛，希望北極中大星，引繩至地而識之。」

7 見《清史稿》卷四十七志二十二：「測北極高度以定天體。」《清史稿》卷二百八十三列傳七十：「康熙間，聖祖命製皇輿全覽圖，以天度定準望，一度當二百里。」「五十三年，命國棟等周歷江以南諸行省，測北極高度及日景。五十八年，圖成，為全圖一，離合凡三十二幀，別為分省圖，省各一幀。」「康熙、乾隆兩內府圖皆躬與編摹。揆之於古，其裴秀、賈耽之倫歟？」

從十四世紀開始，歐洲人和伊斯蘭人繪製世界地圖的方位發生了實質性變化。信仰基督教或伊斯蘭教的地圖學家們不約而同地放棄了各自沿襲千年之久的慣例，逐漸接受了以北為上的繪圖原則。無論基督教徒還是伊斯蘭教徒，改變與他們宗教信仰緊密相關的千年習慣，絕對不是一件尋常的事情。這種改變必定源於一種特殊的原因。

在歐洲和伊斯蘭地圖學家改變地圖方位的同時，他們繪製地圖的水準也有了明顯的提高。與中國古代地圖相比較，十四世紀之前，歐洲人和伊斯蘭人繪製的世界地圖普遍缺乏現代繪圖學的一些基本要素。比如，不具備嚴格的比例尺概念、沒有採用經緯網線等等。十四世紀之前，歐洲人畫的世界地圖與現代派抽象畫非常類似，圖中只能看到基督教的精神世界，而非現實中的地理輪廓。十四世紀之前，有些伊斯蘭地圖學家能夠在南、北縱向方面分清不同氣候帶，但是在東、西橫向方面，卻是錯誤百出。從十四世紀開始，歐洲人和伊斯蘭人不約而同地糾正了前人所犯的繪圖錯誤，特別是十五世紀出現的幾幅世界地圖描繪出準確的大陸輪廓。

地圖科學告訴我們，為了繪製準確的地圖，我們不僅需要進行實地測量，而且還必須運用數學法則和投影方式將實地測量結果轉換到地圖上。糾正繪圖錯誤同樣必須經過實地測量和數學換算過程，否則無法辨別出前人地圖中的錯誤。地圖史學家們都知道，歐洲人從十五世紀中期才開始掌握判斷緯度的方法，此後兩百多年間他們一直陷於判斷經度的困擾之中。但是，十四、十五世紀的歐洲繪圖師們似乎根本不需要掌握計算經度的技巧，他們似乎也不需要進行實地測量和數學運算就可以糾正前人的錯誤。對這些十四、十五世紀歐洲地圖學家而言，發現前人的錯誤只需反掌之功，糾正東、西橫向地理錯誤似乎也是一件唾手可得的事情。

十五世紀，歐洲和伊斯蘭地圖學家不約而同地改變了地圖的朝向，同時他們的繪製水準也莫名其妙地有了顯著的提高。這些現象絕對不會是一種巧合，其背後必然隱藏著未知的歷史真相。探知真相的好奇心再次激發了我的求知欲。在探究之中，我獲得了一系列令人難以置信的發現。這些發現暗示出，我們教科書中的一些歷史常識需要做出根本性修正。

第二篇

中國歷史遺產

第四章 古墓中的美洲地圖

在研究古地圖的過程中，我發現，中國傳統地圖學與古代天文學、宇宙學有著不解之緣。這種關係引起我對中國古代星象圖的關注。尤其是那些在古代墓葬中發現的星象圖，它們顯得既古樸又神祕。為什麼古人將星象圖畫在墓室的墓頂？它們僅僅是一些普通的裝飾繪畫，還是具有特殊涵義的神學藝術品？神祕的古墓星象圖緊緊地吸引住我。我決定對那些隱藏在幽冥世界中的星象圖做一番研究。

千百年來，人類建造墓地的方式反映出各種不同的信仰和文化。在中國，墓葬星象圖是一種古代哲學的產物。這種哲學就是易學。易學家認為，任何事物都包含陰和陽兩個方面，例如：上與下、生與死、左與右、明與暗、冷與熱、動與靜等等。陰和陽兩個方面的互動和轉換是所有事物發展的動力。

中國古代哲學家普遍認為，人是陰、陽的結合體，陽是靈魂，陰是人體，人體最終逃脫不了消亡，但靈魂卻是永存的。基於這種哲學思想，中國自古盛行一種墓葬福蔭的理念。這種理念認為，在恰當的墓葬中，亡者的靈魂會保佑其後代，並給他們帶來福蔭。為此，中國古人非常講究墓葬所處的地理環境以及墓室的構造和方向。古墓中的每一個細節都是經過深思熟慮並且遵循特定的風俗。西元四世紀，哲學家郭璞曾經撰寫一部名為「葬書」的著作，此著作不僅論述了人體與靈魂之間、墓葬與後代之間的關係，而且詳細地解釋了如何恰當選擇墓葬的地理環境。出於同樣的哲學思想，中國古人普遍相信招魂術。他們有的將寫有亡者姓名的招魂幡布條或者死者生前常穿的衣服蓋在屍身上，有的將地圖或者方位圖放在屍身的胸口，以此召喚亡魂保佑後代。

西元四世紀以後，中國墓葬文化逐漸吸收了佛教輪迴轉世的理論。這種理論認為，人死後靈魂會脫離人體在空間徘徊，經過一段時間之後靈魂會找到某一個載體得以再生。再生的載體分為五類：星空中的物體、人體、牲畜、鬼影和地獄。這種輪迴轉世的信仰促發了中國墓葬壁畫的興起。古代墓葬壁畫的內容多種多樣，有的描繪死者生前嗜好或者值得紀念的事件，有的則是道教八卦圖或星象圖。無論墓葬壁畫的內容是什麼，它們的目的都是為了召喚死者的亡靈回到人間。

我對墓葬星象圖的研究僅僅出於好奇心而已。我未曾奢想過，從這一研究之中得到收穫。然而，就是這種好奇心，竟然給我帶來了一個意外而且震驚的發現——一幅隱藏在墓中達九百多年的世界地圖。在這幅地圖之中，我看到了美洲大陸！

與其他類型的史料相比較，古墓中的遺物顯得更為奇特。它們忠實地記載了一些早已失傳的史實，為後代保存破解歷史懸案的證據。這幅隱藏在幽冥世界的地圖是一個確鑿、可信的證據。它證明，早在哥倫布「發現」美洲大陸四百年前，中國人已經完成了對美洲大陸的測繪。

第一節　古墓中的星象圖

河北宣化位於北京西北方向一百八十多公里處。這裡有一座始建於西元九世紀的古城。這座古城地處蒙古高原與中原之間，是中國古代北方游牧民族南下入侵中原地區的必經之地，同時也是中世紀時期北方游牧民族與中原農耕民族相互交融的中心之一。

一九七一年四月的一天，古城附近一個村落的農民在灌溉農田時發覺，一處地方總是往下滲水。深挖之後發現，滲水處下面有一座古墓。此後不久，村民在這座古墓的附近又先後發現了另外八座古墓。

從一九七四年至一九九三年，古墓所在地的考古研究機構組織專家對這九座古墓進行了系統的發掘和清理。經考證分析，考古人員認為，這些古墓的墓主都是遼國人，古墓建造的年代均在十一至十二世紀期間。

遼國是中國北方一個古老民族——契丹族於十世紀初建立的一個古代王朝。契丹族早年遷徙無常，最初游牧於今日的內蒙古西拉木倫河和老哈河流域。十世紀二〇年代，契丹組建國家，之後不久滅掉位於中國東北部地區的渤海國，將其領土擴展至韃靼海峽沿岸和庫頁島一帶。十一至十二世紀時期，遼國與宋、金兩國形成三足鼎立的局面。契丹人推行吸引移民的政策，因此遼國文化深受其周邊民族的影響。遼國建立之後，為引進漢族的優秀人才，一方面仿效中原漢族王朝的行政管理體制，另一方面出資修建許多城池，吸引大批漢族人北上遷徙定居。遼國的第一個國都「上京城」位於現今內蒙古赤峰市。此城由漢族人韓延徽道士按照道教理念設計而成，其居民以漢族居多。為了使漢族人能夠在遼國安居樂業，遼國君王施行了「一國兩制」的政策，即「以國制治契丹，以漢制待漢人」。這種「一國兩制」的制國方針，促使遼國在政治、經濟、文化等方面深受中原漢族文化的影響。

遼國人與宋朝人很相似，信奉佛教、道教和儒教。其中，以佛教為主。十一世紀時期，佛教在遼國盛行。據《遼史》卷二十三記載，一〇七八年遼國佛教徒的人數達三十六萬之多。這一數字說明，拜讀佛教經書、從事佛教法式是遼國人日常生活的重要內容。

對九座古墓進行了長達十九年的發掘和清理工作之後，考古研究小組於一九九八年撰寫出一份四十多萬字的研究報告[1]。此報告詳細地記錄了古墓的發掘工作，提供了許多文物說明、墓室照片和實物測繪圖。考古研究小組在報告中認為，九座古墓中最有價值的發現當屬墓中的彩色壁畫，尤其是分別繪在不同墓頂的八幅彩色星象圖。專家們進一步認為，在這八幅彩色星象圖之中，張世卿墓中的星象圖最為精采。

據張世卿墓誌石上的記載，墓主張世卿生前為遼國的一名官員，卒於遼天祚帝天慶六年（一一一六）初，同年下葬入土。

張世卿墓後室頂部為穹隆形。在此頂部正中處，繪有一幅彩色星象圖（見彩圖18）。此圖為圓形，直徑為二．七公尺，圖中央用黑、紅、白三色繪成十八瓣垂蓮花圖案，蓮花圖案的中心嵌有一個直徑為〇．三五公尺的圓形銅鏡。蓮花圖案的四周以白灰為底色，加塗一層淺灰色，以表示天空。在星象圖內圈，即垂蓮花的周圍，繪有九顆大星。其中，五顆為紅色，四顆為藍色。正東偏南方位的一顆紅星最大，星內畫有一隻金烏。這顆紅星象徵太陽。另外四顆紅星分布在東、南、西、北四個方位。四顆藍星分布在東北、東南、西北、西南方向。畫有金烏的太陽與四紅、四藍的星星相配，反映出中國唐朝天文學中的九曜：日、月、火、水、木、金、土、羅睺、計都。星象圖的第二圈由許多小紅點組成，每個小紅點代表一顆星星，星間用紅線連接成組，形成中國古代二十八星宿體系：東方七宿為蒼龍，南方七宿為朱雀，西方七宿為白虎，北方七宿為玄武。星象圖的第三圈由黃道十二宮構成。黃道十二宮最初起源於古巴比倫，之後吸收了希臘神話色彩。

張世卿墓星象圖具有非常深奧的哲學涵義，它反映出中國古代的一種宇宙觀。《山海經》記載：「地之所載，六合之間，四海之內，照之以日月，經之以星辰。」此句記載的涵義是：東、西、南、北、上、下六個空間組合成大地，大地的光源來自太陽和月亮，人間的倫理源自星象。張世卿墓星象圖的周邊表示天空和一些主要星體，圖形中央的圓心代表大地，該圓心鑲嵌的圓形銅鏡則表示出《山海經》中記載的哲學理念：人間反映天界的光源和倫理。古人將此幅星象圖繪在墓頂的目的，是為了墓主的靈魂在另一個世界仍能看到其生前所在的人間，從而，墓主的靈魂能夠保佑墓主的後代，並有朝一日順利地返回人間。

1 此報告由河北省文物研究所撰寫，並由文物出版社於二〇〇一年刊印成書。此書名稱為「宣化遼墓——一九七四—一九九三年考古發掘報告」。

張世卿墓星象圖不僅反映出中國古人的哲學觀，它還具有很高的史學研究價值。在此幅星象圖中，中國傳統的二十八星宿體系與西方黃道十二宮並存。這種組合反映出，中世紀時期東、西方學者之間曾在天文學方面互有交流。對此中西合璧的古天文圖，考古人員感到十分驚喜。他們認為，此星象圖的發現為研究天文史和中外文化交流提供了珍貴的史料。一時間，這幅星象圖吸引住考古學界的注意力。許多著名的考古專家紛紛進入張世卿墓室，仔細觀察古星象圖，並撰寫出一系列的學術文章。正是由於專家們的推崇，此星象圖被中國教育界列入高等學校天文史專業必修課的重點內容之一。

令人感到遺憾的是，當時沒有任何人意識到，另一座古墓墓室內的天文圖不僅比張世卿墓星象圖更為重要，而且這幅天文圖的涵義比張世卿墓星象圖更為深遠。那座古墓的墓主是張匡正。

第二節　一〇九三年世界地圖

張匡正墓誌銘記載，墓主卒於一〇五八年，一〇九三年改葬於此地[1]。根據這一記載，考古學界斷定，張匡正墓建造於一〇九三年。

張匡正墓的建築構造由斜坡墓道、天井、墓門、前室和後室組成。這些建築構造，由南向北，排列為「一」字形。墓道口位於南方（略為偏西），道口地面上鋪有一層作為蹬道的鋪地磚。此鋪地磚是專門為墓主靈魂回歸預備的。斜坡墓道從墓口由上而下直通天井，並正對墓門。從墓門向北，先後進入墓前室和墓後室（墓後室坐落的方位略為偏東）（見圖22）。

此墓的建築構造及其排列方向遵循了陰陽學的理念。陰陽學認為，宇宙是空間和時間的組合體，這一組合體分為「陰」、「陽」兩界。相對而言，「陽」界位於南方，象徵天，「陰」界位於北方，象徵地。人間

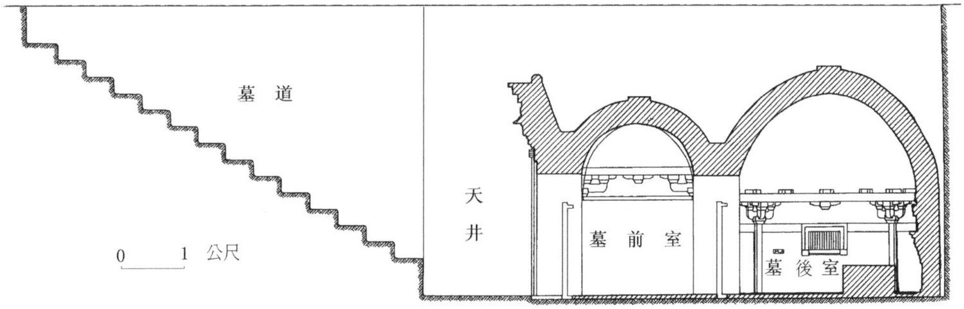

圖22　張匡正墓葬建築結構圖

處於「陽界」，人死之後靈魂進入「陰界」。在幽冥世界中，南處於上方、北位於下方。死者在「陰界」的靈魂有朝一日會找到一個載體，從而再獲新生。正是出於這種理念，中國古墓建築結構大都是墓口和主墓室分別處於南、北兩端，並且遵循上方在南、下方在北的規律[2]。

張匡正墓後室的頂部也為穹隆形。一幅直徑約為兩公尺的圓形星象圖繪在頂部的正中央（見圖23）[3]。星象圖的底色為淺灰色，以此表示天空。星象圖的外圓圈內用黑紅色繪出太陽、月亮和其他一些主要恆星，二十八星宿按照投影法排列，各個星宿所處的方位幾乎與中國傳統的二十八宿星象圖相差無幾。但是，北斗七星卻是例外，它們被繪在星象圖的南方。很明顯，這一「錯位」出於特殊目的。

星象圖的內圓為十二瓣蓮花圖案，象徵著十二方位星象觀測法。此圖案

1　張匡正墓誌銘中記載：「……至清寧四年秋八月十八日，寢疾卒於私第，尋權其葬，禮而柩之，公之春秋七十有五……至大安九年歲次癸酉四月丁巳朔十五日辛酉乙時，改葬於雄武本郡之西北，增廣塋所……。」

2　自商、周以降，中國古代的墓葬形制存在著一種普遍的規律，即墓道口和墓室呈南北走向，墓道口在南，墓室在北（個別古墓的墓室位於東方，指向日出的方向）。古墓墓道也普遍建造為北低南高的結構（若有多個墓口，則為南墓道較寬並且較長）。

3　至少有三本書籍刊載了張匡正墓頂星象圖。這三本書籍分別為文物出版社二〇〇一年版《宣化遼墓——一九七四—一九九三年考古發掘報告》、遼寧畫報出版社二〇〇二年版《遼代繪畫與壁畫》和四川人民出版社二〇〇四年版《幽冥色彩——中國古代墓葬壁飾》。

圖23　張匡正墓頂星象圖

的白色圓框上標出了二十四個方位，示意著風水的二十四向堪輿法。十二瓣蓮花圖案的花芯是一幅六瓣牡丹花圖案（直徑〇．四三公尺），寓意著道教的六合大地理念。

在牡丹花圖案的中心，鑲嵌有一根鐵棍。此鐵棍曾將一件物品固定在牆頂。牡丹花圖案以白灰為底，上面塗一層淺灰色。此圖案周邊的塗色幾乎完好無損（星象圖其他部位的塗色也幾乎完整無缺）。然而，牡丹花圖案中央有固定物遺留的色跡和脫痕（見彩圖19）。固定物留下的色跡為棕色。這一顏色顯示出，該固定物由幾塊木板組成。

夏季時期，墓室內非常潮濕，受潮的木板在悶熱的環境下散發出潮氣。經過數百年的歲月，木板散發的潮氣在淺灰色牆頂上留下了棕色的印跡。由於長年處於潮濕環境，木板逐漸腐朽，並從墓頂脫落下來。緊貼木板的牆皮由於長年接觸潮濕物，也隨木板從墓頂脫落下來。雖然木板已經全部脫落，但牆頂上的木板色跡和牆皮脫痕展現出這幾塊木板的輪廓。這些輪廓揭示出，牆頂上原有的固定物是一幅木製世界地圖（見彩圖20）。

此世界地圖以北為上，地圖的上方正對著南面的墓道和星象圖中的北斗七星。這一方位的設置同時遵循了兩個傳統理念：一是地圖以北為上；二是陰陽學說的「陰界」以南為上。在此幅地圖中，我們可以辨認出亞洲、歐洲、非洲、北美洲、南美洲、澳洲和主要海域的輪廓。

亞洲居於地圖的中部，中國處於地圖的中央。中南半島位於中國的南面，印度半島位於中國的西南方。印度半島的東側是孟加拉灣，西側為印度洋。

歐洲位於地圖的西北部。相對亞洲而言，歐洲的面積明顯被縮小。歐洲的左上方有一個半島，這應該是斯堪的那維亞半島。在斯堪的那維亞半島的下方可以看到德蘭半島。圖中，地中海是一個敞開的大海灣。這種將地中海視為敞口海灣的繪圖錯誤在其他幾幅中國古代世界地圖中也可以見到。一四〇二年《混一疆理歷代國都之圖》就是一幅典型的圖例。在後面的章節中我還會談論到這種古代繪圖錯誤[1]。

圖中，非洲東瀕印度洋，西臨大西洋，北隔地中海與歐洲大陸相望。非洲大陸的形狀呈不等邊三角形，北寬南窄，南端海角指向東南方向。非洲大陸西部海岸線的輪廓非常接近現代地圖，可以容易地辨認出幾內亞灣的輪廓線。

亞洲的東北角延伸出一個地峽，此地峽是當今白令海峽所在地[2]。這一地峽的另一端連接著一個半島，此半島應是北美大陸。在北美洲與南美洲之間也有一個地峽相連接，這一地峽在現代地理學中被稱之為「巴拿馬地峽」。

此幅地圖呈現出完整的南美洲輪廓。南美大陸東側是大西洋，西側為太平洋。位於祕魯的布蘭科角（Cabo Blanco）、巴西東端的聖羅克角（Sao Roque）和南美南端的弗羅厄德角（The Southern Tip of South

1 中國古代世界地圖在地中海部位經常犯的另一個錯誤就是將直布羅陀海峽繪成了一個南、北兩岸相距很遠的海峽。

2 曾有些科學家聲稱，白令海峽原本是一個連接亞洲大陸和北美大陸的地峽，此地峽後因海平面上升而被淹沒，從而形成了白令海峽。

America）均可辨認出來。

澳洲大陸被擱置在印度洋。澳大利亞西南角（Southwest Australia）、北部卡奔塔利亞灣（Gulf of Carpentaria）和南部大澳大利亞灣（Great Australian Bight）的輪廓也可識別出來。

在一〇九三年建造的古墓中發現五大洲世界地圖的痕跡，這的確令我感到非常吃驚。我不禁自問：這一牆皮脫痕形成的世界地圖是否是一種自然巧合呢？

我再三研究了墓頂上的痕跡，反覆思考各種各樣的可能性。最終，這幅地圖的方位和布局使我確信，它不可能出於巧合。自然形成的圖形怎麼可能在方位方面恰巧符合中國古代的哲學理念，並且地圖的北方恰好正對著「錯位」的北斗七星呢？自然形成的圖形怎麼可能在地理位置方面恰巧符合中國古人以自我為中心的世界觀呢？自然形成的圖形怎麼可能在亞、歐、非的地理位置和比例方面恰好與古地圖非常相似呢？並且，自然形成的圖形又怎麼可能碰巧包含了地球上所有的海域呢？尤其是墓頂上的棕色痕跡，這種顏色絕對不可能憑空出現在白色牆頂上面，它們一定是木製地圖留下的痕跡。

此幅木地圖的痕跡使我想起史料中有關古代木板地圖的記載。十一世紀科學家沈括、十二世紀學者黃裳和朱熹都曾用木板製作地圖[1]。尤其是朱熹，他曾嘗試用八塊木板拼製成一幅世界地圖[2]。

在墓頂上發現世界地圖的痕跡使我對墓主產生了極大的興趣。張匡正是什麼樣一個人？為什麼他的墓頂上會安放一幅世界地圖呢？幸好，張匡正墓誌銘和墓中的彩色壁畫為我提供了答案。

張匡正為漢族人，七十五歲去世。此人生前品行優良、心直口快、克遵教法、事必躬親，深得眾人的敬畏。他不食葷，只吃素，不貪玩樂，只好研讀佛、道經書。他有五子三女，其中兩個早年夭折，其餘六個子女都與豪族富戚成親。這一訊息透露出，張匡正生前是遼國上層社會的一名學者。

從張匡正墓彩色壁畫之中，我們可以看到墓主生前的一些縮影。《備茶圖》反映出張匡正熱中於茶道（見圖24）。《備經圖》表現出張匡正研讀經書的嗜好（見圖25）。墓頂的星象圖則揭示出墓主的哲學信

圖24　張匡正墓《備茶圖》

圖25　張匡正墓《備經圖》

1 有關沈括木地圖的記載見《夢溪筆談》。有關黃裳木地圖的記載見朱熹〈答李季章〉。

2 羅大經，《鶴林玉露》載：「（朱熹）嘗欲以木作華夷圖，刻山水凹凸之勢。合木八片為之。以雌雄榫鑲入，可以折。度一人之力可以負之。每出則以自隨。」

仰。正是這種哲學信仰，促使後人在張匡正的墓頂上安置了一幅世界地圖，以此召喚死者的靈魂。正如張匡正墓誌銘中的記載，建造此墓的目的是為了「切以昭回，乃玄鄉之曲」。

一〇九三年《張匡正世界地圖》具有非常重要的意義，它揭示出一段歷史祕密：在一〇九三年之前，中國人曾經對地球表面進行過測繪。張匡正墓中的星象圖將太陽、月亮以及二十八星宿等主要恆星繪在世界地圖周圍，由此表現出傳統的渾天宇宙觀。此宇宙觀認為，太陽、月亮以及天上的星星全都圍繞著地球運轉。

雖然已經測繪出五大洲的輪廓，但中國古代地圖學家面臨著一個高難度的技術問題。這就是如何通過一幅平面地圖展現出地球上五大洲的輪廓。這一技術問題不僅涉及地圖的圖式，同時也涉及地圖投影學。

十一世紀時期，東、西半球世界地圖的圖式尚未出現。因此，中國古代地圖學家迫不得已將美洲和澳洲這兩塊「新大陸」與亞、歐、非三塊大陸同繪在一個圓形的平面上。為了在平面地圖中反映出球形大地，中國古代地圖學家構思出一種非常特殊的繪圖方法。這種方法對太平洋和美洲採用了與亞、歐、非大陸完全不同的投影法。這種特殊的投影法使得太平洋和美洲的變形程度遠遠大於亞、歐、非三塊大陸。

圖中，北太平洋是個內陸海，南太平洋為一大海灣，北美洲成了一個半島，原本北寬南窄的南美洲則被壓縮成一個長條形。由於太平洋的面積被大幅度壓縮，本應位於太平洋與印度洋之間的澳洲大陸，被挪到印度洋海域。

鑑於《張匡正世界地圖》採用了兩種完全不同的投影法，我將此種製圖方法命名為「不對等投影法」。這種獨特的投影法在一幅十八世紀的地圖中也能看到。

第三節　與《張匡正世界地圖》相似的《天下全圖》

一七二二年，浙江學者呂安世刻印了一幅《天下全圖》[1]，歐洲、亞洲、非洲、美洲和澳洲均出現在這幅圓形的地圖之中。在五大洲布局方面，《天下全圖》與《張匡正世界地圖》非常相似（見彩圖21）。尤其是澳洲大陸，也同樣位於印度洋。很明顯，這一錯位的緣由是《天下全圖》採用了「不對等投影法」。在《天下全圖》中，地中海是一個大海灣。這一奇形也與《張匡正世界地圖》相同。《天下全圖》沒有繪出波斯灣的輪廓，這也是中國古代地圖常犯的錯誤。這些錯誤暗示出，呂安世繪製《天下全圖》時參考過中國古代的世界地圖。

《天下全圖》中雖然有一些源自西方的地理訊息，但大部分地理名稱僅見於中國史料。其中，最為明顯的是將太平洋命名為「滄溟宗」。「滄溟宗」的涵義是「海水滙集下泄之處」[2]。在中國古代傳說中，太平洋海域是排泄海水的地方[3]。中國古人認為，世界上所有的海水都滙集到太平洋，並在該海域的漩渦中排泄到地下。「滄溟宗」一詞曾出現在十二世紀中國詩人陳傅良的詩句之中[4]。十三世紀之後，除個別地圖外，這一詞彙再也沒有出現在文字記載之中。從這一詞彙出現的年代可以推測出，《天下全圖》中的一些地理訊息來源於十三世紀之前。

---

1 該《天下全圖》是《三才一貫圖》之中的一幅世界地圖。《三才一貫圖》還包括《大清萬年一統天下全圖》、《南北兩極星圖》和《河圖洛書》等其他五幅圖。

2 「滄溟宗」的「宗」字意為「歸往」之意。《尚書・禹貢》記載：「江漢朝宗於海。」

3 中國古人將太平洋海域中心稱之為「尾閭」。宋代著作《嶺外代答》記載：「闍婆之東，東大洋海也，水勢漸低，女人國在焉，愈東則尾閭之所泄，非復人世。」《嶺外代答》中所述的「尾閭」指古代傳說中泄海水之處。《莊子・秋水》：「天下之水，莫大於海，萬川歸之，不知何時止而不盈，尾閭泄之，不知何時已而不虛。」成玄英疏：「尾閭者，泄海水之所也。」

4 見陳傅良，〈上閩帥梁丞相生日二十二韻〉。非常值得注意的是，此詩中有「炎正維中葉，皇圖再造年。天潢流少海，星緯粲台躔。臣主嘗難並，乾坤豈偶然」等詞句。

《天下全圖》中的另外一個訊息將我們帶到了更為遙遠的年代。此圖中，有一條漫長的航線。該航線由南大西洋穿越麥哲倫海峽，此後途經太平洋、印度洋、紅海、地中海，最後進入北大西洋。這條航線不可能是十八世紀的航道，因為在一八六八年之前現代蘇伊士運河尚未開通。那麼，如何解釋一七二二年《天下全圖》顯現的這條環球航線呢？是不是有一條古代的蘇伊士運河呢？歷史記載告訴我們，在九世紀之前，的確有一條連接紅海和地中海的蘇伊士運河。

一八六六年，一位法國學者在埃及發現了一塊石碑殘片。殘片上的碑文記述了波斯王大流士（西元前五四九年至西元前四八六年）下令開掘蘇伊士運河的史實。碑文寫道：「國王大流士說：吾乃波斯人。吾起於波斯而征於埃及。吾命開此河，發於尼羅奔流埃及，止於瀚海瀕臨波斯。此河既成，埃及之舟船可沿諸直抵波斯，合吾所願。」史料還顯示，從西元前五世紀直至西元八世紀，這條古代蘇伊士運河一直是貫通紅海和地中海的航道。大約在西元七五〇年，阿拉伯帝國國王曼蘇爾（Al-Mansur）下令關閉了這條蘇伊士運河。此後，雖然部分航段仍可通行，但這條運河已不再是連接紅海和地中海的航道了。因此，從七五〇年直至一八六八年現代蘇伊士運河開通，船隻無法從紅海駛入地中海。

古代蘇伊士運河通航的年限佐證出，《天下全圖》中的環球航線是一條七百五十年以前的航道，中國航海家曾經沿著這條航道完成了環繞地球的壯舉。

一七二二年《天下全圖》記載的古老地名、環球航線和繪圖錯誤均暗示出，此圖的五大洲輪廓來源於遙遠的年代，並且圖中的「不對等投影法」也是一種古老的繪圖法。

第四節　「不對等投影法」與哥倫布「發現」美洲

中國古代地圖學家發明的「不對等投影法」不僅在地圖史中占有獨特的地位，在世界歷史中也應占有一席之地。之所以給予「不對等投影法」如此之高的評價，原因就是，這種「不對等投影法」誤導了歐洲的地理學家和地圖學家，從而引發哥倫布橫跨大西洋、「發現」美洲新大陸。

十五世紀，一些新興商業城市在西歐相繼出現，國際間貿易蓬勃發展，由此引起西歐國家對黃金的需求急劇增加。當歐洲商人們得知印度盛產黃金的消息後，西歐各國出現了到印度淘金的熱潮，似乎這個遙遠的國度有著取之不盡、用之不竭的黃金。然而，當時奧斯曼帝國的征戰切斷了歐、亞之間的傳統貿易通道，迫使葡萄牙開闢了一條繞過好望角通往印度的南方航線。葡萄牙人將此條航線霸為己有，不准許其他國家的船隻通行。正因為如此，西班牙不得不資助哥倫布橫跨大西洋，開闢另一條通往印度的西方航線。

哥倫布在遊說西班牙皇室時聲稱，從歐洲橫渡大西洋就可抵達印度。一四九二年，當哥倫布橫跨大西洋、抵達巴哈馬群島時，他堅信所到之地就是印度。哥倫布為什麼會產生這種錯覺呢？

有關哥倫布的原始史料極為貧乏。因而，對促發哥倫布橫渡大西洋的緣由，學術界一直存有爭議。傳統史學觀點認為，在著名佛羅倫斯天文學家和地理學家托斯堪尼（Paolo del Pozzo Toscanelli）的啟發下，哥倫布萌發出橫跨大西洋的雄心。十九世紀末，美國知名藏書家兼史學家哈里斯（Henry Harrisse）在舊檔案中發現了托斯堪尼於一四七四年六月二十五日寫給哥倫布的函件副本。此函件不僅指出橫渡大西洋抵達印度的航線，而且還提及一幅世界地圖。哥倫布的兒子費爾南多（Fernando）和西班牙傳記作家卡薩斯主教（The Bishop Las Casas）曾分別編寫了有關哥倫布的傳記[1]。根據這兩本傳記，有些史學家推斷，一四七四年托斯堪尼與哥倫布之間曾經有過書信往來，在寫給哥倫布的信中，這位知識淵博的學者向哥倫布證實，有一條從歐洲直通印度的西方航線。還有一些史學家推測，托斯堪尼曾經提供給哥倫布一幅世界地圖。

1 阿斯・卡薩斯主教的父親佛朗西斯科・卡薩斯（Francisco Casas）曾參與哥倫布第二次橫跨大西洋的海上探險。

另一種觀點認為，哥倫布的親人為哥倫布發現美洲大陸提供了幫助。一四七九年，哥倫布與一位航海家的女兒成婚。此門婚事使得哥倫布從岳父手中獲得了一些航海日誌和地圖。哥倫布的一位兄弟曾在葡萄牙政府擔任地圖繪製師，他利用職務之便，偷偷地臨摹了葡萄牙皇家收藏的一幅世界地圖，並把它交給哥倫布。這些航海資料和地圖促使哥倫布確信，橫渡大西洋可抵達印度。

這些說法雖有所不同，卻都具有一個相同的細節。這就是，在首次橫渡大西洋之前，哥倫布曾經看到過一幅世界地圖，這幅地圖顯示出，歐洲西面有一片大陸。哥倫布誤認為，這片與歐洲隔海相望的大陸就是印度。由於這幅地圖的誤導，當探險船隻抵達巴哈馬群島時，哥倫布誤以為此地是印度，並將那裡的人稱之為「印第安人」。

哥倫布看到的究竟是什麼樣一種世界地圖呢？他為何把美洲大陸誤作為亞洲呢？

沒有確鑿的史料證明，哥倫布參考的究竟是什麼樣的世界地圖。然而，史學界普遍相信，兩幅十五世紀下半葉的世界地圖與哥倫布參考的地圖非常相似。一幅是一四五七年《葛諾斯地圖》（*The Genoese Map*）（見彩圖22），另一幅就是本書第二章中談及的一四八九年《馬爾特魯斯地圖》（見彩圖7）[1]。此外，一四九二年貝海姆地球儀（見彩圖8）也可能與哥倫布參考的地圖同出一源。

《葛諾斯地圖》、《馬爾特魯斯地圖》和貝海姆地球儀在許多方面各有不同，然而它們具有四個相同的錯誤：第一，大西洋東、西方向的距離被明顯縮小；第二，極大地誇大了亞洲東、西走向陸地的面積；第三，亞洲東南部有一個巨大的半島；第四，這個巨大半島西側有一個巨大的海灣，這個海灣在這些地圖中被標注為"Sinus Magnus"（拉丁文），其涵義是「大海灣」。

為什麼這些世界地圖具有相同的錯誤？造成這些錯誤的原因又是什麼呢？

在第二章中，我曾談及葛雷茲博士有關一四八九年《馬爾特魯斯地圖》的研究。葛雷茲博士指出：「從一五〇六年《佐爾茲地圖》（*Zorzi Map*）一直到一五七四年《詹拿托地圖》（*Sanuto's Map*），這些十六世紀世界地圖都將南美洲繪為一個位於東南亞的巨型半島。有些地圖將這一半島稱之為『龍尾』，這很可能與中國龍相關。」[2]葛雷茲博士還發現，在一五七四年《詹拿托地圖》和《奧特里烏斯地圖》（*Ortelius's Map*）中，太平洋海域被標注為"Sinus Magnus"。據此，葛雷茲博士認為，"Sinus Magnus"是太平洋海域的早期稱謂。史學家格拉索博士也指出，中世紀地圖之中的拉丁文"Sinus Magnus"和希臘文"Megas Kolpos"都是太平洋海域的名稱，並且這兩個名稱的詞義都是「大海灣」。

葛雷茲博士和格拉索博士的研究給予我很大啟發。我將《張匡正世界地圖》與《葛諾斯地圖》、《馬爾特魯斯地圖》以及貝海姆地球儀做了一番對比研究，從中找到問題的答案。後三幅地圖的太平洋輪廓以及「大海灣」命名顯示出，中世紀西方地理學家曾經看到過與《張匡正世界地圖》類似的地圖資料，他們誤讀了採用不對等投影法繪製的世界地圖。這一誤讀導致西方地圖學家犯下了上述四個明顯錯誤。

在哥倫布發現美洲之前，西方地圖學界對這片大陸一無所知。他們一直認為，世界上只有歐、亞、非三塊大陸。當中世紀西方地理學家們看到與《張匡正世界地圖》類似的地圖時，他們將圖中的美洲大陸視為亞洲的一部分，把北太平洋看作一個內陸海，同時將南太平洋視為一個大海灣。根據馬可·波羅等人從東方帶回的地理訊息，亞洲根本不存在一個巨大的內陸海。因此，中世紀西方地圖學家們斷定「亞洲大陸」上那個內陸海是個「錯誤」，他們非常自信地糾正了這一「錯誤」。有的將內陸海從「亞洲大陸」中抹去，有的大幅度地縮小這一內陸海的面積。由於北美洲與亞洲合併為一塊大陸，在十五世紀下半葉西方地圖學家繪製的

1 參見Alexander O. Vietor撰寫的"A Pre-Columbian map of the world, circa 1489"，該文章刊載於*Imago Mundi*, Vol. 17, 1963, pp.95-96; Barry Ife撰寫的"Introduction to Christopher Columbus, Journal of the first voyage"，該文章刊載於*Early Modern Spain—Research at King's College London*, at the website: http://www.ems.kcl.ac.uk/content/pub/b001.html.

2 參見Paul Gallez撰寫的"Walsperger and his Knowlegde of the Patagonian Giants, 1448"，該文章刊載於*Imago Mundi*, Vol. 33, 1981, pp. 91-93.

世界地圖中，亞洲陸地東、西之間的距離被明顯誇大，南太平洋被繪為亞洲南部的一個大海灣，南美洲則成為亞洲東南部一個巨大的「龍尾」半島。正如葡萄牙歷史學家加爾沃在一五五五年的一封信中所寫的紀錄：一四二八年葡萄牙王子從國外帶回一幅世界地圖，此圖將麥哲倫海峽稱之為「龍尾」。

「龍尾」非常可能是中國古人授予南美大陸的名稱。因為，只有中國人將龍視為崇拜物，並且喜好以龍身體部位作為地理命名。中世紀西方地圖學家在參考中國古代世界地圖時，沿用了中國古人授予南美大陸的美稱。

不對等投影法引發中世紀西方地理學出現的另一個異常地理概念就是將亞洲東南部稱之為「上印度」。

鄂多立克（Odoric Mattiussi or Odoric of Pordenone）是中世紀著名的歐洲旅行家。他於一三一六年開始海上東遊，乘船途經波斯灣、斯里蘭卡、蘇門答臘等地，最終到達了中國。一三二八年，鄂多立克又沿著古絲綢之路，經過西藏、中亞、波斯返回義大利。回國後，鄂多立克口述其東遊見聞，並由他人著成《鄂多立克東遊錄》[1]。在此書中，鄂多立克將中國東部稱之為「上印度」。

曼德維爾（John Mandeville）是十七世紀末、十八世紀初英國著名作家。他根據歐洲早期的旅行紀錄和傳說編著了《曼德維爾遊記》（*The Travels of Sir John Mandeville*）。在此書中，曼德維爾繼續沿用歐洲早期的地理概念，將亞洲東南部稱之為「上印度」。

中世紀時期，歐洲地理學界流行著一個與「上印度」非常類似的地理概念——「恆河之外的印度」（India Extra Gangem）[2]。這一概念特指亞洲東南部那個「虛構」的巨型半島。一四九二年「發現新大陸」之後，哥倫布在寫給他人的信中曾將所到之地稱為「恆河之外的印度」或者「印度海中的島嶼」[3]。哥倫布的兄弟巴托羅梅·哥倫布（Bartolommeo Columbus）參加過哥倫布的第四次探險之旅，曾經向威尼斯旅行家佐爾茲（Alessandro Zorzi）展示過三幅哥倫布的地圖手稿。在這三幅地圖手稿之中，有一幅地圖清晰地繪出亞洲東南部那個「虛構」的巨型半島，並且這一半島被標注為「恆河之外的印度」。此幅地圖手稿證實，在哥倫布的心目中，他探險所到之地是所謂的「亞洲東海岸」。

了解「上印度」和「恆河之外的印度」這兩個異常地理概念出現的背景，我們自然就會理解，為什麼一四八九年《馬爾特魯斯地圖》的「龍尾」半島上會出現南美洲河流體系，為什麼哥倫布將巴哈馬群島誤作為是亞洲的一部分，為什麼中世紀西方地理學家將美洲的原住民稱之為「印第安人」。

第五節 《山海輿地全圖》中的「不對等投影法」

明代學者馮應京於一六〇二年編撰了一部名為「月令廣義」的著作，書中收錄了一幅名為「山海輿地全圖」的圓形世界地圖（見圖26）。此圖雖然載有西方傳教士於十六世紀末傳入中國的世界五大洲名稱，但圖中的地域輪廓、地理錯誤以及地理名稱表明，它的原型出自十五世紀以前中國古代地圖學家之手[4]。

與一〇九三年《張匡正世界地圖》相比較，《山海輿地全圖》的構圖已有明顯的改進，它將美洲繪成

1 此書由十九世紀著名學者Henry Yule譯成英文，其英譯文題為"The Travels of Friar Odoric of Pordenone"，見*Cathay and the Way Thither*.

2 此外，還有"India beyond the Ganges", "India Extra Gangem", "India Intra Gangem", "India upto the Ganges", "India proper", "India beyond the river Ganges" or "Transgangetic India".

3 "Island in the Indian sea."

4 曾有位中國學者認為，是西方傳教士利瑪竇在明末時期將《瓦德西穆勒世界地圖》帶入中國，《月令廣義》中的《山海與地全圖》是參照瓦德西穆勒世界地圖繪製的。這種觀點不僅沒有任何根據並且也與事實不符。利瑪竇時期歐洲繪製的世界地圖均將南、北美洲繪成相互連接的大陸，利瑪竇不可能將一份過時並且有明顯錯誤的地圖傳入中國。並且《瓦德西穆勒世界地圖》出版後消聲滅跡近四百年，在此期間利瑪竇不可能發現了此幅地圖並悄悄地把它帶入中國。

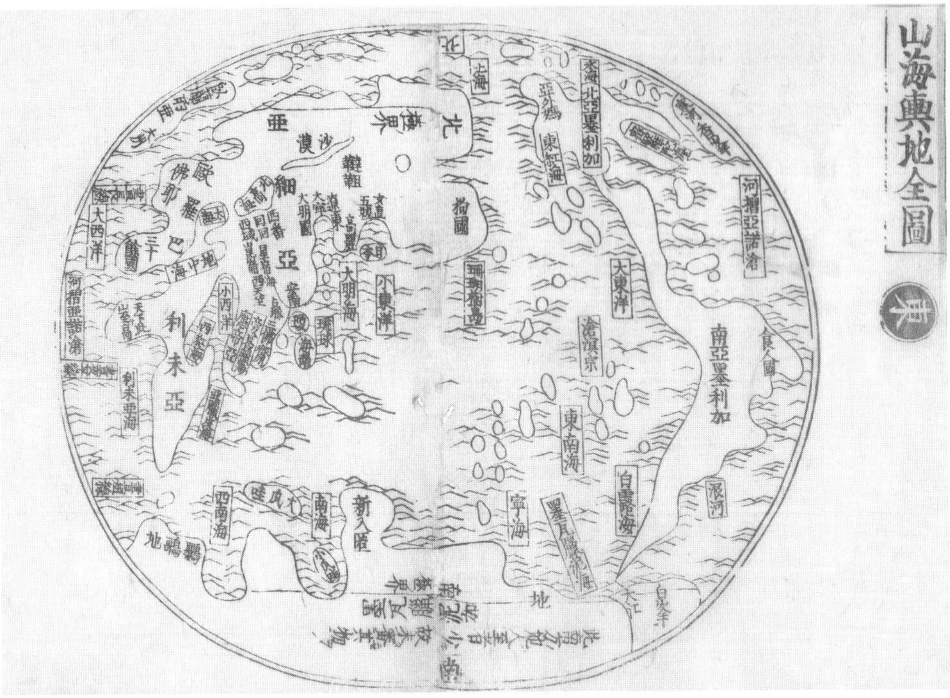

圖26　1602年《山海輿地全圖》

一個獨立的大陸。雖然如此，《山海輿地全圖》仍然沿襲了《張匡正世界地圖》中的兩個主要特徵：第一，北美面積明顯偏小；第二，採用了「不對等投影法」，即亞、歐、非大陸的投影與美洲大陸的投影完全不同。「不對等投影法」表明，《山海輿地全圖》的原創者還不知道東、西兩半球世界地圖的圖形。

《山海輿地全圖》將紅海與波斯灣相混淆，這個錯誤來源於十五世紀以前中國古代地圖學家（第八章將詳細討論此種繪圖錯誤）。在《山海輿地全圖》中，直布羅陀海峽的寬度明顯大於實際狀況，這也是一個出自於中國古代地圖學家的錯誤。

《山海輿地全圖》中有許多古老的地理名稱，其中兩個源自十四世紀以前。第一個是前面提到的「滄溟宗」；第二個地理名稱是「三佛齊」。「三佛齊」為梵語Srivijaya的譯音，指西元七世紀至十三世紀蘇門答臘東南部信奉大乘佛教的馬來古國。中國唐代將其稱為「室利佛逝」（或稱「屍利佛逝」、「屍利佛誓」、「佛逝」、「佛誓或佛齊」）。宋、元時期，中國人將此地稱為「三佛齊」。成書於一二二五年的《諸蕃志》和元朝著作《島夷志略》中都有關於「三佛齊」的記載。十四世紀初，馬來古國被爪哇滿者伯夷王朝所滅，成為爪哇的附屬地。洪武（一三九八年）之後，此國名遂不見於著錄。十五世紀初鄭和下西洋時期，中國人將此地稱為「舊港」或「浡淋邦」。鄭和時期文獻《瀛涯勝覽》記載：「舊港國，即古名三佛齊國是也。番名浡淋邦，屬爪哇國所轄。」《瀛涯勝覽》的這一記載證實，「三佛齊」是一個十四世紀以前的地理名稱。

根據「滄溟宗」和「三佛齊」這兩地理名稱出現的時間可以推測，《山海輿地全圖》的原型應是十二、十三世紀時期的世界地圖。

第六節　「不對等投影法」與馬丁·瓦德西穆勒

一五〇七年《瓦德西穆勒世界地圖》授予美洲大陸的命名確實非常吸引人們的注意力。然而，在歷史學方面，《瓦德西穆勒世界地圖》的意義遠遠超出了「亞美利加」命名的範圍。瓦德西穆勒，這位十五世紀初的歐洲地圖學家僅憑藉對世界的模糊認識，在沒有任何測繪技術支持的條件下，繪出了南美洲大陸的輪廓。這一成就的確讓史學界感到困惑不解。

一四九二年哥倫布橫跨大西洋之後的數年間，許多歐洲地理學家認為，哥倫布越洋所到之地是亞洲。一五〇四年，義大利航海家亞美利哥·維斯普奇的兩封私人信件被公之於眾。信中維斯普奇聲稱，他曾經四次橫跨大西洋並且發現大西洋彼岸是一塊與亞洲不相連接的新大陸。維斯普奇從來沒有在太平洋中航行的經歷，有關新大陸輪廓的地理訊息很可能是他從古代地圖中獲得的。許多歷史學家對維斯普奇信件內容的真實性持懷疑態度。然而，在十六世紀初期，許多歐洲地圖學家卻對維斯普奇的不實之詞深信不疑。瓦德西穆勒也是如此，他誤以為維斯普奇是發現新大陸的英雄。

很可能是基於維斯普奇提供的地圖（因為當時只有維斯普奇掌握有關新大陸輪廓的地圖），瓦德西穆勒率領他的工作小組於一五〇七年繪製出《瓦德西穆勒世界地圖》。

一五〇七年《瓦德西穆勒世界地圖》出版後，瓦德西穆勒逐漸意識到，維斯普奇描述的新大陸只不過是古地圖上的陸地輪廓，未經實際勘測。為了糾正自己所犯的錯誤，瓦德西穆勒重新收集一些地理訊息資料，並於一五一六年繪製了一幅不同版本的世界地圖。在此版本中，瓦德西穆勒將美洲大陸改名為「未知大陸」。並且他還注明，一五〇七年《瓦德西穆勒世界地圖》所參考的地圖是「古代的、不可靠的原始資料」。

雖然瓦德西穆勒認為，他的一五〇七年世界地圖是「不可靠的」，然而這幅地圖卻隱藏著許多歷史祕密。

一五〇七年《瓦德西穆勒世界地圖》採用了「不對等投影法」，這種繪圖法無疑是源自中國古代地圖學家。瓦德西穆勒並不知道南、北美洲大陸的真實形狀。在參考來自中國的地理訊息時，他誤以為，美洲大陸的輪廓是一種長條形狀，並且北美大陸的面積小於南美大陸。

在一五〇七年《瓦德西穆勒世界地圖》中，可以看到兩個美洲大陸：一個孤獨地位於一邊，另一個則是亞洲東南部那個「虛構」的巨型半島。更有趣的是，此圖的中國地域上有一個拉丁文注釋"India Syperior"，其涵義是「上印度」。

一五〇七年《瓦德西穆勒世界地圖》將日本繪為一座位於太平洋中部的大島。這一錯誤看上去讓人一時摸不著頭腦。為什麼瓦德西穆勒會把小小的日本島國當作一個面積幾乎是歐洲大陸三分之一的巨大島嶼呢？為什麼這個碩大的島嶼竟然被繪在太平洋之中呢？其實，造成這一錯誤的原因，就是將北美大陸視為亞洲的一部分。當瓦德西穆勒誤將美洲大陸與亞洲大陸繪成一個肩並肩的「伴侶」時，他自然就會把格陵蘭島當作日本。

地圖史學家湯姆森博士曾經指出：在一五〇七年《瓦德西穆勒世界地圖》正上方的小型東、西半球地圖中，南美洲輪廓與《山海輿地全圖》非常相似（見圖27）[1]。這種相似絕對不是一種巧合。它反映出瓦德西穆勒曾經參考過與《山海輿地全圖》同源的世界地圖。

實際上，一五〇七年《瓦德西穆勒世界地圖》還有另外一種版本。此版本是一幅由十二片柳葉形組成的球形世界地圖（見圖28）。中世紀時期，世界地圖沒有固定的模式，地圖學家在繪製世界地圖時都喜歡將自己所處的區域放在地圖的中部。然而，此版本世界地圖卻不是這樣。這幅歐洲人繪製的地圖將中國置於地圖的中央。

在此球形世界地圖中，每一個方格橫跨經度的度數為十度。西方地理學將地球圓周劃分為三百六十度。因此，該地圖橫向本應分為三十六個小方塊。令人感到非常意外的是，地圖橫向除了三十六個小方塊外，在最右邊多出來了一小部分。這個多餘的部分將球形世界的圓周變成了三百六十多度。這是地圖繪製者的失誤嗎？嚴謹的德國繪圖師不可能犯下如此明顯的錯誤。而且，我們不應該忘記，瓦德西穆勒是在幾位助手的協助之下繪製世界地圖。將地球的經度劃分為三百六十多度，這絕對不是一種失誤，而是瓦德西穆勒忠實地仿效其他地圖的結果。被仿效的地圖原型則是出自中國古人之手。中國古人測定一年的時間為三百六十五．二五日，為此他們將圓周也劃分為三百六十五．二五度。這一圓周度數構成中國古代天文學的一個特點。直到明末崇禎年間採用了《崇禎曆書》，中國古人才將圓周的度數改為三百六十度。很明顯，《瓦德西穆勒球形世界地圖》中的這個「失誤」來源於明末以前中國古人繪製的地圖。

1 見Gunnar Thompson, *Secret Voyages to the New World*, Misty Isles Press, Seattle, Washington, 2006.

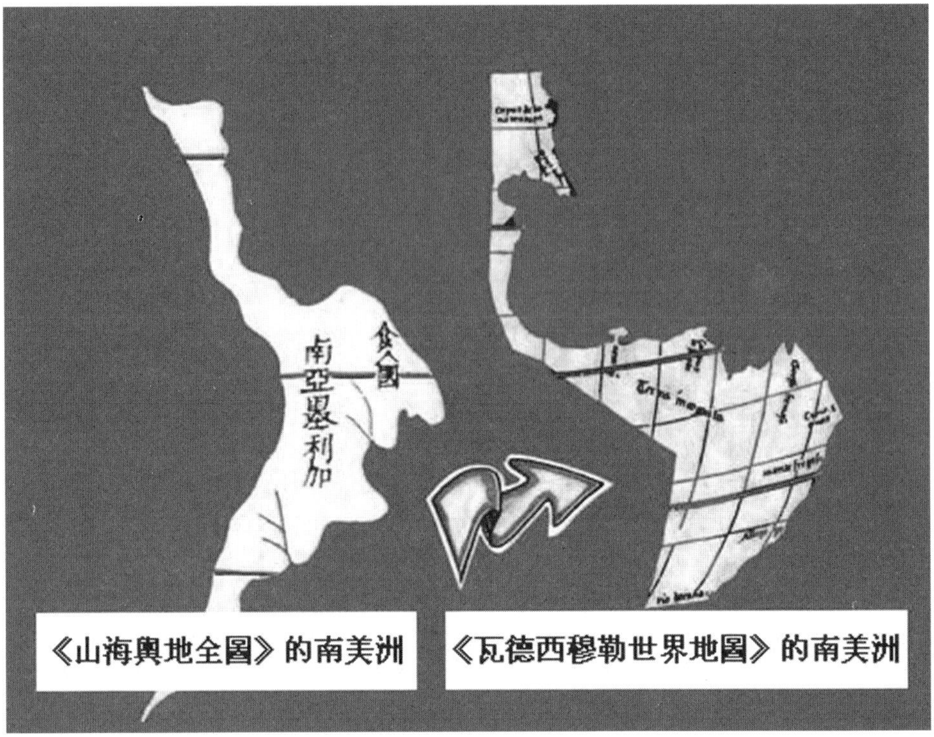

圖27　《瓦德西穆勒世界地圖》與《山海輿地全圖》的比較（此圖由Gunnar Thompson博士提供）

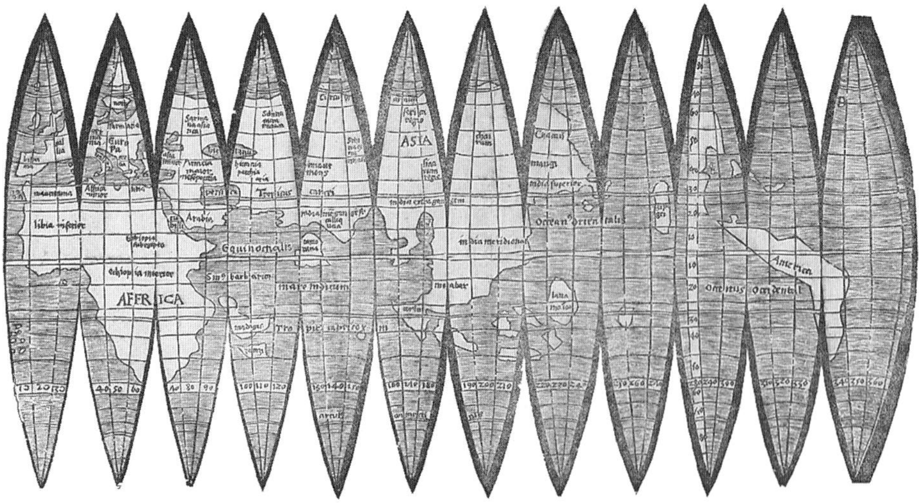

圖28　1507年《瓦德西穆勒世界地圖》（此圖現由美國明尼蘇達大學James Ford Bell圖書館收藏）

《瓦德西穆勒世界地圖》中還有另外一個來自中國古代地圖學家的錯誤，這就是直布羅陀海峽的距離與實際相差很大。

一五一六年版《瓦德西穆勒世界地圖》將美洲大陸繪成與亞洲大陸相連接。毫無疑問，這種「錯誤」也是來自於中國。

在瓦德西穆勒的世界地圖中，我們不僅可以看到中國古人的痕跡，並且還可以順藤摸瓜，查明這些古人屬於哪一個朝代。

一五〇七年《瓦德西穆勒世界地圖》在中國南部有一個注釋"Mangi Provincia"，其涵義為「蠻子省」。元朝時期，蒙古人將原南宋地域稱之為「蠻子」，為此馬可·波羅在他的遊記中將中國南部稱之為「蠻子省」。十四世紀傳教士鄂多立克也是如此。一三三〇年成書的《鄂多立克東遊錄》寫道：「在我東航大洋海若干天後，我來到吾人稱之為上印度的著名蠻子省（Mangi）。」[1]從「蠻子省」的注釋可以推測出，瓦德西穆勒參考的地圖資料來自中國元朝時期（即十三、十四世紀）。

在十六世紀，除馬丁·瓦德西穆勒之外，還有另外一些歐洲地圖學家曾經參考過源自中國的世界地圖。在這些歐洲地圖學家繪製的世界地圖中，我們也能看到中國古人的痕跡。比如，一五〇二年《坎提諾世界地圖》（見彩圖6）和一五〇八年《羅塞利世界地圖》（*Francesco Rosselli World Map*）（見彩圖23）等等[2]。

本章結束之前，我應當再次提起本書第二章遺留的幾個有關一五〇七年《瓦德西穆勒世界地圖》的問題：為什麼瓦德西穆勒在一幅地圖中採用了兩種不同的投影法？為什麼瓦德西穆勒將南美洲的輪廓繪為南、

1 參見何高濟譯，《鄂多立克東遊錄》。

2 另外一些地圖包括：一五〇六年《孔特瑞尼世界地圖》（*Giovanni Contarini World Map*）、一五一一年《西爾萬那斯世界地圖》（*Bernard Sylvanus World Map*）、一五二六年《莫納楚斯世界地圖》（*Franciscus Monachus World Map*）和一五二八年吉爾特地球儀（Paris Gilt Globe）。

北走向的長條形狀？瓦德西穆勒有關南美洲大陸的地理訊息源於何處？瓦德西穆勒所說的「古代的、不可靠的原始資料」最初出於何人之手？

至於這些問題的答案，我想不必再花費更多的筆墨了。

第五章　十二世紀橫跨大西洋的商船

《張匡正世界地圖》給我的探謎之旅指明了一條道路。它向我暗示，史料中應該有一些關於中國古人越洋探險、抵達美洲的記載。我推測，或許有些資料尚未引起重視，或許有些紀錄被誤讀。在此幅地圖的啟迪之下，我翻閱了許多古代典籍。在晦澀難懂的古文之中，我耐心、仔細地尋找中國古代探險家的蛛絲馬跡。

史料顯示出，自西元前兩世紀至西元十五世紀，中國曾有許多僧侶、商人、航海家、旅行家和政治使節前往外域探訪。他們之中，有很多人曾經寫過遊記、隨筆等旅行專著，記述他們的旅程以及所見所聞。可惜的是，相當多的古代旅行著作，在時間的長流之中消失得無影無蹤。有些雖然流傳下來，可是內容卻殘缺不全。還有些只知書名，而內容早已蕩然無存。然而有幸的是，在幾部古籍中，我發現了一些非常有價值的記載。這些記載顯示出，九世紀之前，中國古人已經開拓出通往東南亞、北亞、西亞、東非和歐洲的海、陸交通要道。尤其令我感到驚訝的是，古籍中竟然隱藏了一些極其珍貴的紀錄。這些紀錄揭示出，中國古代航海家早在十二世紀以前已經開闢出一條橫跨大西洋的貿易航道。

第一節　唐朝人的眼界

七世紀至九世紀期間，由於唐朝統治者實行對外開放政策，唐朝人與域外的交流不僅非常頻繁，交往的地域範圍也十分遼闊。基於開闊的眼界，唐朝人撰寫出一些世界地理著作。其中，最引人注目的是八〇一年賈耽編撰的《古今郡國縣道四夷述》。

賈耽（七二九—八〇五）是唐朝著名的地理學家、地圖學家、星象學家和陰陽學家[1]。他在唐肅宗、唐代宗和唐德宗三朝之中擔任要職，並於七九三年被唐德宗封為「魏國公」。賈耽畢生以讀書為嗜好，並勤於地理和地圖方面的研究。他身為大唐王朝的要員，經常會見外國來華使節或出使外域回歸的唐朝使臣。他利用職務之便，廣泛收集有關域外地理和民俗方面的訊息資料。對收集到的地理訊息，賈耽進行了詳細的分析、歸類和考證。基於三十年的資料收集和研究，賈耽先後撰寫了五部地理著作，同時繪製了許多地圖[2]。

賈耽的《古今郡國縣道四夷述》分為四十卷，內容涉及亞洲、歐洲和非洲。此著作不僅記載了豐富的地理訊息，而且還描述出相關的歷史變遷[3]。《古今郡國縣道四夷述》雖早已散佚，幸好《新唐書》轉載了賈耽記述的七條由中國通往域外的交通要道[4]。

其中，五條為陸路通道：第一條從中國腹地延伸至亞洲東北角；第二條從長安（現今西安）直至蒙古東北部；第三條經回鶻國（現今新疆一帶）和貝加爾湖，通往位於葉尼塞河流域的骨師國；第四條為通往西亞和地中海的古絲綢之路；第五條從中國南下抵達交趾古國（位於現今越南河內附近），之後繞道經過雲南和緬甸進入印度並最終可抵達波斯灣東岸。

另外兩條為兩組海上通道。這兩組航道在航海史和國際貿易史方面具有很高的學術價值。

第一組由從山東半島登州港（現今煙臺）駛向東北方向的數條航道組成。這些航道分別通往遼東半島、朝鮮半島或日本島。《古今郡國縣道四夷述》對這些航道的描述雖然止於遼東、朝鮮和日本；但是，依據

《通典》和《新唐書》的記載，唐朝人可以從朝鮮半島東北部沿海搭乘船隻抵達堪察加半島[5]。《通典》還記載，從堪察加半島向北可抵達「夜叉國」[6]。九世紀學者劉恂在《嶺表錄異》中記載，曾有中國人乘船抵達夜叉國，在那裡遇見野蠻部落，此部落有食人之習[7]。根據這些記載，可以推測，夜叉國很可能是科曼多

1 《舊唐書．賈耽傳》中記載，賈耽自稱喜好研究「筮仕之辰」（即星象占卜）。

2 賈耽撰寫的地理方面著作包括：《古今郡國縣道四夷述》、《貞元十道錄》、《皇華四達記》、《關中隴右山南九州別錄》和《吐蕃黃河錄》等。賈耽所繪的地圖包括：《海內華夷圖》、《關中隴右山南九州等圖》和《隴右山南圖》等。

3 見《舊唐書．賈耽傳》：「並撰《古今郡國縣道四夷述》四十卷，中國以〈禹貢〉為首，外夷以班史發源，郡縣紀其增減，蕃落敘其衰盛。」

4 史學界對《新唐書．地理志》記載的唐代七條通往域外交通路線到底是賈耽《古今郡國縣道四夷述》中的內容還是賈耽《皇華四達記》的摘錄一直存有爭議。有些學者認為，《皇華四達記》這一名稱說明此書是一本描述交通路線的著作，並且《新唐書．藝文志》中也提到此書，故唐代七條通往域外交通路線應是此書中的內容。筆者認為，《古今郡國縣道四夷述》記載唐代七條通往域外交通路線的可能性很大。其理由有三：第一，據《舊唐書》記載，賈耽將《海內華夷圖》及《古今郡國縣道四夷述》呈獻給唐德宗時附有奏表。該奏表中有「海以委輸環外」、「梯山獻琛之路，乘船來朝之人，咸究竟其源流，訪求其居處」等表述。從這些表述看，《古今郡國縣道四夷述》記述交通要道的可能性極大；第二，賈耽在奏表中稱《海內華夷圖》「舟車所通，覽之咸在目」，史學界基本認同《古今郡國縣道四夷述》是《海內華夷圖》的文字說明，既然如此，賈耽《古今郡國縣道四夷述》中描述「舟車」如何通往四夷應當是一件順理成章的事；第三，《新唐書．地理志》在關於唐代七條通往域外交通路線的記述之前有一段引言。此引言中兩次採用「入四夷」的表述法，這一表述方法與《古今郡國縣道四夷述》書名相吻合。引言反而沒有一個詞句與《皇華四達記》這一名稱有聯繫。當然，不能據上述理由排除《皇華四達記》中也有關於唐代七條通往域外交通路線記述的可能性。

5 《新唐書．東夷》：「流鬼去京師萬五千里，直黑水靺鞨東北，少海之北，三面皆阻海，其北莫知所窮。人依嶼散居，多沮澤，有魚鹽之利。地蚤寒，多霜雪，以木廣六寸、長七尺繫其上，以踐冰，逐走獸。土多狗，以皮為裘。俗被髮。粟似莠而小，無蔬蓏它穀。勝兵萬人。南與莫曳靺鞨鄰，東南航海十五日行，乃至。」

6 《通典》：「流鬼在北海之北，北至夜叉國。」

7 在《嶺表錄異》中「夜叉國」被稱之為「野叉國」。《嶺表錄異》所稱「狗國」為古國名，此古國大約位於黑龍江以北地區。

爾群島或阿留申群島中的一座島嶼。

第二組航道的幹線從廣州起航，經海南島沿中南半島東岸向南航行，穿越暹羅灣（現今泰國灣），順馬來半島南下至蘇門答臘島東南部的爪哇島。之後，西出麻六甲海峽，經尼科巴群島，橫渡孟加拉灣直抵師子國（現今斯里蘭卡）。從師子國再向西航行，繞過印度半島南端抵達印度洋東岸。從此地該幹線分出兩條航線。一條為印度洋東岸航線。此航線沿印度洋東部海岸線向北航行，穿過阿拉伯海和霍爾木茲海峽之後，抵達位於波斯灣的阿拉伯河出海口，此後逆阿拉伯河水北上至巴士拉，在此轉換成陸上通道直抵巴格達。另一條為印度洋西岸航線。此航線向西橫跨印度洋抵達位於非洲東岸的三蘭國（大約在非洲東岸的中部），從三蘭國沿非洲東部海岸線北上，越過非洲之角和亞丁灣之後，沿阿拉伯半島東南部海岸線進入波斯灣，並在此與印度洋東岸航線匯合[1]。

在賈耽撰寫《古今郡國縣道四夷述》之時，北非和東非已經變成阿拉伯人的天下。六三二年阿拉伯帝國創立之後，伊斯蘭教信徒在很短的時間內征服了北非，並將其劃入阿拉伯帝國的版圖內。與此同時，一些阿拉伯人和波斯人出於商業或宗教原因紛紛移居東非，在非洲東岸建立起一些貿易城邦。唐朝人將阿拉伯人在中、西亞和非洲建立的邦國統稱為「大食」。在唐朝人的心目中，非洲屬於阿拉伯世界的一部分。賈耽在《古今郡國縣道四夷述》中記述說，印度半島西岸的對面都是阿拉伯人建立的國家[2]。賈耽不僅在他的書中記載了非洲的人文和地理狀況，並且他還在一幅名為「海內華夷圖」中繪出非洲大陸的輪廓（有關賈耽《海內華夷圖》的詳細論述見第六章）。

第二節　橫跨大西洋的「木蘭皮」商船

九六〇年，趙匡胤創建宋朝。從此，中國從一個尚武、好戰的武士時期逐漸轉變成為一個商貿發達、技能高超的文人時代。宋代海上貿易興盛，其規模遠遠超過了以前的幾個朝代。為了增加財政收入，宋朝政府十分重視海上貿易。自九六〇年至一二七九年之間，宋朝先後在廣州、泉州、明州（今寧波）、杭州、揚州等重要港口設立市舶司（相當於現代的海關和船級社），負責管理海上貿易並徵收對外貿易稅。為了促進海上貿易，宋朝政府允許外國商人在中國各個重要港口定居，並且還專門開闢供外國商人居住的區域——「蕃坊」。宋朝時期通過海路與中國進行交易的商家來自阿拉伯諸國、日本、朝鮮、中南半島、南洋群島和印度半島。在中國的各個貿易港口，宋朝人用金、銀、鉛、錫、絲綢、瓷器、茶葉等中國產品與外國商客運來的香料、藥材、象牙、珠寶等進行交換。不僅如此，宋朝商人還通過海上貨運將中國產品運往國外進行貿易。宋朝時期，中國各港口與東南亞、印度半島、阿拉伯諸國之間的海上貿易大都由中國海船承運。從中、西亞和東非來往中國的阿拉伯商人和波斯商人也大都樂意選擇搭乘中國的船隻。宋朝的銅錢在當時被視為信用較好、幣值穩定的國際硬通貨，許多國家和地區的商家將當地貨物出售給中國商人時都願意接受中國銅錢作為貨物的對價。在日本、朝鮮半島、東南亞、波斯灣、紅海和非洲東岸古代港口遺址中，考古學家們都曾發掘出宋朝的銅錢。二〇〇七年底，從中國南海海底打撈上來一條宋朝海船，在沉船中發現了大批金、銀、鐵、陶瓷類器物以及上萬枚宋朝銅錢。沉船中一些具有伊斯蘭藝術圖案的中國製造品表明，此船擬從中國駛往印度洋沿岸的某一港口。船上攜帶的上萬枚宋朝銅錢還說明，搭乘此船的商人計畫用這些銅錢從海外購買貨物運回中國。

宋代海上交通發達，貿易範圍遼闊，這使得宋朝人對世界地理有了新的認識，正是這些新的地理知識促

1 中國史學界普遍認為，「三蘭國」位於非洲大陸東部海岸線上。持這種觀點的學者包括史學家張星烺先生、史學家許永璋先生、史學家陸峻嶺先生等等。

2 《古今郡國縣道四夷述》原文：「其（印度半島）西岸之西，皆大食國。」

使宋朝文人撰寫出一些域外地理著作。成書於十二世紀八〇年代的《嶺外代答》就是其中之一。

《嶺外代答》的作者是周去非，他曾在廣西擔任地方官員。周去非本人並沒有出國旅行的經歷，但他利用職務之便從海員口中收集各種地理訊息。基於長期的資訊收集和整理，周去非在《嶺外代答》中記載了六個海域的名稱，四十多個國家、地區的名字，並且詳細敘述了其中二十多個國家的地理位置、動植物以及通達的航線。

《嶺外代答》還告訴我們，十一、十二世紀時期，海上貿易網路覆蓋的範圍十分遼闊：

> 域外各國分別位於不同陸地，各陸地之間有海洋相隔，每個國家分別位於世界的不同角落。各國都有自己的特產，各地商家分別就近滙集到不同的城市進行貨物交易。中國正南方向的國家以「三佛齊國」（現今馬來半島一帶）作為國際貿易都會。位於中國東南方向的各國商客滙集到「闍婆」（現今爪哇島）進行貿易。中國西南方向有浩瀚的海域，位於此方向的國家以「占城」（現今中南半島東南沿海一帶）或「真臘」（現今柬埔寨）作為國際貿易滙集地。那些距離中國較遠的西天竺各國（指位於印度半島西北方向的國家）以「大秦」（東羅馬帝國）作為貿易中心。那些距離「大秦」較遠的阿拉伯國家以「麻離拔國」（位於非洲東岸）作為國際貿易都會[1]。那些位於「麻離拔國」西方盡頭的國家則以「木蘭皮國」作為貿易聚集地。

從上述記述中可以看出，《嶺外代答》將世界劃分為六個國際貿易區域（見圖29）：以馬來半島為中心的南部國際貿易區，以爪哇島作為都會的東南國際貿易區，以泰國灣為會集地的西南國際貿易區，以東羅馬帝國為聚集地的西北國際貿易區，以非洲東岸為集散地的西部國際貿易區和以「木蘭皮國」為中心的遠西國際貿易區。

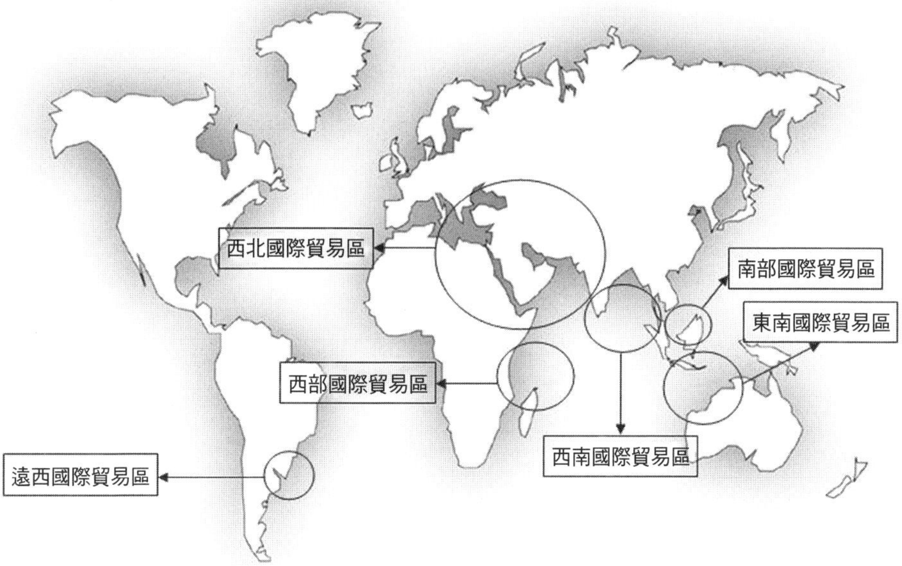

圖29　12世紀世界國際貿易區域示意圖

《嶺外代答》不僅記載了當時海上國際貿易區域，而且還用文字描述出一幅世界地圖：

「三佛齊國」以南是「南大洋海」，此海域中有上萬座島嶼，島上有人居住。「闍婆」以東為「東大洋海」，此海域中洋流的方向為由西向東，再往東則是海水排泄的地方[2]。

1 《嶺外代答》在〇四〇條「大食諸國」中記述了麻離拔國和與其臨近的麻嘉國。麻嘉國記述中的一些內容與明朝初期馬歡所著的《瀛涯勝覽》中有關天方國的記載非常相似。例如《嶺外代答》將麻嘉國中的方丈描述為「以五色玉結甃成牆屋」，《瀛涯勝覽》稱天方國的愷阿白天堂「以五色石壘砌」；《嶺外代答》稱「方丈後有佛墓」，《瀛涯勝覽》記載「堂之左司馬儀祖師之墓」。根據《瀛涯勝覽》記載的駛往天方國的航線方向、天方國清真寺的特徵、天方的氣候、天方的風土人情可以判斷出，《瀛涯勝覽》記載的天方實際是位於非洲東岸的摩加迪沙。具體分析可見本書第八章第三節。

2 《嶺外代答》有關太平洋為海水排泄之處的記載與一七二二年《天下全圖》和一六〇二年《山海與地全圖》將「滄溟宗」作為太平洋海域的命名相吻合（見本書第四章）。

在中國西、南方向的海域上有數不盡的國家。以「交趾」（現今越南北部地方）作為基點，通過辨析與「交趾」的方向關係，可以確定這些國家的地理位置。「交趾」南邊有「占城」（現今中南半島東南沿海一帶）、「真臘」（現今柬埔寨）和「佛羅安」（現今泰國南部地區）。「交趾」的西北方向有「大理」（現今雲南中部地區）、「黑水」（指發源於青藏高原唐古喇山並流經雲南的怒江流域）和「吐蕃」（現今西藏和尼泊爾）。「交趾」的西面有一片名為「細蘭海」的海域（現今孟加拉灣），該海域中有一個大島名為「細蘭國」（現今斯里蘭卡）。從「細蘭國」向西可以抵達一片陸地，上面有許多國家。這片陸地的南端是「故臨國」（現今印度半島西南端的奎隆），北方有「大秦國」（東羅馬帝國）、「王舍城」（印度北部比哈爾邦的拉傑吉爾）和「天竺國」（泛指現今印度半島）。「天竺國」的西面有一片名為「東大食海」的海洋（現今印度洋）。從「天竺國」向西橫渡「東大食海」後則抵達「大食諸國」。「大食」地域非常遼闊，分布有許多國家，眾多國家的名字無法一一知悉。「大食諸國」的西面有一片巨大的海域，稱之為「西大食海」[1]。從「大食」向西橫渡這片巨大的海域之後將抵達一片陸地，該陸地被稱之為「木蘭皮」。此片陸地上有數以千計的國家。從「木蘭皮」再向西，則是太陽落下的地方，此地情況無人知曉。

在《嶺外代答》描述的世界地圖中，「大食諸國」、「西大食海」和「木蘭皮」這三個地理概念非常引人注目。

中國歷史學界一致認為，中國古籍記載的「大食諸國」或「大食」泛指信仰伊斯蘭教的阿拉伯世界，其範圍包括阿拉伯人在非洲東岸建立的一些城邦。十三世紀名著《事林廣記》記載，「大食國」位於中國的西南方向[2]。這一記載明確地將「大食國」定位於非洲大陸。《嶺外代答》稱：「大食者，諸國之總名也。有國千餘。」在對「大食諸國」的詳細描述之中，《嶺外代答》羅列了幾個穆斯林國家，其中包括位於非洲東岸的「麻離拔國」和「麻嘉國」。《嶺外代答》的這些記述說明，此書所述的「大食諸國」或「大食」泛指十二世紀遍布北非、東非、伊比利亞半島、西亞和中亞地區的伊斯蘭世界。

「西大食海」一詞在《嶺外代答》中多次出現。根據相關的描述，「西大食海」具有如下特徵：

第一，「西大食海」位於亞、非大陸的正西方。《嶺外代答》記載，從印度半島向西橫渡印度洋可以抵達地域遼闊的「大食諸國」，即包括東非、北非、伊比利亞半島和中西亞的伊斯蘭世界。而「西大食海」位於「大食諸國」的西面。

第二，「西大食海」的海域面積非常遼闊。《嶺外代答》記載了六個海域名稱，其中唯獨將「西大食海」描述為「巨海」。這一描述說明，對於十二世紀的中國人而言，「西大食海」是已知世界中最大的海洋，其面積遠比被稱之為「東大食海」的印度洋大許多。

第三，橫跨「西大食海」需要相當長的時間。《嶺外代答》記述說，從伊斯蘭世界中的「陁盤地國」朝正西方向航行，經過一百天之後才能橫渡「西大食海」並抵達與伊斯蘭世界遙遙相望的西方地域[3]。《嶺外代答》還記述道：若風向不順，船隻需要在這一巨大的海域中漂泊數年才能抵達彼岸「木蘭皮」，因此中小型船隻無法跨越這一浩瀚的海域，必須乘坐體型龐大的海船。《嶺外代答》記載的另外一條航線也需要一百天，此條航線是從廣州駛往非洲東岸的「麻離拔國」[1]。兩條航線所需時間完全相同，由此可以看出，從

1 《嶺外代答》〇三一條「海外諸蕃國」中雖然沒有提及「西大食海」的面積，但在〇四一條「木蘭皮國」記載：「大食國西有巨海。」

2 《事林廣記》記載：「大食國在西南，二千里，有國……。」

3 「陁盤地國」很可能位於非洲大陸的西部海岸線上。

「陁盤地國」駛往「木蘭皮」的里程與從廣州航行至非洲東岸的里程基本相當。

上述特徵表明，《嶺外代答》記載的「西大食海」應該是指大西洋。

《嶺外代答》將「木蘭皮」所在地方描述為一片地域遼闊的陸地，此地有一千多個國家，「木蘭皮」僅僅是其中之一[2]。《嶺外代答》對「木蘭皮」的物產和氣候做了一番描述：「木蘭皮」當地植物長得很怪異，此地植物的體積比中國的類似植物大許多；當地「米麥」的穀粒長度有兩寸，瓜的圓周有六尺（相當於一．八六公尺）[3]；「木蘭皮」的羊種體型很大，體高達數尺（相當於一公尺多高），羊尾形大如扇；「木蘭皮」氣候乾燥，將「米麥」藏在地窖中幾十年都不會變質；此地秋季時常刮起強勁的西風，西風至時人和牲畜必須迅速找到水源，否則會渴死。

十四世紀成書的《異域志》也有關於「木蘭皮」氣候的記載，此書稱「木蘭皮」日照充足、動植物體形壯大[4]。一二二五年成書的《諸蕃志》也記載了「木蘭皮」植物生長碩大的現象。此書描述說：當地的瓜圍有六尺，可供三十人食用；石榴重達五斤，桃重達兩斤，香圓重有二十餘斤；萵苣菜的菜莖長四尺、重達十餘斤。

《嶺外代答》還記載了「木蘭皮」的一種奇異天文現象：從「木蘭皮」朝某一方向陸行兩百天後，所到之地日出、日落間隔的時間只有六個小時。

綜合分析《嶺外代答》的這些描述，可以推測出，「木蘭皮」位於南美洲大陸巴塔哥尼亞高原（**Patagonia Plateau**）和南美大草原（**Pampas**）的交界處。

巴塔哥尼亞高原地處南美洲的東南部，北起科羅拉多河，南抵麥哲倫海峽，西界安第斯山脈東坡，東臨大西洋。巴塔哥尼亞高原的氣候條件非常特殊，素有「風土高原」之稱。巴塔哥尼亞高原常年盛行西南風，並且風力強勁，有時風速高達每小時一百一十公里，狂風至時塵暴不斷。由於安第斯山脈的阻擋，太平洋的水氣難以抵達巴塔哥尼亞高原。出於這種特殊的地理環境，高原大部分地區為溫帶荒漠地帶。巴塔哥尼亞高原乾燥缺水和西風盛行的氣候特點與《嶺外代答》記載的「木蘭皮」氣候現象完全吻合。巴塔哥尼亞高原日照充足的地理特徵也與《異域志》中的記載相符。

巴塔哥尼亞高原北部與南美大草原（Pampas Steppe）連接。此片大草原位於阿根廷中、東部地區，屬亞熱帶型大草原。按氣候差異，此片大草原劃分為東、西兩部分。西部氣候乾燥，被稱之為西部乾燥大草原（**Western Dry Pampas**）。此地與巴塔哥尼亞高原類似，時有來自西南方向的勁風。東部氣候濕潤，被稱之為「東部濕潤大草原」（**East Wet Pampas**）。此地土壤肥沃，小麥、大豆等農作物生長茁壯，享有「世界糧倉」之稱。

南美種植物的特點也與《嶺外代答》的記述相符合。《嶺外代答》記載的「米麥」很可能是玉米。傳統史學觀認為，一四九二年哥倫布發現美洲大陸之後，玉米才逐漸傳入中國。然而事實上，在哥倫布發現美洲之前，美洲玉米早已傳入中國。中國古人曾將玉米命名為玉蜀黍、番麥、玉黍、珍珠米等。元朝學者賈銘於十四世紀七〇年代撰寫的《飲食須知》一書對玉蜀黍已有記載。《嶺外代答》記載的巨型瓜應該是指南瓜。南瓜的發源地為南美洲。長期以來史學界一直認為，南瓜是由歐洲人於十八世紀引進中國的。這種觀點完全是對歷史的曲解。《滇南本草》是一部中國傳統醫藥書籍，由中國學者蘭茂於一四三六年編撰。此書不僅對南瓜已有記載，並且還詳細描述了南瓜的藥療用途。

（續）

1《嶺外代答》：「有麻離拔國。廣州自中冬以後，發船乘北風行，約四十日到地名藍里。住至次冬，再乘東北風六十日順風方到。」

2《嶺外代答》：「大食之地甚廣，其國甚多，不可悉載。又其西有海，名西大食海。渡之而西，則木蘭皮諸國，凡千餘。」

3 宋尺的長短相當於現今的三十一公分左右。見陸雪梅，〈從蘇州博物館藏宋尺談起〉，載於《東南文化》，二〇〇二，第十一期。

4《異域志》：「其國乃陽盛之方，生物甚旺。」

圖30　駝羊照片

在巴塔哥尼亞高原和南美大草原一帶生長著一種非常奇特的動物——駝羊。駝羊看起來與羊近似，但它屬於駱駝科類動物。駝羊身高通常在一．二公尺以上，體重在七十至一百四十公斤之間，有些種類駝羊的尾部很大（見圖30）。《嶺外代答》中記載的體高、尾大的巨型羊應該是南美駝羊。

從巴塔哥尼亞高原或南美大草原向南行走可到達南美大陸的南端。此地冬季時期，日出、日落間隔的時間在六小時左右。南美大陸南端的這種天文現象也與《嶺外代答》的相關記載完全一致。

巴塔哥尼亞高原和南美大草原的地域範圍非常遼闊。在十五世紀末哥倫布「發現」美洲以前，此地的居民全部是印第安人。印第安人分為許多不同部族，各個部族的信仰和語言各不相同。巴塔哥尼亞高原和南美大草原的地域面積以及印第安部族的數量與《嶺外代答》中「木蘭皮」有一千多個國家的記載完全相符。

對古人而言，從非洲西岸橫渡大西洋的確是一次驚心動魄的探險經歷。《嶺外代答》不僅描述了橫渡大西洋的船隻，而且還記載了跨洋探險的一些場景。

《嶺外代答》記述說，從非洲西岸橫渡大西洋的船隻體型龐大、桅杆很高、舵有數丈之長（大約有九公尺之長）。此船載重量大，可搭乘上千人並儲存足夠享用一年的糧食。船上不僅豢養豬、釀造酒，並且還設有為顧客織衣的織布機和出售食物、用品的店鋪。橫跨大西洋的船隻在航行中不懼狂風巨浪，但害怕在淺灘中擱淺。跨海航行中，船員們只能根據星象判斷船隻所處的地理方位[1]。由於身處險境，船上的乘客每天飲酒作樂，在酣醉中忘卻危險所在。《嶺外代答》還記述說，鑒於從非洲抵達「木蘭皮」的船舶非常龐大，中國人將這種適用於遠洋航行的大型船隻統稱為「木蘭舟」[2]。

曾有一些歷史學家對《嶺外代答》中有關「木蘭皮」和「木蘭舟」的記載進行過研究。他們普遍猜測，「木蘭皮」是指一〇六二年至一一五〇年北非摩洛哥一帶的「穆拉比特王朝」（Almoravid Dynasty）。然而，《嶺外代答》記載的「木蘭皮」所在地理位置、國家數量、氣候特點、動植物特徵以及天文現象等，都與北非摩洛哥一帶完全不相符合。

這些史學家們認為，《嶺外代答》記載的「西大食海」是指地中海，書中所述的「木蘭皮」航線是指從埃及杜姆亞特港（Dumyat）起航由東向西航行抵達非洲大陸西北角的摩洛哥地區[3]。很明顯，這種觀點不僅在邏輯方面存在很多漏洞，而且許多問題無法自圓其說。

從埃及杜姆亞特港至非洲大陸西北角是一條沿著北非海岸線航行的航道，完成此段航行的時間無需一百天。並且，地中海之中有很多島嶼，根本不存在若風向不順船舶需要在海上漂泊數年才能抵達岸邊的情形。

古代航海家運用兩種方法判斷航海的地理位置，一是星象導航，二是查看沿途岸邊的參照物或者途中經過的島嶼。沿北非海岸線行駛，船員既可以查看岸上的參照物，也可以依賴於海域中的島嶼進行導航。但是，《嶺外代答》記載的越洋航行卻不是如此。《嶺外代答》記述說，橫渡「西大食海」時，只能依賴星象

1《嶺外代答》記載，在跨海航行中「辨諸蕃國皆在空端」。

2 美國學者李惠林認為，在《嶺外代答》有關「大食巨艦所可至者，木蘭皮國爾」的記載中，「巨艦」為阿拉伯人的船隻。這種觀點有待商榷。「大食巨艦所可至者」一句中的「所」字為代詞，並修飾此句前置「大食」。因此，整個句子應該釋義為「從大食啟程的巨艦所到之地是木蘭皮國」，而不應該理解為「大食的巨艦所到之地是木蘭皮國」。

3 參見楊武泉編著的《嶺外代答校注》和楊博文編著的《諸蕃志校釋》中有關「木蘭皮國」的注釋。

導航法。

在地中海航行的船隻，不僅可以停靠海岸線上的各個港口補充食物，而且還可以從不同的島嶼上獲得補給。因此，中、小型船隻也能夠承擔此類航行。但是《嶺外代答》卻記載，此航行必須乘坐體型龐大的海船，船上必須儲存足夠享用一年的糧食。

十一世紀下半葉至十二世紀上半葉，穆拉比特王朝統治著北非地區。此王朝統治下的大小附屬國總數不超過三十個。這一數量與「木蘭皮」有數以千計國家的記載相差甚遠。

非洲西北部地區有一些種植地帶。由於與中國處於同一緯度並且地勢不是很高，當地農作物的體型大小與中國中原一帶的農作物很相似，而與《嶺外代答》中有關農作物體型的描述完全不一致。

北部非洲也有一些體型高大、長似像羊的動物，比如北非鬣羊或羊亞科動物（Caprinae）。但是，這些動物的尾巴不是短而小，就是細而長，而非如《嶺外代答》中所述的尾大如扇。

對於《嶺外代答》中有關步行兩百天所到之地白晝只有六小時的記載，那些史學家們認為，這是指從北非行至波羅的海北部沿岸，那裡緯度高，冬季晝長六小時[1]。然而，北非與歐洲之間有直布羅陀海峽相隔，史學家們的解釋與《嶺外代答》中「陸行二百程」的記載完全不相吻合。

雖然專家、學者們有關「木蘭皮」的猜測牽強附會、漏洞百出，並且與《嶺外代答》的記載有很大出入，可是中國史學界好像從來沒有人對這種猜測提出過質疑。一九六〇年，哈佛大學《亞洲研究學刊》登載了由美國學者李惠林撰寫的一篇文章[2]。此文章探討了《嶺外代答》所述「木蘭皮」的地理位置，並推測「木蘭皮」位於南美洲東北部地區。然而令人感到遺憾的是，李惠林的文章並沒有引起中國史學界的深入研究。之所以如此，其原因是中國史學界普遍認為，美洲是哥倫布發現的，在哥倫布之前無人跨越過大西洋。中國一位著名歷史學家在《嶺外代答》的注解中寫道：「十二世紀時，尚無人橫載而至美洲。」[3]一些習慣於先入為主的中國歷史學家以自己陳舊的觀念去解釋《嶺外代答》。他們明知《嶺外代答》記載的「西大食海」是一片「巨海」，可是他們卻想盡一切辦法將巨大的「西大食海」（即大西洋）塞進了地中海。

十九世紀末，著名愛爾蘭詩人王爾德（Oscar Wilde）曾經說過一句名言：「在哥倫布之前美洲經常被發現，但這些發現總是祕而不宣。」[4] 一些專家、學者帶著固有的觀念，以先入為主的方法研究尚未知曉的歷史，這就是十二世紀中國古人探險經歷被掩蓋的重要原因之一。

---

1 參見楊武泉編著的《嶺外代答校注》中有關「木蘭皮國」的注釋。

2 見Li Hui-lin, "Mu-lan-pi: A Case for Pre-Columbian Transatlantic Travel by Arab Ships", *Harvard Journal of Asiatic Studies* 23 (1960), pp. 114-126.

3 見楊武泉，《嶺外代答校注》〇三一條「海外諸蕃國」注釋〔十七〕。

4 Oscar Wilde: "America had often been discovered before Columbus, but it had always been hushed up."

第六章　中國古典地圖投影術

迄今中外史學界幾乎一致認為：西元兩世紀希臘地理學家托勒密是地圖投影學的先驅，其名著《地理學指南》所附的二十餘幅地圖是地圖投影的雛形。然而，在歐洲文藝復興之前，托勒密的地圖投影學說並沒有引起人們的重視；真正將地圖投影付諸實施，並促使人們接受地圖投影理論的是十六世紀佛蘭德地圖學家墨卡托，他於一五六九年以正角圓筒投影法（也稱墨卡托投影）繪製世界地圖，從而開創了地圖學的新時代。

對於中國人知曉地圖投影的時間，中外史學界也已達成共識：十六世紀末年西方傳教士利瑪竇在廣東繪製了中國第一幅具有投影效果的地圖——《坤輿萬國全圖》，從而將地圖投影學傳入中國；在此之前，中國人受傳統地平觀的影響，根本沒有意識到大地是個球形體。正因如此，十七世紀以前的中國人根本不懂得什麼是地圖投影。

中國科學院自然科學史研究所於一九八六年編撰了一套《中國古代地圖集》，將清朝以前一些重要的古代地圖收編入冊。這部地圖集的主要編撰者是一位知名的歷史學家，在中國地圖史學界被譽為權威人士。這位學者在《中國古代地圖集》的前言中寫下這樣一段話：「中國傳統地圖的繪製，是以大地為一平面，不考慮地面實為一球面，是其缺點。不過，繪製小範圍的地圖，可以視地面為一平面時，其理論缺點的影響也就無所謂了。」此段評論非常具有代表性，它反映出歷史學界對中國古代地理學家和地圖學家的誤解。歷史學家們普遍認為，中國古人從未有過地圖投影的意識。

二〇〇六年初，一四一八年《天下諸番識貢圖》摹本公布於眾之後，幾位中國歷史學教授不約而同地發表文章聲稱，十五世紀初中國人對地圖投影一無所知，根本不可能繪製出像《天下諸番識貢圖》這樣具有投影效果的世界地圖[1]。這些教授還斷言，沒有任何史料能夠證明，利瑪竇來華以前，中國古人在繪製輿圖時曾經思考過地圖投影的問題。

自從發現一四一八年《天下諸番識貢圖》摹本以來，我一直對這種傳統史學觀持懷疑態度：中國古人總是將大地視為一個平面嗎？中國古代科學界從未有人發現地表彎曲的自然現象嗎？中國古代地圖學家真的從未思考過地圖投影的問題嗎？一〇九三年《張匡正世界地圖》為這些問題提供了答案。它使我確信，十一世紀的中國地圖學家已經掌握了地圖投影的技巧。

地圖投影是指通過數學運算將地球表面轉換成為平面圖形的繪圖方法。在常人眼中，將地球表面轉變成為平面圖似乎是一件唾手可得之事。但是，對於地圖學家而言，這種轉換是一門深奧的科學，它涉及許多數學計算問題。

地球是一個近似橢圓形的球體，它的自然表面是一種不規則的球形曲面。地圖是平面的，繪製地圖需要將不可展開的球形曲面轉變成為一幅平面圖。繪製一幅比例尺大、區域小的地圖時，可以忽略不計地表彎曲的問題。然而，繪製一幅比例尺小、覆蓋地域遼闊的地圖時，就必須考慮地圖投影問題。

當把一個橘子切成兩半，剝下橘皮且將其平鋪在桌面上，我們能夠看到原本球冠形橘皮中心點周圍會顯現出一些凸起部位，而球冠形橘皮外緣卻出現了一些裂隙，這些裂隙離球冠形橘皮中心點越遠，開口就越大。將地球表面轉換到平面圖上也會出現類似的凸起和裂隙。為了消除轉換時產生的這種重疊和空隙，盡可

1 見浙江大學教授龔纓晏於二〇〇六年一月十五日發表的〈試論《天下全輿總圖》與鄭和船隊〉。

能將球形曲面上的所有點和線如實地轉換到平面上，繪圖師必須對球形曲面上的長度、角度和面積做出相應的變形，從而盡可能地減少轉換中出現的誤差。為了解決變形問題，繪圖師又必須根據不同的投影變形，採用恰當的數學運算法則，計算出球形曲面各部位變形的方式、比例，以及變形的大小。這就是地圖投影需要解決的問題。為此，在地圖學中，地圖投影被視為一門分支學科。有些地圖學家將這一學科稱之為「數學製圖學」。

地圖與數學之間的緊密聯繫是一條非常有價值的線索。沿著這條線索，我研究了許多中國傳統數學著作。在研究過程中，我逐漸意識到，中國傳統數學與中國傳統宇宙觀有著不解之緣。在中國傳統數學和宇宙觀的引導之下，我在古籍中探索到一些驚人的發現。

第一節　中國古代宇宙觀

一七七八年修成的《四庫全書》是清朝官方編撰的古籍彙編。該書總計收錄古籍三千五百零三種、七萬九千三百三十七卷，共裝訂成三萬六千餘冊，內容涉及諸多領域，其中包括中國先哲有關宇宙的論述。十八世紀中國著名學者、歷史學家紀曉嵐是《四庫全書》的主要編撰者之一，他在《四庫全書總目提要》中對中國古代宇宙觀寫下一段精闢的評論：渾天說視天體為一個球形體，人在球體外面觀看分布在球體外表的星象；蓋天說將天體看作圓冠形笠帽，人在笠帽下面仰頭觀看分布在笠帽內側的星象；將兩頂圓冠形笠帽上下合在一起，可以合成為一個球形（由此看來蓋天說與渾天說並不矛盾）；自漢朝起，一直到元末明初，古人一貫主張渾天說；然而至今，此學說早已失傳[1]。

渾天說起源的時間實際上是在漢朝之前。有關渾天說的最早著錄見於西元前四世紀思想家慎到撰寫的

《慎子》一書。在此書中，慎到指出：天體猶如一個圓形的彈丸，其中心豎軸為傾斜狀[2]。與慎到同時期的哲學家惠施也曾暗示，大地為球形體。他指出：大地既是無限的又是有限的，向南一直走，可以周而復始[3]。西元前三世紀詩人屈原在〈天問〉中感歎說：「東西南北，其修孰多？南北順橢，其衍幾何？」此句詩不僅涉及地球赤道直徑與兩極直徑的長短問題，並且還問及地表彎曲的曲率問題。西元前兩世紀末天文學家落下閎，為了演示天文星象，製作了一個球形渾天儀。落下閎之後，又有鮮于妄人、耿壽昌、揚雄等天文學家極力推廣渾天說。西元兩世紀，天文學家張衡進一步完善了渾天說的理論，他不僅改進了落下閎的球形渾天儀，而且在《渾天儀圖注》中簡明扼要地闡述了渾天說。他指出：天與地渾然一體，兩者之間的關係猶如雞蛋；天為圓形如彈丸，地也為圓形如蛋黃並孤居在天體之中；天大而地小；天體內有水，天包地猶如蛋殼裹住蛋黃[4]。

張衡有關渾天說的論述，以及他的渾天儀，對後人的宇宙觀具有重大的影響。從許多古籍中可以看出，自漢以迄元、明，每一個朝代都不乏渾天說的宣導者。

除渾天說外，中國古代還曾流行另外一種宇宙觀，這就是紀曉嵐提到的蓋天說。有關蓋天說的經典著作是《周髀算經》。

---

1 紀曉嵐，《四庫全書總目提要》（卷一百六，子部十六）：「蓋渾天如球，寫星象於外，人自天外觀天。蓋天如笠，寫星象於內，人自天內觀天。笠形半圓，有如張蓋，故稱蓋天。合地上地下兩半圓體，即天之渾圓矣。其法失傳已久，故自漢以迄元、明皆主渾天。」

2 見《慎子》：「天體如彈丸，其勢斜倚。」

3 《莊子．天下篇》：「（惠施說）南方無窮而有窮。今日適越而昔來。連環可解也。」

4 見張衡，《渾天儀注》：「渾天如雞子，天體圓如彈丸，地如雞中黃，孤居於內，天大而地小。天表裡有水，天之包地，猶殼之裹黃。」

第二節 《周髀算經》中地圖投影理念

中國史學界普遍認為，《周髀算經》成書於西元前一世紀，其原名為《周髀》。《周髀算經》記載，周成王（西元前一一一五—前一〇七九）曾經通過觀測星象和日影確定國都所在地。在天文觀測過程中，周朝人用一種被稱之為「髀」的標竿作為測量尺度，由此《周髀》一書得其名[1]。這一記載不僅闡明了周髀的本義，即西周人使用標竿進行天文觀測；同時也證明，此書的一些內容來源於西元前十一世紀至西元前八世紀的西周時期。

自西元前一世紀以來，《周髀算經》長期被古代學者視為重要的天文、數學著作，東漢數學家趙君卿（生平不詳，約生活於西元三世紀初）、北周數學家甄鸞（約五三五—五六六）和唐朝數學家李淳風（六〇二—六七〇）等人都曾為此書撰寫注釋。《周髀算經》的核心是論述如何運用勾股定律測算出人不可及的遙遠距離以及日、月、二十八星宿等天文體的運行規律。此書的內涵非常豐富，涉及天文學、地圖學、測量學、哲學、數學和曆法等諸多學科。然而，遺憾的是，該書闡述的一些金律玉言長期未能得到正確的理解，有關地表形狀的論述就是一個典型的例子。

《周髀算經》記載：「天象蓋笠，地法覆槃。」此句中的「槃」字特指一種用於洗臉的盛水器皿，其底部為穹隆形[2]。因此，該記載應釋義為：天像一個戴在頭上的球冠形笠帽，大地效法於天，其形狀好似一個倒置的球冠形底水盆。但是，古字「槃」後來逐漸演變成與「盤」字同義，即專指平底型盤子。這一文字演變使一些學者對蓋天說產生了重大的誤解，他們以為「地法覆槃」的涵義是指：大地像是一個平底盤子。曾經有一位史學家撰文分析《周髀算經》論述的蓋天說，他在文章中提出了這樣一個問題：「覆盤，倒扣著的盤子。盤子是古今常用的器皿，自然也只能是平底的，試問誰見過球冠形的盤子——那樣的話它還能放得穩嗎？」[3]

近現代學者對《周髀算經》的誤會不僅僅局限於「槃」字。在諸多誤會之中，最致命的誤讀當屬對「天圓地方」的曲解。

《周髀算經》論述說：「方屬地，圓屬天，天圓地方。」對此，趙君卿做了這樣一段注解：物質形體有方有圓，數字也可分為奇數和偶數。天性動，有如圓形和奇數。地性靜，有如方形和偶數。天圓地方闡述的是天與地、陰與陽的關係，而不是描述天和地的形體。人看不見天和地的盡頭，怎能將天視為圓球形、將地認定為方形呢[4]？

趙君卿的解釋非常明確。所謂「天圓」是指天具有運動的本性，所謂「地方」則指大地穩定不動的本性，「天圓地方」的原意並不是指天為圓形、地為方形。

雖然古人早就對「天圓地方」做出了哲學意義上的解釋。然而，「天圓地方」之說卻被誤解為一種形容天和地形狀的具象觀。這種曲解誤導了近現代史學界，使許許多多史學家誤認為，在十六世紀西方傳教士來華之前，中國古人總是將大地視為一個平面。更令人感到吃驚的是，被曲解的「天圓地方」之說就像一個緊箍咒，緊緊地套在一些專家、學者的頭上，限制了他們的思維。在這些專家、學者的觀念中，持有傳統地平觀的中國古人，從來沒有意識到地表彎曲的自然現象，更不可能思考地圖投影的問題。

實際上，早在西元紀年之前，中國先哲已經開始研究地圖投影的問題。《周髀算經》在闡述「天圓地

---

1 《周髀算經》：「古時天子治周，此數望之從周，故曰周髀。髀者，表也。」

2 《說文解字注》中稱：「承槃者，承水器也……古之盥手者，以匜沃水，以槃承之。故曰，承槃。」《禮記·內則注》曰：「槃，承盥水者。」

3 見江曉原，〈《周髀算經》蓋天宇宙結構考〉一文。原載於《自然科學史研究》，卷十五，第三期（一九九六）。

4 趙君卿在《周髀算經》中的原文為：「物有圓方，數有奇耦。天動為圓，其數奇；地靜為方，其數耦。此配陰陽之義，非實天地之體也。天不可窮而見，地不可盡而觀，豈能定其圓方乎？」

方」之後，緊接著對圓形體和方形體之間的關係做了一番論述。《周髀算經》寫道：「方數為典，以方出圓。」此論述的涵義是：用測量方形的計算方法可以推導出測量圓形的計算方法。對此論述，趙君卿注釋說：通過直接觀察日影可以測定方形體表面，但球形體表面則無法直接通過日影來測定。方形體表面的測定可用常規之法，而球形體表面的測定就會出現很多變故，因此應當推導出測定球形體表面的方法[1]。《周髀算經》中有關「方數為典，以方出圓」的論述以及趙君卿對這一論述的注釋說明，早在一千八百多年以前，中國古代學者已經認識到地圖投影學中的兩個基本問題：第一，測繪平面與測繪球形體表面之間存在著差異；第二，應當基於平面測演算法推導出球面測演算法，即球面三角學。

《周髀算經》是一部數理天文學著作，它用數學方法闡明「蓋天說」和四分曆法。「方數為典，以方出圓」不是在單純地討論圓形體表面，其最終目的是探討與測繪圓形天體和球冠形地表相關的球面三角學。《周髀算經》在關於球面三角學的論述之中，特意談及球面與平面之間的關係問題。而這一問題正是地圖投影學的核心。

《周髀算經》對中國古代地圖學的貢獻不僅僅局限於地圖投影。此書還有一段關於水平的論述：「用水平校正平面。」[2]對此論述，趙君卿注釋說：水平可以校正出平面，垂繩可以校正出垂直，若平面沒有處於水平狀態，或者豎直沒有處於垂直狀態，即使微小的差錯在測量時也會引發千里之差[3]。這些論述明確指出水平和垂直在測繪學中的重要性。《周髀算經》還提出了「南北為經，東西為緯」的經、緯線理念，並且詳細論述了如何運用經、緯線網路測繪二十八星宿的位置。

第三節　中國古代地圖投影術的起因

兩千多年以前中國古人已經探討地圖投影問題，這並不是一個偶然現象。古人對地圖投影、球面三角學和測繪技術的研究是基於悠久並且深奧的文化背景。

中國傳統文化的核心是「承天法地」、「天人合一」，即天、地、人三者相互和諧會營造出國家太平、風調雨順、人生長壽的盛世。這種古樸的哲學思想由來已久，最早可追溯到六千多年以前。在這種古老的哲學思想之中，最重要的理念是「天」、「地」和「人」都是天的附屬物。中國古代各種哲學流派對「天」有著不同的解釋，這些解釋雖各有特點，但大都將「天」人性化，並把它解釋成為「天帝」或者諸多「天神」。唯有西元前五世紀的哲學家老子對於「天」的解釋最為獨特。老子在其著作《道德經》中寫道：「人法地，地法天，天法道，道法自然。」[4]老子這一論述的涵義是：人應當遵守大地上的法則，這些法則來源於天上的規律，而天上所有的規律都是自然而然形成的。老子的論述不僅將「天」視為自然形成的規律，並且明確地闡述了「天」、「地」、「人」三者的關係。

有關天地相通、人順應於天的哲學思想對中國歷代王朝的政治、經濟、軍事、文化、科技等方面都產生過巨大而又深遠的影響。中國傳統醫學、建築、音樂、人文等無不與這種哲學思想有著千絲萬縷的聯繫。

六千年以前的伏羲氏是中國文獻記載中最早的智者。相傳他通過觀察星象、地理、動植物創造出八卦圖，以此反映出天的旨意[5]。在伏羲氏八卦圖的引導下，秦朝時期的方術階層萌發出一種被稱之為「圖讖」

1 趙君卿在《周髀算經》中的原文為：「夫體方則度影正，形圓則審實難。蓋方者有常，而圓者多變，故當制法而理之。理之法者，半周半徑相乘，則得方矣……。」

2 《周髀算經》：「如定水之平，故曰平距，以水正也。」

3 趙君卿在《周髀算經》中的原文為：「以水繩之正，定平懸之體，將欲慎毫氂之差，防千里之失。」

4 此句中的「法」字為「效法」之意。

5 《周易．繫辭下》：「古者包犧氏之王天下也，仰則觀象於天，俯則觀法於地，觀鳥獸之文，與地之宜，近取諸身，遠取諸物，於是始作八卦，以通神明之德，以類萬物之情。」

的學術思潮。這種思潮以天人感應為核心，依據自然界出現的圖形編造出預示天命的徵兆。圖讖之學對秦始皇影響很大，他發出的許多詔令都源於圖讖，修築萬里長城就是其中之一。

西元前二一五年，一位方士帶給秦始皇一份天書。此方士稱，這份天書來源於海上出現的圖形，其內容是「亡秦者胡也」。看到這份天書，秦始皇感到坐立不安，他認為這是天神發給他的一個忠告，天書中所說的「胡」指北方游牧民族匈奴。為此秦始皇派出三十萬大軍北征匈奴，把匈奴逐出河套趕到陰山以北。為了防患於未然，秦始皇不惜血本，徵用七十萬勞工，歷時數年，修建綿延萬里的長城，以絕胡人亡秦之患[1]。

西元前二〇二年，劉邦創立漢朝。此後圖讖之學逐漸盛行於世，成為官方的統治思想。王莽、劉秀等人都曾利用圖讖稱帝。並且，他們取得政權以後，發詔頒命、施政用人也基於圖讖。從西元五世紀初，圖讖之學開始走向衰落，但到唐朝時期再次流行於世。

基於圖讖之學，中國古代社會很早就流行一種「以象觀道」的理念。這一理念認為，通過圖形可以揣摩出天的旨意。《周易》有許多與「以象觀道」理念相關的論述。《周易・繫辭》載：「在天成象，在地成形，變化見矣。」此句的涵義是：上天通過星象和地理形狀將其旨意傳達到人間，人類可以通過觀察星象和地理形狀的變化了解天意的變化。另外一些典籍也有許多這方面的論述。比如《禮記》記曰：「地載物，天垂象取材於地，是以尊天而親地。」此記述的涵義是：大地承載有形之體，天通過地上的形狀傳達其旨意，知悉地上的形狀就等於尊重天意[2]。

《周易》講究陰陽相濟，天、地、人互動。在宣導「以象觀道」的同時，《周易》還提倡國家君王應以祭祀天地的方式表達對天的敬意，並且通過祭祀祈禱上天繼續輔佐他的國家、保佑他的人民[3]。《禮記》也同樣宣導，不僅要通過知悉大地上的形狀來順應天意，而且還要通過這些形狀表達對天的敬意[4]。基於這種理念，中國古代社會將地圖視為一種神物，古人不僅在祭祀儀式中將地圖作為祭祀品，而且還將地圖作為殉葬品（在戰國秦墓中出土的七幅《放馬灘木板地圖》和在馬王堆西漢墓中出土的《地形圖》、《駐軍圖》和

《城邑圖》就是一些例證）。

道教的符籙術是促進中國古代投影術發展的另外一個動因。

符籙術是一種使用奇怪的字符和自然界出現的圖形祈求上天保佑、驅鬼鎮邪的方術。符籙術的信仰者認為，這些字符和圖形是天神的文字，是上天與人類交流的仲介，人類通過這些字符和圖形可以召神劾鬼、降妖鎮魔、治病除災。晉朝道士葛洪在《抱朴子》中寫道：符籙是天上神仙創造的，均源於天文[5]。西晉時期的著作《太上洞淵神咒經》也載：符籙是一種玄妙的天書[6]。

符籙術也是發源於圖讖之學，道教創立後將其視為重要的方術之一。中國古人將地圖用於祭祀的習俗與符籙術緊密相關。中國古人測繪天文圖和地圖的主要目的之一也是為了符籙術。道教認為，星象圖、雲圖和地域輪廓圖都是天神的文字符號，在這些圖形前面進行祈禱或實施法術可以將人的意願轉達給上天[7]。

---

1 見《史記・秦始皇本紀》。

2 「以象觀道」的思想體現在許多古代哲學家的著作和言論之中。隋、唐之際成書的《太上老君內觀經》記載：「水由形有，形以道全。一物不足，明何依焉？所以謂之神明者，眼見耳聞，意知心覺，分別物理，細微悉知，由神以明，故曰神明也。」西元七世紀道士呂祖曾經說道：「上德者，以道全其形。」十一世紀程顥曾經寫道：「道通天地有形外。」元朝道士陳致虛所著的《上陽子金丹大要》記載：「形以道全，命以術延。」

3 《周易》六十四卦中有關於祭祀天地的記載，這些記載闡述了祭祀天地的意義，並且《周易》還通過周幽王、周厲王由於不祭祀天地、不奉行天命從而致使天下大亂的史實，說明君王祭祀天地的重要意義。

4 《禮記》曰：「地載萬物，天垂象取材於地、取法於天，是以尊天而親地也。故教民美報也。」「天子祭天地，祭四方，祭山川，祭五祀，歲遍。」

5 《抱朴子》：「鄭君言符出於老君，皆天文也。老君能通於神明，符皆神明所授。」

6 《太上洞淵神咒經》：「天書玄妙，皆是九氣精像，百神名諱，變狀形兆，文勢曲折，隱韻內名，威神功惠之所建立。」

7 八世紀道教著作《道教義樞》寫道：「神符者，明一切萬物莫不以精氣為用。故二儀（即天儀和地儀）三景（即天文圖、地圖和雲圖）皆以精氣行乎其中。」《太平經・神咒文第七十五》云：「天上有常神聖要語，時下授人以言，用使神吏應氣而往來也，人民得之，謂為神咒。」

需求是發明之母。正是在迷信觀念的引導下，中國古典投影術應運而生。為了在平面圖紙上反映出天與地的球冠形狀，並且通過天文圖和地圖與天、地之神勾通，古代天文學家、地圖學家發明出投影繪圖術。「以象觀道」理論認為，河流、山脈、大陸、海洋都是天意在大地上的成像。因此，在描繪江河、山峰以及海岸輪廓線方面，中國古代地圖學家精益求精。在他們的心目中，地圖越精確、越接近實際地理狀況，地圖的神力就越大。

第四節　裴秀的「製圖六體」

在中國地圖史學中，三世紀地理學家、地圖學家裴秀是一位非常重要的人物。裴秀生前的政治地位相當顯赫，但是他死後深為史學家關注的，並不是他的政治業績，而是他在地圖學方面的貢獻。

裴秀出生於一個世代官宦家庭。他聰慧好學，博覽群書，在道教和儒學方面有很高的造詣。裴秀擅長道術，曾經給皇太子看相、算命。三十而立後，裴秀步入仕途。四十五歲時，他被晉朝皇帝委任為司空（其職位相當於現代的國家副總理）。

晉朝時期，司空的職責非常特殊，凡是與大地相關的事宜都在其管轄範圍之內[1]。這不僅包括農業種植、人口戶籍、田畝賦稅、防洪治水、興建城鎮、察看風水和皇家喪葬等諸多政務，而且還負責皇帝祭祀地神和祭拜祖先的禮儀。

順延傳統理念，晉朝皇帝將祭天、祀地、祭祖視為國家大事。這些宗教禮儀的著眼點在於承天啟地，疏通皇帝與天地之神的溝通管道[2]。為此，負責安排、組織禮儀的官員身肩重任，他們需要深諳陰陽之術。在這些官員的觀念中，祭祀禮儀的任何細節都必須符合道教理念，不能有絲毫之差，否則皇帝與神明之間的交流就會受阻。

晉朝基本上承襲了漢朝確立的祭祀禮儀，包括將地圖作為祭祀地神的祭品。身為晉朝司空的裴秀自然深知地圖在祭祀地神禮儀中的重要性。他曾撰文說：地圖由來已久，自古以來前賢憑藉地圖承天效法[3]。裴秀深受道教宇宙觀的影響。在他心目中，大地地表「登降詭曲」，呈現出穹隆形。為了使皇帝與地神之間的交流暢通無阻，裴秀認為，用於祭祀的地圖應當顯現出地表彎曲和名山大川等自然地理狀況。

裴秀擔任司空之後，仔細查閱了朝廷書庫中收藏的地圖。查閱結果令裴秀大失所望，他發現朝廷書庫中竟然沒有一幅令他滿意的地圖。裴秀曾憤憤地寫道：這些地圖粗製濫造，既沒有採用相同的比例和經緯網絡，也沒有遵循「準望」的規則，並且在圖中看不到名山大川。這種地圖絕不可用於祭祀之中[4]。出於道家理念，裴秀認為，用於祭祀的地圖必須符合一定之規。經過深思熟慮，裴秀提出了地圖繪製的六項基本原則，這些原則就是中國地圖史學中著名的「製圖六體」理論。

「製圖六體」理論的第一項原則為「分率」，它是指一種由經、緯線構成的方格網。裴秀認為，這種方格網可以作為識別地圖東西（即橫向）和南北（即縱向）遠近的尺度[5]，由此，繪製地圖必須採用相同的比

---

1 《晉書》載：「太尉、司徒、司空，並古官也。自漢歷魏，置以為三公。及晉受命，迄江左，其官相承不替。」《後漢書》載：「司空，公一人。本注曰：掌水土事。凡營城起邑、浚溝洫、修墳防之事，則議其利，建其功。凡四方水土功課，歲盡則奏其殿最而行賞罰。凡郊祀之事，掌掃除、樂器，大喪則掌將校復土。凡國有大造大疑，諫爭，與太尉同。」

2 見《晉書．禮》。

3 《晉書》載，裴秀在《禹貢地域圖》序言中寫道：「圖書之設，由來尚矣。自古立象垂制，而賴其用。」此句中「立象垂制」的涵義與《周易．繫辭上》中「天垂象」的涵義基本相同。

4 見《晉書》卷三十五〈裴秀傳〉。

5 原文：「一曰分率，所以辨廣輪之度也。」東漢馬融對《周禮．地官．大司徒》中「周知九州之地域廣輪之數」一句所做的注釋中稱：「東西為廣，南北為輪。」

例將地域輪廓縮小到地圖上[1]。裴秀指出：地圖若僅有圖像而沒有設置方格網和比例尺，則無法審核出地域之間的遠近距離[2]。

裴秀提出的第二項繪圖原則是「準望」。如第三章中所述，「準望」的基本涵義是指，通過準望北極星確定地圖以北為上的方位。在此基礎上裴秀還強調，「準望」的另一個作用是端正「彼此之體」，即通過地圖左、右兩邊對準北極星從而將地圖的形體由方形調整為梯形。

鑑於地圖的形體調整為梯形，裴秀進一步提出了「道里」、「高下」、「方邪」、「迂直」四項繪圖原則。

裴秀所說的「道里」是指一種地圖標識，它示意出從一個地點去往另外一個地點的方向和直線距離。裴秀認為，隨著地圖形體的變化，應該調整「道里」標識的指向，否則「道里」示意的方向將會出現誤差[3]。

裴秀「製圖六體」的後三項原則「高下」、「方邪」、「迂直」分別指地圖上邊和下邊長短的調整、地圖形體由方形變為梯形以及圖中直線與曲線之間的相互調整。裴秀認為，實施此三項原則的目的是在地圖中呈現出地表彎曲的自然形狀，從而能夠在平面地圖中仿效出彎曲的地表[4]。

裴秀特別強調「製圖六體」的六項原則缺一不可，並且相互之間應當彼此兼顧。他論述說，若地圖只有地域圖形而不設置方格網和比例尺，則沒有辦法辨認地域之間的遠近。若地圖只設置方格網和比例尺而不根據「準望」對地圖形體做出調整，即使圖中某一側畫得準確，而另一側必定會失準。若只考慮對地圖形體做出調整而忽略對「道里」指向的調整，「道里」標識所指示的方向則如同進入山海隔絕之地，根本無法相通。若只對「道里」標識指向做出調整，而忽略地圖上下兩邊、正斜之體以及直曲之間等三方面對球冠形地表的仿效，則「道里」示意出的路徑遠近就會違背實際情況，從而也會喪失「準望」之校正。由此，六項法則應當相互參考、相互依賴。通過方格網和比例尺確定圖中地域之間的距離；通過地圖左、右兩邊校準北極星從而對地圖形體做出調整；通過對「道里」標識朝向的調整從而指明兩地之間實際的直線距離；並且，圖中兩地間的長度決定於圖形上下兩邊的長短、梯形的形狀和由直線變成曲線等三方面的計算。地圖繪製雖然面臨高山大海之隔，天涯地角相距遙遠，以及地表彎曲等問題，正確運用這些法則可以反映出真實的地理狀況。「準望」尤為重要，「準望」正確，則地圖可以通過直線與曲線以及地域的遠近顯現出地表的彎曲狀[5]。

從裴秀的論述中可以看出，「製圖六體」是一種關於梯形投影的理論（有關「製圖六體」理論的詳細分析見〈附錄三〉），因此裴秀繪製的地圖也應是一種具有梯形投影效果的地圖（見圖31）。梯形投影是一種在經線長度方面不做變形且地圖形狀為梯形的投影方法。這種梯形投影的最主要特徵為：經線為放射狀直線，緯線為同心圓弧。

在一千七百多年以前，裴秀已經系統地探討地圖投影的問題，這會讓人們覺得裴秀似乎超越了他所處的時代。然而，事實並非如此。裴秀對地圖投影的研究不僅出於中國傳統的宇宙觀和「以象觀道」的理念，並且還基於前輩地圖學家的實踐以及當時的數學研究水準。

裴秀「製圖六體」中的「準望」和「分率」等理念都可在《周髀算經》中找到[6]。而「高下、方邪、迂直」三法則是基於漢代趙君卿對地圖投影問題的研究。可見，「製圖六體」理論與《周髀算經》一脈相承。

唐代張彥遠在《歷代名畫記》中記載了裴秀的《地形方丈圖》，同時他還提及漢代張衡繪製的一幅《地

---

1 原文：「遠近之實定於分率。」

2 原文：「有圖像而無分率，則無以審遠近之差。」

3 原文：「有準望而無道里，則施之於山海絕隔之地，不能以相通。」

4 原文：「四曰高下，五曰方邪，六曰迂直，此三者各因地而制形，所以校夷險之故也。」

5 有關裴秀「製圖六體」論述，《藝文類聚》、《初學記》和《晉書》均有記載。相比較而言，唐朝初期官修類書《藝文類聚》卷六中收錄裴秀「製圖六體」論述的時間最早，內容最為詳備，因此也最為可信。

6 例如，「準望」概念源於《周髀算經》：「正極之所遊，冬至日加酉之時，立八尺表，以繩繫表顛，希望北極中大星，引繩至地而識之。」比例尺概念源於《周髀算經》：「凡為此圖，以丈為尺，以尺為寸，以寸為分，分一千里。」

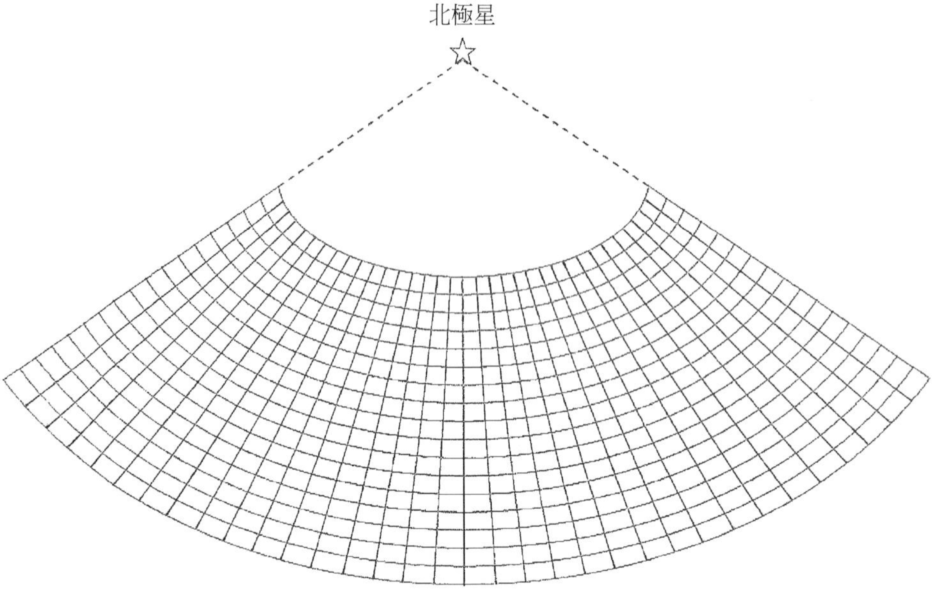

圖31　裴秀「製圖六體」示意圖

形圖》。張衡是渾天說的倡導者。他的《地形圖》顯現出來的地表形狀絕對不會是一個平面。張衡還著有《筭罔論》一書。《後漢書・張衡傳》記載：此書「蓋網絡天地而筭之，因名焉。」此記載說明，《筭罔論》的名稱源於其測繪天文和地理的方法，即用經、緯線網絡測繪天文圖和地圖。可見，張衡是將經、緯線網絡應用到地圖學的最早實踐者之一。

魏晉時期的數學研究水準也為裴秀的地圖投影理論提供了先決條件。在裴秀之前，中國已有《周髀算經》和《九章算術》。這兩部著作提供了各種形狀的面積計算方法。特別是《九章算術》，此書提供了一次方程和正、負數等運算方法。與裴秀同期的數學家劉微，不僅對《九章算術》一書做注，並且還編纂了《海島算經》。此書論述了如何運用標竿測量地形、地貌的方法，以及如何解決各種測量中出現的數學問題。《海島算經》不僅為中國古代測量數學奠定了基礎，而且將中國地圖學引入數學定量的軌道。可以說，裴秀的地圖投影理論是秦漢時期數學發展的結果。

「製圖六體」理論對地圖投影學的發展具有深遠

的影響。這種影響不僅僅局限於中國，而且擴展到歐洲和伊斯蘭世界。西方著名漢學家李約瑟曾對裴秀的成就給予了很高評價，他認為，裴秀完全可以與古希臘地圖學家托勒密相提並論。李約瑟的這一評論絕對不是過譽之詞。史料告訴我們：托勒密僅僅提出了地圖投影的理念，真正首次系統地論述地圖投影並且將理論付諸實踐的是裴秀。此外，更為重要的是，裴秀是地圖以北為上的最先倡導者。他的「準望」法則最終促使全世界接受了以北為上方的地圖繪製規則。

裴秀繪製的地圖雖然沒有能夠承傳下來，然而史料和古地圖卻保留下「製圖六體」的一些遺跡。

第五節　賈耽的《海內華夷圖》

本書第五章曾經談及《古今郡國縣道四夷述》的作者唐朝人賈耽。賈耽為中國傳統地圖學做出了許多傑出的貢獻。他不僅著書立說，並且還繪製出多種地圖。在他的地圖作品之中，《海內華夷圖》最為著名。

賈耽的《海內華夷圖》篇幅很大，尺寸約為「廣三丈，縱三丈三尺」（該圖尺寸不小於九公尺寬，九·九公尺長）[1]。有關《海內華夷圖》的覆蓋範圍，史學界說法不一。有些學者認為，《海內華夷圖》是一幅亞洲地圖。但為數更多的學者並不認同這一觀點。《舊唐書》記載說：賈耽自言《海內華夷圖》覆蓋面極其廣闊，凡是車、船所通之處，全部包括在此圖之中[2]。史書還記載，在將《海內華夷圖》和《古今郡國縣道四夷述》呈獻給皇帝的同時，賈耽還呈獻了一份奏表。該奏表說明，賈耽編撰《古今郡國縣道四夷述》的目

1 《海內華夷圖》的篇幅非常之大。從此圖的篇幅可以推測出，繪製該圖的目的不是為了觀賞，而是為了祭祀之用。

2 《舊唐書》原文：「別章甫左衽，奠高山大川；縮四極於纖縞，分百郡於作繪。宇宙雖廣，舒之不盈庭；舟車所通，覽之咸在目。」

的是用文字對《海內華夷圖》進行補充說明。可以說，《海內華夷圖》與《古今郡國縣道四夷述》兩者相輔相成、圖文並茂。《古今郡國縣道四夷述》記載的七條交通要道延伸的範圍很廣，最遠抵達非洲。基於這一點，可以推論出，《海內華夷圖》覆蓋範圍最遠應該延伸至非洲大陸。

《海內華夷圖》出世後引起人們的廣泛關注，一些文人墨客觀賞此圖後還賦詩頌詠。唐代詩人曹松（約八三〇—九〇三）在〈觀華夷圖〉的詩中寫道：「中華屬貴分，遠裔占何星。」南唐詩人伍喬（生卒年月不詳）的詩中有「始於毫末分諸圖，漸見圖中列四溟」的詞句[1]。從這些詩詞中可以看出，《海內華夷圖》的地域範圍極其廣闊，「遠裔」、「四溟」（即四海）皆在圖中。

賈耽極為推崇裴秀的「製圖六體」理論，認為「六體則為圖之新意」[2]。可惜賈耽沒有留下更多的文字進一步解釋「製圖六體」。賈耽非常讚賞裴秀的地圖，他曾評論說：裴秀的地圖既涉及域外四海，又畫出了華夏九州，其圖畫得精細，內容也很詳盡。賈耽還臨摹裴秀的地圖，並對其進行補充和更新[3]。《海內華夷圖》也應是賈耽參考裴秀地圖的結果。詩人曹松在〈觀華夷圖〉詩中有一句非常值得品味的詞句：「分寸辨諸嶽，斗升觀四溟。」此句詩生動地描述出《海內華夷圖》的兩個主要特點：「分寸辨諸嶽」是在形容《海內華夷圖》通過計里畫方之法辨別地域遠近；「斗升觀四溟」則形象地描繪出北斗星在《海內華夷圖》正上方的「準望」構圖形式。

賈耽的《海內華夷圖》原本早已佚失。然而有幸的是，宋朝時期的一幅《華夷圖》保留下《海內華夷圖》的一些地域圖形和文字。

第六節　宋朝《華夷圖》

陝西西安碑林博物館收藏有一塊非常奇特的方形石板。此石板正、反兩面都刻有地圖，一面為正刻的《禹跡圖》，另一面為倒置的《華夷圖》。圖中注釋顯示，這兩幅地圖的刻記年代均為一一三六年[4]。兩幅地圖一正一倒的樣式表明，此方形石板不是一塊供人觀賞的圖碑，而是為了將《華夷圖》和《禹跡圖》同時拓印在一張條幅紙上。石板地圖注釋中有「岐學上石」四個字，其中「岐」字的意思為「兩邊」，「學」字在此的涵義為「效仿」[5]。根據字義，「岐學上石」四個字可釋義為：石板兩邊刻製仿效大地形狀的地圖[6]。石板地圖特殊的鐫刻樣式和「岐學上石」的注釋暗示出，古人將這兩幅地圖刻在石板上的目的是為了拓印用於祭祀的地圖。

《禹跡圖》為正方形（見圖32），方位以北為上。該圖採用計里畫方的手法，橫向刻有七十一個方格，豎向刻有七十三個方格，全圖總共有五千一百一十個方格，每方折地百里，比例尺相當於一：五百萬。全圖以宋朝領土為主，標注出三百八十多個行政區名，近八十條河流和七十餘座山脈的名稱。圖中河流的位置、

1 見《全唐詩》卷七四四：曹松的〈觀華夷圖〉和伍喬的〈觀華夷圖〉。

2 賈耽在呈獻給唐德宗的奏表中說：「六體則為圖之新意。臣雖愚昧，夙嘗師範，累蒙拔擢，遂忝台司。」

3 賈耽在呈獻給唐德宗的奏表中說：「其（即裴秀）大圖外薄四海，內別九州，必藉精詳，乃可摹寫，見更纘集，續冀畢功。」

4 注釋刻記的年代為「劉豫阜昌七年」，這相當南宋紹興六年，即西元一一三六年。

5 《釋名．釋道》：「二達曰岐旁。物兩為岐，在邊曰旁。」《廣雅．釋詁》：「學，效也。」

6 有學者將「岐學上石」解釋為今陝西省岐山上一所學校的刻圖落款。這種解釋即不合情理，也與有關史料相左。若此石刻地圖由一所學校所製，這所學校絕非一所普通的學校。然而，沒有任何史料顯示，十二世紀上半葉岐山曾經有過非常著名並且專長於地理研究的學校。古代地圖若有製作者的落款通常是以個人或道教觀廟的名義，幾乎未曾有過以一所學校的名字作為刻印地圖的落款。再者，鎮江博物館保存的石刻《禹跡圖》為一一四二年刻製。此圖在計里畫方、尺寸大小和河流的數目等方面與西安碑林石刻《禹跡圖》基本一致。鎮江博物館石刻《禹跡圖》上記載：「依長安本上石。」由此可見，西安碑林石刻《禹跡圖》是鎮江博物館石刻《禹跡圖》的母本，並且西安碑林石刻《禹跡圖》原本就在長安，而不是在岐山。

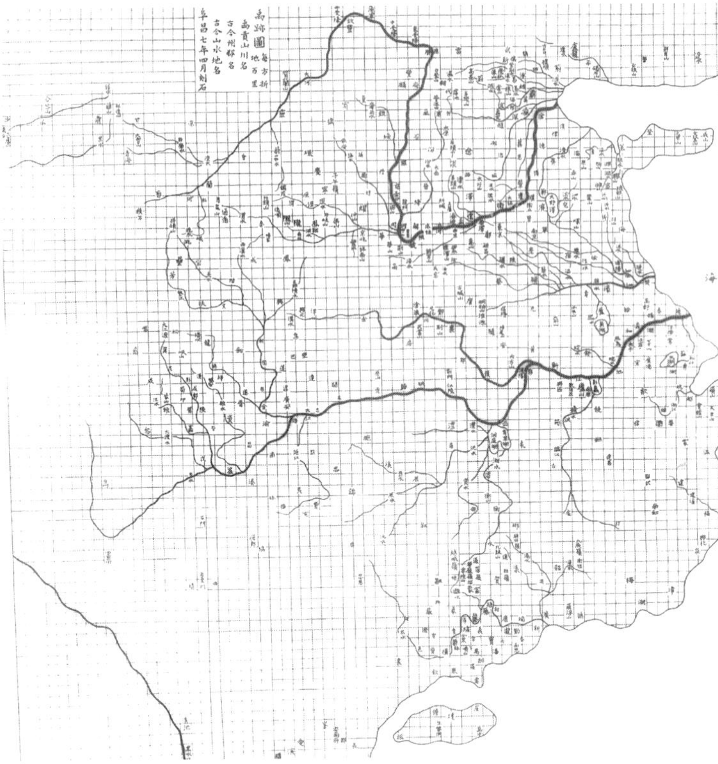

圖32　1136年《禹跡圖》墨線圖

走向以及海岸輪廓線與實際狀況非常接近。《禹跡圖》的準確性不僅反映出「以象觀道」的理念，而且顯示出中國古人在很早以前已經掌握了高水準的地理測繪技巧和高超的經緯度測量技能。西方漢學家李約瑟盛讚此圖，認為它是「當時世界上最傑出的地圖，是宋代製圖學家的一項偉大成就」[1]。古地圖專家哈普古德也認為：「此圖說明，在遙遠的古代時期存在著一種影響廣泛的文明社會，這個文明社會的地圖學家曾經用統一水準的科技、相似的方法、相應的數學知識以及類似工具完成了對整個地球的測繪。」[2]

《華夷圖》的方位格局與《禹跡圖》相同，圖上方豎刻有「華夷圖」三個字，四邊分別標注出四個方向（見圖33）。《華夷圖》是一幅世界地圖，但以中國地域為主。圖中的注釋顯示出，《華夷圖》的製作者參照了兩

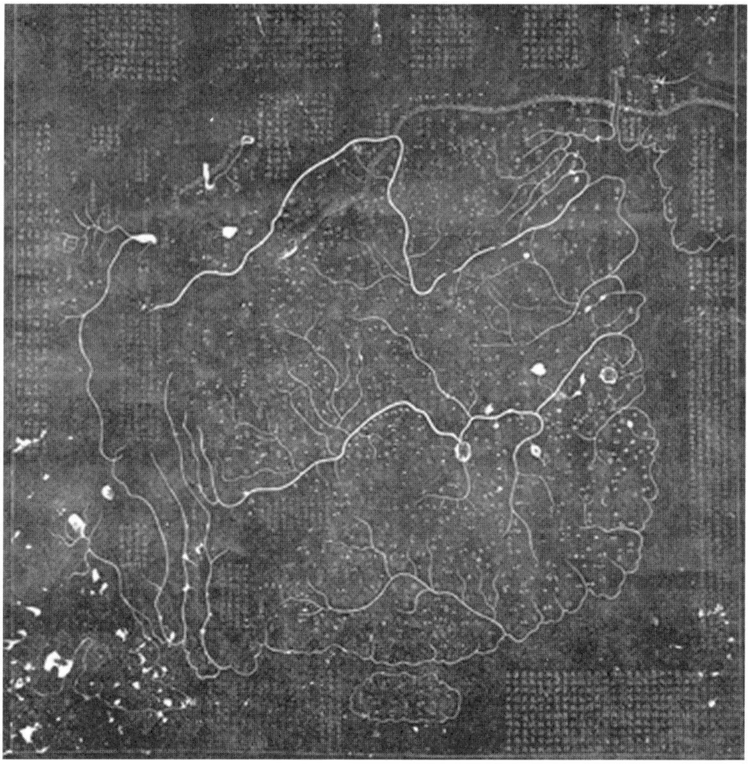

圖33　1136年《華夷圖》

幅不同時期的地圖。圖上華夏境內詳細地繪出了山脈、河流、湖泊、長城及各州、府名稱，其城市位置及名稱與宋朝時期的行政建制相符。對於中國以外的地域，《華夷圖》採用了完全不同的手法。此圖周邊的文字記載了七十多個國家和地區的名稱，其中包括安息、波斯（位於現今伊朗地區）、大食（位於現今西亞和北非）、大秦國（即東羅馬帝國）和條支國。然而，《華夷圖》沒有詳細標明這些國家和地區所在的地理位置。域外的國名和地理名稱均屬於唐朝時期。此外，圖上刻有一段描述訊息來源的文字：此圖有關國外的地域輪廓來源於賈耽繪製的地圖，賈耽的地圖原載有一百多個國名，現參考典籍和傳記中

1 見李約瑟，*Science and Civilization in China*，劍橋大學出版社，一九五九。
2 見查理斯・哈普古德，*Maps of the Ancient Sea Kind*, Adventures Unlimited Press，一九九六。

的記載只取其中一部分[1]。此記載說明，《華夷圖》的域外部分是以九世紀賈耽的《海內華夷圖》為基礎。

《禹跡圖》與《華夷圖》之間存在著兩個主要區別：一是《禹跡圖》採用計里畫方之法，並且注明「每方折地百里」，但《華夷圖》未畫方格；二是《禹跡圖》非常講究山、河和海岸線的準確性，而《華夷圖》中的許多陸地輪廓都具有明顯的投影變形效果。

雖然曾有學者指出《華夷圖》中的投影變形問題，但此問題一直沒有能夠得到地圖史學界的重視[2]。圖中地域輪廓變形較大的不僅有中南半島和印度半島，而且還有非洲大陸（見圖34）。遺憾的是，非洲大陸的輪廓一直悄悄地藏在《華夷圖》的左下角，未能引起史學界的注意。

《華夷圖》左下方寫有一段注文：「五天竺即漢之身毒國，亦曰婆羅門，地三萬餘里，有城邑數百在蔥嶺南。」此注文標注的地域是印度。該注文的左方繪有五條滙集在一起最終流入海灣的河流。這五條河流應該是底格里斯河（Tigris River）、幼發拉底河（Euphrates River）以及卡魯恩河（Karun River）等。那個海灣則應是波斯灣。另外幾幅古地圖也在西亞地區繪出類似五條河流，例如一二六〇年帕薩爾特地圖、托勒密《地理學》附圖和一四〇二年《混一疆理歷代國都之圖》等[3]。在《華夷圖》中，波斯灣的左下方繪有一條細長的河流，這應該是紅海。紅海的下方能看出「非洲之角」和好望角的地域輪廓，只不過非洲南端的朝向不是垂直向南，而是被畫成轉向東方。《華夷圖》還清晰地繪出了非洲西部海岸線和地中海。值得注意的是，圖中直布羅陀海峽的間距非常寬闊，這是中國古代世界地圖普遍存在的一個早期地理錯誤。

以現代地圖學的水準看待《華夷圖》，我們必定會認為此圖犯了一些嚴重的繪圖錯誤：紅海不應該繪成一條細長的河流，非洲南端的朝向也應垂直向南，並且地中海也不該在中國的西南方向。難道《華夷圖》中的這些「異形」和「錯位」都是古人在地理勘測時犯的錯誤嗎？其實不然。與《華夷圖》同刻在一個石板上的《禹跡圖》告訴我們，中國古人具有較高的地理勘測技能。那麼，《華夷圖》為什麼會出現這些「地理錯誤」呢？

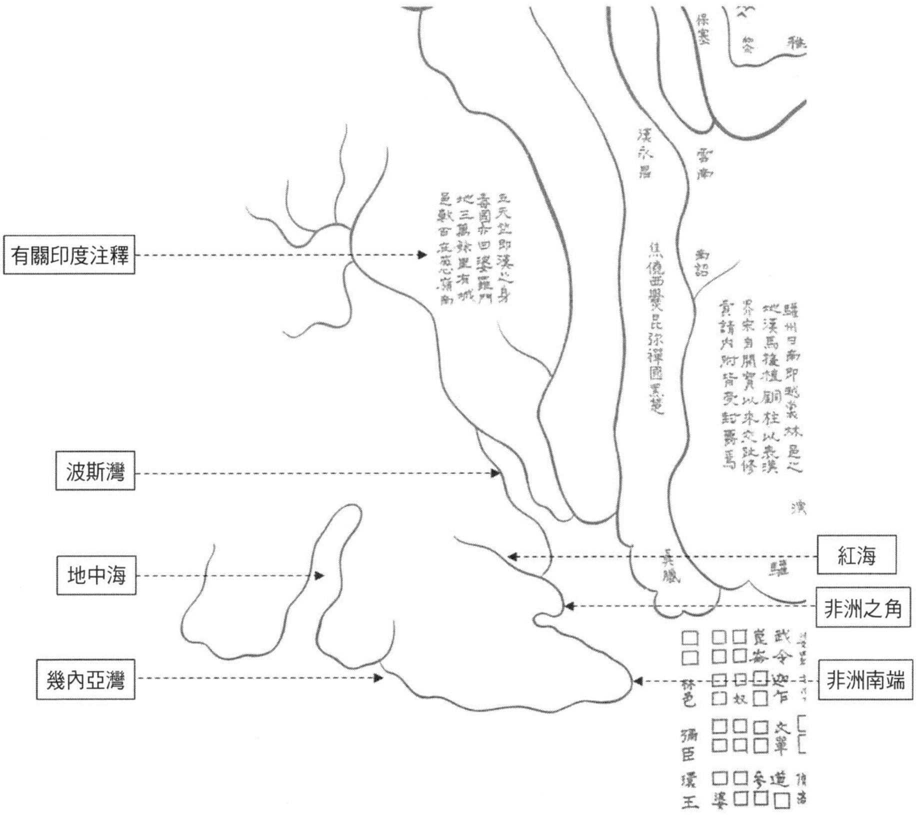

圖34　1136年《華夷圖》中的非洲大陸

中國古代地理學家認為，北極位於球冠形地表的頂端，人處在北方向南眺望，越遠地域變形越大。基於此種觀念，裴秀提出了「製圖六體」理論，其中「高下」、「方邪」、「迂直」三法要求繪圖者將正方形地圖變為梯形投影地圖。同時「製圖六體」還要求，根據地域所處的南北地理位置，在地圖的上、下之間，直線與曲線之間做出

1　此文中描述的原文為：「其四方番夷之地，唐賈魏公圖所載，凡數百餘國，今取其著文者載之，又參考傳記以敘其盛衰本末。」

2　見陰法魯等編著的《中國古代文化史》第三節「唐宋元時期的地理學」。

3　這種河流水系直到十六世紀中期還能從歐洲人繪製的地圖中見到，例如一五五五年安東尼．弗洛里安繪製的雙球形世界地圖（Double-Hemisphere World Map Viewed from the Poles, by Antonio Florian）。

調整，從而使地圖顯現出彎曲的地表。正因為如此，採用梯形投影法的古代地圖學家，將地中海、西亞、非洲大陸、印度半島和中南半島等位於西方或西南方向的地域輪廓向地圖的左下方壓縮，從而表現出以中國為中心的世界觀和顯現地表彎曲的繪圖理念。由於這些地域輪廓被壓縮，地中海被移植到地圖的左下部位、紅海被繪成線條型、印度洋的面積也相應被縮小。此外，為了使地圖表現出地表彎曲，裴秀和賈耽等人的梯形地圖還對垂直向南的非洲大陸做了調整，將其繪成向東彎曲。《華夷圖》中非洲大陸的「異形」表明，此圖的製作者在參照賈耽地圖時，照搬梯形投影地圖原有的變形輪廓。由此，《華夷圖》中的印度洋、非洲大陸、紅海以及地中海的地理輪廓仍保留了梯形投影地圖中的原有形狀。

史學界認為，《華夷圖》成圖的時間應早於刻圖於石的年代，但具體到哪一年卻說法不一。法國學者沙畹（E. Chavannes）依據圖中「寶元六年」的記載，推論《華夷圖》繪於一〇四三年。李約瑟在《中國科學技術史》一書中引用了沙畹的觀點。史學家曹婉如認為，《華夷圖》的繪製時間約在一一一七年至一一二五年間[1]。北京圖書館古代輿圖專家孫果清推定，《華夷圖》的繪製時間約在西元一〇六六年至一一一五年之間[2]。無論《華夷圖》成圖於哪一年，有一個重要史實是不能忽略的，這就是《華夷圖》的母本——賈耽《海內華夷圖》的成圖時間是八世紀末、九世紀初。

在至今已發現的所有中、外古地圖之中，賈耽的《海內華夷圖》是最早一幅將非洲南端繪成轉向東方的地圖。十二至十五世紀期間，許多阿拉伯和歐洲的地圖學家被源自中國的地圖所誤導，他們以為非洲大陸南端的走向本應轉向東方。在中世紀阿拉伯人或歐洲人繪製的世界地圖中，很容易找到類似的「錯誤」。最為典型的是一三二一年維斯康緹繪製的世界地圖（見彩圖10）和一四五〇年至一四六〇年期間繪製的《卡特蘭・艾斯坦斯世界地圖》（見彩圖17）。這兩幅圖中的非洲大陸輪廓與《華夷圖》非常相似。

對中世紀地圖將非洲大陸南端繪成轉向東方的繪圖錯誤，許多西方地圖史學家感到莫名其妙。他們一直沒有能夠找到形成這種錯誤的原因，並且，也不知道何人最先繪出了非洲的東、西海岸線。實際上，這些問題的答案一直隱藏在《華夷圖》的左下角。

第七節　沈括的《守令圖》

沈括（一〇三三—一〇九七）不僅是北宋時期一位卓越的學者和政治家，在地理學和地圖學方面他也具有極高的造詣。《夢溪筆談》是沈括的成名之作，這部書涉及天文、數學、地理、藝術、軍事、法律、物理等二十多種學科，被現代人譽為「中國科學史上的里程碑」。在《夢溪筆談》中，沈括詳細記述了一幅名為「守令圖」的繪製方法：

> 古代地理書籍中有一種《飛鳥圖》。此圖的發明者無法查詢。所謂飛鳥是指以前的地圖雖然標注出四面八方的距離里數，但這些里數都是沿著道路計算里程。道路有曲有直，沒有一定之規。繪製地圖，圖中地點間的實際距離應與路程里數無關。因此，繪圖時需要採用直徑另行計算四面八方的直線距離。這些直線就像空中鳥飛一樣直線到達，不會因道路曲折產生誤差。我曾經繪製一幅《守令圖》，在以二寸折算一百里作為比例尺的同時，採用準望、牙融、傍驗、高下、方斜、迂直等方法求取飛鳥直線距離里數。圖成後，在取得各地實際距離資料的前提下，用四條分別指向東西南北的直線將圖劃分為四等分，之後再用八條直線進一步劃分地圖，直至劃分出二十四至。此二十四至

1 見《中國古代地圖集》中曹婉如的〈有關華夷圖問題的探討〉一文。

2 見孫果清，〈現存中國古代孤本、珍品輿圖賞析〉一文。

以十二地支、甲乙丙丁庚辛壬癸八干和乾坤艮巽四個卦的名稱命名。即使將來地圖失佚，後人只要得到了我這一繪圖方法的記載，就可以按照二十四至之法迅速確定各個地方在圖中的位置。以此二十四至之法繪成的地圖不會出現絲毫的差錯[1]。

沈括的七項繪圖原則沿襲了裴秀「製圖六體」的理論，並在此基礎上做出了一些革新，他以「牙融」和「傍驗」二法取代了「製圖六體」中的「道里」。

對於「牙融」和「傍驗」的涵義，學術界說法不一。史學家曹婉如認為，「牙融」指兩地之間的路程。學者杜瑜在其所著的《地理學史話》一書中提出：「牙融」相當於現代地圖的等高線。有的學者將牙融解釋為：「拼合地圖時相鄰部位要相互吻合。」另有一些專家認為，「牙融」意為「互相包含」，即參考同時期各種文獻。更有甚者，為了證明「牙融」的意思為「互相包含」，有的史學家竟然毫無根據地猜測「牙融」是「互融」筆誤[2]。對於「傍驗」，杜瑜認為其涵義是「校驗」。另一位地圖史學家余定國猜測：「傍驗的意義是間接的查證，可能是指利用在時間上比較晚的文獻查證資料。」[3]以上釋義都明顯與「牙融」和「傍驗」的文字涵義不相符。古漢語雖然與現代漢語有很大不同，但古人措辭用句的習慣與現代人一樣，其語句的涵義脫離不開文字的釋義。

古語中，「牙」具有多個詞義，其中之一是車輪輪輞和輪輻的統稱[4]。「牙融」的「融」字意為「融合」。根據字義，沈括「牙融」的法則是指，將與輪輞和輪輻類似的圖形融入地圖之中。換句話說，「牙融」是指將方形地圖轉變成為圓形地圖，並且從地圖的中心點向四周均勻地延伸出二十四條直線。沈括的這種繪製方法，還可從其「按圖別量徑直四至」之說中得到印證。在此說中，「徑」是指圓中的直線[5]。

「傍驗」的法則與沈括提及的「二十四至」緊密相關。「二十四至」又可稱之為「二十四山」、「二十四向」、「二十四到」、「二十四籌」或者「八干四維二十四山」。這些都是指古代羅盤上的二十四個方位，這些方位由「後天八卦方位」中的「四維」（即乾、坤、艮、巽）、「十天干方位」中的「八干」（即甲、乙、丙、丁、庚、辛、壬、癸）以及「十二地支」（即子、丑、寅、卯、辰、巳、午、未、申、酉、戌、亥）組成一個圓形方位體系。此種方位體系是根據道家陰陽五行學說排列分布的，它最早出現在漢代司南的地盤上，後來又用作指南針羅盤上的方位刻度。所謂「傍驗」是指，通過地圖圓框上（即標在形如輪框的地圖邊框上）二十四個方位之間連線的交叉點，確定各個地點在地圖上的位置。正如沈括所述：可以按照二十四至定位法來確定各個地方在圖中的位置，採用二十四至定位法繪成的地圖不會出現絲毫的差錯[6]。

可見，「傍驗」是一種與圓形方位標識體系有關的方位驗證法。這也就是為什麼沈括沒有繼續採用「道

1 沈括《夢溪筆談》原文為：「地理之書，古人有《飛鳥圖》，不知何人所為。所謂『飛鳥』者，謂雖有四至里數，皆是循路步之，道路迂直而不常，既列為圖，則里步無緣相應，故按圖別量徑直四至，如空中鳥飛直達，更無山川迴屈之差。余嘗為《守令圖》，雖以二寸折百里為分率，又立準望、牙融、傍驗、高下、方斜、迂直七法，以取鳥飛之數。圖成，得方隅遠近之實，始可施此法，分四至八到。為二十四至，以十二支、甲乙丙丁庚辛壬癸八干、乾坤艮巽四卦名之。使後世圖雖亡，得予此書，按二十四至以布郡縣，立可成圖，毫髮無差矣。」

2 曹婉如的觀點見其〈論沈括在地圖學方面的貢獻〉一文，上海科學技術出版社一九八〇年版《科技史文集》第三輯。「牙融」意為「互相包含」的說法見余定國，《中國地圖學史》，第三章第六節。將「牙融」改為「互融」的做法，見范文瀾、蔡美彪等主編的《中國通史》第七冊第四編第七章第三節。

3 杜瑜的觀點見其所著的《地理學史話》，余定國的觀點見其《中國地圖學史》第三章第六節。

4 《周禮．考工記》中記載：「輪人為輪，斬三材必以其時。三材既具，巧者和之。轂也者，以為利轉也。輻也者，以為直指也。牙也者，以為固抱也。……是故六分其輪崇，以其一為之牙圍，參分其牙圍，而漆其二。」漢代學者鄭玄注引鄭司農說：「牙讀如跛者訝跛者之訝，謂輪輮也。世間或謂之罔，書或作輮。」

5 「徑」字的本義指步行的道路。但在沈括的記述中，他已採用「道路」一詞，並且他還說：「別量徑直四至。」因此，「徑」字在這裡指圖中的直線。《周髀算經》中記載：「其徑者，圓中之直也。」

6 原文為：「按二十四至以布郡縣，立可成圖，毫髮無差矣。」

圖35　1774年《環海全圖》

里」法則的原因。前面曾提及，「道里」與方向標識有關。沈括將「傍驗」作為地圖方向標識後，自然認為「道里」這一法則明顯是多餘的了。

沈括在有關《守令圖》的記載中雖然沒有提及「製圖六體」，但他的繪圖七法中有五項法則與「製圖六體」完全相同，且都與地圖投影有關，這說明沈括的《守令圖》採用了地圖投影技法。在《長興集》中沈括記述說，他曾經研究過製圖六體的理論[1]。這一記述是沈括參考裴秀理論的印證。

與許多宋代地圖一樣，沈括的《守令圖》也未能逃脫佚失的命運。雖然如此，從傳世的古地圖和文字記載中，我們仍然可以查找到沈括繪圖七法的一些痕跡。

清代學者常鈞於一七七四年繪製了一幅《海防圖》[2]。該圖為自右向左「一」字形橫幅樣式，幅長為八七〇公分，幅寬為二十九公分。此幅圖中繪有六幅地圖，為首的是一幅名為「環海全圖」的世界地圖（見圖35）。該《環海全圖》為圓形，在圓框上標有二十四個羅盤方位。《環海全圖》左邊的注釋將此二十四個羅盤方位稱之為「二十四向」。

一七三〇年，學者陳倫炯編著了一部名為「海國聞見錄」的著作。此書收錄了一幅《四海總圖》（見圖36）。猛然看上去，此圖與《環海全圖》很相似。但仔細研究會發現，兩圖之間存在著諸多區別。其中之一是：《環海全圖》繪出了載有「二十四向」的圓框，然而《四海總圖》卻沒有這種圓框。

雖然《四海總圖》沒有「二十四向」的圓框，但陳倫炯在《海國聞見錄》中解釋了如何運用「二十四至」繪圖法。例如「朝鮮居天地之艮方」，「南洋諸國，以中國偏東形勢，用針取向，俱在丁未之間，合天地包涵大西洋，按二十四盤分之，即在巽巳矣」，「小西洋居於丙午丁未方」，「大西洋……居於西北辛戌乾方，而烏鬼自坤申而繞極西，至庚酉方，皆烏鬼族類之國，總而名之曰大西洋，地缺東南、乾艮坤三方，博厚相均，而於巽未缺少，故外生東南斷續諸國尚未適均」。這些描述說明，陳倫炯通過地圖外框二十四個方位之間的連線將世界各地分布在圖中。在《海國聞見錄》中，陳倫炯還記述道：「先人繪製地圖的方法很周密，他們通過指南針確定四面八方，並劃分出二十四至。採用這種方法，可以將所有的地域畫在地圖上。先輩繪製地圖的方法給予我很大的啟發，我採用這種方法在地圖上畫出中國和世界各地的位置。」[3]可見，陳倫炯繪製《四海總圖》時參考了源於沈括的繪圖方法和標有「二十四向」的圓形地圖。（注：下一章將進一步討論《環海全圖》和《四海總圖》）

沈括繪製《守令圖》的方法在世界地圖史學中具有非常重要的意義，這種方法與十四世紀歐洲興起的波

1 原文為：「遍稽宇內之書，參更四方之論，該備六體，略稽前世之舊聞；離合九州，兼收古人之餘意。」
2 見北京保利國際拍賣公司二〇〇八年春季拍賣會中國古代書畫（二）圖錄第一七二一號拍品。
3 原文為：「聖人測理備至，定四方，制指南，分二十四籌，由近之遠，莫出範圍。啟後世愚蒙，識萬國九州。」

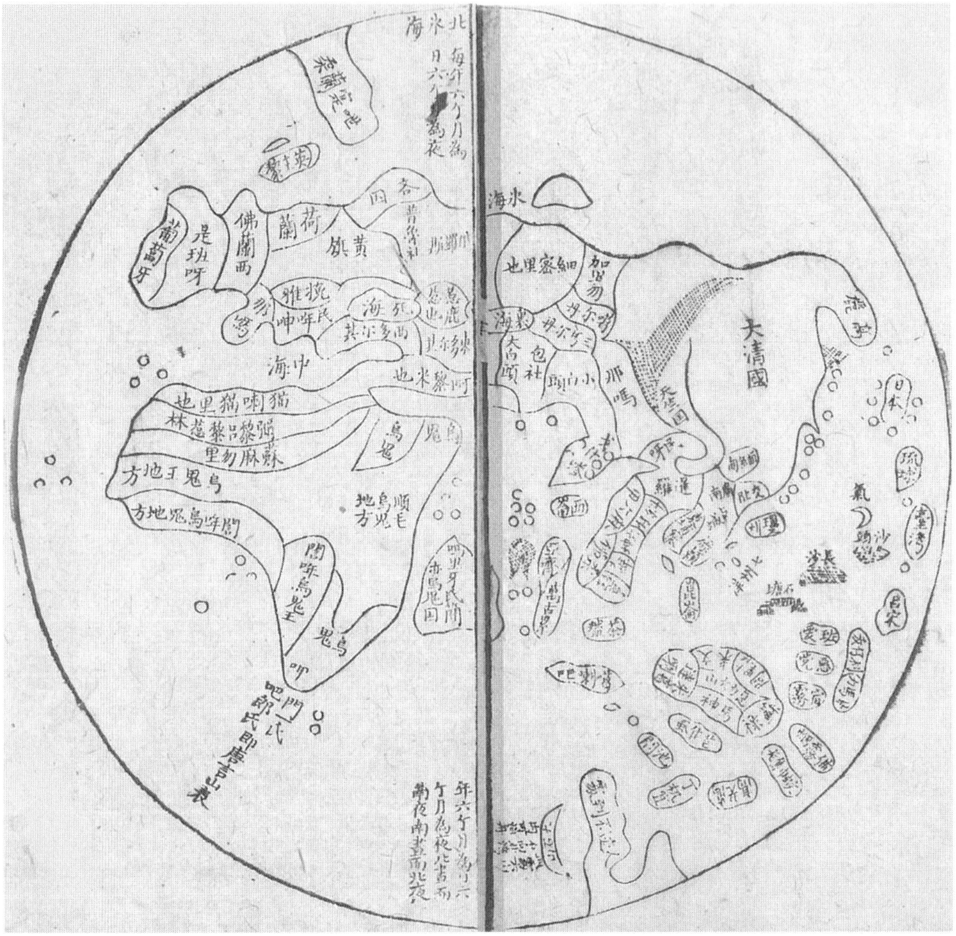

圖36　陳倫炯，《四海總圖》

托蘭航海圖有關。（注：第十二章將對這一問題做進一步的分析）

第八節　中國古典地圖投影術的沒落

自三世紀裴秀提出「製圖六體」以來，他的投影理論對中國古代地圖學的影響長達一千六百年之久。直到清末，仍有許多中國地圖學家遵循裴秀的「製圖六體」原則[1]。

十九世紀末，西方地圖學傳入中國。由於受到外來文化的衝擊，清末地圖學界逐漸摒棄了傳統的地圖繪製方法。最具代表性的是清末學者鄒伯奇，他嚴厲批評以斜方形為特徵的傳統地圖學，提倡效仿西方的地圖繪製法[2]。民國時期，西方地圖學在中國的影響日益擴大，許多西方地圖學論文被譯成中文並由《地學雜誌》刊載。從此，中國古典地圖投影術漸漸淡出了中國地圖學家的視野和記憶。

中國古典地圖投影術雖然已有上千年的歷史，但是長期未能引起史學界的注意。究其原因，主要是術語障礙。許多古代地圖學家在數學、哲學、佛教或道教等方面具有很高的造詣，在論述中，他們習慣使用數學或者宗教方面的專業術語。因此，了解這些術語是正確理解古代地圖文獻的前提。然而，中國地圖史學界似乎還沒有意識到這個問題。正因為如此，中國地圖史學界忽視了一位古代學者對地圖學的重大貢獻，即發明東、西半球世界地圖。

1 例如一八九四年重修的《廣平府志》中就有「今仿晉裴秀氏之法」的記載。

2 見《清史稿．列傳二九四》：「（鄒伯奇認為）地圖以天度畫方，至當不易。地球經緯相交皆正角，而世傳輿圖，至邊地竟成斜方形，殊失繪圖原理，其蔽在以緯度為直線也。」

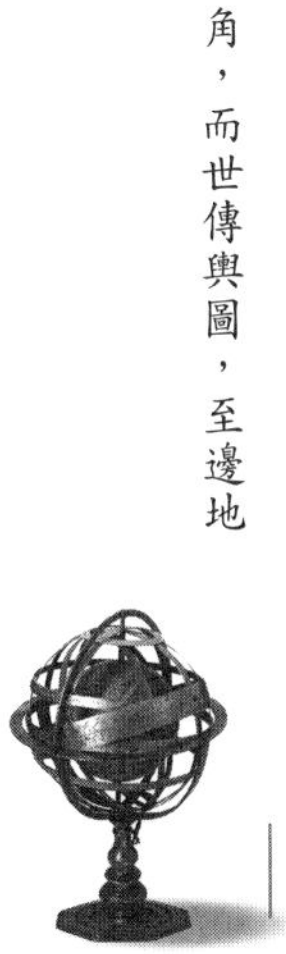

第七章

破解東、西半球世界地圖的密碼

西方傳統史學觀點認為：東、西半球世界地圖萌發於十六世紀的歐洲，地圖學家孟納楚斯（Franciscus Monachus）於一五二七年繪製的地圖是兩半球世界地圖模式的開端[1]。這種繪圖方法在十六世紀八〇年代由荷蘭繪圖世家墨卡托父子加以完善，此後許多歐洲地圖學家紛紛效仿。當歐洲人普遍接受地圖投影時，中國人的世界觀仍然停留在「方形大地」的水準。十六世紀末，傳教士利瑪竇將他的橢圓形世界地圖展現給中國學者之後，中國人才意識到大地是個球體。此後，中國人的世界觀發生了轉變，逐漸將方形世界地圖轉變為圓形。

中國史學界對西方這一傳統史學觀點深信不疑。翻開任何一本與地圖史學相關的書籍，無論是科普讀物還是大學課本，我們都可以讀到這種傳統觀點的轉述。然而，一四一八年《天下諸番識貢圖》摹本無疑是對這種傳統史學觀的一次挑戰。此幅地圖顯示出，兩半球世界地圖的模式萌發於中國，中國古代地圖學家發明這種地圖模式的時間比歐洲人至少早一個世紀。

最先發明兩半球世界地圖模式的地圖學家究竟是誰？或許如同梯形地圖的發明者裴秀那樣，這位發明家也被長期埋藏在史料之中？這一猜測驅使我在塵封已久的史料中尋找線索。我仔細研讀了史書中有關古代地圖學家的事蹟和評論，分析相關的文字記載。經過一番篩選之後，我的焦點集中到一位十四世紀的地圖學家。這位地圖學家就是元朝著名學者朱思本。

朱思本生於一二七三年。他十四歲時到信州（今江西上饒）龍虎山研習道教。宋、元時期，信州龍虎山是道教正一教派的基地。朱思本入教後，在龍虎山潛心學道十餘年。一二九九年，他奉玄教宗師之命，離開龍虎山，北上傳教。一三二〇年，他繪製了一幅「長廣七尺」的《輿地圖》。據史料記載，這幅《輿地圖》曾「刊石於龍虎山上清之三華院」[2]。可惜，此圖早已散佚，我只能根據史料中的文字記載推測此圖的原貌。

第一節　朱思本《輿地圖》的範圍

一些史學家認為，朱思本的〈輿地圖〉僅僅是一幅元朝帝國地圖，圖中沒有包括元朝帝國以外和國內少數民族聚居的邊遠地區[3]。但是，研究相關史料之後，我得出了一個完全不同的結論。

朱思本在他的〈輿地圖自序〉中記述說，他不僅在中國境內遊歷、考證各種地圖和地理書籍，而且還委託出使域外的「中朝士夫」們向「諸藩府」詢查當地的地理情況、收集域外地圖。經過多年的資料收集、考證和篩選之後，他將中、外地理訊息「合而為一」，繪製成《輿地圖》[4]。「合而為一」這一記述揭示出，《輿地圖》不僅僅局限於元朝領地，它的範圍還包括元朝帝國以外的地域——「諸藩府」。

1 見John P. Snyder, "Map Projections in the Renaissance", *The History of Cartography*, Vol. 3, ed. David Woodward.
2 見瞿鏞，《鐵琴銅劍樓書目》卷二二和王庸，《中國地理學史》。
3 見葛劍雄，《中國古代的地圖測繪》（商務印書館，一九九八）和白壽彝著《中國通史》。
4 朱思本，〈輿地圖自序〉全文見其著作《貞一齋詩文稿》。

在〈輿地圖自序〉中，朱思本特意提及位於「漲海之東南」和「沙漠之西北」的兩處異域。他說道，中國曾經接待過來自這兩個地域的使節，但因相距太遠，相關的地理訊息既不詳細又不可信，所以這兩個外國地域只好「姑用闕如」。

一些史學家認為，「姑用闕如」四個字意味著朱思本沒有將那些地理訊息不可靠的地域繪在《輿地圖》之中。有的史學家還為此稱讚朱思本，認為未將這些地域繪入《輿地圖》，表現出朱思本謹慎的科學態度[1]。但是，我對這一推斷深表懷疑。我認為，史學家們忽略了一個重要問題：對那些地理訊息不可靠的地域，朱思本是完全沒有將其繪入圖中？還是繪出了這些地域的輪廓，但沒有將那些不可信的地理訊息標注在圖中？

仔細研讀朱思本在自序中對《輿地圖》的描述，可以發現，《輿地圖》在繪圖的粗細方面分為兩種情況。圖上的大部分地域繪得比較詳細，即「其間，河山繡錯，城連徑屬，旁通正出，布置曲折，靡不精到」。但是，對位於「漲海之東南」和「沙漠之西北」的地域，則因「遼絕罕稽，言之者既不能詳，詳者又未必可信」，只好「姑用闕如」。「闕」字在此句中為「闕疑」之意。著名語言學家楊伯峻編著的《論語譯注·論語詞典》對「闕」字的釋義為：「闕，動詞，空而不言，保留。」所以，「姑用闕如」的涵義不是將位於「漲海之東南」和「沙漠之西北」的地域輪廓從地圖中刪除，而是姑且採用此類地域輪廓，但不採納那些不可靠的傳聞。

朱思本的〈輿地圖自序〉中有關《輿地圖》的訊息非常有限。有幸的是，明朝時期的史料提供了更多的訊息。

第二節　破解《輿地圖》的「密碼」

羅洪先是十六世紀中期一位知名的地理學家和地圖學家。為了繪製一幅世界地圖，他花費了三年時間最終找到了朱思本的《輿地圖》。基於《輿地圖》，羅洪先繪製出一幅名為「廣輿圖」的地圖集。

羅洪先得到朱思本《輿地圖》之後，對朱思本的繪圖方式大加讚賞。他在《廣輿圖》的序言中說道：「其所為畫方之法，則巧思者不逮也。」古語中的「畫方」有兩種涵義，一是畫方形，二是繪製地圖。《淮南子・本經訓》曰：「戴圓履方。」此句中的「方」字就是指大地。羅洪先所說的「其所為畫方之法」，是指朱思本繪製地圖的方法。從羅洪先的讚賞之中，我看出了一系列問題：為什麼羅洪先對《輿地圖》的繪圖方式大加讚賞？為什麼羅洪先認為即使那些「巧思者」也想像不出這種繪圖方式呢？什麼形式對元朝人而言是一種非常新穎的地圖繪製方式呢？羅洪先的讚賞之中是不是隱藏著一個尚未被人發覺的史實呢？

在《廣輿圖》的序言中，羅洪先不僅對《輿地圖》的繪圖方式大加稱讚，他還對《輿地圖》的形狀做了一番描述。由於羅洪先是一位傑出的歷史人物，並且他的《廣輿圖》在中國地圖史學中占有非常重要的地位，許多歷史教科書將羅洪先對《輿地圖》的評論收錄為經典之語。我們知道，古人的文章是沒有標點符號的，近現代人正確理解古文時可以對古文加注標點符號，學術界將此稱之為「斷句」。對羅洪先關於《輿地圖》的描述，所有歷史教科書都斷句為：

> 其圖有計里畫方之法，而形實自是可據，從而分合，東西相侔，不至背舛。

1　見白壽彝，《中國通史》和王庸，《中國地理學史》。

按照此斷句方法，無論怎樣研讀都無法弄明白這句話的涵義。似乎羅洪先給後人留下一段令人費解的《輿地圖》密碼。我試圖從教科書中尋找答案。但是，令我感到沮喪的是，所有教科書僅僅將此段文字轉錄下來，並沒有做出任何解釋，好像教科書的編撰者們都在《輿地圖》密碼面前感到束手無策。到底是羅洪先用詞不當，造成詞不達意？還是史學家們斷句不妥，致使無法對此段古文做出合理的解釋呢？

古漢語中的「而」字有多種用法。在羅洪先對《輿地圖》的描述中，該字作為語氣詞，表示出轉折的語氣。仔細分析此描述的句式，前半句所說的「計里畫方」之法是古代地圖學家常用的方格網繪圖法，句中「而」字作為轉折語氣，暗示出後面半句所述的方法是一種常人想像不到的地圖繪製法。正如羅洪先所說，此種繪圖法即使那些「巧思者」也想像不出來。但是，這種繪圖法又是什麼樣子呢？「形實自是可據」究竟應該做如何解釋？「從而分合」又是什麼意思？什麼形狀的地圖可以「分合」？並且，什麼樣的方式才能使地圖「東西相侔」呢？

文字的正確釋義是對古文恰當斷句的前提。在破解《輿地圖》密碼之前，我必須弄明白主要文字的正確釋義。

古語中「形」字通常指形狀。按照古代漢語的語法習慣，「形」字後面的兩個字應該描述出具體的形狀。因此，破解《輿地圖》密碼的關鍵是句中「形」字之後的「實自」二字。我試圖從古漢語字典中查到「實自」的涵義，但各種各樣的古漢語字典都沒有記載「實自」這一片語。我猜想，「實自」或許是一種不常見的專用術語。然而，在浩瀚的古籍中查找這一專用術語的涵義，簡直就如同海裡撈針。我似乎感覺到，破解《輿地圖》密碼是一件不可能完成的使命。

在絕境之中，我想到了百度網。百度是一家知名的中文搜索網站，我經常在這家網站上查詢資料、搜索資訊。我將「實自」這兩個字輸入搜索框之後，電腦螢幕上立即顯示出十幾個載有「實自」片語的網頁。真是出人意料，「實自」一詞竟然是佛教經文中的一個專用辭彙。佛經中有「三性」術語，《攝大乘論釋四十八卷》載：「三種自性，一依他起自性，二遍計所執自性，三圓成實自性。」可見，佛教中「三性」之一即是「圓成實自性」。唐玄奘於貞觀二十二年（六四八）翻譯的《瑜伽師地論》經文卷七十三中載：「云何圓成實自性？謂諸法真如……。」《攝大乘論釋四十八卷》也載：「圓成實相即是圓成實自性。」佛界中的圓是立體的球形，而不是指平面的圓圈。佛經之所以將立體形狀的圓描述為具有「實自性」，其原因是為了將佛界中立體的圓與世俗中的平面圓圈相區分。

破解「實自」的詞義之後，查找句中其他文字的涵義變成易如反掌。根據古漢語字典的解釋，羅洪先對《輿地圖》描述中其他主要文字的釋義為：「是」字在古文中可用作指示代詞，即「這個」或「這樣」之意；「可」字具有「正中」或「正當」的涵義，劉禹錫在〈生公講堂〉一詩中寫道「一方明月可中庭」；「從」字在此發音為zòng（縱），意為南北方向，《詩經・齊風・南山》中有「芝麻如之何，衡從其畝」的記載；「合」字為「和諧」或「平均」之意，《詩經・小雅・棠棣》曰「妻子好合，如鼓琴瑟」；「侔」字是指「相等」；「舛」字的意思為「交互」、「交錯」、「相矛盾」或「謬誤」。

正確理解主要文字的釋義之後，古文斷句不再是件難事。羅洪先對《輿地圖》的描述應斷句為：

> 其圖有計里畫方之法，而形實自，是可據從而分，合東西相侔，不至背舛。

此句描述的涵義是：《輿地圖》採用了計里畫方之法，以圓球形狀，在正中之處，依南北方向，將圓球分為東西相互對等、和諧的兩個圓形，從而避免圓球正反兩面相互交錯造成的謬誤。非常明顯，朱思本《輿地圖》是一幅東、西半球世界地圖。

第三節　羅洪先的《廣輿圖》

破解《輿地圖》密碼使我激動不已。猶如在探寶中發現寶物一樣，我感到異常興奮。然而，當我仔細研究羅洪先的《廣輿圖》時，我的興奮感立即消失得無影無蹤。羅洪先在〈廣輿圖序〉中寫道，他是在朱思本《輿地圖》的基礎上繪製出《廣輿圖》地圖集。但是，此地圖集中的地圖卻都是長方形。這到底又是怎麼回事呢？

我反覆研讀羅洪先為《廣輿圖》撰寫的序言，發現他對朱思本《輿地圖》採用了「廣其圖」的方法[1]。正因如此，羅洪先沒有繼續沿用《輿地圖》的稱謂而將自己繪製的地圖命名為「廣輿圖」。「廣其圖」的涵義是不是指羅洪先擴大了《輿地圖》的尺寸？或者擴大了地圖覆蓋的範圍呢？

羅洪先在〈廣輿圖序〉中記述說：「按朱圖長廣七尺，不便卷舒，今據畫方，易以編簡。」此記述說明，羅洪先既沒有放大《輿地圖》的尺寸，也沒有增擴《輿地圖》的範圍，反而《廣輿圖》的尺寸比《輿地圖》小，內容也比《輿地圖》簡約。那麼，為什麼羅洪先在〈廣輿圖序〉中稱「廣其圖」，並且將自己繪製的地圖命名為「廣輿圖」呢？從文字角度分析，解決這一問題的關鍵在於「廣」字。

可是，事情並非如我想像的那樣簡單。在〈廣輿圖序〉中，我找不到任何有關「廣」字的解釋或者暗示。我只好在其他史料中搜尋線索。

一七九九年，清朝學者章學濂重新刊印了羅洪先的《廣輿圖》。在重刊本的序言中，章學濂寫下這樣一段話：「按《明史・藝文志》載羅洪先廣朱思本輿圖……此圖用開方法，劇精確。」章學濂所述的「開方法」指中國古代的開方術，它的涵義很廣，涉及多種中國傳統數學運算方術，其中包括「化圓為方」之法。有關「化圓為方」之術的文字記載最早見於集秦漢數學知識之大成的《九章算術》。此書「勾股」一章記載了一道如何將圓形轉換成長方形的數學題，此數學題運用開平方，計算出長方形長邊的長度，並且將此長方形的長邊稱之為「廣」[2]。明朝末年數學家程大位編纂的《演算法統宗》，在數學方面對「廣」字做出了定義：「廣，橫闊也。」根據這些史料記載，我推斷出，羅洪先所說「廣其圖」的涵義是指通過「化圓為方」的數學計算方法，將朱思本的圓形地圖轉換成為長方形地圖。

第四節 《廣輿圖》中的美洲大陸

在研究《廣輿圖》的過程中，我經常思考這樣的一個問題：既然朱思本的《輿地圖》是一幅東、西半球世界地圖，並且《廣輿圖》又是基於《輿地圖》，那麼在《廣輿圖》中是否能看到美洲大陸呢？

《廣輿圖》地圖集的稿本於一五四一年繪成，初刻本大約於一五五五年刊印，之後該地圖集曾被多次翻刻。《廣輿圖》的初刻本和一些翻刻本均收錄有一幅《西南海夷總圖》，圖中波浪紋表示海域（見圖37）[3]。《西南海夷總圖》左上角繪有非洲大陸，左下角既沒有畫出陸地的輪廓線也沒有繪出波浪紋，但此部位上卻繪有用於衡量地域遠近的小方格網。這似乎表明，《西南海夷總圖》的左下角本應有一塊陸地。明末學者張燮的《東西洋考》是一部基於明初史料撰寫的著作。《東西洋考》中收錄有一幅《西洋海夷諸圖》。此圖左下方也繪有一塊陸地，其輪廓線與《西南海夷總圖》左下方的地域輪廓線很近似（見圖38）。這種相似不

1 羅洪先，〈廣輿圖序〉曰：「因廣其圖至於數十。其諸沿革統馭，不可盡載者，咸具副紙。山中無力傭書，積十餘寒暑而後成。」

2 《九章算術》勾股篇：「今有圓材徑二尺五寸，欲為方版，令厚七寸，問廣幾何？答曰：二尺四寸。術曰：令徑二尺五寸自乘，以七寸自乘減之，其餘，開方除之，即廣。」

3 以波浪紋代表海域最早見於宋代地圖。

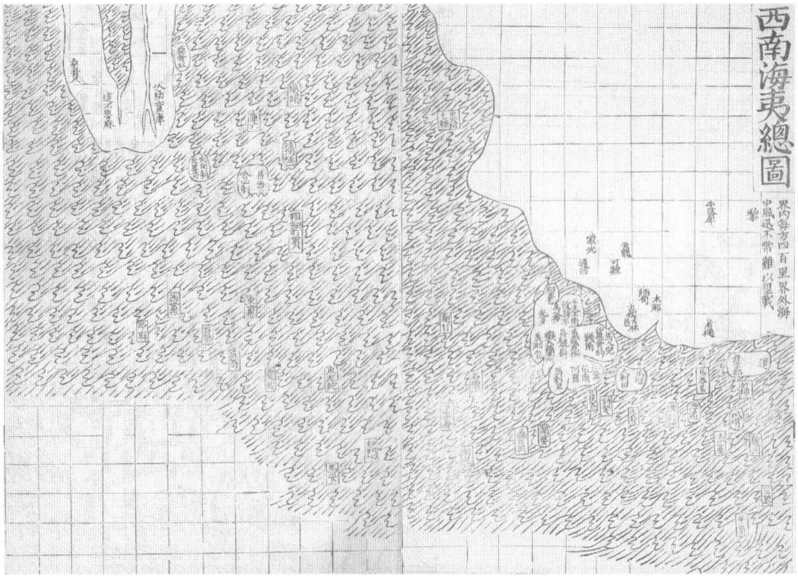

圖37　羅洪先，《西南海夷總圖》

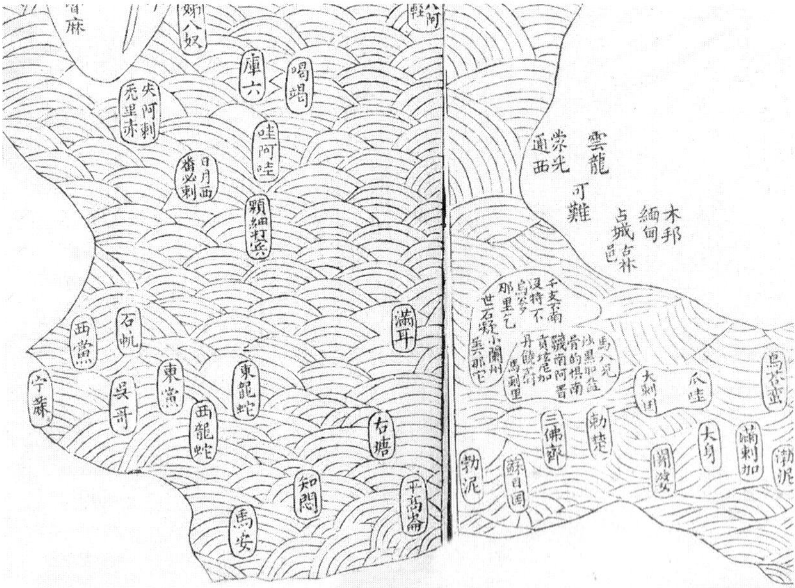

圖38　張燮，《西洋海夷諸圖》

僅表明《西洋海夷諸圖》與《西南海夷總圖》同出一源，並且進一步證明後者左下方本應繪出一塊陸地。羅洪先沒有在《西南海夷總圖》左下方明確繪出陸地輪廓的原因，就是他採用了中國傳統地圖學中常見的「闕疑」手法，即保留存疑之處，但空白而不言。

《西南海夷總圖》和《西洋海夷諸圖》左下方的海岸輪廓線，使我聯想到一五一三年《皮里．雷斯地圖》。將這幾幅地圖放在一起進行比較，我驚奇地發現，前兩幅地圖左下角的地域輪廓與《皮里．雷斯地圖》南美東部海岸線非常相似，並且這些輪廓線都出現在地圖的左下方。在現代世界地圖中，南美東部海岸線的走向應該是向南，且略微偏西。但是，上述三幅地圖都犯了同樣的錯誤，即南美東部海岸線向東南方傾斜。三幅地圖在同一位置犯了相同的錯誤，這不可能是一種巧合。在這種相同錯誤的背後，暗藏著一個尚未被人知曉的史實：皮里．雷斯從中國人繪製的地圖中獲得有關南美東部海岸線的地理訊息。

第五節　朱思本《輿地圖》的殘跡

雖然尋找到朱思本《輿地圖》的機會微乎其微，然而在一些史料中我找到了此圖的殘跡。

清朝著作《好古堂書目》記載，藏書家姚際恆（一六四七—約一七一五）的藏書中包含有朱思本的《輿地圖》。這說明，十八世紀初，世間仍存有朱思本的《輿地圖》。根據這一線索，我在十八世紀的兩幅地圖中，查尋到《輿地圖》的蹤影。

第六章曾經提及《四海總圖》（見圖36）。此圖為東半球世界地圖，圖中有許多早期的地理錯誤，其中一些是十六世紀以前世界地圖中常見的錯誤，並且這些錯誤不應該是源自歐洲繪圖師。比如，斯堪的那維亞半島和波羅的海不在圖中、波斯灣與紅海相混淆、蘇伊士地峽和直布羅陀海峽過於寬闊等等。在這些早期錯

誤之中，最為明顯的是兩個錯位的大陸輪廓。一個位於地圖的西北方（約在時鐘錶盤的十一點至十二點之間），另一個位於地圖的東南方（約在時鐘錶盤的五點至六點之間）。在《四海總圖》中，絕大部分域外都標注有地名和注釋，唯獨這兩塊陸地例外。西北方向的那塊陸地上只有「世寶藍柔」四個字，而東南方向的陸地上只有「人跡不到處」五個字。《四海總圖》中這兩塊陸地的位置與朱思本在〈輿地圖自序〉中提及的「沙漠之西北」和「漲海之東南」的方位完全吻合[1]。並且，兩塊地域上的注釋文字非常稀少，與「姑用闕如」的說法也完全一致。《四海總圖》中的地域輪廓和繪製時間都在向我們暗示，此圖源於朱思本的《輿地圖》。

第六章提及的《環海全圖》也與朱思本《輿地圖》有關（見圖35）。此圖左側寫有一段注釋。此注釋告訴我們，《環海全圖》源於一幅「舊輿圖」，此舊輿圖中原有地名都是「古前國名」，即古代地理名稱，但是《環海全圖》並沒有繼續轉錄舊輿圖中原有的「古前國名」，而是「查現今名稱照書」。按照清朝的規矩，「古」字不能用於描述本朝的物品，否則會被認為期盼清朝作古，由此陷入文字獄。根據這一規則可以推測，注釋中所稱的「舊輿圖」應該是清朝以前的地圖。此外，注釋還告訴我們，《環海全圖》只是舊輿圖的一半，即「此圖尚止坤輿全地之半面」，而舊輿圖的全圖由兩個圓球構成，「須用兩球對看」[2]。

《環海全圖》與《四海總圖》很相似，在地圖的西北方和東南方分別繪出兩塊與《四海總圖》非常近似的地域輪廓。根據這兩塊地域輪廓和有關《環海全圖》的注釋，我們可以推定，《環海全圖》所依據的「舊輿圖」應該是朱思本的《輿地圖》。

不僅在中國古地圖中能夠找到朱思本《輿地圖》的蹤影，從一幅十五世紀歐洲人繪製的古地圖中也能看到《輿地圖》的痕跡。這幅歐洲古地圖就是第二章談及的一四一五年《德·韋哥地圖》。《德·韋哥地圖》亞洲部分的一些地域名稱是蒙古時期的命名，一些河流和城市的名字與《馬可·波羅遊記》中的名字相同或相近。在布局方面，《德·韋哥地圖》與《環海全圖》或《四海總圖》很相似，尤其圖中左上方和右下方都露出不明陸地的一部分。這些現象說明，德・韋哥曾經參考過元朝人繪製的世界地圖。

第六節　元朝人的眼界

朱思本創造出東、西半球世界地圖絕對不是出於偶然，而是基於元朝人的航海範圍。唐、宋時期，中國在航海方面已經卓有成效，這為元朝人擴大海上貿易往來打下了堅實的基礎。

據《元史》記載，元世祖曾發布詔旨，招徠海外蕃商。數代元朝皇帝也都曾派遣使節出洋探訪。由於元朝實行開放政策，當時中國航海業居世界領先地位，元朝人航海的能力遠遠超出了中國史學家對歷史的理解能力。朱思本曾在〈北海釋〉一詩中寫道：「四海其東與南者，密邇中國，人得以耳目接也。西海雖遠在萬里外，而驛使賈胡時或至焉，惟北海不聞所在。」[3]元代航海家汪大淵的《島夷志略》載錄了同代學者吳鑑的序言，該序言寫道：「中國之外，四海維之。海外夷國以萬計，唯北海以風惡不可入，東、西、南數千

---

1 朱思本自序中所說的「沙漠」，指中國西北部的塔克拉瑪干沙漠等沙漠地帶。

2 《環海全圖》注釋的原文為：「右環海全圖以中華為主，立二十四向，分四海。如日本琉球等為東洋……其各洋所書地名係查現今名稱照書，在舊輿圖所載古前國名勿錄也。但閱者以舊圖舊名按其方位核之，便知今之其處即前之某國矣。再此圖而止坤輿全地之半面，合之天球緯線內一百八十度內之地。若界周天之三百六十度圖，全地圖須用兩球對看。但彼一球在大西以西之地，即大西地方，吾人亦從無到者，何況大西之西耶，是以勿繪入卷。且此卷第為中華沿海形勢，用此圓圖冠首，欲以先見七省通邊方隅大局，暨環拱外洋各國所由定向取程耳。」《環海全圖》在十八世紀流傳很廣。中國國家圖書館收藏的清嘉慶三年（一七九八）《盛朝七省沿海圖》上收錄了《環海全圖》及相同的注釋。（見國家圖書館編，《文明的守望》，北京圖書館出版社，二〇〇六，頁八十六—八十七。）

3 見朱思本，《貞一齋詩文稿》卷上，宛委別藏本。

萬里，皆得梯航以達其道路，象胥以譯其語言。唯有聖人在乎位，則相率而效朝貢互市。雖天際窮髮不毛之地，無不可通之理焉。」這兩個記載雖然文字表述不同，但涵義是一致的，即除白令海峽以北的海域外，元朝人幾乎能夠航遍整個地球。

流傳至今的元朝航海專著有《真臘風土記》和《島夷志略》。前者雖然記述比較詳細，但是內容僅涉及一國。後者則是由兩次出洋、累計浮海八年的汪大淵所作。此著作涉及國家和地區的數目達兩百二十多個。《真臘風土記》和《島夷志略》屬於航海家的專著。元朝時期還有許多陸地旅行家輯錄的地理書籍，這些書籍包括：耶律楚材撰寫的《西遊錄》、周致中編輯的《異域志》、劉祁編著的《北使記》、劉鬱編撰的《西使記》和李志常記錄的《長春真人西遊記》等等。這些地理著作涉及的地域範圍包括西亞和東歐。

除上述地理著作之外，元朝還有許多官方文獻反映出元朝人的眼界，其中最重要的是《大元一統志》。一二八六年，元朝皇帝忽必烈任命札馬魯丁等人纂修《大元一統志》。為纂修此書，元朝政府曾下令廣泛搜集地理資訊，其中包括航海圖。《元祕書監志》記載，一二八七年初元朝祕書監下令要求福建從來訪的穆斯林船隻那裡收集回文航海圖[1]。

《大元一統志》的編撰歷經十七年，最終於一三〇三年完成。此書分六百冊、一千三百卷，載錄了元朝人知悉的地理資訊。非常遺憾的是，到了明朝末期，《大元一統志》幾乎全部散佚，目前我們只能看到全書的極小一部分（約全書的百分之五）。雖然如此，我們還是能夠從《大元一統志》的殘本以及其他元朝著作中找到有關元朝與世界各國交往的紀錄。

《大元一統志》殘本記載：「我元四極之遠，載記之所未聞，振古之所未述者，莫不渙其群而混於一。」元初名臣劉敏中在十三世紀末、十四世紀初編撰的《平宋錄》記載：「自我大元國以來，梯航所至，萬國來朝，靡不臣屬，抗衡不已，遂為勍敵。」

由於元朝人的觸角幾乎可以延伸到世界上所有的大陸，元朝皇宮中才會出現具有現代地理學意義的地球儀。

《元史・天文志・西域儀象》記載：一二六七年，一位叫札馬魯丁的學者在中國製造了一個木質地球儀，地球儀上繪有方格網，其作用與朱思本《輿地圖》的「計里畫方」之法相當。比起方格網，這件地球儀的另一個特徵會讓我們感到格外震驚。

這個地球儀百分之七十是綠顏色，表示水域，百分之三十是白顏色，表示陸地。根據現代地理勘測結果，海洋面積和陸地面積分別約占地球表面積的百分之七十一和百分之二十九。札馬魯丁地球儀上的水陸面積比例竟然與現代地理勘測結果如此接近。這會不會是一種巧合呢？從概率學上分析，這種巧合的機遇不會很大。事實上，札馬魯丁地球儀上的水陸面積比率驗證了一個史實：在元朝之前，中國人已經基本完成了對地球表面的勘測，根據勘測結果元朝人知道，地球上水陸面積之間的比例為七比三。

朱思本的東、西半球世界地圖、《元史》記載的地球水陸面積比例以及元朝的其他史料證明，元朝時期中國人的眼界覆蓋了整個地球。正是元朝人極其開闊的眼界引發出明朝初期鄭和下西洋的壯舉。

1《元祕書監志》卷四中記載：「至元二十四年二月十六日，奉祕書監台旨：福建道騙（該字疑為錯字，可能應該是『遍』字）海行船回回每，有知海道回回文剌那麻，具呈中書省行下合屬取索者。奉此。」此記載中「剌那麻」是波斯文航海圖的譯音。

第八章　鄭和下西洋的祕密使命

一四〇五年，鄭和受明成祖朱棣之命，率領由兩百四十多艘海船、兩萬七千多名船員組成的龐大船隊出海下西洋。此後直至一四三三年，鄭和又先後六次率領船隊漂洋浮海。鄭和船隊的遠洋航行，以規模之大、船員之眾、耗資之巨、範圍之廣，創造了古代航海史上的奇蹟。對鄭和船隊史詩般的遠洋航行，史學界給予了高度的讚賞。然而，令人感到不無遺憾的是，鄭和船隊遠航的動因至今仍是一個歷史謎團。由於鄭和下西洋的官方資料早已在十五世紀中期被銷毀，近現代史學家對鄭和出海動因的研究僅僅依賴於史料中遺存的零星記載。

傳統觀點認為，一四〇二年建文帝被朱棣篡奪皇位之後失去了蹤影，朱棣擔憂建文帝逃往國外組織兵力反攻倒篡，為此派遣鄭和出海尋找潛逃的建文帝。目前，許多史學家對這種觀點持否定態度。有學者認為：「鄭和下西洋歷時二十八年，耗竭巨資，遍歷亞非三十餘國，其長年累月、不惜代價而又漫無涯際搜尋，如果說僅僅為了一個仁弱的建文帝的失蹤，顯然是不合情理的。」[1]還有學者指出：「（尋找建文帝）當也不能光靠鄭和親自察訪，其隨員也應知道一二，為何費信、馬歡、鞏珍輩卻隻字不提，更不用說朱棣是否會一而再、再而三直至六次地派鄭和大張旗鼓地在同一地區尋找建文帝。」[2]

另一種傳統觀點認為，鄭和下西洋的目的是「欲耀兵異域，示中國富強」。仔細查閱史書中有關朱棣的記載，他並沒有任何企圖在國外顯示中國武裝力量的言行，反而朱棣曾經多次強調不必為外夷而勞民傷財[3]。很難想像，在外交方面堅持「不肯自我擾之」的朱棣，會花費巨大財力在二十多年之間六次派遣龐大的船隊在東南亞和印度洋一帶炫耀武力。

近現代史學家流行著一種看法：鄭和下西洋的目的是為了促進海外貿易。這種觀點實際上是以近現代思維曲解歷史。明朝政府長期施行「重農抑商」的政策，朱棣登上皇位之後曾下令嚴禁私人下海經商。許多史料顯示，鄭和在航海過程中所做的「外貿」大都是付出多、收取少，從來不計盈利，有時更是慷慨奉送。因此，鄭和下西洋根本不可能是為了促進海外貿易。

除上述觀點之外，史學界對鄭和下西洋的動因還有另外一些猜測。例如，協助以滿剌加為首的南洋回教國同盟反抗爪哇麻喏巴歇（Majapahit）帝國的統治，或者聯絡印度等國抄襲帖木兒帝國的後方以此牽制其東侵等等。然而，這些推測不僅沒有足夠的史料加以驗證，而且也無法自圓其說。

鄭和下西洋的主要動因究竟是什麼？為什麼朱棣會為鄭和遠洋航行付出如此巨大的財力、物力和人力？為什麼這位皇帝會在二十多年間六次指派鄭和跨洋遠航？為什麼明朝政府會為鄭和船隊配備如此眾多的船隻？朱棣命令鄭和航海的範圍究竟有多大？這些令人感到費解的歷史疑團緊緊地吸引著我的注意力。好奇心

1 見朱晨光，〈鄭和下西洋目的辨析〉，載於《鄭和下西洋論文集》（第一集），人民交通出版社，一九八五。

2 見范金民，〈鄭和下西洋動因初探〉，載於《鄭和下西洋研究文選》（一九〇五—二〇〇五），鄭和下西洋六百周年紀念活動籌備領導小組編，海洋出版社，二〇〇五。

3 《明成祖實錄》卷二三記載，朱棣曾對侍臣說道：「漢武帝窮兵黷武以事夷狄，漢家全盛之力遂至凋耗。當時雖得善馬，豈足償中國萬一之費。朕今休息天下，惟望時和歲豐、百姓安寧，至於外夷，但思有以備之，必不肯自我擾之，以罷（疲）弊生民。」《明成祖實錄》卷二四還記載，當有人進言對外用兵時，朱棣指出：「今天下無事，惟當休養斯民，修禮樂，興教化，豈復當言用兵。此輩狂妄，必謂朕有好武之意，故上此圖，以冀進用。好武豈盛德事，其斥去之。」

引發我對明成祖朱棣這一歷史人物產生了極大的興趣。在圖書館查閱了有關史料之後，我確信，朱棣派遣鄭和下西洋的主要動因來源於中國傳統文化。

第一節　朱棣篡權

朱棣是明朝開國皇帝朱元璋的第四個兒子，一三六〇年出生於應天府（今南京）。朱棣幼年之時雖然正值元朝末年的戰亂時期，但是他和二十幾位兄弟在朱元璋的精心安排下受到了嚴格的封建傳統教育。朱棣和他的兄弟們除了閱讀儒家經典著作之外，還需研讀朱元璋特意派人為他們編寫的教科書。這些教科書收集了中國歷代君王的一些善惡事例，以此解釋中國傳統的宗法制度。在研讀古典經書之餘，朱棣等人還在朱元璋的安排下從事一些軍事訓練。

朱棣二十一歲時（一三八〇）被其父親派到北平（即北京）作為鎮守北部邊疆的藩王。北平是明朝最主要的軍事要害之地。當時蒙古人雖然已經被驅趕到中國以北的大草原上，但還具有相當強的軍事實力，時常出兵騷擾明朝的北部邊境。駐守北平使得朱棣有機會率兵與蒙古人作戰、積累實戰經驗，並逐漸在中國北方建立起軍事威信。

藩王是朱元璋為了維護皇權特意設計的分封制度。在朱元璋看來，元朝滅亡的主要原因是元朝皇帝沒有在軍事要地安置親信。有鑒於此，除皇太子之外，朱元璋將朱棣和其他幾位得力的兒子分別派往全國幾個軍事要害之地作為鎮守一方的藩王。藩王在當地雖然沒有行政管理權，但是在軍事方面具有很大的權力。按照當時的規定，地方駐守官調遣地方軍隊須徵得當地藩王的同意。遇有戰事，即使朝廷派遣的將領也必須聽從當地藩王的指令。朱元璋認為，在這套藩王制度的維護之下，大明江山可以長治久安了。但是朱元璋萬萬沒有想到，他死之後正是這種藩王制度引發了朱棣與建文皇帝之間的皇位之爭。

一三九二年，朱棣的長兄、皇太子朱標因病去世。此時，朱元璋已是一位年近七旬的老翁。按照中國封建嫡長繼承制，皇太子朱標死後，應由朱標的嫡長子替代作為皇位的繼承人。但朱標的嫡長子早於朱標去世，因此朱標的第二個兒子朱允炆便成為皇位的繼承人。朱允炆雖然人品正直、聰明博學，但他書生氣太濃並且缺乏政治和軍事經驗。為了確保朱允炆繼承皇位之後不會有大臣圖謀造反，朱元璋在晚年採取了一系列的措施，誅殺許多曾經協助他征戰、創建大明王朝的元功夙將。朱元璋的這些措施雖然排除了大臣謀反的後患，卻造成朱允炆繼承皇位後朝廷中缺乏經驗豐富將領與藩王抗衡的後果。

一三九八年，朱元璋龍馭上賓，朱允炆繼承皇位。因朱允炆的年號為「建文」，史書中將其稱為建文皇帝。建文皇帝繼承皇位後所做的第一件大事就是按照其智囊團提出的建議，逐個剝奪藩王的封號和他們手中的軍事權力。建文皇帝繼位時，仍有六個藩王健在。在這六位藩王之中，朱棣的實力最強，本應列為被廢之首。但是，由於一時找不到合適的藉口對朱棣下手，建文皇帝只好先拿另外幾位藩王開刀。

看到幾位兄弟不僅被建文皇帝革去藩王的名分和權力，而且或遭軟禁或被投入獄中，朱棣意識到，有一個政治絞索已經套在自己的脖子上，如果不採取措施，他早晚會落得同樣下場。為了改變自己的命運，朱棣一方面派人到南京向建文皇帝表示忠心，另一方面在其密友的協助下暗自招募自己的護衛隊。看到朱棣向其表忠心，建文皇帝一時心軟，沒有採納一些謀士的建議立即對朱棣採取行動。他僅僅派了一些密探潛伏在北平監視朱棣，伺機將其剷除。然而，朱棣是一位非常精明並且做事果斷的人，他搶在建文皇帝行動之前起兵造反。

一三九九年一個炎熱的夏日，朱棣設下圈套擒拿了朝廷派來駐守北平的兩位將領，之後迅速奪占了北平的九座城門。控制北平之後，朱棣公開宣布，他舉兵的原因不是針對建文皇帝，而是按照朱元璋遺留的《皇明祖訓》中有關「清君側之惡」的教導，消除皇帝身邊的那些奸臣。為了贏得輿論支持並便於招募軍隊，朱棣打出了「奉天靖難」的旗號，其涵義是遵照上天之命平息災難。

朱棣起兵之初，其軍事實力遠不如他的侄子建文皇帝。然而，朱棣不僅擅長用兵，並且善於攻心戰術。他的攻心之策瓦解了建文皇帝陣營的軍心。與朱棣相比，建文皇帝性格文弱，而且身邊缺乏經驗豐富的將領。叔侄之間的爭鬥經過四年的拉鋸狀態之後，戰局發生了逆轉，朱棣逐漸占了上風。一四〇二年夏季，朱棣率軍隊攻入當時明朝的國都——南京，屠殺了一大批忠實於建文皇帝的文、武大臣及其親屬，但建文皇帝卻下落不明。

一四〇三年，朱棣稱帝，改年號為永樂，其涵義為「天下永遠康樂」。

第二節　朱棣的內心世界

朱棣雖然穩穩地坐上了夢寐以求的皇位，但他的內心卻忐忑不安。朱棣非常清楚，他面臨著兩個非常嚴峻的問題。

第一個問題來自不利於他的社會輿論。朱棣起兵造反時打著「清君側」的名義，但是當他攻占南京之後，自己卻篡奪了皇位。按照封建正統觀念，建文皇帝是朱元璋的合法繼承人，而朱棣篡奪皇位則屬於「大逆不道」，自然受到社會輿論的強烈譴責。當時，不僅一些知名人士公然對朱棣表示不敬，即使平民階層也表現出強烈的不滿情緒。

《明史》記載了一位名叫劉璟的事蹟。劉璟是朱元璋的摯友、明朝開國功臣劉基的兒子。他自幼與朱棣相識，且德才兼備、受人仰慕。朱棣登位時劉璟躲在家中裝病不肯入朝拜見朱棣。當朱棣派人強行將劉璟押送到皇宮時，劉璟當眾對朱棣說：「殿下百世後，逃不得一『篡』字。」對此朱棣龍顏大怒，當即把劉璟投入監獄。在獄中劉璟不僅沒有絲毫懺悔之意，反而以自盡表示抗議。還有一位名叫儲福的普通士卒，在朱棣繼位後仰天哭嚎說：「吾雖一介賤卒，義不為叛逆之臣。」之後，日夜哭泣，絕食而死[1]。劉璟和儲福並不是史書記載的個別人物，從史料中還可以查到許多有關文武官員或平民百姓公開對朱棣表示不滿的事例。

中國有一句古訓：得民心者，得天下。朱棣意識到，登上皇位後的當務之急就是通過有效措施樹立自己的政治威信，使其奪取皇位合法化。朱棣曾在一份下發全國的敕諭中說：「人君代天理物，故曰天子；奉行天命，故曰天吏。」並稱自己登上皇位是「天命所集，人心所歸」。然而，朱棣自知，要想使那些深受傳統觀念影響的文武官員和平民百姓完全信服自己登上皇位是上天的意志，就必須通過其他手段營造出一些「天命所集，人心所歸」的現象，以此扭轉民心。

中國自古有許多典籍記述說，德高望重的「真命天子」不僅能夠得到四面八方外夷的尊重和朝貢，而且還能看到人間罕見的神物[2]。不僅如此，許多古代典籍還論述說，朝貢使者的國度離中國越遠，說明「天子」的聲望傳得越廣。為了營造出「萬邦維懷」的繁榮景象，借助中國傳統「天命觀」改變自己在民眾心目中的篡逆形象，朱棣登上皇位後即積極推行「遣使四出招徠」的外交政策。一四〇二年七月登基之後，朱棣在短短四個月之內派遣使者分別訪問朝鮮、日本、琉球和東南亞一帶國家，通報自己繼承皇位的消息並邀請各國派使者來中國朝貢。但是，僅有一些鄰近國家派使者前來朝貢還不足以顯示出「天子」的德高望重。為營建威望，朱棣派出了一支龐大的遠洋船隊，走遍天涯海角，拜訪所有可以抵達的國度。這支龐大的船隊分成若干分隊，每支分隊抵達任何一個海外番邦之後，所做的第一件事都是向當地的君王宣讀朱棣的「敕諭」，同時代表朱棣分發賞賜，以此遊說各國君主派使者去中國朝貢。為了掃清外國使節來華的路障，朱棣

1 見李贄，《續藏書》，卷七，〈燕山士卒儲福〉。

2 《尚書》載：「德日新，萬邦維懷。」「明王慎德，四夷咸賓。無有遠邇，華獻萬物。」

派遣的船隊搗毀了幾個經常掠奪商船、劫持來華使節的海盜巢穴。當遠道而來的外國使節抵達首都之後，朱棣率領眾臣隆重設宴款待來賓。

朱棣派往海外的船隊在四處遊說來華朝貢的同時，還採集各地的奇珍異寶和奇禽異獸。當這些「神物」運抵中國之後，朱棣立即組織各級官員和名流前來觀賞，有時朱棣還特意公開地將一些奇珍異寶賞給大臣，以此顯示自己的神威。從國外運到中國的奇禽異獸之中，最具有轟動效應的是長頸鹿。

麒麟是古代神話中的神獸，據說性情溫和，不傷人畜，不踐踏花草，故被稱之為仁義之獸。古人視麒麟為祥瑞的象徵，相傳只在太平盛世或聖人出現時麒麟才會現身。古代民間傳說中就有孔子母親身懷孔子時曾有麒麟現身的故事。雖然傳說中麒麟的形象與長頸鹿有一定的差距，但當外國使節牽著一隻長頸鹿來華朝貢時，朱棣的幕僚們將此長頸鹿視為「麒麟」。當這位使者抵達京城，朱棣特意在京城大門主持歡迎儀式，讓使節牽著「麒麟」從城門一路步入皇宮。京城的文武百官和平民百姓聞訊為之轟動，「臣民聚觀，欣慶倍萬」[1]。當時一些文人和畫家紛紛以「麒麟」為題材，吟詩作畫，讚頌「神物」現身。

除邀請外國使節來華朝貢外，朱棣還利用民間盛行的佛教信仰宣揚自己繼承皇位的合法性。此方面最為典型的事例就是以徐皇后的名義刊印《大明仁孝皇后夢感《佛說第一希有大功德經》》。在此佛經的序言中，徐皇后自稱一三八九年初（即朱棣起兵造反之前）她在夢中遇見觀世音菩薩，菩薩告訴徐氏「今將遇大難」並特向其傳授《佛說第一希有大功德經》，菩薩還稱徐氏「將為天下母」；此後，徐氏經常念誦此佛經，最終「平定禍難」，驗證了「為天下母」的預言。

朱棣採取的一系列宣傳措施非常奏效。當朝廷官員和平民百姓看到有這麼多遠道而來的外國使者抵達京城向朱棣朝貢，並且有這麼多奇珍異寶和奇禽異獸現身中國，他們以為遇到了古書中記載的國勢鼎盛、聖人再現的盛世。為朱棣歌功頌德之聲逐漸地蓋住了對朱棣的抱怨之語，人們開始相信，朱棣是一位「真命天子」，他取代建文皇帝是一種「天命所集」。然而，有效的宣傳措施僅僅化解了朱棣的心病之一，他的內心還被另外一個問題所困擾。這一問題源自他深信不疑的宗教信仰。

朱棣的父親朱元璋十七歲時剃度為僧，成為一名游士。自從當了皇帝之後，朱元璋大力推崇佛教，他曾召集佛教法會並親自撰寫宣揚佛教的文章。在朱元璋的影響下，朱棣信奉佛教和道教，深信陰陽之術，他每次出兵作戰之前，都會請身邊的術士察看天象、進行占卜。

作為佛教信徒，朱棣深受佛教中因果報應理論的影響。他在一本佛經的序言中說：「天道福善禍淫，故佛示果報，使人為善，而不敢為惡。夫天堂、地獄皆由人為，不違於方寸之內，故為善者得升天堂，為惡者即墮地獄。」[2]朱棣的這種心態也體現在其心腹摯友的言行之中。皇家僧人姚廣孝是明朝初年一名高僧，此人不僅通儒、道、佛諸家之學，而且在方術和兵法方面具有很高的造詣。在朱棣反叛建文皇帝的征戰中，姚廣孝參謀帷幄、籌畫軍事，為朱棣成功篡位立下了汗馬之功。朱棣登位後委託姚廣孝擔任皇太子、皇太孫的輔導老師，姚廣孝博通精深的學識和修養對皇太孫（即明宣宗）產生了較大的影響。《國朝典故》記載，姚廣孝幫助朱棣奪取政權之後經常「自悔以咎」，並且曾經說自己犯下的彌天大罪無可逃遁[3]。

基於傳統宗教理念，朱棣自知，他從建文帝手中篡奪皇位是有悖於父親的意願，屬大逆不道。他非常擔心篡奪皇位的罪惡會使他死後成為地獄之鬼，同時也擔憂因其不孝之舉大明江山難以永保。出於自我安慰，朱棣相信，誠虔不懈地敬奉佛祖可以懺罪滌愆。他在另一本佛經的序言中寫道：「其有至誠事佛不懈，依腔贊諷者，只依此編，頂禮念誦，俱感人天證果，佛祖鑑臨，生則衣食豐足，壽年延永，罪業消釋，死則不墮

1 見沈度，〈瑞應麒麟頌〉。沈度〈瑞應麒麟頌〉中的「瑞」字為「符瑞」之意。道教認為，「符瑞」是表達天意的自然現象。

2 見明成祖，《御製觀世音普門品經》，載於《頻伽精舍校刊大藏經》。

3 《國朝典故》的記載原文為：「廣孝初心既許文皇謀圖帝業，功既大擴，事業已定，然居常輒自悔以咎，曰：『我誠得罪於後世，將何逭矣！』」

九幽，脫離諸苦。」[1]

作為道教的追隨者，朱棣深信天地合一的理論。為了感動上天、免除罪愆，朱棣採取了四項推崇道教和傳統文化的重大舉措：第一，按照中國傳統的星象理論耗資在北京修建宏偉的故宮，以使自己的棲居之地與天象相和諧；第二，敕命四十三代道教天師張宇初修編道教經典著作《道藏》；第三，指令皇家僧人姚廣孝領銜編纂中國古代規模最大的百科全書——《永樂大典》；第四，撥巨資委託著名道士張三丰在武當山上修建規模龐大的道觀作為祈福禳災的朝廷家廟。

在中國本土，朱棣極盡所能。然而，朱棣仍感到心神不安，他覺得僅在國內拜佛奉道似乎仍不能完全免除篡位的罪惡，他認為需要派人到世界各地祭拜各種神靈，通過各種宗教信仰向上天祈求福蔭。朱棣的這一心理正是鄭和下西洋的另外一個主要動因。

一些史料記載顯示出，鄭和率領船隊下西洋時的官銜為「正使」，即代表大明國訪問外邦的使節。除這一官銜之外，鄭和還有另外一個頭銜，即「奉佛信官」，這一頭銜的涵義是拜佛信使。非常值得注意的是，「奉佛信官」的稱謂僅見於鄭和以奉佛為目的刊印的佛經，而不見於官方記載[2]。這一跡象說明，「奉佛信官」的身分是朱棣暗自授予鄭和的，並不為常人所知。很明顯，朱棣不想讓百官大臣們知悉鄭和下西洋的真實目的。在刊印的佛經序言中鄭和寫道：「凡奉命於四方，經涉海洋，常叨恩於三寶。」此句話的涵義是：我奉命出海走遍四方，經常念誦佛經，感謝三寶之恩德（三寶為：佛寶、法寶和僧寶）[3]。此句話道出了鄭和下西洋的另外一個真實目的：作為朱棣的私人宗教信使，拜奉佛祖和菩薩。

在中國封建社會，許多皇帝都曾委派私人信使代其祭拜名山大川和各路神仙，著名地理學家朱思本就曾作為元朝皇帝的宗教信使走遍全國，祭拜山川河流。按照傳統習俗，皇帝對代其從事宗教活動的私人信使要求很高，這些宗教信使不僅必須具有與皇帝相同的宗教信仰、對皇帝忠心耿耿，而且他的面相也十分重要。相面是中國傳統文化中一個不可忽視的重要內容。東漢哲學家王充曾在《論衡》中說，人的命天註定，上天為人確定的命運能夠反映在人的臉相之中[4]。因此，面相不善者無法擔任皇帝的宗教信使。朱棣在選派鄭和下西洋之前曾經請一位名叫袁忠徹的道士察看鄭和的臉相，袁忠徹仔細觀察鄭和之後對朱棣說：「三保姿貌才智，內侍中無與比者。臣察其氣色，誠可任。」[5]

史料記載，在鄭和下西洋的隨行人員之中有和尚、道士以及算命先生，朱棣的心腹摯友、皇家僧人姚廣孝也曾參與其中[6]。曾經隨同鄭和下西洋的費信在《星槎勝覽》中提及，鄭和出海時船上攜帶許多金銀供器、彩妝、織金寶幡等用於宗教供奉的器物，並且在海外曾於寺廟中布施供品並鐫刻石碑。一九一一年初，考古人員在錫蘭出土了一塊鄭和於一四一一年刻立的石碑，該石碑的碑文分為三種不同文字，即漢文、古泰米爾文和古波斯文。漢文記載了對佛祖釋迦牟尼的敬獻，古泰米爾文記載了對印度教主神之一毗濕奴的敬獻，而古波斯文則記載了對真主阿拉的敬獻。從這一歷史文物可以看出，鄭和下西洋的身分不僅僅是「奉佛

---

1 見明成祖，《諸佛世尊如來菩薩尊者神僧名經》序，載於《頻伽精舍校刊大藏經》。

2 雲南圖書館收藏的《永樂北藏・沙彌尼離戒文》中〈五華寺大藏經發願文〉提及一四二〇年鄭和為雲南五華寺施印六百三十五卷本《大藏經》時所作的序言，該序言稱：「大明國奉佛信官太監鄭和，法名福吉祥，謹發誠心施財命功（工），印造《大藏尊經》一藏，計六百三十五函，喜舍於雲南五華寺，永遠長生供養……凡奉命於四方，經涉海洋，常叨恩於三寶……。」一四〇三年鄭和施印的《佛說優婆塞戒經》卷七中載有鄭和所作的跋：「大明國奉佛信官內官監太監鄭和法名速南吒釋，即福吉祥，切念生逢盛世，幸遇明時……伏願皇圖永固，帝道遐昌，凡奉命於四方，嘗叨恩於庇佑……。」

3 鄭和在《佛說優婆塞戒經》卷七中有類似的詞句：「凡奉命於四方，嘗叨恩於庇佑。」

4 見王充，《論衡・骨相論》：「人曰命難知。命其易如。知之何用？用之骨體。人命稟於天，則有表候於天……。」

5 見袁忠徹，《古今識鑑》。

6 《姚氏族譜》載：「法名道衍，字師道，師靈應觀道士席應真讀書學道兼通兵機。友人宗泐舉公往燕合贊襄靖難之師……（永樂）七年，合同中貴（指鄭和）駕巨艦自福建之五虎門航大海西南抵達林邑（今越南南部），又自林邑正南行八晝夜抵滿利加（馬來西亞），由是而達西洋古里大國。」

信官」，他受朱棣之命，奉拜人間其他宗教聖靈，以祈求上天的保佑。一四一八年《天下諸番識貢圖》也可以對鄭和的這一宗教使命加以驗證。此圖標注出當時世界各地的主要宗教信仰，這些注釋表明，鄭和曾經按照朱棣的命令派人對不同宗教做過一番調查。從一四一八年《天下諸番識貢圖》中有關宗教的注釋可以看出，十五世紀初除佛教和道教之外伊斯蘭教是世上另外一個影響力非常廣泛的宗教。正因如此，鄭和一行曾經將伊斯蘭教聖地「天方」作為一個主要參拜之地。西安羊市大清真寺收藏有一部寫於一五二三年的〈重修清淨寺記〉。該伊斯蘭教文獻記載：「永樂十一年（一四一四）四月，太監鄭和奉敕差往西域天方國，道出陝西，求所以通譯國語，可佐信使者，乃得本寺掌教哈三焉。」這一記載說明，鄭和曾經特意到陝西清淨寺挑選懂得阿拉伯語的伊斯蘭教信徒，協助其到天方完成拜奉伊斯蘭聖靈的信使使命。《星槎勝覽》和《西洋番國志》等有關鄭和下西洋的史書也記載了鄭和船隊曾經參拜伊斯蘭教聖地天方的史實。

一四一八年對朱棣而言是一個值得紀念的歲月。在這一年鄭和完成了朱棣的吩咐，他的船隊航遍了全世界（正如一四一八年《天下諸番識貢圖》顯示的那樣）。為了感激佛祖的恩詔，朱棣下令鑄造了一尊巨大的銅鐘，即永樂大鐘。此銅鐘高六．七五公尺，直徑三．七公尺，重四十六．五噸，鐘體的內側和外壁分別鑄有二十三萬多字的佛教經文，以表圓滿之意。在這些佛教經文之中最具特色的是〈大明神咒回向文〉，此文記載了十二個心願，其中包括願佛祖如來大發慈悲、願中華與外邦共尊同一法度、願化解所有災難、願大明江山永遠統一等願望。朱棣希望這一佛教意義上的「發願」之作會促使鄭和在海外所做的奉佛之事按照朱棣的意願得出正果，從而確保他的靈魂在他死後不會被投入地獄並且大明王朝永遠延續[1]。

揭示出朱棣的內心世界和鄭和下西洋的宗教使命之後，我們自然會理解，為什麼朱棣會在人力、物力和財力方面不惜一切代價每隔數年派鄭和船隊出洋下海，為什麼鄭和船隊幾乎每次下西洋都會走訪印度半島和阿拉伯半島。

第三節　鄭和手中的地圖

費信在《星槎勝覽》的序言中載：「太宗皇帝德澤溢乎天下，施至蠻夷，舟車所至，人力所通，莫不尊視，執圭捧帛而來朝，梯山航海而進貢。」《明史》也記載：「（朱棣曾經派人）北窮沙漠，南極冥海，東西抵日出沒之處，凡舟車可至者，無所不屆。」[2]這些記載表明，鄭和船隊曾竭盡全力走訪了所有「舟車所至，人力所通」之地。鄭和鐫刻的碑文也暗示出，鄭和船隊航遍了所有能夠航行的海域[3]。曾隨鄭和下西洋的龔珍在《西洋番國志》中寫道：「擴往聖之鴻規，著當代之盛典，輿圖開拓，萬善咸臻。」龔珍的這一記載揭示出，鄭和下西洋曾經開拓了當時明朝人的眼界。

明朝流傳下來的《海底簿》、《順風相送》和《寧波溫州平陽石礦流水表》等史料均記載，朱棣曾下令廣泛徵集地圖、星象圖、航海圖等資料，為鄭和下西洋收集地理資訊[4]。這些史料顯示出，當時明朝政府為鄭和船隊收集的地理資訊涉及東西洋的海域範圍、洋流方向、水道深淺以及地形地貌。毫無疑問，《大明混

---

1 佛經中的回向文是一種發願文，其涵義是希望修行人所發的願能夠按照指定的方向得出正果。《大乘義章》卷九載：「言回向者：回自善法，有所去向（目標），故名回向。」

2 見《明史》，卷三三二，〈西域傳〉。

3 鄭和於一四三一年鐫刻的〈天妃之神靈應記碑〉中寫道：「皇明混一海宇，超三代而軼漢唐，際天極地，罔不臣妾。」

4 《海底簿》記載：「永樂元年，奉旨差官鄭和、李興、楊敏等，出使異域，前往東、西洋等處。一開諭後，下文索圖，星槎、山峽、海嶼與水勢，圖為一書。務要選取山形水勢，日夜不致誤也。」《順風相送・序》載：「永樂元年，奉差前往西洋等國開詔，累次較正針路，牽星圖樣，海嶼水勢山形，圖畫一本，山為微薄。務要取選能諳針深淺更籌，能觀牽星山嶼，探打水色淺深之人在船。深要宜用心，反覆仔細推詳，莫作泛常，必不誤也。」《寧波溫州平陽石礦流水表》記載：「永樂元年，奉旨差官鄭和、李愷、楊敏等，出使異域，弓往東、西二洋等處，開輸貢累累，較正牽星圖樣，海島、山嶼、水勢圖畫一本，務要選取能識山形水勢，日夜無歧誤也。」

一圖》以及《混一疆理歷代國都之圖》的母本必在明朝政府收集的地理資料範圍之內。

《大明混一圖》成圖的年代為一三八九年。此圖繪成之後一直保存在皇宮。《混一疆理歷代國都之圖》原本的繪製年代為一四〇二年，然而此原本早已失佚。現存於日本東京龍谷大學圖書館的《混一疆理歷代國都之圖》是一五〇〇年日本人摹繪的複製品。根據此版本上的文字記載，《混一疆理歷代國都之圖》原本是朝鮮人金士衡和李茂共同繪製的。金士衡為朝鮮派往中國的使者，他於一三九九年來中國朝貢，回歸時將元代李澤民的《聲教廣被圖》和清浚的《混一疆理圖》帶回朝鮮。此後，金士衡在李茂的協助下將這兩幅源自中國的地圖合成為《混一疆理歷代國都之圖》。

《大明混一圖》（見彩圖2）與《混一疆理歷代國都之圖》（見彩圖3）非常相似，均以大明王朝版圖為中心，東起日本，西達地中海和非洲西部海岸，南括爪哇，北至大澤（現今貝加爾湖以北）。在此非常值得一提的是，《混一疆理歷代國都之圖》將地中海繪為一個開闊的大海灣，這明顯與一〇九三年《張匡正世界地圖》的地中海輪廓非常相似。《大明混一圖》和《混一疆理歷代國都之圖》可以證明，在出海下西洋之前，鄭和知曉非洲西部海岸線和南大西洋海域。正如一四一八年《天下諸番識貢圖》顯示出的海域命名，十五世紀之初中國人地理概念中的西洋範圍涵蓋南大西洋海域。既然《星槎勝覽》和《明史》均記載，鄭和船隊航海的範圍為「舟車可至者，無所不屆」，並且《西洋番國志》還進一步記述說鄭和下西洋擴展了明朝人的眼界，那麼鄭和船隊必定會由東至西繞過非洲南端並駛入大西洋。

一三八九年《大明混一圖》、一四〇二年《混一疆理歷代國都之圖》和一四一八年《天下諸番識貢圖》都沒有繪出波斯灣的輪廓。這三幅圖說明，將紅海和波斯灣相混淆是中國古代地圖學中常見的早期錯誤之一。這種錯誤不僅可以在現存的古代地圖中看到，而且從《瀛涯勝覽》的記載中也可以推測出，這一地理錯誤曾經誤導了該書的作者——馬歡。

在《瀛涯勝覽》、《星槎勝覽》和《西洋番國志》這三部有關鄭和下西洋的史書中，「忽魯謨斯」是出現頻率最高的地名之一。中國史學界一致認為，三本史書記載的「忽魯謨斯」均是指現今霍爾木茲海峽中的一個海島。然而，三本史書記載從印度西海岸「古里」到「忽魯謨斯」的航程時間是不一致的[1]。似乎「忽魯謨斯」是個忽東忽西、忽左忽右的地方。從《瀛涯勝覽》有關「忽魯謨斯」的描述中可以看出，馬歡所說的「忽魯謨斯」並不是霍爾木茲海峽中的一個島國。

《星槎勝覽》記載的「忽魯謨斯」是「無草木」之地，而《瀛涯勝覽》中的「忽魯謨斯」卻有「春開花秋落葉」的現象。《瀛涯勝覽》將「忽魯謨斯」的氣候描述為：「氣候寒暑……有霜無雪，少雨露多。」可是現實中的霍爾木茲海峽屬熱帶沙漠氣候。那裡夏季灼熱潮濕，冬季氣候宜人，是冬季避寒度假之地[2]。這種氣候特徵與《瀛涯勝覽》中的描述差別很大。

《瀛涯勝覽》高度評價「忽魯謨斯」在醫學、文學和天文等方面的成就，並稱其水準「絕勝他處」。只有一個歷史悠久、文明程度較高且人口數量較多的地區才會有「絕勝他處」的技藝水準。然而史料證明，當時霍爾木茲海峽一帶並沒達到這種水準。據史料記載，葡萄牙殖民地時期「忽魯謨斯」島的人口數量創歷史紀錄，那時全島的人口也僅為四萬多人。

《星槎勝覽》中記載，「忽魯謨斯」有座鹽山。十四世紀阿拉伯旅行家伊本・白圖泰（Ibn Batt ta）在

---

1 《星槎勝覽》四卷本記載，從「古里」到「祖法兒」、「阿丹」和「忽魯謨斯」的航程時間分別為二十晝夜、二十二晝夜和十晝夜。《星槎勝覽》的這一記載表明「忽魯謨斯」距離「古里」較近。《西洋番國志》和《瀛涯勝覽》記載這些地點之間航程時間分別為十日、三十日和二十五日。此兩本書的記載說明，「祖法兒」與「古里」之間的距離近於從「古里」到「忽魯謨斯」。據《西洋朝貢典錄》中記載，從「古里」去「祖法兒」、「阿丹」和「忽魯謨斯」的里程分別為兩千里、六千里和五千里。英國牛津大學圖書館收藏的一部明代手抄本《海道針經・順風相送》中記載，這些地點之間的里程分別為一百五十更、一百七十六更和兩百八十二更（一「更」約為六十里）。

2 見伊朗人法勞馬勒齊編寫的《伊朗旅遊指南》，葉奕良譯，世界知識出版社，二〇〇〇。

其遊記中稱，霍爾木茲海峽中的哲牢島上有座鹽山[1]。著名的《鄭和航海圖》也將「忽魯謨斯」繪為一個島嶼。根據這些史料，史學界一致認為「忽魯謨斯」是個「島國」。然而，《瀛涯勝覽》卻稱，「忽魯謨斯」位於「邊海倚山」之地，並且有從陸地上來的「早番客商」到此處做買賣。這些記載表明，《瀛涯勝覽》中的「忽魯謨斯」不是一個海島，而是位於海濱。

那麼，《瀛涯勝覽》中的「忽魯謨斯」究竟是哪裡呢？

《瀛涯勝覽》將「忽魯謨斯」當地的墓塚形容為「（墓塚）以淨土厚築，墳堆甚堅整也」。《西洋番國志》和《西洋朝貢典錄》也將「忽魯謨斯」當地墓塚的形狀描述為山坡形[2]。歷史記載表明，「忽魯謨斯」國人信奉伊斯蘭教。在阿拉伯地區，以石土砌成且形狀如山的墓塚只能在埃及找到，那就是金字塔。《瀛涯勝覽》有關「忽魯謨斯」地理位置、氣候特徵和技藝水準等方面的記載均與埃及相符。《瀛涯勝覽》提到「忽魯謨斯」當地人「體貌清白豐偉，衣冠濟楚」[3]。這一記載表明，馬歡所到的「忽魯謨斯」白色人種居多。史料記載，十五世紀許多白種人定居於埃及，並且此地是亞歐之間貿易往來的連接點。而大批白種人抵達霍爾木茲海峽一帶是十六世紀初以後的現象了[4]。由此可見，《瀛涯勝覽》中的「忽魯謨斯」應是在紅海盡頭的一個埃及港口城市。

將「忽魯謨斯」張冠李戴，並不是馬歡在《瀛涯勝覽》中犯的唯一錯誤。在《瀛涯勝覽》中，馬歡還將非洲東海岸的摩加迪沙誤作為伊斯蘭教聖地「天方」。

有關鄭和下西洋的史料多次提到「天方」，並稱此國為「默伽」。史學界普遍認為，史書中記載的「默伽」和「默德伽」兩地分別指位於沙烏地阿拉伯西部的麥加和麥迪那。麥加是伊斯蘭教先知穆罕默德的出生地，被視為伊斯蘭世界中最神聖的地方。麥迪那也是伊斯蘭教的聖地之一。由於許多史料將「天方」描述為一個穆斯林朝拜的聖地，中國史學界一致認為，《瀛涯勝覽》和《星槎勝覽》等書記述的「天方」就是麥加。然而，將《瀛涯勝覽》與《星槎勝覽》等文獻相比較就可以看出，它們記載的「天方」並不是同一個地方。

《瀛涯勝覽》記載，從「古里」乘船駛往「天方」的航向為西南方向，即古代羅盤的「申」字方位[5]。可是，麥加實際上位於「古里」國的西北方向。

《星槎勝覽》和《咸賓錄》有關「天方」氣候和種植物的描述是：「風景融和，四時皆春，田沃稻饒。」而《瀛涯勝覽》中「天方」的氣候卻是另外一種景象：「氣候常熱如夏，並無雨雹霜雪。」當地草木的生長只能依賴露水。

《瀛涯勝覽》中的「天方」與《星槎勝覽》記載的「天方」相比較，最大的區別是當地的清真寺。《星槎勝覽》描述的「天方」清真寺為正方形，且寺中有一塊黑石。旅行家伊本·白圖泰的遊記中有關麥加大清真寺的記述與這些描述完全相同。當今麥加大清真寺院內中央是巍峨的立方形聖殿「克爾白」。「克爾白」在阿拉伯文中為「方形房屋」之意。在「克爾白」外東南角的牆上，鑲嵌著一塊褐色隕石，即著名的黑石，或稱玄石。相傳它是易卜拉欣時期的遺物，據說穆罕默德也曾親吻過它。因此，這塊黑石被穆斯林視為聖物。反觀《瀛涯勝覽》，書中描述的清真寺卻是長方形[6]，並且書中隻字未提清真寺院內的黑石。馬歡是一

---

1 雖然《瀛涯勝覽》中也提到「忽魯謨斯」有座山，但稱這座山的四面分別有鹽、白石灰、紅土和黃土等四種不同的礦物質。這一描述有悖於地質常理，由此可見馬歡並沒有看到這座山。

2 《西洋番國志》將「忽魯謨斯」當地的墓塚形容描述為「以石板蓋之，上聚土為塚」。「塚」字在古文中除有「墳墓」意思外，還有山頂之意。《西洋朝貢典錄》的記述則是：「石板蓋土，築成隆阜。」「隆」字有凸起之意，「阜」字有土山之意。

3 《西洋朝貢典錄》中的記載為「其人白身而魁偉」。《明史》也有類似記載：「人多白晰豐偉。」

4 一五〇七年葡萄牙人占據「忽魯謨斯」，並以此為貿易基地。

5 《西洋番國志》、《西洋朝貢典錄》和《明史》都有相同的記載。

6 《瀛涯勝覽》記載「天方」的清真寺「有四百六十六門，門之兩側皆用白玉石為柱，其柱共有四百六十七個，前九十九個，後一百個，左邊一百三十二個，右邊一百三十五個」。這些石柱數告訴我們，這座清真寺建築占地形狀不是正方形，而是長方形。

位伊斯蘭教徒，他很可能不會忘記描述伊斯蘭教的聖物。最令人感到蹊蹺的是，《瀛涯勝覽》還提到「天方」清真寺內有一座「司馬儀聖人之墓」，這完全不符合麥加大清真寺的史實。

很明顯，《瀛涯勝覽》記載的「天方」不是位於沙烏地阿拉伯西部的麥加。根據《瀛涯勝覽》提供的「古里」駛往「天方」的航向，我們可以看出，馬歡所說的「天方」應該位於東非海岸線。

十四、十五世紀時期，東非海岸線上有兩座具有很大影響力的大清真寺[1]。一個在坦桑尼亞的基爾瓦島（Kilwa），另一個在索馬里的摩加迪沙。基爾瓦島屬熱帶海洋性氣候，終年高溫、濕熱多雨。摩加迪沙屬熱帶沙漠氣候，終年炎熱、乾燥少雨。很明顯，摩加迪沙的氣候特徵與《瀛涯勝覽》等史料描述的「天方」氣候相符。

摩加迪沙的大清真寺名為「法克哈・愛丁」（Fakhr ad-Din），建於十三世紀。清真寺占地的形狀為長方形，寺內廊柱用珊瑚岩等石塊築成，有的廊柱上面貼有大理石板作為裝飾。這些建築特點與《瀛涯勝覽》中有關「天方」清真寺的描述相吻合。伊本・白圖泰的遊記提道：「摩加迪沙人一個人吃的等於我們一幫人所吃的量，所以他們都極其魁偉，十分肥胖。」《瀛涯勝覽》對摩加迪沙人也有類似的描述：「其國人物魁偉。」伊本・白圖泰的遊記中還記載：摩加迪沙的蘇丹走到清真寺院的院庭內，站在他父親的墳前邊誦經邊祈禱。這與《瀛涯勝覽》有關「天方」清真寺內有一座聖人之墓的記載完全一致。

馬歡誤將埃及的一個港口城市當作「忽魯謨斯」，並且將非洲東岸的摩加迪沙誤作為麥加。這兩個錯誤說明，馬歡查看過與《大明混一圖》或《混一疆理歷代國都之圖》母本相類似的世界地圖，圖中沒有波斯灣的繪圖錯誤使馬歡誤將紅海視為波斯灣。

種種跡象表明，鄭和既不是美洲大陸的最先發現者，也不是第一位環球航行的航海家。在地圖的引導下，他的船隊沿著前人開拓的航道航遍了全世界，完成了朱棣吩咐的使命。前人流傳給鄭和船隊的世界地圖來之不易，這些地圖都是中國古代科技創造的結晶。

1 見《非洲早期藝術和建築》（*Early Art and Architecture of Africa*）和《東非海岸的早期伊斯蘭建築》（*The Early Islamic Architecture of the East African Coast*），其作者均為Peter Garlake。

第九章 測繪世界與科技文明

對於現代地圖學家而言，繪製出一份完整、準確的世界地圖並非難事。他們不僅可以參考各種各樣的世界地圖，還可以通過航空勘測或者衛星拍攝獲取世界各大洲的地域輪廓。

古代絕對沒有這些技術條件。古代地圖學家雖然可以從旅行家或航海家那裡獲得世界各地的地理訊息，但是這些訊息不僅支離破碎、殘缺不全，而且彼此之間缺乏統一的計算尺度和換算標準。僅僅基於零散的地理訊息，古代地圖學家是不可能繪製出一幅理想的世界地圖。為了繪製一幅完整、準確的世界地圖，古代地圖學家必須依賴一支龐大的測繪隊伍。這支隊伍需要花費幾十年的時間才能完成對地球表面的勘測。

無論彎曲的海岸線還是兩地之間的直線距離，完成千里之外的勘測不是一件輕而易舉的事情。大地是一個球形體。由於地表彎曲，人的視線看不到千里之外的地域輪廓（即使通過望遠鏡也是如此）。為了能夠測繪整個世界，古代測繪人員需要掌握足夠的天文資料、必要的數學知識、基本的測量工具和統一的測量標準。他們根據一些星象的位置和變化測繪出各大洲的海岸線、經緯度以及海島與大陸之間的距離。古代測繪人員將測量資料提供給古代地圖學家之後，這些地圖學家還必須借助必要的數學運算法則將地球表面的地域輪廓轉換到平面地圖上。顯而易見，古人在繪製出一幅完整的世界地圖之前，必須解決遠程航行、船舶建造、天文、數學、勘測和投影等方面的各種技術問題。沒有相應的科技作為基礎，任何人都不可能完成測繪世界的壯舉。

仔細研究一些中世紀世界地圖會發現，有些古地圖的經、緯度測繪比較接近於現代地圖。比如在一五〇七年《瓦德西穆勒世界地圖》中，南美西海岸的經、緯度比較準確。對此，史學家們普遍感到非常吃驚。一些史學家懷疑，那些古代地圖的原創者可能是古蘇美爾人、埃及人、腓尼基人、希臘人或者羅馬人。另外一些史學家推測，中世紀葡萄牙人繪製出那些令人吃驚的世界地圖。但是，既沒有史料證明，那些古老民族或者中世紀葡萄牙人曾經掌握經、緯度的測繪技術和相應的測量工具；也沒有證據證明，古代或者中世紀西方數學家掌握了必要的數學運算方法，從而能夠將地球表面的測量結果準確地轉換到平面地圖上。

還有一些史學家做出這樣一種推測：地球上曾經出現過一種水準很高的古代文明。在這些史學家之中，最具代表性的是第二章提及的哈普古德教授。他在《古代海王地圖》中寫道：

> 古地圖呈現出的證據表明，在已知文化誕生之前的遙遠年代，世界上存在一種相對先進的文明國度。這一文明國度雖然居於地球的某一區域，但曾經擁有遍布全球的貿易或者傳播廣闊的文化。至少在某些方面，她的文化比埃及、巴比倫、希臘、羅馬等文明社會更為先進。在天文學、航海科技、地圖繪製以及船舶製造方面，或許十八世紀時期的任何一個國家也比不上這一文明國度。十八世紀，我們才開發出判斷經度的實用技術。在同一個世紀，我們首次準確地測量出地球的周長。十九世紀，我們才開始派遣船隻在北極或南極海域探險並捕鯨。然而，一些地圖卻暗示出，古人早已取得了這些成就。

哈普古德等學者對古代文明社會的存在堅信不疑，但是他們卻說不出這一文明國度究竟在哪裡。這些學者認為，這種古代文明似乎早已被人類遺棄，並且沒有留下足夠的史料。

事實並非如哈普古德教授等人想像的那樣糟糕。在中國古代史料中，我們可以找到許多有關航海、天文、數學、勘測和繪圖等方面的記載。這些記載表明，十五世紀以前，中國在這些領域一直處於世界的領先地位。

在歷史學領域，比較研究並不是一個陌生的話題，它是認識歷史真相的最佳方法之一。只有比較，才有鑑別。只有鑑別，才能得出正確的結論。為了能夠鑑別何人在十八世紀之前具備測繪整個地球的能力，我對中國和西方世界（包括歐洲和阿拉伯）的古代科技水準進行了一番比較研究。比較的內容涵蓋與測繪世界相關的科學技術，其中包括航海、天文、數學和經緯度測量。比較研究的結果出乎我的預料。此前，我曾從李約瑟的《中國科學技術史》中知悉，在西元前三世紀至西元十五世紀之間，中國的科學技術一直領先於歐洲。然而，我從未意識到，中世紀時期中、西方在科技發展方面存在著巨大的差距。

第一節　中國古代航海

海船製造

一九七四年八月考古人員從福建泉州灣發掘出一艘南宋古船的殘骸[1]。此殘骸體長二十四．二〇公尺，體寬九．一五公尺，體深九．一二公尺（復原後船體長為三十多公尺、寬為十多公尺）。古船頭尖尾方，底部呈尖形。古船體為雙重木板結構；船身自龍骨至舷側板，依次形成四個階梯。全船設有十三個船艙，第一和第六艙分別設有頭桅杆座和主桅杆座。船尾還有橢圓形的舵杆孔，孔經三十八公分。在殘骸尾部還發現一段絞軸殘體，據此考古人員斷定，該古船的船舵為升降型。經考古人員測定，此古船載重量約為兩百噸。

上述古船遺骸僅僅是中國古代海船的一個剪影，在古籍中我們可以找到許多有關中國古代造船業和造船技術的記載。

很早以前，中國古代王朝已經開始關注造船業。三千多年以前，周武王創立西周王朝後設置了一個名為「舟牧」的官吏，此官吏的職責是專門管理船隻的製造和登記。到了春秋戰國時期，幾大戰國相互爭戰頻繁。位於中國東南沿海一帶的吳、越兩國，為了集結兵力、運輸軍糧，非常重視造船業，分別建立了大型造船工廠。據文獻記載，吳國水軍中的主力戰船規模巨大，可載九十三人。吳國憑藉戰船的優勢擊敗了其他戰國的水軍。西元前二二一年，秦始皇統一中國。此後，他將中國東、南方向的海域劃入統一管轄的範圍之內。秦始皇統一海域的措施，為中國古代航海業的發展提供了有利的條件。從此以後，中國造船業經歷了秦漢、唐宋、元明三大發展時期。

中國古代造船業的第一個發展高潮出現在秦漢時期。這一時期，中國的造船成就不僅體現在船體的規模，而且還反映在船隻的數量方面。西元兩世紀學者萬震在《南州異物志》中記述說，當時中國已有可載運七百人或可載兩百七十多噸貨物的巨型船隻[2]。《太平御覽》等史料記載，漢朝人建造出一種用於水上作戰的「樓船」，此種「樓船」高達二十三公尺、設有三或四層船艙[3]。西元五世紀史學家范曄撰寫的《後漢書》，記述了西元四十三年漢朝將軍馬援與南方叛軍之間的一次戰役，此戰役中馬援率領了一支由「樓船大小二千餘艘，戰士二萬餘人」組成的龐大艦隊，從海上南下擊潰叛軍[4]。

1 福建泉州灣後渚港為宋、元時期的「刺桐港」。

2 《南州異物志》記載：「船長者二十餘丈，高去水三二丈，望之如閣道，載六七百人，物出萬斛。」根據漢代度量衡標準，可換算為船隻的長度為四十六公尺，載重量為兩百七十多噸。

3 《太平御覽》卷七七〇記載，漢末的「八槽樓船」高十餘丈（約二十三公尺），設有四層船艙。

4 見《後漢書．馬援傳》。

唐、宋兩朝（六一八—一二七九）是中國古代造船史中的又一個重要時期。在這六百多年間，中國沿海一帶前後出現了萊州、蘇州、明州、杭州、溫州、臨安、泉州和廣州等重要造船基地，建造船舶的類型包括河船、海船和戰艦。六四五年，唐太宗為了平息朝鮮半島高麗、新羅兩國與百濟國之間的爭戰，派遣了一支由五百艘戰艦和四百艘糧船組成的艦隊，自山東半島泛海直抵朝鮮半島。這一史實說明，唐朝人已經具備很強的造船能力並且擁有龐大的海上艦隊。宋代官方編撰的《宋會要》為後人留下了宋朝政府建造船舶的一些統計資料，其中包括：一一一四年明州和溫州兩地的海船建造指標各為六百艘，一一二一年溫州和臨安兩地建造海船的數量為一百三十七艘，一一二八年全國建造船隻的數量接近三千艘[1]。這些資料不僅證明宋朝人具有很強的造船能力，而且還反映出宋朝航海業對海船的需求量非常大。

許多史料證明，唐、宋時期中國人能夠建造出規模龐大的海船。南宋末年成書的《夢粱錄》記載：「海商之艦大小不等，大者五千料，可載五、六百人。」根據宋代度量標準進行換算，這種大型「海商之艦」的載重量約為二百七十五噸[2]。北宋人徐兢在《宣和奉使高麗圖經》中記載了中國出使高麗的兩艘「神州」海船。徐兢將此海船描述為「巍如山搬，浮動波上」。徐兢還記述說，當此船抵達高麗時「傾國聳觀」，「歡呼嘉歎」。根據《宣和奉使高麗圖經》記載的資料，這種「神州」海船的長度約一百一十公尺、寬約二十二公尺、高約二十七公尺[3]。由於規模大、載重多，中國海船能夠儲存遠航所需的淡水和食物，而且龐大船體使得船員能夠在船上種植蔬菜[4]。因此，中國古代航海家沒有像十五世紀歐洲航海家那樣，為缺乏淡水和患敗血症而擔憂。唐、宋時期，中國海船以體積龐大、載重力強、結構堅固聞名於阿拉伯世界，阿拉伯商人經常搭乘中國船舶往來於海上絲綢之路。

在人們的印象中，十三世紀蒙古人依靠其強大的騎兵摧毀了南宋王朝。然而，歷史記載卻告訴我們，在蒙古人攻打南宋王朝的戰爭中，蒙古水師起到了決定勝負的作用。

十三世紀中期，蒙古人占領長江以北的中國領土後，隔長江與南宋王朝對峙。最初，南宋水師強於蒙軍，這使蒙軍南下受到很大阻礙。為突破長江天險、擊敗南宋水師，一二七〇年至一二七三年，蒙古軍隊組建了一隻由八千艘戰艦、十二萬人組成的水軍。這支強大的水軍在攻克長江沿岸的漢口、建康（現今南京）等重要城鎮之後，從長江出海口南下攻破南宋都城臨安（現今杭州）。一二七九年，蒙古水軍在現今廣東江門一帶的厓山海戰中徹底消滅了南宋的軍隊。

元朝是一個幅員遼闊、對外開放的大帝國。為了出征日本、占城、緬甸、安南和爪哇等國，元朝政府大力發展海船製造業，其製造海船的規模和數量遠遠超過了唐、宋兩朝。根據《元史》和《續資治通鑑．元紀》記載的資料，元朝政府在一二七四年至一二九二年間製造了一萬多隻海船[5]。

---

1 《宋會要》是宋朝以後藏書家對宋代官修本朝《會要》的稱謂。此書部分內容被《永樂大典》收載，之後又被人從《永樂大典》中輯出編為《宋會要輯稿》。

2 宋代科學家沈括在《夢溪筆談》中記載：「今人乃以粳米一斛之重為一石。凡石者，以九十二斤半為法，乃漢秤三百四十一斤也。」沈括所述的「一斛」與「一料」概念相同。也就是說，一料等於宋朝九十二．五斤。宋代的九十二．五斤相當於現在五十五公斤。由此可推出，宋朝五千料的船的載重量為兩百七十五噸。

3 《宣和奉使高麗圖經》中記載了一種「客船」，此「客船」的規模為：「長十餘丈，深三丈，闊二丈五尺。」《宣和奉使高麗圖經》中有關「神舟」規模的描述是：「神舟之長闊高大、什物器用、人數，皆三倍於客舟。」根據這兩段文字記載，可以推測出「神州」海船的規模。

4 唐李肇撰《唐國史補》中記載：「大曆、貞元間（西元八世紀末九世紀初），有俞大娘航船最大，居者養生送死嫁娶悉在其間；開巷為圃，操駕之工數百，南至江西，北至淮南，歲一往來，其利甚博，此則不啻載萬也。」「開巷為圃」的涵義是指在船上種植花果、蔬菜。

5 《元史．世祖紀》載，至元十七年（一二八〇）元朝政府旨令泉州製造海船三千艘。《元史．日本傳》載，至元十一年（一二七四）發戰艦九百艘攻打日本，遭風觸崖；至元十八年（一二八一）發東路軍戰艦一百艘、江南軍戰艦三千五百艘攻打日本，多數遭颶風沉沒；至元十九年（一二八二）再造戰艦四千艘攻日本，但因故未能成行。《元史．列傳第十六》載，元朝遣唆都於至元十九年（一二八二）率戰船千艘，出廣州，浮海伐占城。《續資治通鑑．元紀》載，至元二十一年（一二八四）派遣戰船兩百艘攻打緬甸、兩百艘攻占城；至元二十九年（一二九二）派遣海船一千艘攻打爪哇。

有關元朝海船規模和數量的訊息，不僅見於中文史書，也可見於西方史料。十三世紀歐洲旅行家馬可・波羅在遊記中說，他在黃河入海口看到「有屬於大汗之船舶，逾一萬五千艘」。《馬可・波羅遊記》還提及一二九一年元朝皇帝忽必烈派十三艘船隻隨同馬可・波羅護送闊闊真公主遠嫁波斯，這些船「每艘具四根桅杆，可張九帆」，「其中有大船四、五艘，每艘有水手二百五十人或二百六十人」。十四世紀阿拉伯旅行家伊本・白圖泰在其遊記中記載：中國人擁有許多船隻，他們派遣船隊分赴各國；中國船分三類，最大者稱為「艟克」，張三帆至十帆，可載一千人，船上設甲板四層，內設房艙和套間艙，水手們在船上用木槽種植蔬菜[1]。

一三六八年，明朝取代了元朝。明初時期，官府在南京、福建、山東等地設立了官方造船場。這些造船場的造船能力非常強，不僅能夠製造出大批的海船，而且其品質也屬上乘。《明太宗實錄》記載了一四〇三年至一四一九年二十多次官方造船的史實，造船的數量多達兩千八百多艘。一四〇五年至一四三三年間，鄭和率領船隊七下西洋，這一壯舉促成中國古代造船科技達到巔峰狀態。曾三次隨鄭和下西洋的馬歡在《瀛涯勝覽》中記載：「寶船六十三艘，大者長四十四丈四尺，闊一十八丈；中者長三十七丈，闊一十五丈。」《明史・鄭和傳》也記載，永樂三年（一四〇五）「造大舶修四十四丈、廣十八丈者六十二」。這些史料說明，一四〇五年鄭和第一次下西洋率領的船隊中有六十二艘（或六十三艘）長約一百四十公尺、寬約五十七公尺的巨型海船。這種巨型海船標誌著當時中國造船業的先進水準[2]。

縱觀中國古代造船史，自西元前三世紀至西元十五世紀，中國古人在一千七百多年間一直保持著高水準的造船能力，能夠建造出為數眾多的海船。這種造船能力的背後隱藏著一個不易被後人察覺的史實：在十五世紀中期以前，中國擁有數量非常可觀的水手。建造遠程巨船、組建龐大海隊、並且招募到充足的水手，這些都是航遍全球、測繪世界的必要前提。十五世紀中期以前，除中國之外，沒有其他任何國家或地區具備這些條件。

中世紀時期，阿拉伯水手也具有高水準的航海技能。但是，在阿拉伯人統治的古代王國之中，沒有一個國家曾經具備建造巨型海船的能力並且擁有一支龐大的遠洋船隊。

九世紀，阿拉伯商人蘇來曼（Sulaim n）在《東遊記》（又稱為《中國印度見聞錄》）中記載：中國的海船非常巨大，通常可以承載六百至七百人。由於中國巨船吃水很深，無法在幼發拉底河中航行，所以必須將大船上的人和貨物轉運到小船上。中國的海船經常應召從奎隆（位於印度半島西南端）駛往波斯灣一帶的國家。

馬可．波羅曾經將他看到的中國海船和阿拉伯海船做了一番比較。他寫道：阿拉伯船隻的船體小，僅有一桅一舵，沒有鐵錨；造船木料脆硬，鐵釘釘不進去，容易震裂，船板用椰索縫合法連結，船底不塗瀝青，只用魚脂油。因此，阿拉伯人的船隻不堅固，在印度洋中航行容易沉沒。中國船遠遠優越於阿拉伯船，中國船很大，豎四桅，張四帆，可以隨意豎起或放下；船上有水手兩百人，足載胡椒五、六千石；無風時，行船用櫓，櫓很大，每具須用四名櫓手操作；造船木料用冷杉木，有堅固的主甲板，甲板下有六十個小艙，人住在裡邊很舒適；船體用好鐵釘縫合，有兩層板疊加於上，以麻和樹油摻和塗壁撚縫，絕不漏水。每隻中國大船後都跟隨著兩隻小船，以助大船，每條小船有船夫四、五十人。

1《伊本．白圖泰遊記》中記載中國大船內設房艙、官艙和商人艙。官艙內的住室附有廁所，並有門鎖，旅客可攜帶婦女、女婢，閉門居住。可見伊本．白圖泰所說的「官艙」相當於套房艙。另外，在《伊本．白圖泰遊記》中泉州被稱之為「刺桐城」，廣州被稱之為「隨尼凱蘭」。

2 有些史學家對《瀛涯勝覽》和《明史．鄭和傳》中有關寶船長「四十四丈」寬「十八丈」的記載持懷疑態度，認為七比三的長方形船體不利於船隻的快速航行。筆者認為，這種懷疑是不科學的。這些史學家忽視了古代海船與現代船舶在動力方面的區別。古代海船以風帆作為驅動力，並且經常依靠側面來風航行。如果船體寬度不夠，側風航行時，很容易翻船。從發掘的南京寶船廠遺址來看，其第七號作塘的面積非常大，而且很深，足以在其中建造「四十四丈、廣十八丈」的海船。南京寶船廠遺址第七號作塘的面積和深度是《明史．鄭和傳》中「修四十四丈，廣十八丈」的佐證。

十四世紀旅行家伊本・白圖泰曾經搭乘商船在印度洋一帶遨遊，他在《伊本・白圖泰遊記》中專門記述一些令他感到驚奇的奇觀異景，其中包括中國的巨型船隻。此遊記記載：只有中國的泉州或廣州出產巨型海船。

上述西方史料證實：十四世紀以前，中國巨型海船在遠洋航運中扮演著主要角色。

風帆技術

考古學家在甲骨文字中發現這樣一段記載：「戊戌卜，方其凡。」此句甲骨文的含意是：戊戌這一天的星象表明，船舶可以揚帆乘風航行[1]。甲骨文是商朝時代（西元前十四世紀至西元前十一世紀）的文字。此段甲骨文說明，三千多年以前中國人已經使用帆船了。借助風力驅動船舶是古代航海技術的一次飛躍，這種風帆技術為遠程航海創造了條件。

漢、晉時期的一些記載表明，當時的風帆技術已經日臻成熟。《後漢書・馬融傳》中有「連舼舟、張雲帆」之說。東漢學者劉熙在《釋名・釋船》中給「帆」字下了明確的定義：「帆，泛也。隨風張幔曰帆。使舟疾泛泛然也。」西元三世紀旅行家康泰在《吳時外國傳》中記載：「從加那調州乘大伯船，張七帆。」[2]三國時期學者萬震在《南州異物志》中詳細描述了借用側面風驅動行船的風帆技術：船身縱向設有四個風帆，這四個風帆斜向排列成弧形，側面來的風在四個斜向風帆的調和下形成推動船隻向前航行的動力[3]。《宣和奉使高麗圖經》記載，北宋「神州」號巨船可以借用順風、側風和前方斜向來風在海中航行[4]。十七世紀科學名著《天工開物》更為詳細地記載了中國古代風帆技術的細節。這種風帆技術依賴置於船舶後部的大帆，此帆「調勻和暢」風力，將側面風調整為吹向前面風帆的正向風[5]。

中國古代航海家使用風帆技術的前提是船舶上設置多個桅杆。西元三世紀的《吳時外國傳》首次記載了

「張七帆」的船舶。此後，中國古代文獻中有關多桅杆船隻的記載屢見不鮮。中世紀時期，歐洲一些港口城鎮流行城鎮徽標，徽標上通常刻有船舶圖形。這些圖形顯示出，十五世紀以前歐洲人使用的船舶都僅有一個桅杆（見圖39）[6]。十五世紀以前阿拉伯船隻也是如此，正如《馬可．波羅遊記》中的記載：阿拉伯船隻的船體小，僅有一桅一舵。單帆雖然也能借助側風，但其缺陷是無法驅動巨型船舶。

依靠風力進行遠航，僅僅掌握風帆技術是遠遠不夠的。在古代航海科技之中，季風知識是不可缺少的。早在西元紀年之前，中國人已經發現季風現象。最遲在西元兩世紀，中國人已經能夠借助季風在大海中返來航行[7]。宋朝時期，中國人已經熟練地掌握了太平洋和印度洋的季風規律。十二世紀末成書的《嶺外代答》

---

1 此段甲骨文見劉鶚於一九〇三年所寫的《鐵雲藏龜》，其中「方」字為舫、船之意，「其」為「必須」之意。除此段甲骨文外，還有另外兩段涉及「帆」字的甲骨文。金祖同《殷契遺珠》中第五百六十六片甲骨文讀為「貞，追，凡」，方法斂《庫方二氏藏甲骨卜辭》中第一千兩百四十八片讀為「癸酉卜中貞，惟執凡有尤」。

2 康泰所撰的《吳時外國傳》雖已遺佚，但《水經注》、《北堂書鈔》、《藝文類聚》、《初學記》、《通典》、《太平御覽》、《文選注》等書中都可查到此書的部分引文。

3 《南州異物志》中的記載文字是：「外徼人隨舟大小或作四帆，前後沓載之，有盧頭木葉如牖形，長丈餘，織以為帆。其四帆不正前向，皆使邪移相聚以取風，吹風後者激而相射，亦並得風力。若急，則隨宜增減之。邪張相取風氣，而無高危之慮，故行不避迅風激波，所以能疾也。」

4 《宣和奉使高麗圖經》中的原文為：「大檣（掛帆的柱）高十丈，頭檣高八丈。風正則張布颿五十幅，稍偏則用利篷，左右翼張，以便風勢。大檣之巔，更加小颿十幅，謂之野狐颿，風息則用之。然風有八面，唯當頭不可行。」

5 《天工開物》中記載的原文為：「凡風篷之力，其末一葉，敵其本三葉。調勻和暢順風則絕頂張篷，行疾奔馬；若風力漸至，則以次減下；狂甚則只帶一、兩葉而已。」

6 從中古時期一些歐洲繪畫作品中也可以看出，十五世紀以前歐洲船舶都僅設有一個桅杆。

7 西元前三世紀之前成書的《爾雅》和西元前一世紀成書的《史記》都有關於季風的記載。東漢應劭在《風俗通義》提道：「五月有落梅風，江淮以為信風。」「落梅風」指梅雨季節以後出現的東南季風。這些記載說明，兩漢時期中國古人已知曉可以利用季風進行遠洋航行。

圖39　歐洲城鎮徽標

和十三世紀初成書的《諸蕃志》都有關於在太平洋和印度洋借助季風進行遠航的記載。季風知識與風帆技術相結合，為開拓遠洋範圍創造了先決條件。

十九世紀以前，中國的風帆航海技術一直處於世界領先地位。英國航海史學家史密斯（Warington Smith）曾於一九〇六年寫道：「直到美國採用平帆裝置確立其優勢之前，在航海科學性方面，中國人無可否認地遠遠領先於其他民族。」[1]

天文導航

天文導航是一種通過觀測自然天體判定航行位置的導航技術。在茫茫大海之中，水手無法依賴陸地上的參照物斷定船舶的地理位置。因此，天文導航一直是遠洋航行不可缺少的技能。

史料顯示，早在兩千一百多年以前，中國航海家已經開始研究天文導航。西漢初年淮南王劉安（西元前一七九年至前一二二年）撰寫的《淮南子》記載：「夫乘舟而惑者，不知東西，見斗極則寤矣。」[2]從此之後，歷代古籍中都有一些關於天文導航的記載。

西元一世紀的史學著作《漢書．藝文志》記載了六種與天文導航相關的書籍，即《海中星占驗》、《海中五星經雜事》、《海中五星順逆》、《海中二十八宿國分》、《海中二十八宿臣分》和《海中日月彗虹雜占》。雖然這一記載僅提及書名，但可以看出，這些書籍都與天文導航相關。

東晉道士葛洪（二八三—三六三）編著的《抱朴子》記載：「夫群迷乎雲夢者，必須指南以知道，並乎滄海者，必仰辰極以得反。」

西元五世紀初，高僧法顯在他的遊記《浮海東還》中記述道：「大海瀰漫無邊，不識東西，唯望日、月、星宿而進。」

北宋時期有兩部書籍提及天文導航。十二世紀初成書的《萍洲可談》記載：「舟師識地理，夜則觀星，晝則觀日。」十二世紀三〇年代的《宣和奉使高麗圖經》載述：「是夜洋中不可住，維視星斗前邁。」

南宋地理學家周去非（一一三五—一一八九）在《嶺外代答》中寫道：「舟師以海上隱隱有山，辨諸蕃國皆在空端。」

十五世紀初，曾隨同鄭和下西洋的鞏珍在《西洋蕃國志》的序言中對鄭和船隊的天文導航做了記載：「惟觀日月升墜，以辨西東，星斗高低，度量遠近。」

明末軍事家茅元儀撰輯的《武備志》收錄了一組《鄭和航海圖》，其中四幅是《過洋牽星圖》，即星象導航圖（見圖40）。圖中的星象和注釋顯示，鄭和船隊導航的方法是測量位於夜空北方的北極星和華蓋星（即仙后星座）、南方的燈籠骨星（即南十字星座）、東方的織女星（天琴座α）、西南布司星（天蠍座β或小犬座α）和西南水平星座（船底星座α）以及西北布司星（御夫座α或雙子座β）等恆星或星座距離海平面的高度。明朝航海家將這種天文導航法稱之為「牽星術」。

1 見Warington Smith, *Mast & Sail in Europe & Asia* 第十二章。

2 見《淮南子》，卷十二，〈齊俗訓〉。

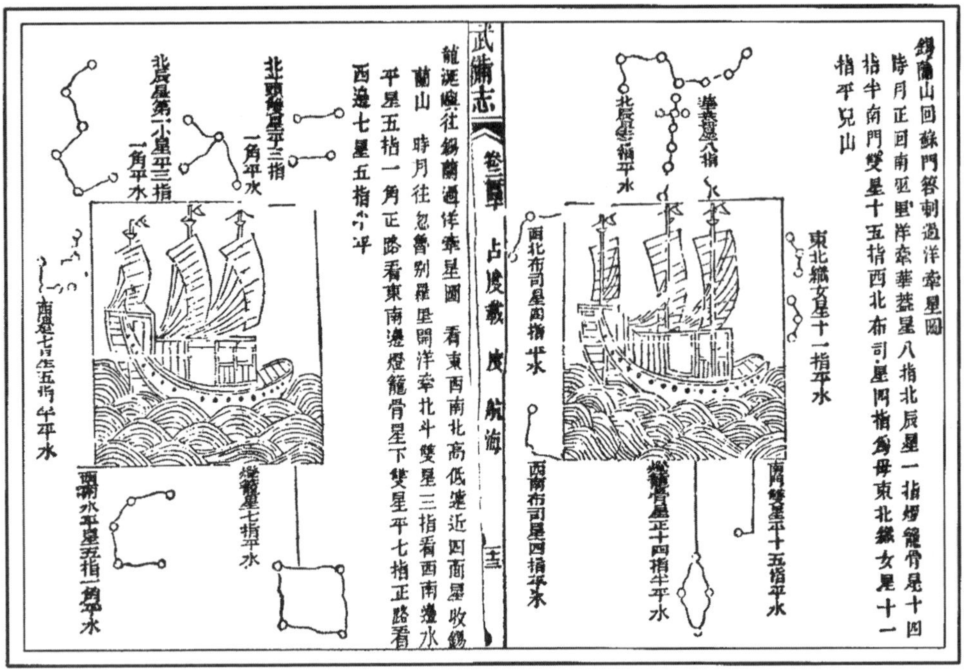

圖40　《鄭和星象導航圖》

十五世紀以前，阿拉伯航海家在天文導航方面也具有非常豐富的經驗。相對而言，歐洲航海家則望塵莫及。直到一四一八年，葡萄牙王子亨利開辦一所專門培訓水手的航海學校之後，歐洲航海家才逐漸全面地掌握了天文導航技術。

天文導航的根基是天文學。中國歷代天文學家積累的星象觀測成果，為古代航海家開發天文導航技術提供了必須的數據資料。

第二節　中國古代天文觀測

天文史學界普遍認為，世界上有七個地區或國家的先民創造出達到一定水準的古代天文學。這七個地區或國家分別是：美索不達米亞、古埃及、古希臘、古印度、古阿拉伯、古中美洲和古中國。與其他民族的古代天文學相比較，中國傳統天文學具有淵源久遠、發展有序、注重天體測量等特點。

一九八七年，考古學家在河南濮陽西水坡發現了一座新石器時代的墓葬。墓主為男性，頭南腳北仰臥於墓中。墓主遺體的東、西兩側分別有蚌殼組成的龍、虎造型，龍、虎的頭均朝向北方。墓主遺體北部另有一個由蚌殼組成的三角形，此三角形的東側擺放了兩根人腿骨（見圖41）。

經碳十四測定和相關的考證，考古學界一致認為，此墓修建的時間約在六千五百多年以前。此墓葬的設計看上去非常簡單，卻蘊藏著深遠的涵義。它是目前能夠見到的、世界上最古老的星象圖。墓中的龍、虎造型及其方位與古代經典《易經》記載的「青龍蟠東，白虎踞西」完全吻合。中國古人將天上的一些恆星劃分為四組：東方的龍、西方的虎、南方的雀和北方的玄武（一種由龜和蛇組合而成的造型）。這四個星象組合被稱之為「天之四靈」，它們是中國傳統天文學中二十八星宿體系的基礎。墓主遺體下方的三角形象徵北方的一顆恆星，兩根人腿骨代表一件中國古老的天文測量儀器，即測量日、月和其他主要星體的尺表——「髀」[1]。根據墓中隨葬品及其圖案，有些考古專家推測，墓主生前是一位占卜學家。

濮陽西水坡墓葬的擺設是一件遠古天文觀測的代表作。這件作品說明，中國傳統天文學淵源久遠。在六千多年以前，中國人已經分組觀察星象，而且開始運用工具進行天文測量。除了濮陽西水坡墓葬中的天文圖外，中國古代陶器、玉器、青銅器上的一些天文圖形以及甲骨文都可證明，中國傳統天文學的淵源可以回溯到非常遙遠的年代。

《詩經》是中國最早的詩歌集，它收錄的詩歌流行於西周初年（西元前十一世紀）至春秋中葉（西元前六世紀）。《詩經》中有許多關於天文觀測的詞句，比如「揆之於日」、「三星在戶」和「月離於畢」等

1 中國古代將人體大腿骨稱為「髀」。成書於戰國時期（前四七五年至前二二一年）的《靈樞》（又稱《針經》或《九針》）是現存最早的中醫理論著作。此書卷四第十四〈骨度篇〉中記載：「髀樞以下至膝中長尺九寸。」在此句中「髀」字指人的大腿骨。「髀」還有另外一個涵義。《周髀算經》：「周髀長八尺，夏至之日，晷一尺六寸。髀者，股也；正晷者，句也。」「古時天子治周，此數望之從周，故曰周髀。髀者，表也。」《周髀算經》中的「髀」是指測量日影的尺表。

圖41　濮陽西水坡墓葬圖

等。「月離於畢」中的「畢」是指二十八星宿的「畢宿」。此詩句的涵義是指月亮與畢宿相逢[1]。《詩經》的這些記載說明，中國傳統天文學的二十八星宿不僅在西元前六世紀之前已經形成，而且已經普及到民眾之中。

二十八星宿是中國古代天文學家根據「天之四靈」衍生出來的星象體系。此星象體系最初沿著赤道將天球劃為二十八個天區，每一個天區都由一些恆星組成的星宿作為掌管該天區的星官。二十八星宿與西方的星座體系有著實質性區別。前者根據星象在天體中的位置劃分星宿，而後者則是根據星體的明亮度組合星座。二十八星宿在中國傳統天文學中占有非常重要的地位，它們是中國古天文學家推算季節、制訂曆法、測繪星空的主要參考依據之一。不僅如此，二十八星宿在中國古代占星術中也扮演著非常重要的角色。中國古代占星家根據日、月、五星與二十八星宿之間的位置關係占卜天命的興衰與君主的凶吉。

史學界認為，春秋至秦漢時期（西元前七七〇年至西元二二〇年）的中國古代天文學已經發展到「數量化觀察」的階段[2]。在這一階段，中國出現了許多涉及傳統天文學的典籍，諸如《淮南子》、《列子》、《莊子》、《禮記》、《春秋》、《左傳》、《楚辭》和《尚書》等等。其中，在天文觀測方面，最為傑出的著作當屬西元前四世紀天文學家石申編著的《石氏星經》、西元前一世紀成書的《周髀算經》和西元兩世紀初天文學家張衡撰寫的《靈憲》。《石氏星經》是世界上最古老的星表，它載錄了一百二十一顆恆星的測量參數。《周髀算經》的內容非常豐富，包含宇宙觀、四分曆法、天象測量、天文圖像和數學計算。《靈憲》是世界古代天文史中一部傑出的著作，它論述了天與地之間的關係並記載了觀測星體的數量。《靈憲》將夜空中的星體分為兩類：易見的星體有兩千五百顆；不易見的「微星」有一萬一千五百二十顆[3]。

考古學家在湖南長沙漢墓出土的帛書中發現了二十九幅彗星圖和用於占卜吉凶的《五星占》。此《五星占》記錄了西元前二四六年至西元前一七七年間金星、木星和土星位置。西元前一〇四年，為制定新的曆法，漢武帝組織了一次規模龐大的天文觀察活動，對二十八星宿的位置進行全面測繪。西元一世紀的史學家班固在《漢書．五行志》中記載了西元前一世紀發生日食、太陽黑子和新星等異常天文現象。

許多史料顯示出，在西元紀年之初，中國古代天文觀測已經達到全面、細緻的水準。正是基於高水準的

---

1 「月離於畢」中的「離」字通「罹」，意為遭逢。

2 見《中國大百科全書．天文學》，中國大百科全書出版社，一九八〇。

3 《靈憲》中有關星體數量的記載見於《隋書．天文》。一些近、現代中國天文史學家對一萬一千五百二十顆微星的記載持懷疑態度，認為此微星數字並不是實際觀測的星數，而是臆想出來的。但是，古代的學者並不是這麼認為。不僅《隋書》的編撰者記錄了漢代觀測微星的數量，宋朝學者李昉編著的《太平御覽》對此也有相同的記載。清朝康熙年間西方傳教士南懷仁抄錄的宋朝《三垣二十八宿全圖暨分星圖》中記載，宋朝觀測微星的數量達到一萬兩千五百二十顆。

天文觀測，西元前兩世紀天文學家落下閎設計出測量天體球面座標的儀器，即渾天儀[1]。西元一世紀末兩世紀初，天文學家張衡對落下閎的渾天儀做了改進，製作出「漏水轉渾天儀」。張衡的渾天儀對後世天文學發展影響很大，此後歷代王朝均有天文學家在渾天儀的基礎上發明出更為先進的天文觀測儀器。西元三世紀天文學家陳卓，基於前人星象觀測的成果，制定出一個包含一千四百六十四顆恆星的星象體系。此星象體系被許多中國古代天文學家作為繪製星圖的參照標準。

唐朝天文學家對中國傳統天文學的主要貢獻是重新測定二十八星宿。《舊唐書》和《新唐書》都記載了唐朝天文學家對二十八星宿的測定結果。在唐朝眾多的天文學家之中，屬李淳風、一行和尚（六八三－七二七）和梁令瓚（生卒年不詳）最為著名。李淳風於六三三年製成渾天黃道儀，此儀器顯示出天赤道、天黃道和白道（即月亮運行軌道）三種座標資料，依據這些座標可以比較準確地測繪各個主要恆星在整個星空中的位置。八世紀上半葉，一行和尚與梁令瓚共同主持製造出一件「水運渾天」儀器，上面標注出日月、二十八星宿、赤道和周天的度數。此件天文儀器以水流作為動力。在齒輪傳動裝置的帶動下，位於儀器中央的天球每日自動運轉一周。儀器上還有兩個木人可自動撞鐘報時[2]。一行和尚與梁令瓚設計的這件天文儀器具有現代時鐘的一些科技色彩，如自動運轉、機械傳動、顯時報鐘等等。它是世界上第一台自動計時鐘。

保存在英國國家圖書館的《敦煌星圖》是世界上現存最古老的紙本星象圖，圖中寫有「臣淳風言」。可見，該圖與李淳風有關。《敦煌星圖》繪出了一千三百五十多顆星，這些星體的分布顯示出投影效果。《敦煌星圖》表明，在七世紀初中國古代科學家已將投影術運用於星象圖的測繪。

宋朝是中國傳統天文學發展的巔峰時期。在這一時期，不僅官方非常重視天文學，民間對天文觀測也有極大的興趣。宋朝的政府機構專門設有負責天文觀測的「天文院」。在宋朝的三百多年間，官方曾有五次大規模的恆星測量[3]。蘇州市博物館珍藏的一幅石刻天文圖是一二四七年刻製的，該圖依據的素材是一〇七八

圖42　宋朝蘇州石刻天文圖

年至一〇八五年間恆星測量成果（見圖42）。

計時與天文觀測緊密相連。宋朝天文學家基於唐朝的「水運渾天」儀器，設計出相對更為先進的天文計時儀器。十一世紀科學家蘇頌在《新儀象法要》中詳細記載了他於一〇八八年主持研製的一種形體龐大、裝置複雜的自動天文鐘。此天文鐘名為「水運儀象台」，其高度約十三公尺、底寬約七公尺，上下共分三層。頂層為一個屋頂可開啟的平台，上面有一座「渾儀」；中層設置了一座「渾象」及其機械傳動裝置，該「渾象」保持

1 西漢文學家揚雄（前五十三—十八）在其所著的《法言．重黎》中記載：「或問渾天，曰：落下閎營之，鮮于妄人度之，耿中丞象之。」這段文字的涵義是：渾天儀由落下閎設計、由鮮于妄人度量，並由耿中丞用銅鑄製造。

2 見《舊唐書》卷三十九。

3 第一次在大中祥符三年（一〇一〇），第二次在景祐年間（一〇三四—一〇三八），第三次在皇祐年間（一〇四九—一〇五三），第四次在元豐年間（一〇七八—一〇八五），第五次在崇寧年間（一一〇二—一一〇六）。

與天體運行同步的恆定速度，可以演示天象；下層設有一座形如寶塔的五層「木閣」，每層都有一個報時辰的木頭人，可以分別以幾種不同方式報時。「水運儀象台」以水流作為動力，鐘內的機械裝置在水流的推動下不僅帶動「渾象」均勻運轉而且還將流到下層的水轉運到上層，由此水流上下反覆流轉形成自動行走的傳動裝置。

蘇頌在《新儀象法要》中還記載了五幅星象圖：《渾象東、北方中外官星圖》、《渾象西、南方中外官星圖》、《渾象北極圖》、《渾象南極圖》和《渾象紫微垣星之圖》。五幅星象圖記載的星體數量達到一千四百六十四顆。與《敦煌星圖》相比較，蘇頌的星象圖不僅在星數方面多於前者，而且還表現出更高的天文測繪水準。

《渾象東、北方中外官星圖》和《渾象西、南方中外官星圖》為一組橫幅周天星象圖（見圖43和圖44）。該圖以天球赤道為中心線，依二十八星宿出現的先後順序，將天球橫向展開，並劃分為二十八個時區。從現代地圖學角度看，這兩幅星象圖均採用了「正軸等角圓柱投影」繪圖法，天球兩極附近星座間的距離被明顯放大。

《渾象北極圖》和《渾象南極圖》均為圓形星象圖，以天赤道作為圓形星象圖的外界（見圖45和圖46）。前者以北天極為中心，其繪製方法與現代「正射投影」（也稱為「正軸方位投影」）繪圖法非常接近。後者的中心則是南天極，其效果與現代「極射赤平投影」繪圖法相似（第十二章將進一步談論中國古人對南半球星象的測繪）。

在收錄這些星象圖的同時，蘇頌還在《新儀象法要》中寫下一段論述，對這些星象圖的畫法做了詳細的解釋：

> 古代有圓、橫兩種星象圖繪製法。圓形圖在北極俯視天體，由此天體的南極是看不到的。在橫幅圖

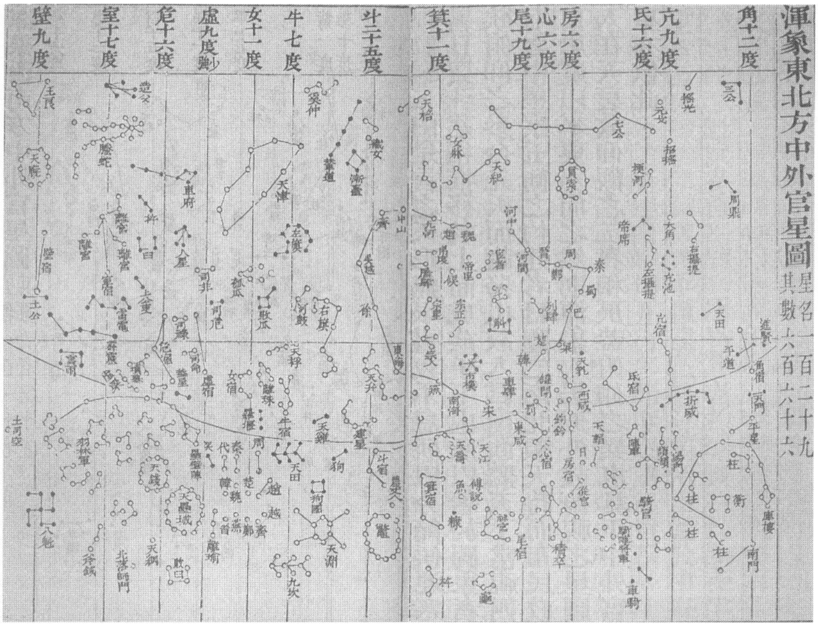

圖43 《渾象東、北方中外官星圖》

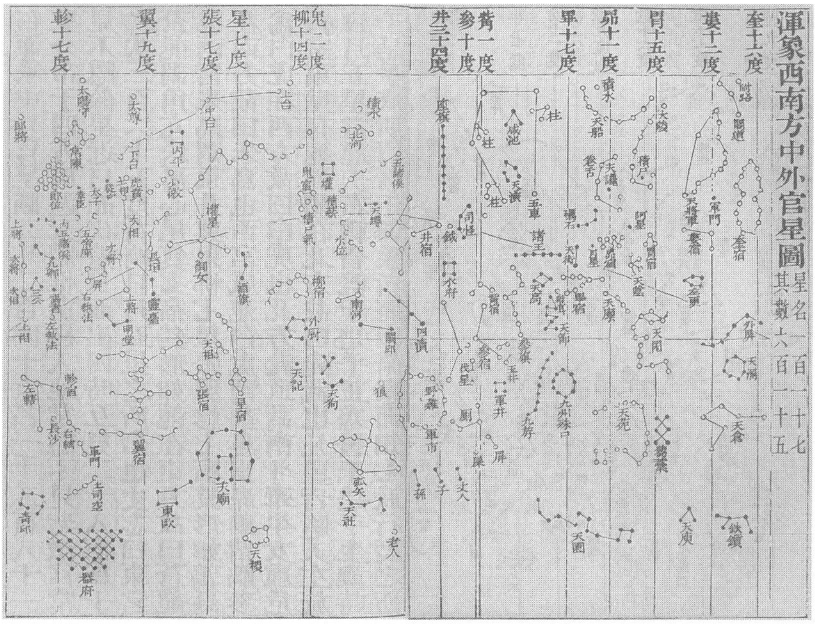

圖44 《渾象西、南方中外官星圖》

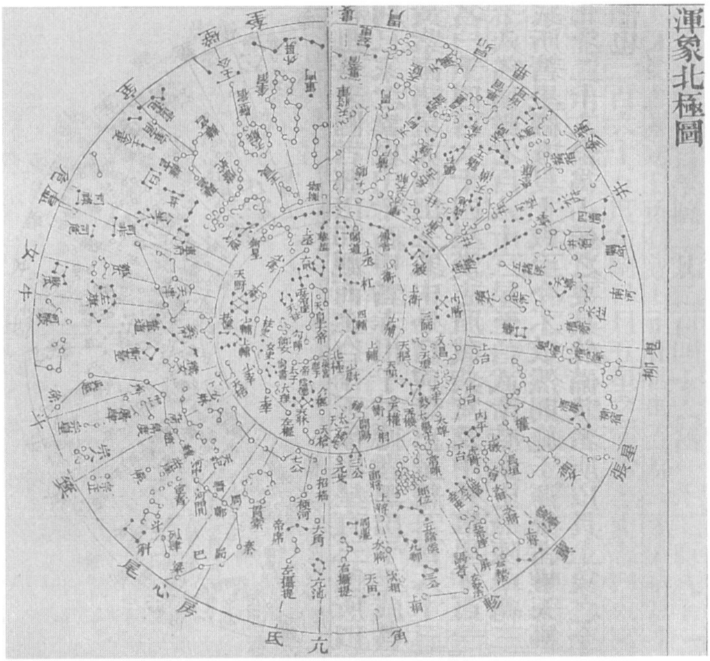

圖45 《渾象北極圖》

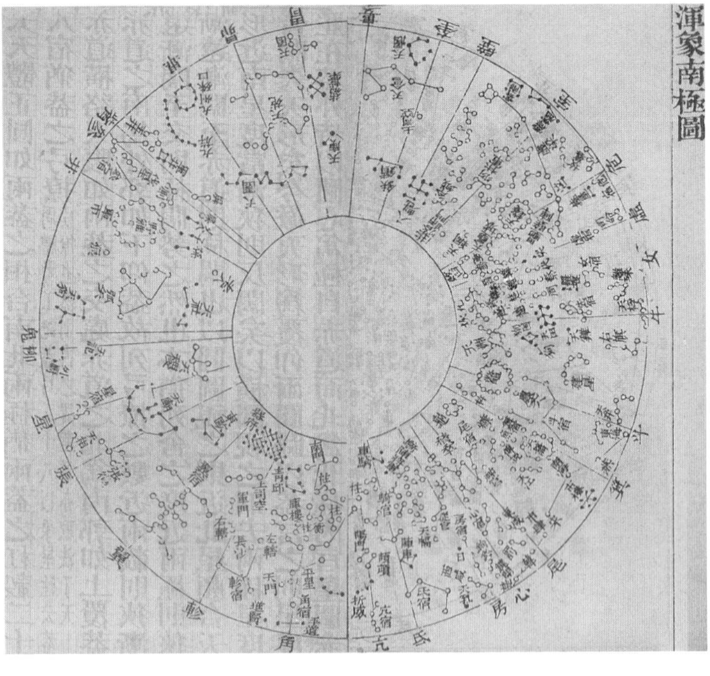

圖46 《渾象南極圖》

中，與其他星象相比較，兩極附近的星象之間的距離比實際要大。為何如此呢？球形天體猶如兩個圓蓋合在一起，南、北兩極好像是圓蓋的轂心，二十八星宿猶如弓形軸條支撐著圓蓋，天赤道則為兩個圓蓋的結合之處。天赤道以北為開口朝下的圓蓋，天赤道以南為開口朝上的圓蓋。因此，越靠近圓蓋轂心，圓蓋上弓形軸條間的距離就會越小；反之，越靠近兩圓蓋的結合之處，弓形軸條間的距離就會越大。星象也是如此，兩極附近星象間的距離比較窄，離兩極越遠星象間的距離就越寬，天赤道附近星象間的距離最寬。以圓形繪製星象圖時，北極附近星象間的距離比較接近實際狀況；南極附近星象間的距離本應也是如此，但由於南半天球為開口朝上的圓蓋，南極附近星象間的距離被擴大。以橫幅繪製星象圖時，兩極附近星象間的距離被放大，從而失真。現模仿天形繪製俯視天體圖和仰視天體圖，並以此作為圖示。這兩幅圖都以天極為中心，天赤道以北為《北極內官星圖》，以南為《南極外官星圖》。此兩幅圖反映出星象在天體上的實際位置。用此圖進行占候不會發生任何差錯[1]。

蘇頌的這一段論述在天文學和地圖學方面具有非常高的史學價值，它不僅說明十一世紀的中國製圖學家已經發明出數種投影技術，並且圖中星座位置和時區表明，宋朝人已經掌握了如何測算經、緯度的技巧和數

1 蘇頌所做解釋的原文為：「古圖有圓、縱二法，圓圖視天極則親，視南極則不及；橫圖視列舍則親，視兩極則疏。何以言之？夫天體正圓如兩蓋之相合，南、北兩極猶兩蓋之杠轂，二十八宿猶蓋之弓撩，赤道橫絡天腹如兩蓋之交處，赤道之北為內郭如上覆蓋，赤道之南為外郭如下仰蓋。故列弓撩之數近，兩轂則狹，漸遠漸闊，至交則極闊，勢之然也。亦猶列舍之度近兩極則狹，漸遠漸闊，至赤道則極闊也。以圓圖視之，則近北星頗合天形，近南星度當漸狹則反闊矣；以橫圖視之，則去兩極星度皆闊失天形矣。今仿天形為覆、仰兩圓圖以蓋言之，則星度並在蓋外，皆以圖心為極，自赤道而北為北極內官星圖，赤道而南為南極外官星圖，兩圖相合，全體渾象則星宮闊狹之勢與天吻合，以之占候則不失毫釐矣。」

據。史學界一直認為荷蘭籍地圖學家墨卡托於一五六九年發明的正軸等角圓柱投影是地圖投影學的開端。為此，這種地圖投影法被稱之為「墨卡托投影」。然而，所謂「墨卡托投影」在中國出現的時間比墨卡托誕生的時間還要早出四百多年。

十四世紀初，道士陳觀吾對蘇頌的投影繪圖法做了進一步的改進，他將赤經線和赤緯線引入天體投影繪圖法。一三三六年，陳觀吾撰寫了一本專門對道教《太上洞玄靈寶無量度人上品妙經》做注解的書。在此書中，陳觀吾描述說：天體如同一個圓形的瓜，其圓周為三六五．二五度；圓形天體的上、下兩端分別為北、南兩極，兩極之間相距一八二．六二五度；圓形天體的腰圍是天赤道，天赤道分別與北、南兩極相距九十一．三一二五度；經線為東、西走向，每條經線之間的距離隨著經線遠離天赤道而逐漸縮小；周天經度的測定可以依據二十八星宿所處位置；緯線為南、北走向，分別從兩極向外輻射，在天赤道上緯線之間的距離為最大；圓周天體可依南、北方向劃分為十二等份，每份為三十．四三七五度，每份兩端呈尖狀[1]。這一描述說明，陳觀吾所述的天文圖是一幅十二片柳葉形天體投影圖。

中世紀伊斯蘭人在天文觀測方面也取得了令人矚目的成就，但是他們遠遠沒有達到中國古代天文測繪的水準。中世紀伊斯蘭天文學家雖然留下了很多天文觀測的文字紀錄，然而流傳下來的高水準天文測繪圖卻不易見到。一〇一八年製作於西班牙的一個天球儀被認為是現存最早的伊斯蘭天球儀[2]。此天球儀上的星體數量不是很多，其中南半球上的星體更是寥寥無幾。另一件由波斯人於一二七五年製作的天球儀上標出了一千餘顆恆星，其中大都集中在天球儀的北半球。此天球儀南半球上分布的恆星不僅稀鬆，而且許多恆星的位置不是很準確。至於中世紀阿拉伯人的平面星象圖，大都是一些簡單的示意圖，未能準確、全面地反映天球的星象。

西元前七世紀至西元兩世紀，古希臘出現了許多優秀的天文學家。可是，從西元兩世紀起一直到十五世紀，嚴格的基督教教義限制了歐洲人對天文觀測的興趣。在這一千三百年間，歐洲天文觀測一直落後於中國和阿拉伯世界。現存歐洲最早的天文觀測圖是於一四四〇年繪製的，此圖的水準根本無法與蘇頌的星象圖相比擬（見圖47）。直到十七世紀，歐洲人測繪南半球星象的水準才逐漸趕上蘇頌的星象圖。沒有掌握必要的南半球天文資料，任何人都無法準確地測繪出南半球陸地的經緯度和地域輪廓線。對歐洲人而言，這一道理同樣適用。

十一世紀中國古代天文學家繪製出高水準星象全圖，這與中國古代數學家的努力是分不開的。實際上，許多優秀的中國古代天文學家同時也是傑出的數學家。天文測繪離不開數學，特別是幾何學。同時，數學的發展又促進了天文測繪水準的提高。

第三節　中國古代數學

《周髀算經》是中國最古老的科學著作之一，其內容涉及中國傳統數學。此書開篇記載了西元前十二世紀西周著名政治家姬旦與學者商高之間關於數學的對話。姬旦問商高：天高不可步攀、地廣不可尺量，古代先人如何測量周天並制定曆法呢？商高回答說：數字演算的法則來源於圓形和方形；圓形的測算出自方形的

1 陳觀吾描述的原文為：「星宿錯度，日月失昏。古人仰觀天象，見眾星昏曉出沒，漸漸不同，乃比天體如圓瓜，以瓜有十二瓣，周天三百六十五度餘四之一，均作十二分，則一瓣計三十度、四十三分七十五秒，度度皆輻輳於南北極，猶其度斂尖於兩端，最廣處在瓜之腰圍。瓜腰一圍，名曰赤道。其度在赤道者，正得一度之廣，去赤道遠者，漸遠漸窄，雖有一度之名，實無腰圍一度之廣。各度皆以二十八宿之距星紀數，謂之經度。東西分經、南北分緯。經續皆以二極遠近為數。兩極相距一百八十二度六十二分五十秒。赤道橫分，與兩極相遠，各九十一度三十一分二十五秒。」

2 參見Emilie Savage-Smith撰寫的“Celestial Mapping”一文。該文刊載於*The History of Cartography*卷二。

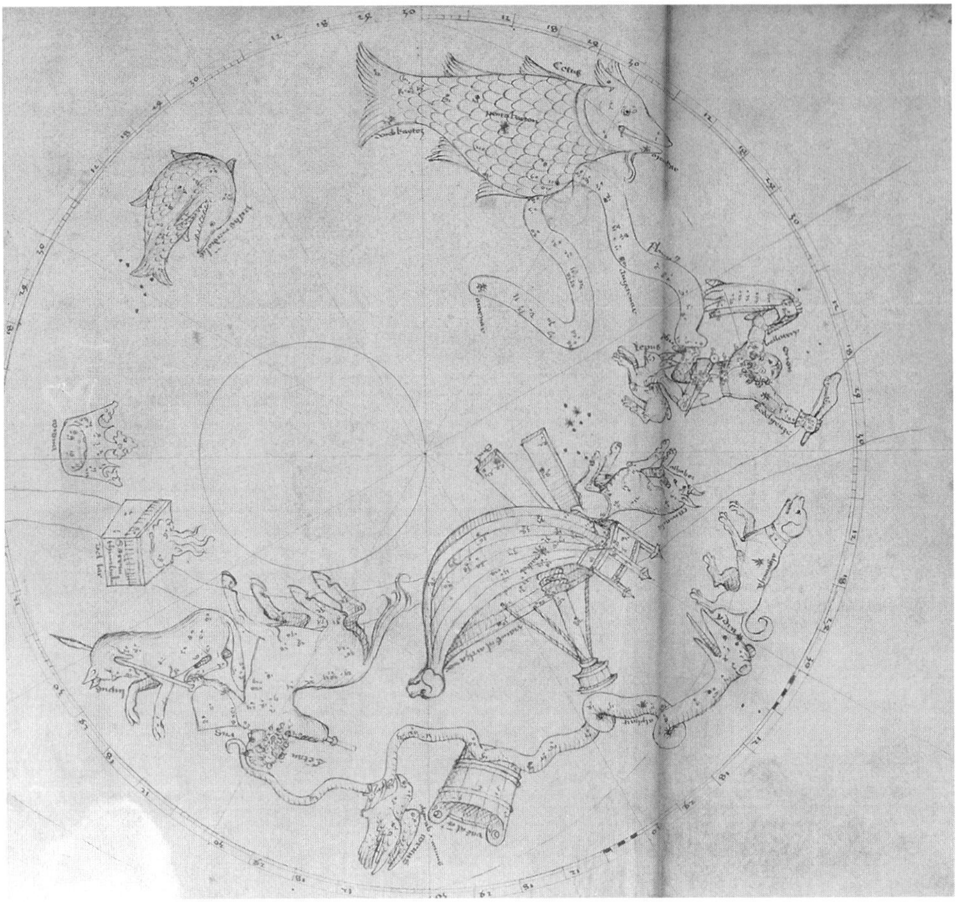

圖47　1440年歐洲星象圖（天體南半球）（此圖現由奧地利國家圖書館收藏）

演算法，方形的演算法則源於長方形的計算，長方形面積可通過一種法則計算得知；將長方形對折形成三角形，該三角形的短邊（勾）、長邊（股）和斜長（弦）存在著一種三比四比五的數理關係……此數理關係是大禹研究天、地之間關係時發現的[1]。

《周髀算經》的這段文字記載了「勾三股四弦五」的勾股定理以及這一定理被發現的緣由。從中可見，中國古代天文學、地理學是中國傳統數學起源的誘因，並且幾何學又是中國早期傳統數學的核心[2]。

《周髀算經》雖然成書於西元前兩世紀，但其內容集合了成書前九百多年間中國天文學家、地理學家和數學家的思想精華。此書的重點在於論述天和地的形狀、天與地之間的關係以及四分曆法。為此，書中一些章節詳細論述如何運用一件名為「周髀」的測量工具觀測日影和北極星辰，以及如何根據這些觀測結果計算出太陽運行的規則以及由此產生的季節變化。這些論述涉及中國傳統幾何學的一些基本原理，如勾股定理、三六五・二五度圓周等等。除「周髀」這件測量工具外，《周髀算經》還記載了另外一種測量工具：直角「矩」。這種直角「矩」與現代直角尺非常相似。古人運用直角「矩」測量高度、深度、遠近和垂直線[3]。《周髀算經》的測天量地理論以及記載的測量工具表現出中國古代天文學家、地理學家和數學家的邏輯思維模式：通過實際測量取得資料，由此推導出其他無法直接測量出來的資料。這種邏輯思維為後代人進行天文、地理測量和數學研究奠定了基礎。

《周髀算經》之所以能夠流傳至今，在很大的程度上歸功於三世紀數學家趙君卿。西元二二二年，趙君卿為《周髀算經》撰寫出詳細的注釋。其中最為精采的是，他以文字與圖示相結合的方法對畢氏定理進行了系統的論證，並且明確地提出了勾股定理的恆等式[4]。勾股定理恆等式對中國古代天文、地理測量以及中國

---

1 《周髀算經》中的原文為：「昔者周公問於商高曰：『竊聞乎大夫善數也，請問古者包犧立周天曆度。夫天不可階而升，地不可將尺寸而度，請問數安從出。』商高曰：『數之法出於圓方，圓出於方，方出於矩，矩出於九九八十一。故折矩，以為勾廣三，股修四，徑偶五。既方之，外半其一矩，環而共盤。得成三四五，兩矩共長二十有五，是謂積矩。故禹之所以治天下者，此數之所以生也。』」

2 商高所說的勾股之法與西元前六或五世紀古希臘哲學家、數學家畢達哥拉斯提出的畢氏定理基本相同。中國史學家李繼閔在〈商高定理辨證〉文中認為，商高才是世界上第一位提出勾股定理的數學家（見《自然科學史研究》，卷十二，第一期〔一九九三〕，頁二十九—四十一）。

3 《周髀算經》中的原文為：「平矩以正繩，偃矩以望高，覆矩以測深，臥矩以知遠。環矩以為圓，合矩以為方。」

4 趙君卿對勾股定理恆等式所下定義的原文為：「勾股各自乘，並之，為弦實，開方除之，即弦。」用現代數學公式表達即為：$c=(a^2+b^2)^{(1/2)}$ 或 $a^2+b^2=c^2$。

傳統數學都具有非常重要的意義。許多中國古代天文、地理測量工具和方法都是基於勾股定理，一些中國傳統幾何學的籌算方法也是由勾股定理衍生出來的。

在《周髀算經》出世的同期，另一部數學著作《九章算術》正處於孕育之中。《九章算術》雖然成書於西元前一世紀，但其內容集合了西元前三世紀至西元前一世紀三百年間中國傳統數學研究之大成。《周髀算經》雖然涉及數學問題，但它應歸類於天文學著作。相比較而言，《九章算術》則是一部數學專著。此書分為九個章節，共收錄了兩百四十六個數學問題，涵蓋算術、代數和幾何等諸多數學領域。這些問題分別涉及面積、體積的計算，開平方、開立方，勾股定理與測量，比例換算，正、負數，無理數和方程式等等。《九章算術》對中國傳統數學和測量學的發展具有重大影響，它不僅是中國傳統數學體系形成的里程碑，而且還標誌著中國古代測量學發展的水準。《九章算術》中的一些數學命題及其結論為中國古代天文、地理測量提供了實際可行的測算方法。

《九章算術》的初本存有一些缺陷。該書最初既沒有給出數學概念的定義，也沒有在數學命題和結論之間提供推導、論證的過程。《九章算術》的這些缺陷後來得到了彌補。對《九章算術》做出彌補的功臣主要是西元三世紀數學家劉徽。《隋書‧律曆》記載，劉徽於西元二六三年完成了對《九章算術》的注釋。在注解中，劉徽解決了許多數學問題並對一些數學概念做出了定義。劉徽的注解將中國傳統數學引入了一個更高的發展層次。

劉徽對一些數學概念所下的定義既概括又清晰。在此基礎上，劉徽對這些數學概念的性質做出了進一步的論述，這些論述顯示出較高的邏輯思維水準。例如，「率」是中國傳統數學中的重要概念，劉徽對其所下的定義為：「凡數相與者，謂之率。」此定義的涵義為：一組相關數量之間的關係稱之為「率」。在對「率」做出定義的同時，劉徽言簡意賅地描述了「率」的性質：「凡所得率知，細則俱細，粗則俱粗，兩數相抱而已。」換言之：在確定「率」的數值前提下，對一組具有「率」關係的數量進行運算時，擴大（或縮小）某一倍數，相關的數量必然擴大（或縮小）與「率」相同的倍數。劉徽對「率」所下的定義對中國古代地理學和地圖學的發展具有非常重大的意義。在劉徽做出《九章算術》注釋的幾年之後，地圖學家裴秀提出了著名的「製圖六體」理論，六體之一就是「分率」，即按照同一比例將實際地理輪廓和距離縮小到地圖上。可見，裴秀「分率」的理論借鑑了劉徽對「率」所下的定義。

劉徽對中國古代地理學和地圖學的貢獻不僅僅是「率」的定義，他還將數學應用於地理測量。在《九章算術》注釋中，劉徽論述了運用勾股定理測量遠方海島的方法，其中包括測量海島的遠距、面積以及海島上的山峰距離海平面的高度等等[1]。在劉徽去世四百年之後，《九章算術》注釋中有關測量海島的內容被編輯成為中國傳統數學中的一部名著——《海島算經》。

在《九章算術》注釋中，劉徽對「割圓術」的論述是最值得稱讚的。《九章算術》在「圓田術」一章中記述說：「半周、半徑相乘，得積步。」即圓面積計算公式為：圓周長的二分之一與圓半徑的乘積。在對此計算公式的注釋中，劉徽不僅提供了該計算公式的論證方法——「割圓術」，而且將圓周率近似值（π）推導至三．一四一六。劉徽「割圓術」的方法是在圓內接正六邊形，逐漸將正六邊形增加至一百九十二邊形，在此基礎上通過數學運算將圓內正多邊形的邊數再擴展至三千零七十二邊，從而求得圓周率的近似值（π）。劉徽認為，這種圓內接正多邊形的「割圓術」隨著正多邊形的邊數不斷增加，所求得的面積與圓面積之間的差就會變得越來越小，當多邊形的邊數發展到無法再增加的時候，該圓內正多邊形的面積就近似於圓的面積[2]。劉徽的這一論述蘊涵著極限和無窮盡的數學理念，這對於三世紀數學家而言，是非常難能可貴的。

西元五世紀，天文學家和數學家祖沖之繼承了劉徽的數學思想和方法。祖沖之沿用「割圓術」對圓周率

1 劉徽採用的方法被稱之為「重差術」。所謂「重差術」就是利用測量標竿在不同地點對目標進行兩次目測，或者對同一目標的兩個不同點進行兩次目測，之後將兩次目測所得資料經過幾何運算得出目標的實際測量數據。

2 劉徽注釋的原文為：「割之彌細，所失彌少，割之又割，以至不可割，則與圓周合體，而無所失矣。」

做了進一步的推導，他通過數學運算將圓內正多邊形的邊數擴展至兩萬四千五百七十六邊，從而計算出圓周率的不足近似值為三・一四一五九二六，過剩近似值為三・一四一五九二七。祖冲之將圓周率近似值（π）計算到小數點後七位數，這在當時是一件非常了不起的數學研究成果[1]。直到一四二四年，祖冲之的這一成就才被阿拉伯數學家阿爾・卡尚尼（al-K sh n）超過。歐洲數學家對周率近似值（π）的研究嚴重滯後。荷蘭數學家安東尼佐（Adriaen Anthoniszoon）於一六〇〇年計算出周率近似值（π），他的計算結果是三・一四一五九二九，這一結果仍未達到祖冲之的水準。周率近似值（π）對大地測量至關重要，它的準確性在地圖史學中具有特別重要的意義。

自西元前兩世紀至西元七世紀，中國在數學研究方面取得了顯著的成就，出現了許多優秀的數學家和數學典籍。唐朝初期，學者李淳風等人奉皇帝之命，收集、研究前人的數學著作，於六五六年編纂出一部名為「算經十書」的典籍彙編。此彙編收錄了《周髀算經》、《九章算術》、《海島算經》、《五曹算經》、《孫子算經》、《夏侯陽算經》、《張丘建算經》、《五經算術》、《緝古算經》和《綴術》等十部重要數學著作。在《算經十書》刊印的同時，唐朝皇帝下令設立一個專門負責招募人才、傳授數學的機構——國子監算學館，將《算經十書》指定為該機構的教材。並且，唐朝科舉考試還特別增設一個考試科目——明算科，考試題多出自《算經十書》，考試通過者可獲得官職。

《算經十書》收編的著作從不同角度論述了與天文、地理測繪相關的數學問題，其中《緝古算經》在地圖學方面顯得尤為凸出。此書提出了求解三次方程的方法。這一成就不僅為方程式的深入研究和發展奠定了基礎，而且為準確繪製出世界地圖提供了必不可少的運算方法。

宋朝的統治者比唐朝皇帝更加重視數學研究和教育。宋代朝廷不僅在政府機構中繼續保留算學館，而且還大幅度地增加了該機構的人員數量[2]。宋朝官方對數學的重視促進了民間數學研究的發展。正因如此，宋、元兩朝成為中國傳統數學發展的繁榮時期。在這一時期，中國傳統數學取得了許多成就，其中最重要的是高次方程的解法。

中國傳統數學將方程式解法稱之為「開方術」。宋代之前的數學家已經研究出三次方程的「開方術」。而宋代數學家進一步將「開方術」發展到了四次以上方程。從二次方程、三次方程發展到四次以上方程，這在數學研究方面是一次實質性飛躍。首位在四次方程解法方面做出貢獻的中國傳統數學家是賈憲，他於十一世紀上半葉撰寫了《黃帝九章演算法細草》和《算法斆古集》等書，對四次方程解法做了論述[3]。賈憲在中國傳統數學方面的另外兩個相關貢獻是創造了「賈憲三角」和增乘開方法，即求高次冪的正根法。前者與一六五四年法國數學家帕斯卡發現「帕斯卡三角」相似，後者與十九世紀英國數學家霍納得出的「霍納法則」類似。地圖學離不開方程式。毫無疑問，賈憲的方程解法為中國傳統地圖學的發展做出了重要貢獻。

十三世紀初數學家秦九韶是高次方程解法的另一位貢獻者，他把中國傳統數學的「開方術」發展到十次方程的水準。一二四七年，秦九韶撰寫出一部傑出的數學著作《數書九章》。此書記載了秦九韶在數學方面取得的許多成就。在這些成就之中，有兩項與地圖學和方程式相關。其一是，第三章「田域類」記載了一個

---

1 《隋書》，卷十六，〈律曆志〉記載：「古之九數，圓周率三，圓徑率一，其術疏舛。自劉歆、張衡、劉徽、王蕃、皮延宗之徒各設新率，未臻折中。宋末，南徐州從事史祖冲之更開密法。以圓徑一億為一丈。圓周盈數三丈一尺四寸一分五釐九毫二秒七忽；朒數三丈一尺四寸一分五釐九毫二秒六忽，正數在盈朒二限之間。密率：圓徑一百一十三，圓周三百五十五。約率：圓徑七，圓周二十二。」這段文字明確指出：古率很粗略，劉歆、張衡、劉徽、王蕃、皮延宗等人雖然對圓周率有新的計算，仍不精確，祖冲之則「更開密法」，求得圓周率的「正數在盈朒二限之間」，並分別給出了密率值和約率值。這裡清楚地記載了祖冲之所得到的兩個重要結果：第一，$3.1415926<\pi<3.1415927$；第二，π之密率為355/113，π之約率為22/7。

2 據《宋史》記載，西元一一〇四年宋朝算學館的人數增加到兩百一十人，這幾乎是唐朝算學館人數的五倍之多。

3 雖然《宋史·文藝志》對賈憲《黃帝九章演算法細草》和《算法斆古集》作了記載，但賈憲的這兩部著作未能流傳至今。有幸的是，比賈憲晚兩個世紀的數學家楊輝在其書中記錄了賈憲創造的開方方法。

運用四次方程測算出物體面積的方程式；其二是，在第四章「測望類」中秦九韶提出的一種測算遠不可及距離的方法，此方法運用了十次方程。

隨著多次方程解法的發展，一種用數學符號列方程的方法——「天元術」應運而生。在「天元術」出現之前，中國傳統數學僅用文字敘述方程解法，沒有明確採用未知數列出方程式。一二四八年，數學家李冶撰寫了《測圓海鏡》，書中提出了「立天元一為某某」的數學理念，這一理念與現今數學中的「設X為某某」具有相同的涵義，其中「天元一」即為「X」。《測圓海鏡》問世後，其他一些數學家將天元術進一步發展到二元術、三元術和四元術。在這些數學家之中，朱世傑顯得尤為凸出，他於一三〇三年撰寫了《四元玉鑑》。此書不僅解決了四元高次方程組的建立和求解問題，而且將方程式發展到十四次方程。《四元玉鑑》在中國傳統數學發展史中占有特殊地位，它標誌著中國傳統數學的巔峰。二十世紀著名的科學史學家薩頓（George Sarton）曾經高度評價此書，稱《四元玉鑑》是中世紀最傑出的數學著作[1]。

一定會有人發出這樣的疑問：為什麼中國古代長期以來如此注重數學研究？中國古代數學研究的目的究竟是什麼呢？

中國古人對數學的研究源於一種古老的哲學理念。毫無疑問，中國傳統數學的研究與天文曆法的修訂緊密相關。道家哲學認為，天文曆法是上天意志的表現。為了知悉並且預測出上天的意志，中國古代天文學家刻苦鑽研天文曆法（中國古代曾先後出現過一百一十五種天文曆法）。天文曆法不僅需要基於大量的天文資料，而且必須依靠一定水準的數學運算。正因如此，中國傳統數學自古一直處於持續發展的狀態。道教哲學還認為，天文和地理圖形都是上天意志的表現。在探索如何準確測繪天文和地理的過程中，中國古代天文學家和地理學家都需要數學運算的支援。在許多中國古代數學家心目中，數學運算規律本身也是天意的表現。正如唐朝數學名著《孫子算經》所言：數學運算有如天上的星辰、大地的四季和人間的陰陽兩性。在這種哲學思想的主導之下，數學被古人視為一種宗教經文，這也就是為何有些數學著作被命名為「算經」的原因。

許多中國古代數學家將數學研究視為一種類似於宗教信仰的研究，他們畢生從事數學研究的目的就是為了獲知天意。道家的這種哲學思想不僅對中國的傳統數學起到了積極的促進使用，而且還體現在數學研究的細節之中。最為典型的例子就是圓周的度數。在中國傳統幾何學中，圓周的度數為三六五・二五度。這一度數來源於古人對太陽運轉規律的理解。中國古代認為，太陽在天球之中旋轉一周的時間為三六五・二五天。由此，中國古代數學家將一周的度數也定為三六五・二五度。

中國傳統數學的發展為中國古代科學家進行天文和地理測繪提供了有效的幫助。宋代科學家沈括在地理測量中採用的「會圓術」顯示出他已經掌握了球面三角的計算方法。元代天文學家郭守敬在編製《授時曆》時曾借用「天元術」求得大地地表的弧度。明代地圖學家羅洪先曾借用「開方術」將元朝朱思本的圓形地圖轉換成為長方形地圖。

無論測繪海岸線，還是判斷地域所處的經緯度，地理勘測學家都離不開幾何計算。將地表上的地域輪廓縮小並轉換到平面地圖時，地圖學家也必須依賴數學計算。按照相同的比例縮小數條長度不等的直線時，運用簡單數學計算就可以達到目的。但是，按照相同的比例和相同的變形方法同步縮小數條直線、數條弧線、數個圓形和數個不規則的三角形時，就必須借助三次以上方程式。不懂得三次以上方程解法的地圖學家，不可能將各個地點間的實際距離、輪廓不一的海岸線按照相同的比例和變形方法準確地縮小到平面地圖上。

十六世紀以前的歐洲地圖學家沒有像同期的中國地圖學家那樣幸運。十五世紀末，歐洲數學家們仍停留在三次方程解法的困擾之中。一四九四年，一位名叫帕西奧利（Luca Pacioli）的歐洲數學家對三次方程進行艱辛探索後做出了一個極其悲觀的結論。他認為，求解三次方程是根本不可能的事情[2]。第一位求解出三次

1 見喬治・薩頓，《科學史導論》。

2 見M. Kline撰寫的*Mathematical Thought from Ancient to Modern Times*一書，New York: Oxford University Press, 1972.

方程式的歐洲數學家是德菲羅（Scipione del Ferro），大約在一五〇〇年左右得出了三次方程式的求解法。然而，這位數學家一直把這一研究成果當作機密，直到他去世前一天這一機密才被他人所知。因此，在歐洲數學家塔塔利亞（Niccolo Fontana）於一五三五年求得三次方程解法之前，除德菲羅外，歐洲無人知曉如何求解三次方程式[1]。

在十六世紀之初，歐洲地圖學家面臨許多數學問題，他們尚不知曉如何運用三次方程。在缺乏基本數學運算的情況下，歐洲地圖學家怎能準確地測繪出美洲的輪廓和太平洋海域的面積呢？他們又怎麼可能將陸地輪廓和海域面積按照相同的比例和相同的變形方法轉換到平面地圖上呢？這些問題的答案實際上非常簡單：十六世紀歐洲地圖學家繪製世界地圖時參考了他人的成就。經緯度測量的發展進程可以進一步驗證這一結論。

第四節　經緯度測量

測繪地球必定涉及經緯度測量，這是地圖學中的一個常識。中國和西方在測繪地球時都遇到了如何準確判定經緯度的問題。然而，中、西方發現和解決這一問題的時間卻相距甚遠。

西方解決經緯度問題的歷程

西方史學界認為，最早對土地進行測量的是古埃及人。六千年以前，每次尼羅河氾濫都會給兩岸帶來厚厚的淤泥，這些淤泥掩蓋了原有的土地邊界。為了重新界定每一部族的土地範圍，每年尼羅河氾濫之後古埃及土地測量師都會對土地進行一次測量。

古希臘人也曾在很早以前開始對大地測量進行探索。西元前三世紀，希臘地理學家的艾拉托斯特尼（Eratosthenes）曾利用測量夏至日正午位於北部非洲兩個地點的日影偏差推算出地球的周長。

雖然古希臘人曾關注過大地測量，而且早在西元紀年之前已經提出了經、緯線的理念，但是自西元四世紀至十五世紀的一千多年之中，歐洲人在大地測量方面幾乎是一片空白。進入十五世紀之後，歐洲人才重新燃起對大地測量的興趣，從此歐洲的航海家和地理學家才開始深入研究如何準確測定經、緯度的問題。

北極星位於地球自轉中心軸的正北方，北半球的人可以根據北極星的高度判斷緯度。站在北極的人，北極星位於他的頭頂；站在赤道線上的人，他看到的北極星卻非常靠近地平線。除北極星外，人們還可以通過觀測太陽的高度判斷緯度。史料顯示，直到十五世紀中期，歐洲航海家和地理學家才完全掌握這兩種判定緯度的方法和工具。

根據北極星和太陽的高低測量緯度，必須借助兩種儀器——測角儀和水平儀，否則無法得出準確的測量結果。最初歐洲航海家使用的測角儀是一種非常簡易的直角儀（見圖48）[2]。歐洲有關直角儀的最早記載是由哲學家葛森（Levi ben Gerson）於一三四二年寫下的。在此記載中，直角儀僅被描述為天文觀測的工具。從十六世紀初開始，歐洲航海家逐漸將直角儀應用於緯度測量[3]。使用這種直角儀觀測太陽高度時，陽光會十分刺眼。為了克服這一問題，英國航海家大衛（John Davis）於十七世紀初發明了一種反向高度儀（見圖49）[4]。

1 見W. Dunham撰寫的*Journey Through Genius: The Great Theorems of Mathematics*一書，Wiley and Sons, Inc. 1990.
2 英文名稱為Cross-staff。
3 引自W. F. J. Morzer Bruyns於一九九四年所著的*The Cross-staff: History and Development of a Navigational Instrument*。
4 英文名稱為Back-staff。

圖48　直角

圖49　反向高度儀

雖然歐洲人在十七世紀能夠運用直角儀測定緯度，但他們對緯度跨度的測量結果是不準確的。十七世紀七〇年代以前，歐洲地理學界普遍認為，一個緯度的長度約為六十英里。這種不準確的測量資料曾經給科學研究造成了很大的麻煩。最典型的例子就是著名科學家牛頓對萬有引力定律的研究。歷史學家們從牛頓的手稿得知，他曾於一六六六年計算過月球環繞地球運行的向心加速度。但是，牛頓當時參考的地球緯度測定值是不精確的，致使他計算的地球半徑有很大誤差。一六七一年，法國天文學家皮卡爾（**Jean Picard**）通過精密測量，計算出一個緯度的跨度長為六十九．一英里，而不是六十英里，從而較準確地計算出地球半徑的數值。一六八二年，基於皮卡爾測定的數值，牛頓計算出月球到地心的距離約為地球半徑的六十倍，從而得出了月球環繞地球運行的向心加速度與地面上物體的重力加速度這兩個觀測值。

十六世紀中期之前，歐洲地理學家不僅無法準確地測定緯度的跨度，在測定南緯度數方面他們更是一籌莫展。北極星只能作為測定北緯度數的參照物，一旦向南越過赤道，北極星就會從地平線上消失。十六世紀期間歐洲出版的一些書籍曾提及對南半球星象的觀測，但是這並不意味著當時的歐洲天文學家或者航海家已經掌握了南半球星象觀測的資料。當代著名天文史學家德克博士（**Elly Dekker**）認為，有關十六世紀歐洲航海家普遍掌握南半球星象的說法並不可靠。德克博士還指出，直到一六七八年歐洲人才準確測定出「南十字星座」的天文位置[1]。「南十字星座」是中世紀航海家在南半球導航時參考的主要星座之一。不熟悉「南十字星座」的航海家或者地理學家不可能準確判定澳大利亞、紐西蘭以及南極洲的地理位置，更不可能測繪出這些地域的輪廓線。

地理常識告訴我們，地球橫向被劃分為三百六十個經度，每隔十五個經度就會出現一小時的時差。因

1 見德克博士"The Light and the Dark: A Reassessment of the Discovery of the Coalsack Nebula, the Magellanic Clouds and the Southern Cross"一文。該文載於*Annals of Science*, 1990, Vol. 47.

此，人們在向西或向東旅行時，可以參考出發地與目的地之間的時差，估算出兩地之間的橫向距離。表面看上去，測定經度是一件非常簡單的事。可是與測量緯度相比較，歐洲人在測定經度方面遇到了更多的麻煩。十五至十八世紀中期，歐洲航海家只會採用航位推測和磁偏角等方法推測經度[1]。但是，這些方法非常不準確。隨同麥哲倫船隊完成環球航行的義大利航海家皮加菲塔（Antonio Pigafetta）曾經說：麥哲倫船隊領航員對經度的了解是非常有限的[2]。由於無法準確判定經度，跨越大西洋、太平洋或印度洋的船隻時常會迷失航向，有些船隻甚至觸礁失事。對此，歐洲海上列強一直深感困擾。

在十六世紀三〇年代以前，歐洲航海家不僅無法準確判斷經度，他們甚至都不知道怎樣才能解決這一問題。歐洲地圖學家也僅僅在參考古代地圖的前提下繪製世界地圖。判斷經度成為歐洲航海界和地圖學界面臨的巨大挑戰。

一五三〇年，荷蘭科學家弗里修斯（Gemma Frisius）提出了「時差測定經度」的理論。他認為，測定時差可以解決測定經度的問題。弗里修斯還提出實現這一理論的具體方案：船隻向西航行時攜帶一隻以起始地時間為準的時鐘，到目的地後根據當地的太陽或者月亮的位置測定當地時間，將當地時間與時鐘上的計時進行比較，從而計算出兩地之間時差，根據這一時差就可以測定出兩地之間的經度差。「時差測定經度」的方法聽起來雖然很簡單，然而付諸實踐時卻遇到了一個無法解決的難題。十七世紀中葉之前，歐洲還沒有發明出計時準確的時鐘。因此，「時差測定經度」的理論在很長時間裡一直停留在空想的階段。

弗里修斯的「時差測定經度」原理在當時雖然僅僅是一種空想，卻激發起幾個歐洲海上強國的發明獎勵之潮。

一五六七年，西班牙國王菲利浦二世宣布，將重賞那些能夠準確測定海上經度的航海家。看到西班牙國王採取的這一舉措，荷蘭、法國和葡萄牙等國的皇室也紛紛仿效，先後設立類似獎項。在重獎的引誘下，有不少科學家曾企圖找到經度測量的方法。可是，他們提出的方案不是毫無道理，就是無法實際操作[3]。那些高額獎項也因此一直成為看得見卻摸不著的水中之月。歐洲對測量經度的研究陷入了僵局。

半個多世紀過後，這一僵局出現了轉機。一六五七年，荷蘭天文學家、物理學家惠更斯（Christiaan Huygens）發明了計時相對準確的擺鐘，從而為測定經度提供了計時儀器。但是，這種擺鐘只能在靜止不動而且溫、潮度沒有變化的條件下行走準確，一旦將其放在搖擺不定的船隻上，它就失去了原有的準確性。為了解決這一問題，發明出一種在航行中仍能保持行走準確並且不受溫、潮度變化影響的「超級時鐘」，成為歐洲科學界的當務之急。

一七一四年，英國政府通過一項法案，提出將對發現準確測量經度方法的人給予重賞。懸賞的條件為：對經度測算誤差小於一個經度的人，獎賞一萬英鎊；對經度測算誤差小於三分之二經度的人，獎賞一萬五千英鎊；對經度測算誤差小於半個經度的人，獎賞兩萬英鎊。當時兩萬英鎊是一筆巨款，其價值相當於現今的兩千萬英鎊。與此同時，英國政府還特別設立了由多位知名專家組成的「經度委員會」，著名科學家牛頓被任命為此委員會的委員長。該法案出台後，立即在英國引發了一場解決經度的全民運動。一些英國科學家提議，只要能夠設計出在航行中仍能保持行走準確的「超級時鐘」，就可以解決經度測量問題。可是，牛頓卻對此方案顯得信心不足，他斷言：「此方案需要有一個行走準確的時鐘。但是，由於船隻晃動、溫度和潮濕

1 航位推測法（Dead Reckoning）是中古時期有經驗的航海家經常採用的一種經度推測法。他們每隔一段時間根據估計得來的船速、航向和航行的時間來估算船隻所在的大體位置。磁偏角法（Magnetic Declination）也是一種經度推測法，它根據指南針偏離的角度估算船隻東、西橫向航行的位置。

2 引自George E. Nunn於一九三四年所寫的"Magellan's Route in the Pacific"一文。該文載於*Geographical Review*雜誌，Vol. 24, No. 4 (Oct., 1934), pp. 615-633.

3 著名科學家伽利略也曾經提出通過觀測木星之衛星的星食現象測定地球經度。然而，這種方法不僅不實用，而且要求非常高的天文觀測水準。

度變化，以及地球在不同緯度出現的地心引力變化，這種時鐘永遠也不會被造出來。」[1]牛頓在鐘錶問題上犯了過於武斷的錯誤。出乎意料，證明牛頓結論錯誤的人，既不是科學家，也不是大學教授，而是一位普通的鐘錶修理師——哈里森（John Harrison）。哈里森從一七二六年開始，經過三十七年的探索，最終設計出能在航行中保持行走準確的小型鐘錶。一七六六年，英國天文台台長馬斯克林尼（Nevil Maskelyne）出版了一本航海曆（Nautical Almanac）。此航海曆提供了一種能夠測定經度的「月距法」。

十七、十八世紀是值得歐洲人驕傲的時代。在這兩百年間，他們終於全面解決了測定經、緯度的問題。這不僅為歐洲航海家、地理學家測繪世界創造了條件，也為歐洲人向全世界擴張奠定了基礎。

中國古人測定經緯度的工具及方法

在中國古代神話中，有兩個非常重要的人物——伏羲和女媧。這兩個神話人物是古代陰陽學說的形象化。伏羲為「陽」的化身，代表天；女媧象徵「陰」，表示地。漢唐時期石刻和壁畫作品中有不少伏羲、女媧的組合造像，表現出陰陽和諧的思想。在這些畫像中，伏羲和女媧通常是人首蛇身，蛇尾交纏，伏羲左手持著一個矩，女媧右手握著一個規。

據西元前四世紀思想家尸佼在《尸子》中的記載，四千五百多年以前，有一位名叫「倕」的人製作「規、矩、準、繩」等器具，用於模仿天、地的形狀。《史記・夏本紀》也記載，四千兩百多年前，大禹治水時「左準繩，右規矩，載四時，以開九州，通九道」。這些文獻說明，「矩」和「規」與中國古人測量天地緊密相關。

「矩」是中國古人使用的一種測量工具，其形狀為L形，其功能相當於直角尺或測角儀。依靠這種工具，中國古人不僅能夠測量星座的高低及其變化，還能進行地理測量。《周髀算經》記載了古人測量土地時使用矩的四種方法，即測高、測遠、測深和測定垂直。《舊唐書．天文志》中也有「以覆矩斜視，北極出地」多少度的記載。

「規」的本義指畫圓的工具，但後來衍生為「法度」或「規則」之義[2]。古語「矩規」的涵義之一是：在測量星座的基礎上，運用方與圓的轉換規律測繪出天文圖和地圖，以反映天意。

古人對「矩」與「規」的解釋不僅見於文獻記載，一些古代藝術作品也能夠幫助我們更加準確地理解「矩」與「規」的涵義。

山東嘉祥縣的武梁祠是東漢桓靈時期（一四七－一八九）建造的一座家族祠堂，距今已有一千八百多年。祠堂內的石刻壁畫上有一幅伏羲女媧像（見圖50），榜題為：「伏羲蒼精，初造王業，畫卦結繩，以理海內。」此造像中，伏羲舉著一個矩觀測天空，女媧手持的器物已無法辨認，伏羲和女媧中間繪有一個手拉兩者的童子，以示天地相合。此幅石刻的人物造型和榜題表達出一個非常深奧的哲理：通過觀測天空和數學法則畫出反映華夏大地規律的八卦圖。武梁祠石刻壁畫中還有另外兩幅伏羲女媧造像，表現出相同的寓意。其中一幅進一步地闡明了測天與繪地之間的緊密聯繫（見圖51）。畫中，伏羲舉著一個矩，觀測天空；女媧手持一個規，平視大地；女媧前方的侍女手臂指向大地，從高向下飛去，這一形象寓意測繪大地；在伏羲與女媧之間有兩個男童，他們的造型示意出測天與量地之間的關係。

古代藝術品是歷史的鏡子，從中能夠看出古人的科學水準和哲學理念。漢代伏羲女媧壁畫通過藝術語

1 牛頓此評論的英文原文為：“One is, by a watch to keep time exactly: but by reason of the motion of a ship, the variation of heat and cold, wet and dry, and the difference of gravity in different latitudes, such a watch hath never been made.” 摘自測繪歷史協會網站（http://www.surveyhistory.org/john_harrison's_timepiece1.htm）上刊登的“Time & Navigation——John Harrison's Timepiece”一文。

2 《說文》：「規，有法度也。」

圖50　武梁祠伏羲女媧

圖51　武梁祠伏羲女媧像

圖52　東漢攜帶式銅圭表

境，生動地傳遞出中國古人天地合一、陰陽和諧的哲學理念，以及運用規則和工具測天量地的理念。

中國古代有一種形狀與「矩」非常相似的天文觀測儀器，其名稱為「圭表」。江蘇南京博物院收藏有一件從東漢墓葬中出土的可攜式銅圭表（見圖52）。此件圭表造型別致，表垂直立於圭身一端，由樞軸相接，可以啟合。圭身正面有長方形匣槽，閉合時表可以放置其中。圭為平臥型的尺規，正面有刻度。此古圭表的使用方法是：依南北正向將圭平放在水平的地面上，表豎起與圭形成九十度直角，正午陽光照射在表上形成的表影正好投在圭尺上，中國先哲根據圭尺上表影的長度測定地域所在的緯度[1]。使用圭表測定緯度的原理與十六世紀歐洲航海家通過觀測太陽高度測定緯度的原理完全相同。這兩種方法相比較而言，前者比後者更為精確，因為觀測日影在圭尺刻度上的長度比肉眼觀測太陽高度更加準確。

晷儀是中國古代另一件與日影相關的儀器。中國古人根據日影在日晷上的位置計算時刻。中國史料中有關晷儀的最早紀錄可見於《漢書》。

與十六、十七世紀歐洲航海家一樣，華夏先哲同樣遇到了如何準確判斷經度的問題。然而，在歐洲人解決經度問題的兩千多年之前，中國古人早已找到了問題的答案。

中國古人判斷經度的方法是觀測二十八星宿。有關這種經度判斷法的最早文字記載見於西元前三世紀成

1　攜帶型圭表用於測定地理緯度。中國古代還有一種固定型圭表，即這種圭表被固定在某一地點。固定型圭表的用途是根據正午表影投射在圭面上的影長判斷冬至日、夏至日等季節。

書的《黃帝內經》：「子午為經，卯酉為緯。天周二十八宿，而一面有七星，四七二十八星，房卯為緯，虛張為經。」其中，「虛」和「張」分別指位於北或南方的虛宿和張宿。《黃帝內經》的這一記載證明，在西元前三世紀，中國人已經通過觀測虛宿和張宿判斷經度。除《黃帝內經》外，《春秋》和《周禮》兩部古籍中也有相關的記載[1]。

西元前兩世紀，漢武帝為制定「漢曆」組織了一次規模龐大的天文和地理測量。《漢書．律曆志》對此次測量做了記載：「乃定東西，立晷儀，下漏刻，以追二十八宿相距於四方，舉終以定晦朔分至、躔離弦望。」這一記載說明，為了制定「漢曆」的月份和季節，漢朝觀測人員由東向西，緊跟從東向西運轉的二十八星宿，在行進之中觀測二十八星宿的位置及其運轉規律。出發時，他們根據晷儀上的日影測定起始地的正午時刻，同時攜帶「漏刻」作為計時工具。沿途中，他們根據晷儀上的日影測定所在地的正午時刻，並通過「漏刻」計時測算出起始地與途中某一地點之間的時差。通過這種方式，漢朝的天文學家測定出二十八星宿分布在天球上的位置，同時測算出人們在東西方向不同地點依次看到二十八個星宿所相距的時差。

漢朝天文學家在西元前兩世紀完善的二十八星宿天文體系對中國古代天文學發展影響很大。正是基於此次天文觀測，西元兩世紀天文學家張衡製作出演示天球和二十八星宿星象運轉的渾天儀，十一世紀科學家蘇頌繪製出劃分二十八個時區的天象圖。二十八星宿天文體系對中國古代地圖學也同樣具有非常重要的意義，中國古代地圖學中的經度概念源於二十八星宿的經度。此天文經度體系為中國古代地理學家測量地球的經度提供了參照係數。正如《淮南子．墜形訓》中的記載：「凡地形，東西為緯，南北為經。」這句話的涵義是：但凡繪製反映大地的地形圖，應當繪出東西走向的緯線和南北走向的經線[2]。

漢代這種「定東西，立晷儀，下漏刻」的測量方法與一五三〇年荷蘭科學家弗里修斯提出的「時差測定經度」原理如出一轍。並且，漢朝人測量時使用的「漏刻」與鐘錶修理師哈里森發明的「超級時鐘」具有非常相似的功能。

漏刻是中國古代的一種計時工具，又稱之為「水鐘」。「漏」是指帶有漏孔的壺，「刻」是指浮在壺中水面的浮箭。漏刻分為泄水型和受水型兩種。早期漏刻多為泄水型，即壺中的浮箭隨壺中之水從漏孔流出而下降，由此指示刻在壺內側的時間刻度。受水型漏刻由漏壺和受水壺組成，水從漏壺的漏孔流到受水壺時，受水壺中的浮箭會隨之上浮，從而指示受水壺內側標注的時刻。

中國最早對漏刻的文字記載見於西元前四、五世紀的《周禮》。現存最早的幾件漏刻為西元紀年之前的遺物，分別出土於河北、內蒙古和陝西。西元一世紀學者桓譚在文章中記載了水溫和空氣濕度對漏刻計時的影響，為此他建議，需要通過觀測晷儀日影和二十八星宿位置加以校正。西元五世紀，中國出現了一種能在顛簸行進之中計時的「漏刻」。此漏刻是一種白玉製成的壺，壺內分上下兩層，且裝有水銀，水銀可通過管孔從上層流入下層。由於白玉具有良好的透明性能，可以根據玉壺外側的刻度，計算壺內水銀的流量，從而達到計時的目的[3]。西元七世紀，中國古代天文學家發明了一種由上下四個漏壺組成的漏刻，通過同時觀測四個漏壺中浮箭所指的刻度，綜合計算出準確的時間。為了解決水結凍的問題，宋朝張思訓於九七六年製造了一座以水銀為動力的鐘。三百多年之後，中國古代天文學家又發明出「沙漏」[4]。

1 《春秋左傳正義》：「二十八宿，則著天不動，故謂二十八宿為經，五星為緯。言若織之經緯然也。」《周禮》：「以實柴祀日月星辰。」鄭玄注：「星謂五緯。」唐賈公彥疏：「五緯，即五星：東方歲星，南方熒惑，西方大（太）白，北方辰星，中央鎮星。言緯者，二十八宿隨天左轉為經，五星右旋為緯。」

2 除《淮南子．墜形訓》外，還有其他類似的史料記載。例如，《孔子家語．執轡篇》有「子夏曰：商聞《山書》曰：地東西為緯，南北為經」一語；《晉書．地理》有「南北為經，東西為緯」；《初學記》有「《家語》曰：地東西為緯，南北為經」；《青囊經》有「四七為經，五德為緯，運斡坤輿，垂光乾紀」。

3 見西元八世紀中期徐堅編著的《初學記》。

4 沙漏在中國出現時間不會晚於十三世紀。宋濂（一三一〇—一三八一）著《宋學士文集》記載了一種沙漏的結構，其中提及此沙漏具有五個齒輪。

除了水漏、水銀漏和沙漏之外，中國古人還採用觀察香或蠟燭的燃燒程度計算時間。通過這些不同的計時工具，中國古人可以在陸上、海上、潮濕地區和寒冷地帶準確地計算時間。

經度是地圖學中的一個基礎概念，它在地圖史學中具有特別重要的意義。中國古人很早就提出與經度類似的概念——「里差」及其計算方法。一二二〇年元朝科學家耶律楚材在《庚午元曆》中首次提出了「里差」的概念。他論述說：以撒馬爾罕作為本初子午線，根據向東或向西各地與撒馬爾罕相距的里數，通過一個數學公式可以計算出東、西之間距離差造成的看到同一天象的時差，向東加時間，向西減時間[1]。十八世紀中國著名學者紀曉嵐認為，「里差」的理念最早起源於《周髀算經》，此書中所謂「東方日中，西方夜半，西方日中，東方夜半」就是指「里差」。並且，紀曉嵐還指出，八世紀一行和尚繪製的《覆距圖》已經體現出「里差」的理念[2]。

第五節　東學西漸

上述比較給我們呈現出一系列的歷史畫面：古代中國在遠洋航海、天文觀測、數學運算、投影繪圖和經緯度測量等方面的發展一直保持著相輔相成、相互促進、逐步提高的局面；十一世紀之前，中國已經具備了測繪世界地圖的所有技術條件；相對而言，歐洲在十八世紀才全面完善了測繪地球所需的技能。

前面章節曾提到十四世紀至十六世紀初歐洲出現的一些世界地圖。這些地圖覆蓋的地域範圍以及圖中描繪的大陸輪廓反映出較高的科學技術水準，特別是經緯度測定的準確性。然而，歐洲當時的科技水準完全無法與這些地圖的水準相匹配。科技水準與地圖水準之間的差距無疑暗示出，這些歐洲古地圖都不是原創作品，這些地圖中的地理訊息來源於另外一些古地圖，而那些古地圖的原創者則是中國的古代地圖學家。中國古人的航海能力、天文知識、數學水準以及他們的測繪技能，為中國古代地圖學家繪製出高水準的世界地圖創造了得天獨厚的條件。

中國古代天文學家和地理學家收集、積累的經緯度測量資料通過伊斯蘭世界傳到歐洲。十六世紀初，義大利史學家和地理學家賴麥錫（Ramusio）曾經編輯了一本記載經緯度測量資料的著作。此著作中的測量資料來源於十四世紀初伊斯蘭歷史學家和地理學家阿非達（Abu al-Fida）[3]。十七世紀法國學者洛克（Jean de la Roque）將阿非達的經緯度測量資料翻譯成法文，成為法國地理學家參考的資料[4]。傳統史學觀認為，阿非達收集的經緯度測量資料來源於托勒密的《地理學指南》。然而，阿非達資料所列的地理名稱與《地理學指南》中的地理名稱之間存有很大差距。阿非達資料涉及的地理名稱屬於蒙古時期，並且與《馬可．波羅遊記》中記載的地名相吻合。這說明，阿非達資料的來源出自元朝人。

阿非達資料僅僅是東學西漸的例證之一。在其他的史料中，我們也能看到東學西漸的痕跡。

1 見《元史》。耶律楚材提出的數學公式為：時間差=距離差×0.04395×6/2615。
2 見《四庫全書總目提要》卷一百六、子部十六。
3 見Ian Manners, *European Cartographers and the Ottoman World: 1500-1750*, The University of Chicago, p. 54.
4 同前，p. 55.

第三篇

東西方交流

第十章

中世紀東西方交流的遺產
——馬可．波羅的北美地圖

自古以來，科學技術的演變和發展主要受到兩種因素的影響。一是各民族或地區內部的代代相傳和不斷提高；二是各民族或地區之間的相互接觸、交流與融合。前者經過時間流轉的過程，後者則是發生在同一時間。有些歷史學家將前者形容為「縱向傳播」，將後者描述為「橫向傳播」。

歷史告訴我們，若一個民族或地區的科學技術僅僅處於縱向傳播的狀態，其發展的進度往往比較緩慢，甚至還會出現停頓的狀態。十六至十九世紀的中國就是典型的例子。反之，當一個民族或地區的科學技術在經歷縱向傳播的同時極大地受到橫向傳播的影響，該民族或地區的科技水準往往會出現急速提高的現象。最為典型的歷史事例就是十五至十八世紀歐洲出現的科學技術革命。

十二世紀以前，歐洲的科技水準遠遠落後於阿拉伯世界和中國。若以十九世紀世界各國參差不齊的科技水準作為比喻，十二世紀以前的歐洲與十九世紀的中國極其類似，處於科技發展的冬眠階段。自從十三世紀開始，歐洲人在挖掘、繼承古希臘和古羅馬文化的同時，廣泛吸收來自亞洲的科技文明素養。在經過兩百多年的研究和吸取之後，歐洲的科技發展於十六世紀出現了實質性的飛躍。此後，歐洲的科技水準在一百多年的時間裡迅速超越亞洲，並在十八、十九世紀成為世界上科技最為發達的地區。

有些史學家往往過分誇大希臘傳統文化對歐洲科學技術革命所起的作用，忽視橫向傳播的因素。縱觀文藝復興的歷史過程，亞洲科技文化對歐洲中世紀科技發展的促進作用遠比希臘傳統文化重要得多。若沒有外來影響，僅僅基於一千多年以前古希臘所處的科技水準，十六世紀的歐洲不可能在科技方面出現驚人的飛躍。

阿拉伯和印度的古代科技文明都曾對歐洲科學技術革命起到過積極的促進作用。中國古代科技文明也是如此。有些史學家認為，中國古代文明對歐洲中世紀科技發展的影響主要在於指南針、造紙和火藥。事實上，以方位羅盤為代表的中國古代地圖學對歐洲十五、十六世紀科學技術革命的影響不亞於前三者。在中國古代地圖的影響和刺激之下，從十五世紀開始，歐洲在航海、天文、地理、哲學等方面得到迅速發展，並由此引發歐洲探險家對世界地理的大發現。

中西方之間有關地理學方面的交流可以追溯到西元前兩世紀。西漢初期（西元前兩世紀上半葉），已有商人行走於中國與阿拉伯世界之間。不斷的貿易往來逐漸開闢出一條以長安（今西安）為起點，途經中、西亞地區，最終通往地中海沿岸的陸上通道。在這條道路上運送的貨物以絲綢製品最為著名。為此，該條貿易通道被史學界稱之為「古絲綢之路」。在絲綢等貨物通過「古絲綢之路」運往地中海沿岸各國的同時，中國古代天文學家、地理學家也與西方的同行們取得了聯繫。西元紀年之初，廣州通往波斯灣和紅海的海上絲綢之路被開通。此條海上貿易航道為中、西方在天文、地理方面的接觸與交流創造了更有利的條件。

在十五世紀以前，中國在地理學方面的研究水準一直領先於歐洲和阿拉伯世界，中國古人取得的地圖學研究成果通過各種管道向西方傳播。在中世紀時期，這種傳播曾經有過兩次高潮。第一次出現在唐代，第二次則發生在元朝。

第一節　中世紀的兩個超級大國

六一〇年，穆罕默德在阿拉伯半島麥加宣教，他受到真主阿拉的啟示，作為真主的使者，傳播以「認主獨一」為核心的伊斯蘭教。此後二十多年，伊斯蘭信徒在「伊斯蘭聖戰」口號的鼓動下迅速對外擴張，先後占領了中亞、西亞、北非和伊比利亞半島，形成地跨亞、非、歐三大洲的阿拉伯帝國。這個龐大的阿拉伯帝國正式創建於六三二年，直至一二五八年被蒙古人摧毀。

穆罕默德創立伊斯蘭教後的第八年，李淵在中國建立了大唐王朝。在中國歷史中，唐朝是一個非常令人矚目的朝代，它被公認為中國最強盛的時期之一。唐朝在科技方面取得了非常顯著的成就，這些成就在伊斯蘭世界享有很高的聲譽。

自西元七世紀初直至十世紀時期，在亞歐非大陸上形成了唐朝和阿拉伯帝國各霸一方的局勢。這兩個超級大國之間雖然時常發生軍事衝突，但兩國海、陸貿易往來從未有過中斷。兩大帝國的政府也時常互派使者。七世紀中期至八世紀末，僅中國史書記錄在案的阿拉伯來華使團就有三十六次之多。唐朝人與阿拉伯帝國民眾之間的交往更為頻繁。唐朝實行對外開放政策，吸引許多外國學者、商人來華定居。當時，長安、洛陽、揚州、成都和廣州等重要城市都有許多外國僑民。尤其是作為政治、文化中心的長安和作為海上貿易中心的廣州，外國僑民的人數均達到萬人之多。位於首都長安的京師學校是唐朝的最高學府和科技研究機構，該學校開設研究易學、數學等課程，並且接納外國留學生。在許多伊斯蘭人來到大唐帝國的同時，也有許多唐朝人遷徙到阿拉伯帝國居住。西元八世紀中期中國旅行家撰寫的《經行記》，曾提及一些在阿拉伯帝國工作的中國畫匠、金銀匠、造紙匠和織絹工。這些在阿拉伯帝國工作的中國工匠，以及在中國生活的伊斯蘭僑民，無疑為兩大文化之間的交流創造了良好的條件。

《經行記》是中國古代一部非常重要的旅行遊記。該書的作者杜環曾於七五一年隨唐朝軍隊西行至中亞地區與阿拉伯帝國軍隊作戰。此戰以唐軍戰敗告終，很多唐朝士兵成為戰俘被押送到阿拉伯帝國境內。杜環也是其中之一。獲得自由之後，杜環在西亞、地中海兩岸以及東非一帶遊歷了近十年。七六二年，他從印度洋沿岸的某一港口搭乘商船經斯里蘭卡回到廣州。此後，杜環撰寫出《經行記》一書，記述他在康國（撒馬爾罕）、拂菻國（希臘）、大秦國（東羅馬帝國）、女國（賽普路斯）、摩鄰國（衣索比亞）、波斯（伊朗）、苫國（敘利亞）和師子國（斯里蘭卡）的所見所聞[1]。其中包括伊斯蘭習俗、歐洲宗教、東羅馬帝國的開顱醫術以及地中海的海上貿易。

杜環在中、西亞旅行期間，阿拉伯帝國正值阿拔斯王朝統治時期。阿拔斯王朝是阿拉伯帝國的第三個王朝，其建立年代為七五〇年。阿拔斯王朝創立時定都於巴格達，王朝管理體制承襲古波斯，實行中央集權制，最高領袖稱為「哈里發」。

阿拔斯王朝建立之初的一百年是該王朝的鼎盛時期。在這一期間，伊斯蘭世界經濟繁榮，對外擴展貿易，伊斯蘭商人的足跡遍及亞、非、歐各地。在阿拔斯王朝的鼎盛時期，王朝的統治者們十分重視吸取先進的外來文化，他們崇尚學術，提倡研究，尊重賢士。阿拔斯王朝的數位哈里發曾派遣使者四處收集各種文字的典籍，特別是有關醫學、星相學、天文學和地理學的著作。阿拔斯王朝的歷代統治者們視書籍為至寶，他們將搜求到的書籍和資料集中保存在一所規模宏偉的學術中心，該中心的名稱為「智慧館」。這所學術中心建於九世紀初，它集合書籍管理、研究、翻譯和教育等功能於一體，其形式與現代綜合性大學很相似。由於寬鬆、活躍的學術氛圍，阿拔斯王朝的首都巴格達在九世紀成為人文薈萃、學者雲集的世界文化中心之一，

1 對於《經行記》中記載的「摩鄰國」究竟指何處，史學界一直有許多不同的觀點。有的推斷在紅海西岸，有的認為是非洲東岸的馬林迪，有的猜測是指茅利塔尼亞或利比亞，有的推測位於現今衣索比亞，還有的認為摩鄰是麥羅埃。筆者認為摩鄰位於現今衣索比亞的觀點比較可信，故採取此說。具體見《世界歷史》一九八〇年第六期刊載的沈福偉〈唐代杜環的摩鄰之行〉一文。

希臘、羅馬、埃及、波斯、印度、中國等不同文化滙集在此進行交流。印度的數字符號、十進位計數體系以及零的概念和用法正是在這一時期由阿拉伯數學家花拉子密（Al-Khwarizmi, Muhammad ibn Musa）介紹到阿拉伯世界[1]。阿拔斯王朝也曾派人到大唐收集文化、科技資料。正如伊斯蘭教義中有一句來自教祖的名言：「學問雖遠在中國，亦當求之。」[2]

八世紀三〇年代，唐朝人曾經進行過一次大地測量。測量完成的時間比阿拔斯王朝建立智慧館的年代早一百多年。八、九世紀時期，中國地理測繪水準處於世界領先地位，中國地理學家測繪大地的資料自然包括在智慧館收集的範圍之內。來自中國的地理資料無疑引起伊斯蘭學界的極大興趣。然而，漢字並不是伊斯蘭學者或阿拉伯學者認知的文字，他們不得不臨摹中國地理學家的地圖，並且將中文資料翻譯成他們熟悉的語文。經過臨摹和翻譯之後，來自中國的地理資料逐漸變成為無名氏資料，無人能夠知曉或者辨認出這些資料的最初來源。一五一三年《皮里·雷斯地圖》注釋中提及的六幅無名氏地圖很可能就屬於這類資料。

雖然在那些無名氏地理資料中看不到訊息來源的文字記載，但是資料中的一些符號卻能夠暗示出訊息的來源。不僅如此，一些基於無名氏地理資料繪製的地圖，也記載下顯示訊息來源的圖形和文字。

裴秀「製圖六體」的投影理論要求繪圖師對地圖中的地域輪廓進行調整，以顯現出彎曲的大地地表。受裴秀影響，一些中國早期的世界地圖將非洲大陸南端的朝向繪成向東，一一三六年《華夷圖》就是一個例證。這種將非洲大陸南端調整為向東的繪圖方法影響了伊斯蘭地圖學家和阿拉伯地圖學家，致使許多出自伊斯蘭或阿拉伯人之手的早期世界地圖都顯現出這種怪異的非洲大陸輪廓。其中，最具代表性的是阿拉伯地理學家伊德里希於十二世紀繪製的圓形世界地圖（見彩圖16）、一三二一年維斯康緹教父繪製的世界地圖（見彩圖10）和一四五〇年至一四六〇年期間繪製的《卡特蘭·艾斯坦斯世界地圖》（見彩圖17）。

十二世紀以前，阿拉伯人和伊斯蘭人繪製地圖時普遍將海岸線繪成直線或者平滑的曲線。然而，十二世紀地理學家伊德里希的世界地圖卻突破了此種傳統模式。在他的地圖中，大部分地域輪廓不再是直線或者平滑的曲線。與伊德里希之前或同期的任何一幅阿拉伯人或伊斯蘭人繪製的世界地圖相比較，伊德里希的世界地圖如同鶴立雞群。不僅如此，伊德里希在《地球上旅行的快樂》中收錄了一些長方形地圖[3]。這些地圖不僅畫有與中國「計里畫方」之法非常相似的橫、豎線條，而且顯示出良好的經度判斷技能。這種技能無論是在古希臘人、古羅馬人或者早期中世紀伊斯蘭人、阿拉伯人繪製的地圖中都是見不到的。伊德里希還在此著作中寫下一段耐人尋味的話：「大地圓如球，水依附於大地，並通過自然平衡保持大地靜止不動，」「大地居在空間靜止不動，猶如蛋黃居於蛋中。」[4]將伊德里希的論述與西元兩世紀中國科學家張衡有關宇宙的描述相比較，我們會發現，兩者之間有著驚人的相似之處（注：張衡的論述見第六章）。伊德里希地圖的特點以及他對地球的描述暗示出，他曾經研究過來自中國的地圖和地理訊息。

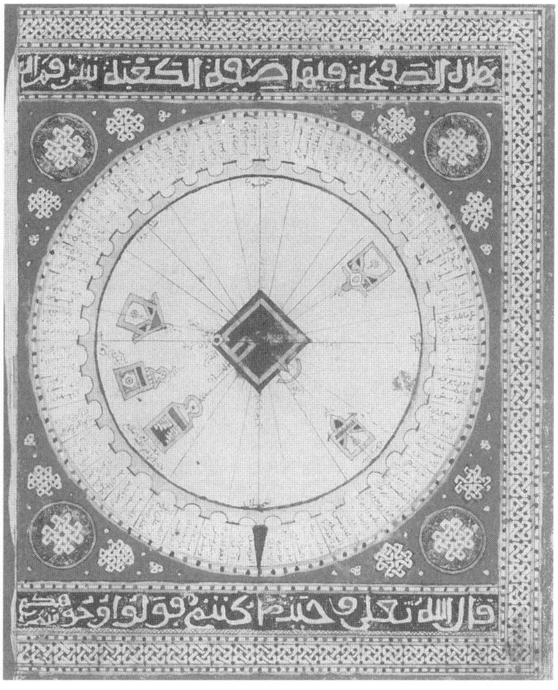
圖53　1551年伊斯蘭羅盤方位圖

法國國家圖書館收藏有一本繪於一五五一年的地圖集，其中收錄有一幅羅盤方位圖（見圖53）。此羅盤方位圖雖然出自伊斯蘭繪圖

1 印度的數字標識曾一直被後人誤認為是由阿拉伯人發明的，並被稱為「阿拉伯數字」。

2 Seek knowledge even as far as China.

3 《地球上旅行的快樂》一書的英文名稱為："The Recreation for Him Who Wishes to Travel Through the Countries"。

4 見Frances Carney Gies, "Al-Idrisi and Roger's Book", 載於*Saudi Aramco World*, July/August, 1977, Vol. 28, No. 4.

師之手，但是圖中卻繪出了一些中國結圖案。此羅盤方位圖採用紅、黃和深棕三色繪出了三十二條方位線。三十二條方位線的理念最初源於道教。並且，採用三種顏色描繪地理的方法也是源於道教。《太上洞玄寶元上經》載：「察地理者，依吾下經。地理者，三色也。名為察者候三色也。三色者，土、山、水也。」湖南長沙馬王堆出土的《駐軍圖》可以視為一個歷史物證。此圖上的顏色為黑、紅、田青三色。從這些具有中國特色的圖形和色彩可以看出，中世紀伊斯蘭地圖學家繪製此幅羅盤方位圖時，曾經參考了來源於中國的資料。

無獨有偶。法國國家圖書館的藏品中有一件由中世紀敘利亞人繪製的羅盤方位圖（見圖54）。圖中的兩幅羅盤方位圖，分別標出了二十四個方位和七十二個方位。在二十四羅盤方位圖中，有兩個方位之間多出了兩條直線，這兩條直線實際上是在演示如何將二十四方位羅盤演變為七十二方位羅盤。這種將二十四方位羅盤轉換成為七十二方位羅盤的方法最初也是來源於中國的道教。（注：第十二章將進一步探究二十四、三十二和七十二方位羅盤的問題）

第二節　蒙古鐵騎踏出東學西漸之路

十二世紀以前，中國古代地圖學雖然傳入阿拉伯世界，但是阿拉伯人並沒有積極地將它傳播給歐洲人。在中國與歐洲之間，龐大的阿拉伯帝國成為難以逾越的隔離帶。十三世紀初，蒙古帝國建立之後，局勢出現了轉變。蒙古人以兇猛彪悍的武力、疾風暴雨的氣勢，摧毀了已有六百多年歷史的阿拉伯帝國。蒙古的馬蹄將亞、歐大陸踏為一體，使中國與西方之間的交流豁然貫通。蒙古軍隊的鐵騎成為東方文化向西方傳播的一種動力。在蒙古騎兵的引導下，中國地圖學向西方傳播的範圍迅速從伊斯蘭世界擴展到歐洲。在此次東學西

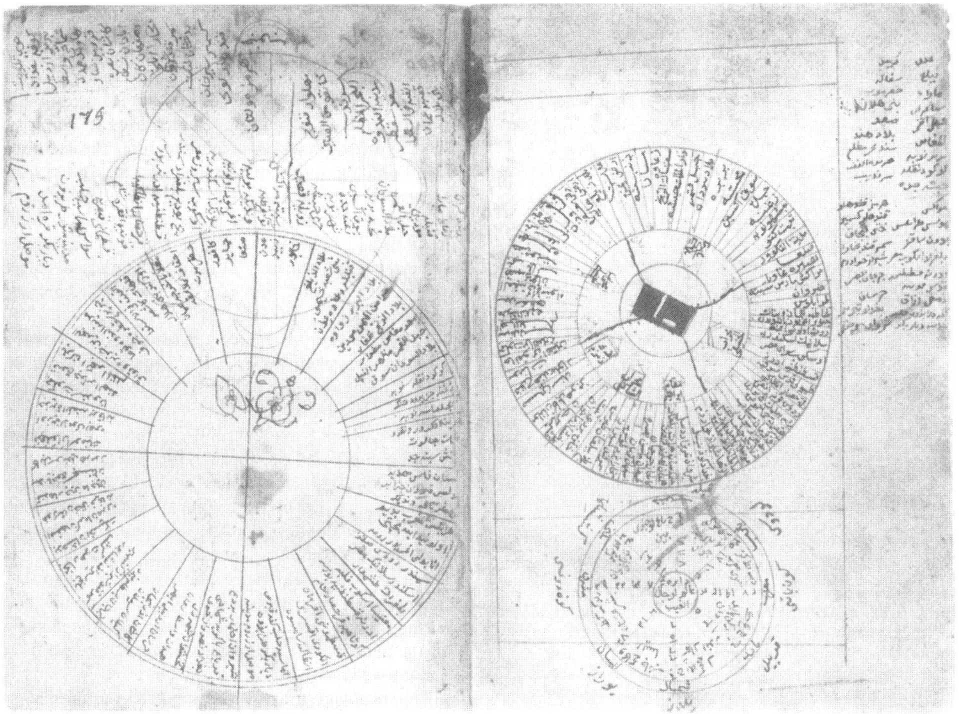

圖54　中世紀敘利亞人羅盤方位圖

漸的過程中，西行的元朝堪輿大師、互訪的東西方使者以及西方來華的旅行家都起到了不可估量的促進作用。

成吉思汗創建蒙古帝國後，在一二一九年至一二六〇年的四十餘年內，先後發動了三次大規模的西行征討，逐漸將蒙古帝國的領地擴展到了西亞。成吉思汗第一次西征始於一二一九年，率二十萬大軍。一二二〇年，蒙古軍隊攻占了花剌子模國的都城撒馬爾罕。在成吉思汗西征的隨行大軍之中，有兩位重要的中國堪輿大師：一位是耶律楚材，此人極富才華，身為蒙古朝廷的高級官員，負責為皇帝進行占卜；另一位是丘處機，他是全真道教的掌門人，在天文、地理、占卜方面具有極高的造詣。據《元史》記載，耶律楚材和丘處機都曾在撒馬爾罕進行天文觀測，並且與阿拉伯天文、地理學家進行過交流。

蒙古大軍西征，使得信奉耶穌基督的歐洲人感受到來自蒙古的威脅。歐洲人對這支從亞洲大草原突飛而來的游牧部落知之甚少，因此，他們決定派使者赴蒙古進行探訪，查明蒙古人的宗教信仰、生活習慣、作戰方式和他們未來的意圖。

一二四五年，天主教士卡爾平尼（Giovanni de Plano Carpini）作為羅馬教皇英諾森四世（Innocent IV）的專使，攜帶教皇致蒙古大汗的書信出使蒙古。隨行的還有教士本篤（Friar Benedict the Pole）等人。一二四六年七月，卡爾平尼一行抵達蒙古都城喀拉庫倫（Karakorum），朝見當時蒙古大汗貴由，向其呈遞羅馬教皇的文書。同年十一月，卡爾平尼一行攜帶著貴由回覆給羅馬教皇的書信返回到歐洲。此後不久，卡爾平尼撰寫出一份出使報告，記述他在蒙古國的一些見聞。此份報告被史學界譽為中外交流史的名著之一，並將其稱之為「蒙古史」。史學界幾乎一致認為，卡爾平尼等人出訪蒙古的使命並非僅僅是交換外交文書，而是探聽和收集有關蒙古的各種情報。

一二五三年，法蘭西國王路易九世派遣教士盧布魯克（Guillaume de Rubruquis）出使蒙古。盧布魯克於一二五四年初謁見到當時蒙古大汗蒙哥，他在元朝領地做了一番遊歷之後，於同年八月帶著蒙哥寫給路易九世的國書返回歐洲。回到家鄉不久，盧布魯克用拉丁文撰寫了一部出使報告——《盧布魯克遊記》。在此報告中，盧布魯克描述了蒙古人的特性以及蒙古帝國的地理狀況。史學界認為，《盧布魯克遊記》是歐洲第一部有關亞洲中部的地理學書籍。

卡爾平尼和盧布魯克出使元朝的消息以及他們的著作激發了許多羅馬教士東行的熱忱，他們分別從陸地或海上來到中國。這些西來的教士中間，有著名的義籍天主教士蒙高威諾（John of Montecorvino），他於一二九四年受羅馬教皇派遣來到中國的京都汗八里（即北京）傳教。一三二二年來華的義籍天主教士鄂多立克（Friar Odoric of Pordenone）也是一位知名的東行教士，他在泉州登陸後取道福州、杭州、南京、揚州、臨清和濟寧等地，最終抵達汗八里。一三二八年，鄂多立克又經陝西、四川、西藏、巴大格山、波斯，返回到義大利[1]。在鄂多立克東行的同一年，羅馬教皇派遣教士鮑特拉（Nicolas de Botras OSF）率領二十餘名傳教士赴華訪問。一三四二年，羅馬教皇又委派教士馬黎諾里（Giovanni de Marignolli）抵達中國。馬黎諾里在中國居住了四年之後，從泉州搭乘商船沿著海上絲綢之路返回歐洲。在西方傳教士東遊的同時，中國天主教徒、基督教徒也曾西行抵達歐洲。其中，最為著名的是一支由十餘名中國教徒組成的代表團在元順帝的派遣下於一三三六年造訪歐洲。宗教信徒穿梭行走於東方與西方之間，為中國地圖學向西傳播提供了暢通的管道。

十三、十四世紀期間羅馬教士因東行留名青史者斑斑可稽，而從歐洲到達中國的使者、商賈和旅行家更是數不勝數。在這些人中間，最為著名且影響最大的當屬馬可·波羅。

馬可·波羅出生在義大利威尼斯的一個商人家庭，其父親和叔父在地中海一帶從事商業活動。一二七一年，馬可·波羅隨其父親和叔父從威尼斯出發，抵達地中海東岸，之後，沿絲綢之路東進，於一二七五年到達中國。從此，他在中國居住了十七年之久。一二九二年馬可·波羅父子離開中國，他們搭乘船隻從海上經蘇門答臘、印度等地返回威尼斯。一二九八年，一本記載馬可·波羅在東方見聞的筆錄問世。這一筆錄就是著名的《馬可·波羅遊記》。

《馬可·波羅遊記》對歐洲中世紀地理學影響很大，它開拓了歐洲人的視野，豐富了他們的地理知識，並且引發他們對東方的興趣。特別是十四至十六世紀期間的一些歐洲地理學家和地圖學家，他們在《馬可·波羅遊記》的啟發下，收集、研究來自東方的地理知識，臨摹或參考源自東方的地圖。比如，十六世紀歐洲地圖學家加斯托迪（Jacobo Gastaldi）曾將《馬可·波羅遊記》中的一些地理訊息收錄在他所繪製的亞洲地圖之中[2]。十九世紀末歷史學家柯蒂埃（Henri Cordier）也曾經指出，中世紀歐洲地理學家有關東亞地區的

1 有中國學者將義籍方濟各會教士鄂多立克的名稱翻譯為「名和德理」。

2 見Baron A. E. Nordenskjold撰寫的“The Influence of the ‘Travels of Marco Polo’ on Jacobo Gastaldi’s Maps of Asia”，此文刊載於*The Geographical Journal*, Vol. 13, No. 4 (Apr., 1899), pp. 396-406.

地理訊息大都來源於《馬可．波羅遊記》。

馬可．波羅在離開人世之前告訴他的親友：「我僅僅說出了所見到的一半。」此句遺言成為一個歷史謎團。馬可．波羅沒有說出來的另一半究竟是什麼呢？

第三節　源於馬可．波羅的北美地圖

一九三三年，一位名叫羅西（Marcian Rossi）的美國人將一組古代文獻提供給美國國會圖書館進行審評。羅西稱，他的祖先是義大利人，這些古代文獻都是來自義大利的祖傳之物，其最初來源可追蹤到馬可．波羅[1]。羅西提供的文獻包括數幅手繪地圖和幾張手抄函件。鑑於這些文件來源於羅西家族，史學界將它們統稱為「羅西藏品」。

羅西藏品上的記述文字以拉丁文和義大利文為主。在藏品中的幾幅地圖上，還分別寫有一些阿拉伯文字和中國的象形文字。羅西藏品上的拉丁文具有十八世紀的書寫特點。藏品紙張的碳十四測定結果也顯現出，文獻的抄錄年代可能是在一四七五年之後。

羅西藏品上的拉丁文提及馬可．波羅三位女兒的名字——莫瑞塔．波羅（Moretta Polo）、貝蕾拉．波羅（Belella Polo）和樊蒂娜．波羅（Fantina Polo）。幾幅地圖的簽署年代以及記述中提及的年份均在十三世紀七〇年代末至九〇年代末之間[2]。地圖上記載的亞洲地理名稱也都具有馬可．波羅時期的特色[3]。此外，記述中的一些內容也與馬可．波羅的中國之行有關。例如，一幅地圖中以拉丁文記載了元朝政府頒發給馬可．波羅護照中的部分內容[4]。根據這些記載，一些史學家推測，文獻中的內容很可能源於馬可．波羅。

羅西藏品中的數幅地圖分別繪出了阿留申群島、阿拉斯加西部海岸線以及白令海峽。對此，學術界感到非常意外。根據世界地理大發現的編年表，這些地理訊息出現在地圖上的時間應該是在十七世紀之後。由此，有一些學者猜測，羅西藏品是十七、十八世紀的作品，該作品的製作者在轉抄以前的文獻時，將當時新的地理發現添加在地圖之中。然而，這種假設面臨一個無法解釋的問題：為什麼羅西祖先轉抄原始文獻時沒有將圖中其他的明顯錯誤改正過來？比如，有的地圖將日本島畫在亞洲東南方向，有的地圖誇大了直布羅陀海峽的距離，還有的地圖沒有畫出波斯灣。由於羅西藏品中那些蹊蹺的內容無法與世界地理大發現史相吻合，這些珍貴的古代文獻不幸被打入冷宮。

最先試圖從冷宮中解救出羅西藏品的是著名古地圖專家巴格羅（Leo Bagrow），他於一九四八年發表文章將文獻中的幾幅地圖公之於眾。巴格羅認為，雖然這些古地圖顯得有些怪異，但它們都應該是真品，這些地圖中的亞歐地域輪廓與瑞典斯德哥爾摩皇家圖書館收藏的馬可．波羅世界地圖中的輪廓很相似。巴格羅還建議，應該對這些地圖做進一步的探討，尤其是那些出現在地圖上的中國象形文字[5]。巴格羅的建議似乎沒能得到及時的回應。半個世紀以來，史學界一直以懷疑的眼光看待這些文獻，有些學者甚至乾脆將羅西藏品歸類為偽造品。

羅西藏品在冷落之中委屈地度過了五十多年。二〇〇六年美國學者湯姆森（Gunnar Thompson）發表文

---

1 見Leo Bagrow撰寫的"The Maps from the Home Archives of the Descendants of a Friend of Marco Polo"，此文刊載於*Imago Mundi*, Vol. 5, 1948, pp. 3-13.

2 同前。

3 這些元朝時期的地理名稱包括："Tartary"（指中國）、"Cattigara in Tartary"（指古交趾國，今越南境內）、"Zipangu"（指日本）。

4 見Leo Bagrow撰寫的"The Maps from the Home Archives of the Descendants of a Friend of Marco Polo"，此文刊載於*Imago Mundi*, Vol. 5, 1948, pp. 3-13.

5 同前。

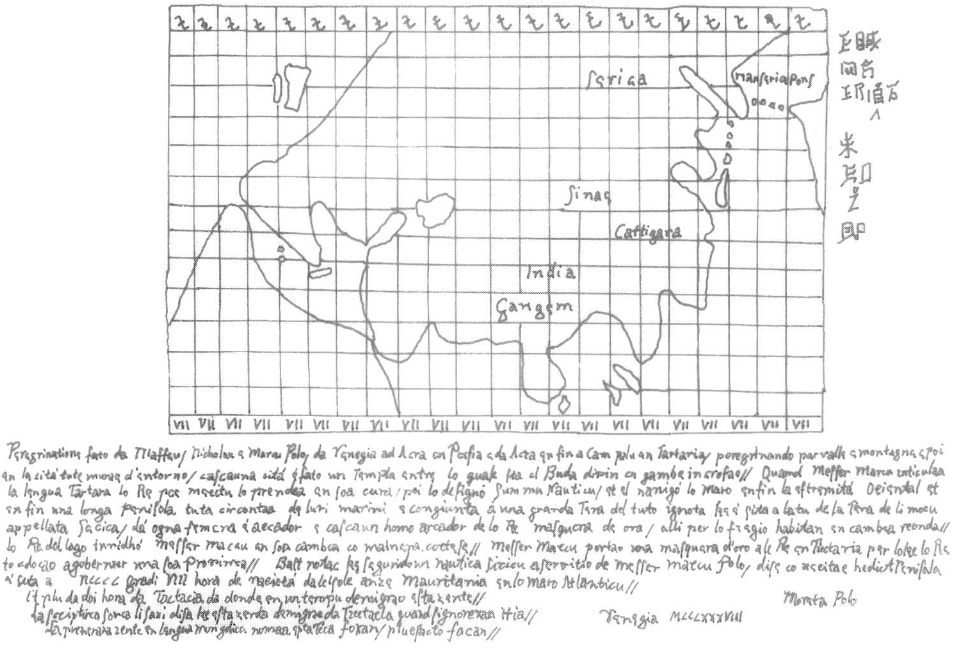

圖55　《莫瑞塔·波羅地圖》（複製品）

章稱，羅西藏品中的幾幅地圖揭示出馬可·波羅曾經抵達過北美大陸。對於湯姆森的觀點，許多史學家不屑一顧，他們不相信在哥倫布發現美洲的兩百年之前已有歐洲人知曉美洲大陸。一些學者尖刻地指出，沒有任何證據可以說明那些地圖的母本曾經記載有關阿留申群島、阿拉斯加以及白令海峽的地理訊息。

我們的確很難有機會看到羅西藏品的母本。但是，現存地圖上的中國象形文字和一些地理名稱卻可以證實，這些文獻的母本載有北美的地理訊息。

羅西藏品中有幅地圖簽署的年代是一二八八年[1]。由於此圖落款寫的是馬可·波羅女兒的名字——莫瑞塔·波羅（Moretta Polo），古地圖專家巴格羅將該圖命名為「莫瑞塔·波羅地圖」（見圖55）。《莫瑞塔·波羅地圖》採用與一一三七年《禹跡圖》相同的計里畫方之法，圖中不僅繪出了亞、歐、非大陸，而且還描繪出日本島、千島群島、阿留申群島和阿拉斯加的地理位置。在這幅圖中，可以看到中國古代地圖學家常犯的一些繪圖錯誤。比如，沒有畫出波斯灣、直布羅陀海峽的間距過於寬闊……等等。

《莫瑞塔・波羅地圖》中最引人注目的是寫在右上角的幾個漢字。這些文字的寫法顯示出，此圖的繪製者對象形文字非常陌生。他曾企圖一筆一畫地按照原樣將母本上的漢字轉抄在地圖上，但是這對他來講是一件無法圓滿完成的使命。依據字體大小、文字排列以及書寫筆劃，這些漢字可分為兩組：上面四行字為一組，下面豎寫的四個漢字為另一組。

從第一組字的排列和筆劃可以推測出，母本上的這些漢字原以行楷書寫而成。由於行楷的筆劃有許多連筆，致使繪圖者轉抄時不僅寫了許多誤筆，而且還有許多漏筆。最為典型的是「網」字，繪圖者將兩個「乂」寫成了兩個圈。由於不熟悉中國古人從右起筆、從上往下的書寫習慣，繪圖者在轉抄時錯誤地按照歐洲人的書寫習慣，從左向右排列漢字。正是出於這些原因，這一組漢字無法全部辨認出原文的字體和涵義。但是，從「網」、「方」、「萬」和「佰」等字可以推測出，這一組漢字與計里畫方的繪圖方法有關。

第二組為四個豎寫的漢字——「未知之耶」。這四個字的書寫筆劃留有「楷書」遺韻。「楷書」的特點是起筆和落筆的筆鋒比較明顯。繪圖者顯然對「楷書」一無所知，將「楷書」中的筆鋒誤作為是漢字筆劃的一部分。「未知之耶」四個字的涵義是：「無人知曉嗎？」此問句寫在圖中阿拉斯加西部海岸線的右邊，這無疑是文獻母本的原書寫者對北美大陸發出的疑問。「未知之耶」這一問句是一個有力的證據，它證明《莫瑞塔・波羅地圖》的母本繪出了阿拉斯加西部海岸線。十七、十八世紀時期北美大陸對歐洲人而言並不是一片陌生之地。若阿拉斯加西部海岸線是羅西祖先在十七、十八世紀轉抄文獻母本時將加入圖中的，他怎麼可能對北美大陸發出這一疑問呢？並且，又怎麼可能以中文寫出這一疑問呢？

羅西藏品的另一幅地圖與一個裝飾圖案同繪在一張紙上。該圖案中畫有一隻船，為此這一文獻被史學界

1 地圖上簽署年代是羅馬數字：MCCLXXXVII。

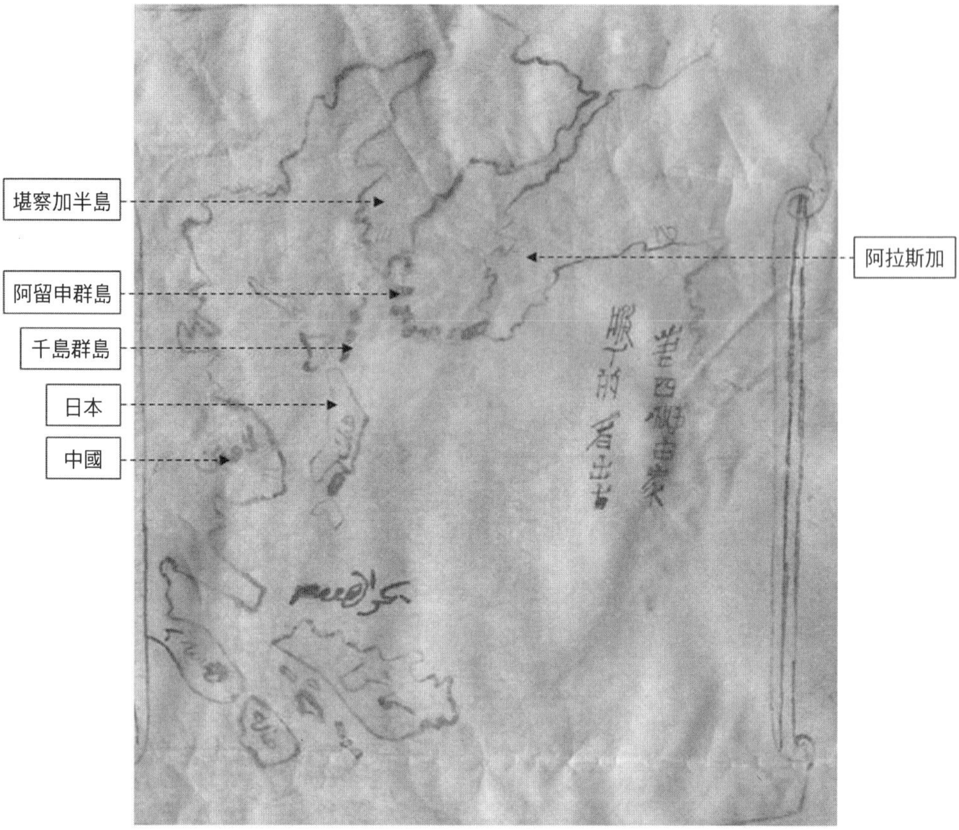

圖56　《帶船的地圖》（此圖現由美國國會圖書館收藏）

命名為「帶船的地圖」[1]。有專家指出，船形圖案中的橄欖枝裝飾花紋表現出十三、十四世紀的歐洲裝飾風格[2]。

這幅奇特的地圖繪出了東南亞、中國東部、日本島嶼、千島群島、堪察加半島、阿留申群島和阿拉斯加半島（見圖56）。此圖的左頁寫有一些記述，這些記述與標注在東南亞、中國東部、堪察加半島和阿拉斯加半島上的羅馬數字相對應，以此反映出相關的地理訊息。有關東南亞的描述為：「根據撒拉遜人所言，這是印度和其鄰近島嶼。」有關中國東部的注解為：「韃靼、日本島以及鄰近島嶼。」有關堪察加半島的標注是「海獅島」。有關阿拉斯加半島和阿留申群島的注釋為：「與鹿島相連的島嶼與長城內的韃靼省份分別具有二至四小時的時差。」[3]這一注釋反映出經度計算和測量的結果。在此值得一提的是，十八世紀上半葉之前歐洲人一直在為經度測算而煩惱。

圖中靠近阿拉斯加的海域上寫有十一個象形文字。這些象形文字的筆劃比較清晰。可見，繪圖者是一筆一畫地將原圖中的象形文字轉抄到圖上。這些象形文字雖然看上去與漢字非常相似，但是它們並不是漢字，而是契丹文字[4]。

契丹文字是中國北部遼國於九二〇年創造的民族文字。這些文字借用漢字的偏旁部首作為音符，結合契丹語音組成文字[5]。契丹文字在字體間架結構和筆劃方面與漢字一脈相承。但是，契丹文字的書法與宋朝時期漢字的書法有很大區別。相對而言，契丹文字的書法風格整肅、行筆勁健、結構緊密、規整平正。契丹文字創立之後僅僅使用了三百多年。一一二五年遼國滅亡之後，契丹文字逐漸失傳。到了十四世紀初，幾乎無人再繼續使用這一文字。依據契丹文字存續的期間可以推測出，此幅地圖上的契丹文字應是從文獻母本上轉抄過來的。

羅西藏品中還有一幅地圖署名為「樊蒂娜・波羅」，其簽署年代為一二七九年[6]。此幅地圖與《莫瑞

1 "Map with Ship"。
2 見Leo Bagrow撰寫的"The Maps from the Home Archives of the Descendants of a Friend of Marco Polo"，此文刊載於*Imago Mundi*, Vol. 5, 1948, pp. 3-13.
3 同前。
4 有關契丹文字的史料不多，加之轉抄過程中的誤筆和漏筆，分辨和解讀這些契丹文字的確不易。十一個象形文字之中只有「T」字可以辨認，「T」為契丹小字數字中的「二十」。
5 《新五代史》卷七十二〈四夷附錄第二〉載：「至阿保機，稍並服旁諸小國，而多用漢人，漢人教之以隸書之半增損之，作文字數千，以代刻木之約。」《五代會要》卷二十九載：「契丹本無文紀，惟刻木為信，漢人陷番者以隸書之半，就加增減，撰為胡書。」
6 地圖上簽署年代是羅馬數字：MCCLXXIX。

塔・波羅地圖》非常相似，採用計里畫方之法繪出了亞歐非大陸板塊、日本島、千島群島、堪察加半島、阿留申群島和部分北美西部海岸線。圖中，北美大陸被標注為"Fosan"。這一地理名稱應是漢語「扶桑」的對音。

在中國古代傳說中，扶桑是一個位於東方海域的遙遠之地。有關扶桑的記載最早見於中國古代傳奇著作《山海經》，但此書對扶桑的記述比較含糊。最先對扶桑的地理位置做出描述的是西元五世紀至六世紀成書的《十洲記》[1]。該書將中國四周的海域分為東海、南海、西海和北海。在此基礎上，《十洲記》進一步描述出扶桑的地理位置：扶桑在東海的東岸；東海的東、西兩岸相對應（即均為南北走向）；自東海東岸向東陸行一萬里將有一片碧綠色的海洋，此海洋東西、南北間的距離與東海相當[2]。這一描述不僅指出了扶桑所處的地理位置，而且還描繪出太平洋和大西洋的基本輪廓。七世紀三〇年代官方編撰的《梁書》更為詳細地描述出扶桑的地理訊息，這些訊息來源於一位名字叫慧深的和尚。慧深和尚稱：在日本（倭國）東北方向七千餘里之處有「文身國」，「文身國」向東五千餘里有「大漢國」，「大漢國」再向東兩萬餘里則是扶桑所在之地。

一些史料顯示，十三、十四世紀的中國學者將「扶桑」定位於日本的東南方向。最具代表性的是十四世紀地理著作《異域志》，此書記載：扶桑國位於日本東南方向和大漢國的正東方向。該國不設城郭，人們用木板搭建房屋。扶桑國的風俗與中國遠古時期相同。當地人智力不高。麋鹿與人非常親近，人吸食麋鹿奶水後可以長壽並且很少得病。此地是太陽升起之處，因此氣候炎熱。然而扶桑國東面氣候涼爽，萬物享受陽光，草木長年茂盛而不枯，人也是如此[3]。根據《異域志》中有關地理位置、風俗習慣和氣候特點的記載可以推測出，扶桑國應位於加利福尼亞一帶。

近、現代史學界對扶桑的地理位置存在兩派之爭：一派認為，扶桑指的是日本；另一派將扶桑定位於美洲大陸。首先提出扶桑為美洲之說的是十八世紀法國學者金捏（De Guignes），他於一七六一年撰寫了一篇研究報告，將扶桑認定為美洲大陸。此後，又有不少中外學者紛紛撰文支援金捏的這一觀點，其中包括中國著名學者章太炎、鄧拓和美國學者莫茲（Henriette Mertz）。但是由於缺少史料作為證據，扶桑為美洲的觀點一直沒有被普遍接受。

羅西藏品中的地圖將北美洲標注為"Fosan"，這無疑證明了中國古人所說的扶桑的確是指北美大陸。從羅西藏品中的幾幅地圖可以看出，中國古人前往北美大陸的航線是：首先經過日本島和千島群島抵達堪察加半島，之後再從堪察加半島向東沿著阿留申群島抵達北美西部海岸。這幾幅地圖顯示出來的此條古代航道與《梁書》中有關扶桑地理位置的記載基本吻合。

羅西藏品收錄的幾幅地圖在地圖投影、地理名稱、注釋文字和海岸線輪廓等方面各不相同。這些不同之處說明，幾幅地圖的母本分別出自不同人之手。幾幅地圖上的拉丁文注釋多次涉及馬可·波羅的中國之行。可見，這些地圖的母本最初是由馬可·波羅收集的。馬可·波羅從不同管道收集地圖的目的是顯而易見的。他通過收集地圖，獲取到中國古人的地理勘測成果和遠洋航海的訊息。

中世紀時期，馬可·波羅並不是唯一從中國收集地理訊息的密探。自十三世紀初蒙古鐵騎引發東學西漸之潮，直至十五世紀初鄭和下西洋，先後有不少東行的西方教士、旅行家和商人將中國人繪製的地圖帶回歐

---

1 雖然《十洲記》記載了西元前兩世紀名士東方朔有關地理方面的論述，但學界長期以來一直將其視為後人的著作。《四庫全書總目》將此書認定為六朝時期的著作，但也有學者認為《十洲記》是漢末時期的作品。作者在此採納《四庫全書總目》之說。

2 《十洲記》：「扶桑在東海之東岸，岸直，陸行登岸一萬里，東復有碧海。海廣狹浩汗，與東海等。」此記述中「岸直」的涵義為：東西兩岸的海岸線遙遙相對應。

3 《異域志》原文為：「扶桑國在日本之東南，大漢國之正東。無城郭，民作板屋以居，風俗與太古無異。人無機心，麋鹿與之相親，人食其乳則壽罕疾。得太陽所出生炁之所薰炙故也。然其東極清，陽光能使萬物受其氣者，草木尚榮而不悴，況其人乎。」

洲。對於來自中國的地理訊息和地圖，十五、十六世紀時期的西方地圖學家一直孜孜不倦地認真研究，從中獲得了很多地理學知識和地圖繪製技術。正因如此，在沒有測繪資料的情況下，十六世紀初的歐洲地圖學家能夠繪製出許多高水準的世界地圖。第四章中提及的一五〇二年《坎提諾世界地圖》（見彩圖6）和一五〇八年《羅塞利世界地圖》（見彩圖23）等，就是一些圖例。十六世紀著名歐洲地圖學家墨卡托「發明」的地圖投影術，也同樣是受到了中國古代地圖學家的啟發。這位被史學界譽為地圖投影學鼻祖的地圖學家，在尚未知道如何準確計算經度的條件下，繪出了精確的世界航海圖。

在第二章中，我們曾經談及十五、十六世紀西方世界地圖的種種疑惑。在這些充滿疑惑的古地圖中，我們可以尋覓到中國古代地圖學家留下的印記。

第十一章 西方古地圖上的中國特色

第一節 「托勒密地圖」中的東方痕跡

托勒密（Claudius Ptolemy）是西元兩世紀古希臘地理學家和地圖學家，他的著作《地理學指南》在地圖史學中占有非常重要的地位。在此書中，托勒密提出了地圖投影和經緯座標的理念。據說，中世紀時期《地理學指南》在歐洲失傳，但此書卻被伊斯蘭學者保存下來。然而，無人知道這部著作在一千多年之中的流傳過程。十五世紀以前，《地理學指南》對歐洲地圖學家的影響微乎其微。自十五世紀《地理學指南》拉丁文譯本出現之後，托勒密的理論引起歐洲地圖學界的重視，並成為西方地圖學發展的誘因。

雖然《地理學指南》被視為地圖史學中的經典著作，然而此書有許多尚待解決的問題。其中，最主要的問題為：誰是書中一些文字內容的真正作者？該書所附地圖究竟來源何處？

托勒密《地理學指南》的原著早已遺失。一二九五年，普蘭努德斯神父（Maximus Planudes）在拜占庭君士坦丁堡的一座神廟裡發現了一部《地理學指南》的希臘文手抄本。拜占庭皇帝看到這部手抄本後，命令下屬以此為藍本抄寫了另一部《地理學指南》。此後兩百多年間，歐洲和阿拉伯世界先後出現了許多希臘文《地理學指南》傳抄本，其中一些有幸流傳至今。這些保存至今的希臘文《地理學指南》傳抄本在內容方面各不相同，並且大都是殘缺不全。由於希臘文《地理學指南》經過多次傳抄，西方史學界對此書原本的可靠性問題長期爭論不休。

《地理學指南》一書分為八冊。第一冊論述了兩種不同的地圖投影方法；第二至第七冊用文字以橫、豎座標的方法描述出了大約八千個地點的地理位置；第八冊將已知世界分為二十六個區域並分別對這些區域做了一番描述。

十六世紀時期的傳統史學觀認為，《地理學指南》手抄本的內容全部源於托勒密本人。自十七世紀以來，時常有學者對這種傳統觀點提出質疑。有的學者指出：許多古代著作在流傳過程中被後人修訂或者增補，但是《地理學指南》在歷經一千多年的流傳過程之中竟然沒有被人修訂或者增補，這的確是一種超乎常理的現象。事實上，有些史料顯示出，《地理學指南》在傳抄過程中曾被人修訂過。十五世紀中期著名地圖學家哲曼努斯（Nicolaus Germanus）就曾做過這種修訂。他在寫給義大利公爵法拉拉（Duke of Ferrara）的信函中提及，他曾對《地理學指南》的內容和附圖做過改動[1]。

正是基於修訂的緣故，在《地理學指南》內容的可靠性方面，史學界一直爭論不休。一些史學家指出，《地理學指南》第八冊對已知世界所做的一些描述與第二至七冊中以橫、豎座標列出的地理位置並不完全一致。史學家圖墨（G. J. Toomer）指出，《地理學指南》中有一些標題與段落之間缺乏邏輯性，這似乎意味著此書並不是出於一人之手[2]。地圖史學家波拉捷克（Erich Polaschek）也認為，曾有人竄改過《地理學指南》中的內容[3]。著名古地圖專家巴格羅甚至認為，《地理學指南》中的一些內容是十世紀至十一世紀拜占庭王朝學者根據皇宮收藏的地理資料所做的補充[4]。

《地理學指南》附圖的來源是另一個爭論的焦點。

現存最早的希臘文《地理學指南》手抄本為十三世紀的作品。迄今為止，已發現六種十三世紀《地理學指南》希臘文手抄本。其中，除一種夾帶一些地圖殘片外，其他五種均沒有任何附圖[5]。十四、十五世紀流傳下來的《地理學指南》希臘文手抄本大約有三十八種，其中十種附有地圖[6]。這些手抄本的附圖不僅數目各不相同，而且內容也各具特色。史學界將附有地圖的《地理學指南》希臘文手抄本劃分為兩類：附有二十七幅地圖的手抄本稱之為「甲類修訂本」，附有六十五幅地圖的手抄本稱之為「乙類修訂本」。

大約在一四〇六年，希臘文《地理學指南》被翻譯成拉丁文，同時出現了拉丁文手抄本。此後，拉丁文手抄本又先後多次被人傳抄。一四七五年，拉丁文《地理學指南》刊印成書，但此書未附任何地圖。一四七七年，附有地圖的拉丁文《地理學指南》在義大利博洛尼亞（**Bologna**）出版。據記載，此本書中的地圖全部是義大利繪畫藝術家科瑞維利（**Taddeo Crivelli, 1425-1479**）的作品。一四七七年刊印的《地理學指南》拉丁文版本至今仍有三十餘部流傳在世，藏書家將這些書稱之為「一四七七年博洛尼亞版」。

對於《地理學指南》附圖來源的爭論可以追溯到十七世紀中期。當時一位名叫沃斯（**G. J. Voss**）的學者提出，托勒密不是《地理學指南》附圖的繪製者[7]。此後三個多世紀，對於《地理學指南》原本是否附有地

---

1 見"The Dedication of Donnus Nicolaus Germanus"，載於*Claudius Ptolemy:The Geography*, translated and edited by Edward Luther Stevenson with an introduction by Prof. Joseph Fischer, Dover Publications Inc., 1991, pp. 19-21.

2 見J. Lennart Berggren and Alexander Jones, *Ptolemy's Geography: An Annotated Translation of the Theoretical Chapters*, Princeton University Press, Princeton and Oxford, 2000, p. 4.

3 見Erich Polaschek "Ptolemy's Geography in a New Light"，載於*Imago Mundi*, Vol.24 (1959), pp. 17-37.

4 見Leo Bagrow, "Origins of Ptolemy's Geographia"，載於*Geografiska Annaler*, Vol. 27, 1945 (1945), pp. 318-387.

5 見O. A. W. Dilke, "Cartography in the Byzantine Empire—Appendix 15.1 Greek Manuscripts of Ptolemy's"，載於*The History of Cartography*, Vol.1, The University of Chicago Press, pp. 272-274.

6 同前。

7 見Paul Schnabel, "Text und Karten des Ptolemaus"，載於*The American Journal of Philology*, Vol. 62, No. 2 (1941), pp. 244-246.

圖的問題，學術界有過幾次論戰。十九世紀末、二十世紀初，歐洲史學界對這一問題的爭論尤為激烈。以丁思（P. Dinse）、費舍爾（Joseph Fischer）、昆茲（O. Cuntz）和施納貝爾（P. Schnabel）等為代表的一部分學者認為，《地理學指南》最初應當附有地圖。而以柏格（H. Berger）、賀爾曼（A. Herrmann）、克茲莫爾（K. Kretschmer）和丟德爾（L. Tudeer）為代表的另一部分學者卻予以否認。

當今史學界的主流觀點認為，無論托勒密最初是否曾為《地理學指南》繪製地圖，目前沒有史料能夠證明流傳下來的《地理學指南》附圖是托勒密時代的遺物。一些史學家認為，《地理學指南》附圖的特點和標識顯示出，這些地圖是一些阿拉伯或拜占庭繪圖師於十三世紀繪製的[1]。但是，這一結論並沒有解決《地理學指南》附圖的所有問題。令史學界爭論不休的問題還包括：這些十三世紀的繪圖師通過何種方法為《地理學指南》繪製附圖？他們繪製的附圖是否嚴格地依據《地理學指南》中的文字說明？他們是否曾經參考了其他資料？

史學界普遍認為，《地理學指南》附圖是十三、十四世紀繪圖師根據書中文字繪製的。但這種觀點面臨著許多無法解釋的問題。《地理學指南》文字中沒有關於亞洲、歐洲和非洲陸地輪廓線和一些島嶼形狀的詳細描述。十五世紀中期地圖學家哲曼努斯在寫給義大利公爵的信函中寫道：「在希臘和拉丁文版本中均找不到能夠告訴我們任何島嶼形狀和面積大小的地圖……。」[2]但是，該書附圖卻畫出了這些大陸和島嶼的輪廓線。《地理學指南》附圖中的一些地點既不與該書第二至七冊中橫、豎座標的描述相一致，也不與第八冊中對已知世界的描述相一致。附圖上標注的地理訊息比該書的文字記載更加詳細，並且圖上還有一些地理名稱根本不在該書的文字記載之中。地圖中有些地理名稱與時代不相匹配，甚至有幾種版本的附圖在巴勒斯坦海岸上標注出了九世紀時期阿拉伯居住民的地理訊息[3]。不同版本的附圖不僅文字有許多差異，而且在地域輪廓和地理訊息等方面也各有所異。這些諸多的不一致性很難讓人相信，《地理學指南》的附圖完全是根據書中文字繪製而成的。

有史料顯示，十三、十四世紀繪圖師在為希臘文《地理學指南》繪製附圖時參考了阿拉伯人的地圖。梵蒂岡羅馬教皇圖書館收藏有幾種不同版本的早期《地理學指南》希臘文手抄本，其中一件手抄本的附圖中既有埃及文注釋也有希臘文注釋[4]。梵蒂岡羅馬教皇圖書館館員墨卡迪博士（Dr. G. Mercati）認為，這個手抄本的附圖是仿繪品，其原圖注釋為埃及文，仿繪者在臨仿原圖時以希臘文做了旁注[5]。

然而，沒有史料能夠證明中世紀阿拉伯人曾經測繪過世界。

有些史學家猜測，《地理學指南》附圖中的海岸輪廓線來源於中世紀波托蘭航海圖（Portolan Charts）。可是，前者的海岸輪廓線明顯不如後者準確，並且前者覆蓋的地域範圍也遠遠大於後者。這些差異無疑說明，波托蘭航海圖並不是《地理學指南》附圖的參照物。

《地理學指南》的文字與附圖之間的諸多差異無疑說明，此書附圖的繪製者並沒有遵照書中的文字描述繪製地圖，而是參考了其他資料。仔細研究《地理學指南》附圖可以發現，那些參考資料中有一些源自中國的地圖。

---

1 見O. A.W. Dilke, "The Culmination of Greek Cartography in Ptolemy"，載於*The History of Cartography*, Vol. 1, The University of Chicago Press, pp.177-200; O. A. W. Dilke, "Cartography in the Byzantine Empire"，載於*The History of Cartography*, Vol.1, The University of Chicago Press, pp. 258-275.

2 見"The Dedication of Donnus Nicolaus Germanus"，載於*Claudius Ptolemy: The Geography*, translated and edited by Edward Luther Stevenson with an introduction by Prof. Joseph Fischer, Dover Publications Inc., 1991, pp. 19-21.

3 參見Francis J. Carmody, "Ptolemy's Triangulation of the Eastern Mediterranean"，載於*Isis*, Vol. 67, No. 4 (Dec., 1976), pp. 601-609.

4 此希臘文手抄本的藏書編號為：Codex Urbinas Graecus 82。

5 見George E. Nunn, "Claudii Ptolemaei Geographiae: Codex Urbinas Graecus 82 by Joseph Fischer"，載於*Geographical Review*, Vol. 24, No.3 (Jul., 1934), pp. 516-518.

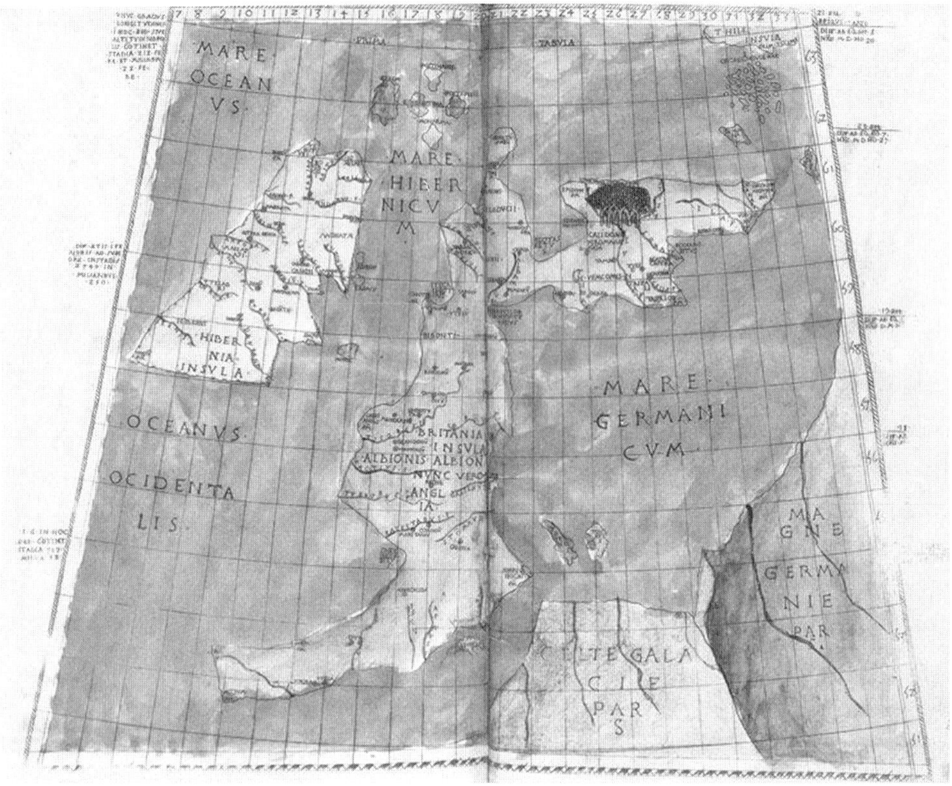

圖57　1477年版《地理學指南》中的梯形地圖

一四七七年博洛尼亞版《地理學指南》收錄有幾幅梯形投影地圖。在這些梯形地圖中，緯線為間距相等且略微彎曲的弧線，經線則為向北極聚合的直線（見圖57）。與《地理學指南》論述的圓錐形投影和球形投影相比較，梯形投影是一種獨特的地圖繪製方法。它不僅在地圖形狀方面與圓錐形投影和球形投影完全不同，而且在投影理論、比例尺和變形手法等方面也具有獨到之處。《地理學指南》中並沒有關於梯形投影的論述。既然如此，為什麼一四七七年博洛尼亞版《地理學指南》中會有梯形投影地圖呢？

長期以來，史學界將一四七七年博洛尼亞版《地理學指南》中的梯形地圖視為十五世紀地圖學家哲曼努斯的傑作。然而，這種觀點與史料之間存在著差距。哲曼努斯在寫給義大利公爵的信函中詳細描述了他對托勒密地圖所做的幾點改進：「雖然我們對托勒密的圖做了一些小小的改動，但是這些改動並沒有脫離托勒密的本意……我們在必要之處以斜線取代了圓圈，這些斜線並不總是等距的（正如托勒密建議我們應該做的那樣）……此前，這些圖的尺寸太大，超出了常規書本的尺寸。在謹慎地保持所有比例的前提下，我們將圖縮小到一種尺寸。這種尺寸對那些願意研究地圖的人而言更易接受。」[1]

從此段陳述中，我們可以看出三個問題：第一，雖然哲曼努斯在《地理學指南》附圖中增加了斜線，但是他沒有對地圖進行實質性改動；第二，哲曼努斯僅僅縮小了原圖的尺寸，但沒有改變地圖的形狀；第三，從地圖學角度分析，在將圓錐形投影地圖、球形投影地圖或者方形地圖轉換成為梯形投影地圖時，不僅需要將地圖的形狀改為梯形，而且需要在地圖投影和比例方面做出一定的調整（梯形投影地圖的上、下兩部分的比例尺是不一致的）。然而，哲曼努斯的記述說明，他並沒有對地圖上、下兩部分的比例尺做出調整。因此，將哲曼努斯認定為梯形地圖發明者的觀點缺乏證據支持。

《地理學指南》梯形附圖看似非常簡單，但具有深刻的歷史涵義。這種梯形附圖揭示出，那些為《地理學指南》繪製附圖的中世紀地圖學家接受了新的地圖繪製理念。將一四七七年博洛尼亞版《地理學指南》中的梯形地圖與裴秀的梯形投影理論相比較，無論是地圖形狀——「方斜」、經線走向——「準望」，還是弧形緯線——「迂直」，兩者都相互吻合。據此我們有理由推測，一四七七年博洛尼亞版《地理學指南》的梯形地圖源自中國。

《地理學指南》附圖中的水波紋更能說明問題。中國山水繪畫興起於唐朝，至宋朝達到頂峰。在這一時期，中國出現了幾位傑出的繪畫大師，馬遠就是其中之一。馬遠是南宋中後期很有影響力的畫家，他創造的

---

1 見"The Dedication of Donnus Nicolaus Germanus"，載於 *Claudius Prolemy: The Geography*, translated and edited by Edward Luther Stevenson with an introduction by Prof. Joseph Fischer, Dover Publications Inc., 1991, pp. 19-21.

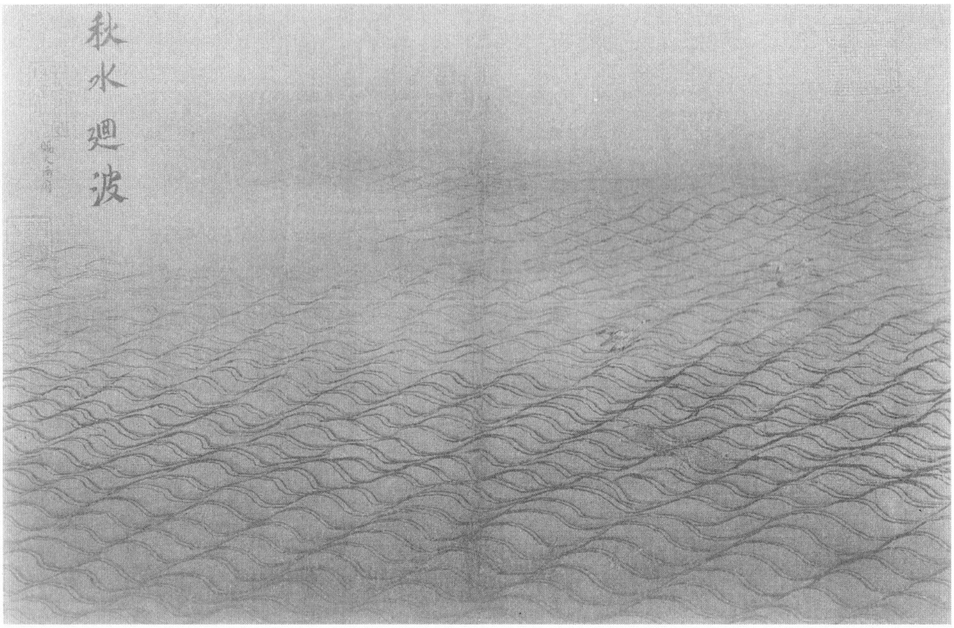

圖58　馬遠，《水圖卷》

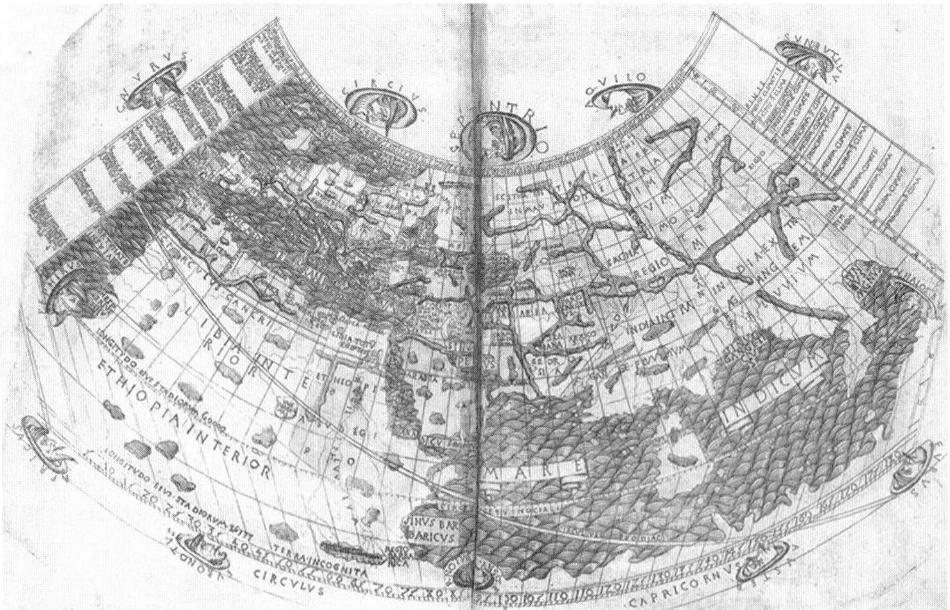

圖59　1477年版《地理學指南》中的世界地圖

一些繪畫手法影響了後世的藝術家，其中包括表現水波紋的畫法。北京故宮博物院收藏的一幅《水圖卷》是馬遠水波的代表作。此《水圖卷》收錄了十二幅表現不同水波形狀和意境的作品。其中一幅以魚鱗狀圖案表現出水闊天空的意境（見圖58）。在這幅畫中，每一個水波圖案都由三條弧線組成。宋代學者郭若虛將此繪畫技法稱之為「三折之浪」[1]。馬遠「三折之浪」的畫法被中國古代地圖學家借鑑，用於描繪地圖中的水域。有些中國地圖學家將「三折之浪」發展為「四折之浪」或「五折之浪」。在元、明、清時期的地圖中經常能看到這種「折浪」的水域。「折浪」畫法是典型的中國藝術符號，它與歐洲人或伊斯蘭人在地圖中表現水域的手法完全不同[2]。歐洲人繪製的地圖本不應該出現中國的藝術符號。然而，在一四七七年博洛尼亞版《地理學指南》的一幅世界地圖中，我們卻能看到「三折之浪」或「四折之浪」的水域（見圖59）。前面曾提到，一四七七年博洛尼亞版《地理學指南》附圖的繪製者是義大利繪畫藝術家科瑞維利。他為什麼採用中國的藝術符號繪製地圖呢？只有一個合理的答案：科瑞維利參考的原圖來源於中國[3]。

在前面的討論中我們曾經提及，《地理學指南》附圖繪出了歐、亞、非大陸的部分海岸線和一些島嶼。從圖中可以看出，這些地圖的原創者掌握了經度的測量方法。但是，托勒密時代的歐洲人並不知道如何準確地測量經度，而且在《地理學指南》中托勒密也沒有留下關於歐、亞、非大陸海岸線走向以及島嶼輪廓的描述。對此，我們不禁會問：《地理學指南》附圖為什麼會顯示出較高水準的經度測量技術？圖中有關大陸和島嶼輪廓的訊息是從哪裡來的呢？

地圖學告訴我們，地圖學家必須基於實地測量才能在地圖中描繪出大陸輪廓和島嶼的地理位置，並且這

1 郭若虛在《圖畫見聞志》中寫道：「畫水者，有一擺之波，三折之浪，布『之』字之勢。」

2 伊斯蘭繪畫也用曲線表現水波，但手法完全不同。其特點是描繪水波的線條不是魚鱗狀線條，而是不間斷且間隔非常細密的曲線。

3 「三折之浪」的畫法非常繁瑣，正因如此，此後《地理學指南》版本的世界地圖都不採用這種技法。

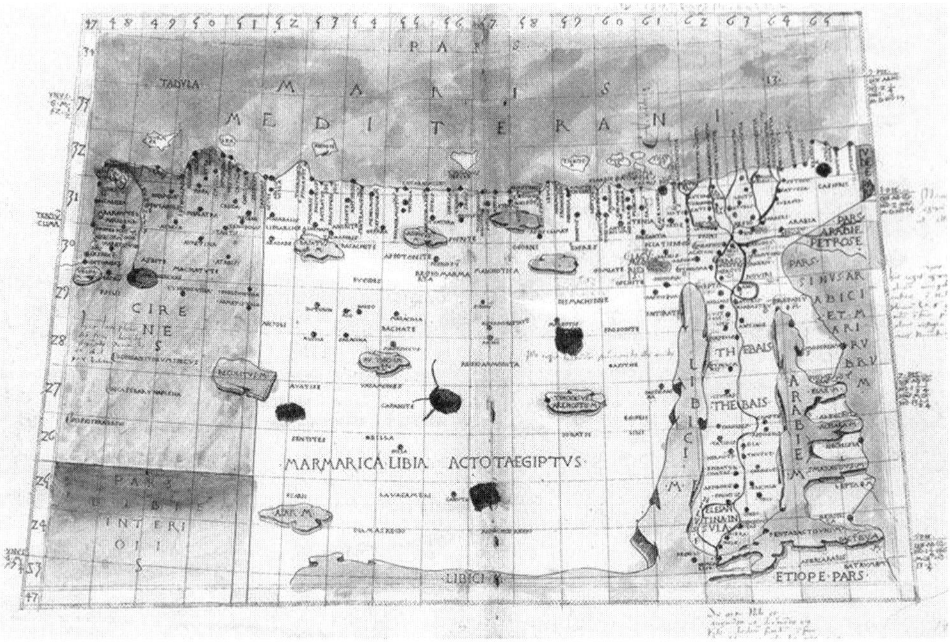

圖60　1477年版《地理學指南》附圖中的直布羅陀海峽

種測量需要基本的技術手段和工具。然而，十五世紀歐洲地理學家未曾對亞、非、歐大陸及其附近島嶼進行過實地勘測，而且他們也不知道如何準確地測量經度。那時，歐洲地圖學家繪製的世界地圖僅僅是道聽塗說的主觀印象，而不是地理勘測的紀錄。很明顯，為了把大陸輪廓和島嶼繪在《地理學指南》附圖上，中世紀歐洲繪圖師們一定參考了其他資料。從《地理學指南》附圖中的一些錯誤可以看出，有些地圖參考資料來自於中國。

在《地理學指南》附圖中，直布羅陀海峽兩岸的間距至少跨越二．五緯度（見圖60）。依據《地理學指南》記載的資料推算，圖中直布羅陀海峽兩岸的距離遠遠大於兩百公里。但是，直布羅陀海峽的實際最小間距僅為十多公里。

紅海與地中海之間的蘇伊士地峽過於寬闊，這是《地理學指南》附圖出現的另外一個明顯錯誤（見圖61）。這兩種錯誤似乎都不應該源自中世紀歐洲或阿拉伯繪圖師。因為，他們對地中海沿岸的地理情況都非常熟悉。而誇大直布羅陀海

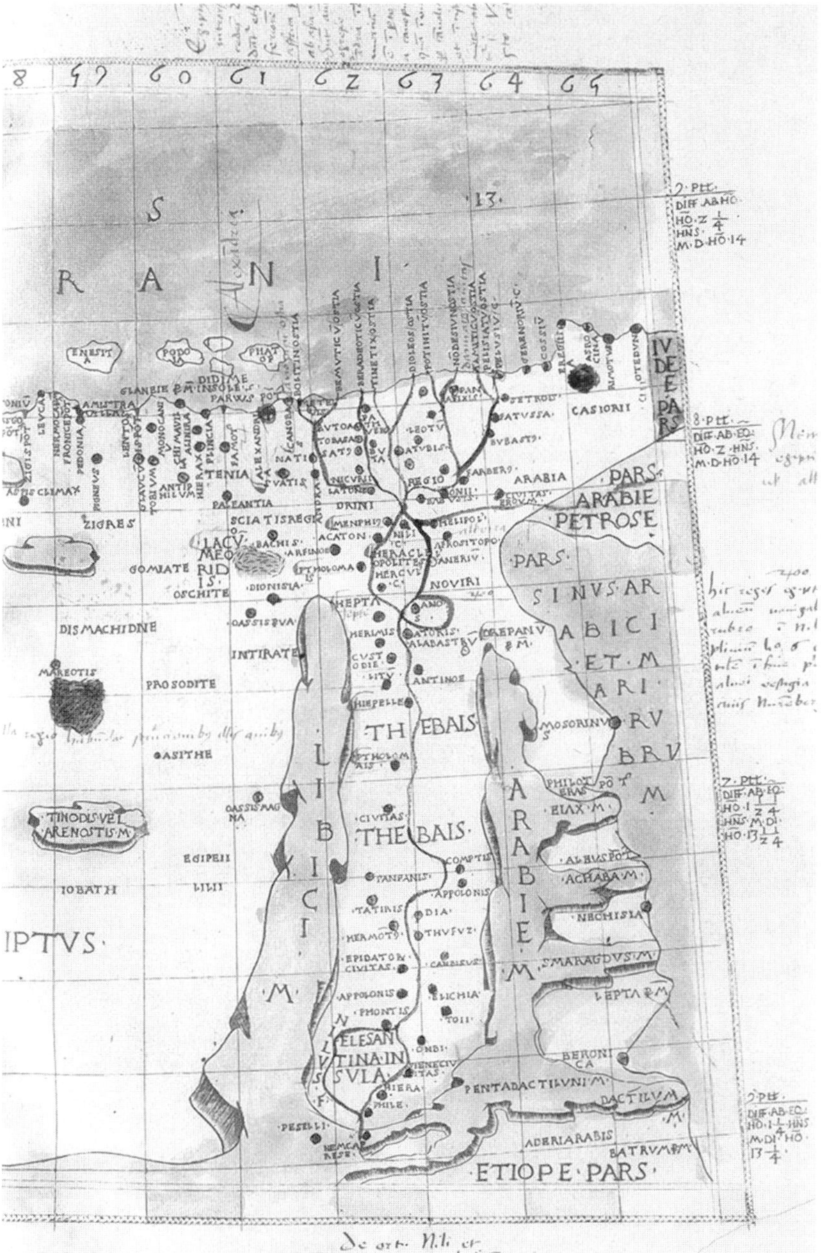

圖61　1477年版《地理學指南》附圖中的蘇伊士地峽

峽間距和蘇伊士地峽寬度的繪圖錯誤卻經常出現在中國古代地圖之中。

在《地理學指南》附圖中，東南亞馬來半島以東的巨大海灣被稱之為「大海灣」（Sinus Magnus 或 Great Gulf）。阿根廷籍史學家格拉索曾指出，這個「大海灣」實際上就是太平洋。《地理學指南》附圖極大地誇張了亞洲東、西方向的地域面積。這種誇張實際上是來源於中世紀歐洲地理學家對中國古代「不對等投影」世界地圖的誤解，他們誤將美洲大陸視為亞洲大陸的一部分。

地圖學告訴我們，在創作一幅世界地圖之前，地圖學家必須具備必要的技術支援，其中包括：高水準的星象觀測紀錄、一定水準的數學運算、適於遠航的船隻、地理測繪所需的工具，以及用於計算經度的時鐘等等。但是，十八世紀以前歐洲人並不具備這些條件。既然沒有這些條件，中世紀歐洲地圖學家怎麼可能獨立地繪製出覆蓋歐洲、亞洲和北非的世界地圖呢？

第二節　揭開《文蘭地圖》的面紗

自從《文蘭地圖》公布於眾之後，此圖的左頁緊緊地吸引著學術界的注意力。四十多年以來，關於《文蘭地圖》的爭論集中在北歐古代航海家是否首先發現美洲大陸的問題。儘管斯考頓（Raleigh A. Skelton）、馬斯頓（Thomas E. Marston）和平特（George D. Painter）等來自耶魯大學圖書館和大英博物館的數位專家撰寫了一系列支持《文蘭地圖》真實性的學術文章，但是許多學者仍將此圖視為贗品。另有一些學者似乎屬於中間派。美國布魯克海文國家實驗室考古學專家哈伯特博士（Dr. Garmon Harbottle）於一九九六年發表了一篇有關《文蘭地圖》墨蹟化學成分的研究報告。該報告稱，描繪文蘭島部分的墨蹟成分明顯不同於《文蘭地圖》其他部位的墨蹟成分。「我並沒有太多涉及此圖真實性的問題，」哈伯特博士在一次訪談中說道，

「也許此圖繪成幾年之後，有人將文蘭島補繪在圖中……也許繪製此圖的教士恰好在描繪文蘭島時用完了他的墨水，因此他使用了另外一種墨水。但是毫無疑問，這是兩種不同的墨水。」[1]北歐學者倫洛斯（Lars Lonnroth）指出：「有關文蘭島的傳奇與圖中其他傳奇有所不同：第一，此傳奇的文字明顯多於其他傳奇；第二，此傳奇寫在地圖的邊緣，文蘭島、格陵蘭島和這一傳奇都超出了圓形地圖輪廓；第三，這一傳奇與《韃靼關係》一書沒有任何聯繫。」[2]基於這些原因，倫洛斯認為：「有人將新的內容加在圖中，從而竄改了這幅古地圖。雖然對文蘭島部分的竄改並不多，但卻很重要。也許這是解釋中世紀觀念和現代思維並存在一幅地圖之中的最簡單、最符合邏輯的解釋。」[3]

《文蘭地圖》墨蹟化學成分引發的問題非常複雜，並且尚無定論，我們需要耐心地等待研究的最終結論。長期以來，有關《文蘭地圖》的學術爭論幾乎全部集中在墨蹟的化學成分以及圖中的文蘭島，致使學術界忽略了對《文蘭地圖》右半部分的研究和分析。實際上，此圖右半部分的地理訊息同樣非常重要。

《文蘭地圖》與它的「伴侶」——《韃靼關係》手稿及《歷史之鏡》手抄殘本有著非常緊密的聯繫。史學界普遍認為，這兩件手抄本均是十五世紀的作品。《韃靼關係》手稿的內容與十三世紀名著《蒙古史》非常相近。《蒙古史》的作者正是一二四五年至一二四七年出使中國的卡爾平尼教士。《韃靼關係》手稿文字顯示，《韃靼關係》原本由布里迪亞（C. de Bridia）教士撰寫於一二四七年六月。據此，有些史學家猜測，布里迪亞是從卡爾平尼代表團的一位隨行者那裡獲悉《蒙古史》書稿的內容。可惜的是，《歷史之鏡》手抄本已經殘缺，原有的第一和第二部分已經佚失。

1 見《紐約時報》一九九六年二月十三日發表的John Noble Wilford, "Disputed medieval Map Called Genuine After All"一文。
2 見Lars Lonnroth所寫"Review of VMTR 1995"一文，載於*Alvismál*, 7 (1997), pp. 115-120。
3 同前。

一些古文字專家對《文蘭地圖》、《韃靼關係》手稿和《歷史之鏡》手抄殘本中的字跡進行了詳細的對比。他們斷定，這三件文獻出自一人之手[1]。專家們還對《文蘭地圖》和《韃靼關係》中記載的地理訊息進行了分析，他們認定《文蘭地圖》中的一些地理名稱和術語來源於《韃靼關係》手稿。《文蘭地圖》的背面寫有一段文字：「這是《鏡》一至三部分的圖示。」[2]此段文字表明，《文蘭地圖》是《歷史之鏡》手抄本的圖示。耶魯大學圖書館的一位古籍專家在對《文蘭地圖》、《韃靼關係》手稿和《歷史之鏡》手抄殘本進行仔細研究後發現，三種文獻的文字布局和紙張上的浮水印是相同的，並且三種文獻上的蛀蟲痕跡也相互吻合[3]。大英博物館專家斯考頓在他的報告中也指出：《文蘭地圖》、《韃靼關係》手稿和《歷史之鏡》手抄殘本的字體、紙張及其裝訂材料顯示，三份文獻是在同一時期製作的，並且很早就被裝訂在一起[4]。這三份文獻之間的關係使斯考頓確信，「《文蘭地圖》是作為《韃靼關係》手稿的圖示」[5]。大英博物館的另一位專家平特博士指出：《韃靼關係》的主要內容之一是描述蒙古帝國的未來意圖。仔細研究《文蘭地圖》右半部分的內容就可以看出，此圖的確與蒙古人的未來意圖有關。

《文蘭地圖》右上方有一段注釋寫道：「此處位於北部冰封之海，未被充分探測。」[6]這一注釋與中國古代文獻中有關「北海」的記載相似（例如第七章所述朱思本有關「北海」的記述）。在這一注釋下方繪有三大島嶼。位於最北方的一個島嶼明顯與圖中右上方的一段注釋相關。這一注釋的內容是：「西伯利亞薩莫耶德人（注：指居住在西伯利亞北部的一個部落）鄰近於居住在北海海岸的人。」這一注釋與中國文獻中有關堪察加半島的記載相關（見第五章）。位於最北方的島嶼與亞洲大陸之間的海域被標為「東海」。另外兩個島嶼與中國海岸線之間的海域被標注為「韃靼大海」。在這一標注的下方，寫有一段傳奇：「韃靼人毫無疑問地確信，有一塊新大陸位於世界的遙遠之處，此新大陸之外只有海洋沒有陸地。」《韃靼關係》手抄本中也有類似的記載。斯考頓猜測，《文蘭地圖》中的這三大島嶼或許反映出卡爾平尼訪華代表團從中國得到的日本島訊息。然而，斯考頓的猜測明顯與中國史料記載不相吻合。自西元前三世紀秦朝時期，中國古代文獻中不乏有關日本島嶼的記載。這些記載證明，對中國古人而言，日本群島並不是「位於世界的遙遠之處」的新大陸。

實際上，《文蘭地圖》右上方的島嶼、海域和傳奇反映出，十三世紀卡爾平尼訪華代表團從中國獲取了有關世界東部和北部的地理訊息。與「北海」相關的傳奇指的是白令海峽以北的海域；「東海」是中國古代神話中的地理概念，它特指位於中國大陸東面的海域；「韃靼大海」是指太平洋；傳奇中所述的新大陸以及該傳奇右邊的兩大島嶼則是南、北美洲大陸。《文蘭地圖》與一〇九三年《張匡正世界地圖》相似，採用了不對稱投影繪圖法，即圖中的南、北美洲投影和比例尺與歐、亞、非大陸完全不同。並且，與《瓦德西穆勒世界地圖》相似，《文蘭地圖》將南、北美洲大陸繪為兩個相互不相連接的大島嶼。這兩大島嶼的輪廓與南、北美洲大陸相近，尤其是南美洲大陸的輪廓與十六世紀上半葉出現的幾幅世界地圖非常相似，例如一五〇二年《坎提諾世界地圖》和一五〇七年《瓦德西穆勒球形世界地圖》（見圖62）。此外，《文蘭地圖》中有關發現新大陸的傳奇以及美洲大陸的輪廓與馬可·波羅世界地圖和中國史料記載的美洲大陸地理訊息相吻合。

《文蘭地圖》不僅記載了十三世紀卡爾平尼從中國帶回歐洲的地理訊息，而且還顯示出一些中國古代地圖學的理念，其中最為主要的就是地圖以北為上。一些史學家曾認為，以北為上的地圖繪製理念源於托勒密

1 見耶魯大學一九九五年出版《文蘭地圖和韃靼關係》，頁三—十六和頁一〇七—二三八。
2 見《文蘭地圖和韃靼關係》，頁三。
3 見《文蘭地圖和韃靼關係》，頁三—五。
4 見《文蘭地圖和韃靼關係》，頁一〇七—二三八。
5 同前。
6 同前。

《地圖學指南》。那麼，以北為上方的《文蘭地圖》是否也是受到《地圖學指南》的影響呢？大英博物館專家斯考頓指出：「《文蘭地圖》的地理輪廓不是直接來源於托勒密，托勒密的術語未出現在《文蘭地圖》之中。因此，《文蘭地圖》的作者未必真的知曉或參考過《地圖學指南》。」[1]《文蘭地圖》以北為上的方位格局實際上是一種證據，它說明《文蘭地圖》遵守了中國古代地圖學的以北為上原則。

《文蘭地圖》體現的另外一個中國古代地圖學理念就是島嶼的海岸輪廓線。十五世紀中期，在地圖繪製理念方面，歐洲和阿拉伯地圖學界尚停留在概念性階段（雖然已有個別歐洲和阿拉伯地圖學家臨摹來自中國

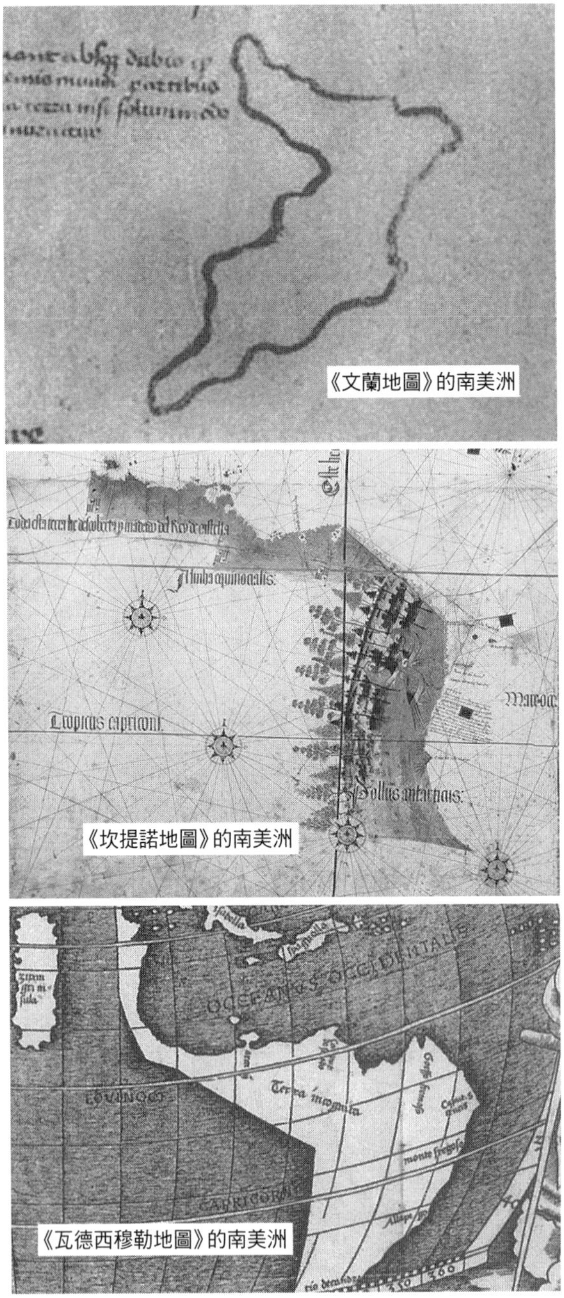

圖62 《文蘭地圖》與其他16世紀地圖的比較

的地圖），他們的地圖僅僅關注歐亞非三塊大陸之間的相互關係，而不注重島嶼的地理位置或者島嶼的輪廓線。在準確測繪島嶼的地理位置和輪廓線方面，十六世紀以前只有中國地圖學家具有足夠的能力和相關的動機。對於西方地圖學家而言，他們既沒有能力也不具有任何動機。《文蘭地圖》中格陵蘭島的地理位置和海岸輪廓線與實際情況很接近，這說明此圖的原創者掌握了判斷經度的能力和地理勘測的工具。

仔細研究《文蘭地圖》就會發現，此圖有三個來源於中國古代地圖學家的繪圖錯誤：第一，直布羅陀海峽間距遠比實際寬闊；第二，紅海與地中海之間蘇伊士地峽的距離也大於實際狀況；第三，非洲大陸南端的朝向被繪為向東。

《文蘭地圖》中歐、亞、非大陸上共有四十九個地理名稱，其中二十三個在亞洲，十四個在非洲，而歐洲只有十二個。很明顯，《文蘭地圖》的原創者對亞洲更為熟悉。《文蘭地圖》的原創者在歐亞大陸上寫下了三段傳奇，在亞洲東部海域下了一段傳奇。前三個傳奇的話題雖然涉及俄羅斯和歐洲宗教，但最終都以中國作為落腳點。第四個傳奇的話題更是以中國作為中心[2]。這些跡象說明，在《文蘭地圖》原創者眼中，中國是這幅地圖最主要的關注點。

---

1 見《文蘭地圖和韃靼關係》，頁一〇七—二三八。此後所述《文蘭地圖》的注釋均出自該文。

2 有關裏海傳奇記載寫道：「俄羅斯帝國位於蒙古及韃靼國王的東部……」歐、亞大陸北部的傳奇記載寫道：「陡峭的山脈並不是很高。跨越此山將進入我主兄弟的領地並通往韃靼、蒙古、薩莫耶德和印度……。」位於亞洲中部的傳奇記載寫道：「景教徒勤懇地向中國領地傳教。」位於亞洲海岸東部的傳奇記載寫道：「韃靼人毫無疑問地確信，有一塊新大陸位於世界的遙遠之處，此新大陸之外只有海洋沒有陸地。」

第三節 《德·韋哥地圖》和《毛羅地圖》上的中國「基因」

一四一五年《德·韋哥地圖》和一四五九年《毛羅地圖》都是圓形地圖，圖中記載的亞洲地理名稱大都屬於馬可·波羅時代。我們曾經對這兩幅地圖提出過疑問：為什麼德·韋哥和毛羅能夠搶在十六世紀歐洲航海家之前繪出非洲西部海岸線和好望角呢？一〇九三年《張匡正世界地圖》、一一三六年《華夷圖》和一四一八年《天下諸番識貢圖》提供了問題的答案：德·韋哥和毛羅的地理訊息的來源於中國。

將《德·韋哥地圖》與一四一八年《天下諸番識貢圖》摹本相比較，兩者之間有三個相似之處。首先，《德·韋哥地圖》與《天下諸番識貢圖》摹本左半球在總體地域輪廓方面極其相似。其次，兩幅地圖中的注釋都畫在長方形框內。再次，《德·韋哥地圖》的中心點以及《天下諸番識貢圖》摹本左半球的中心點均為撒馬爾罕。

兩幅世界地圖都將撒馬爾罕作為中心點，這絕對不可能是一種巧合。六百多年以前，撒馬爾罕既是中亞地區的一座國際城市，也是古代絲綢之路上的重要交通樞紐之一，它的聲譽可與義大利熱那亞和威尼斯等中世紀貿易名城相媲美。「撒馬爾罕」來自於突厥語，其涵義為「富裕的地方」。在中國的史書中，這座城市曾經被稱為「康居」、「悉萬斤」、「薩末鞬」或「颯秣建」。元朝時期，撒馬爾罕被蒙古人作為天文、地理研究的主要據點之一。據《元史》記載，元朝著名天文學家耶律楚材和道士丘處機分別於一二二〇年和一二二一年抵達撒馬爾罕。他們來此座城市的目的之一是進行天文觀測，特別是觀測月食現象[1]。在元朝天文學家的影響之下，帖木兒帝國天文學家兀魯伯於一四三〇年在撒馬爾罕創建了著名的兀魯伯天文台。這座天文台的遺址一直保存至今。

《德·韋哥地圖》不僅與一四一八年《天下諸番識貢圖》摹本的左半球很相似，它與另外幾幅中國古地圖也存有緊密的聯繫。比如，在《德·韋哥地圖》和《張匡正世界地圖》中都可以看到走向一致的北冰洋海岸線。再如，第七章曾經提及，《環海全圖》和《四海總圖》均在左上方露出另一塊V形陸地，在《德·韋哥地圖》的相同位置也能夠看到類似的V形陸地。這種位置相同、形狀相似的地域輪廓說明，《德·韋哥地圖》與《環海全圖》和《四海總圖》同出一源。

在《毛羅地圖》中，同樣可以找到中國古人的痕跡。十六世紀初義大利史學家和地理學家賴麥錫認為，毛羅參考了馬可·波羅從中國帶回來的地圖[2]。這一評論不僅提供了《毛羅地圖》地理訊息的來源，而且還說明，何人將這些地理訊息帶到了歐洲。

毛羅在他的地圖中記述道，印度洋和大西洋之中航行的船舶「具有四個桅杆，這些桅杆有的可升可降」。這一記載與《馬可·波羅遊記》中關於中國船「每艘具四根桅杆，可張九帆」的記載完全吻合。《毛羅地圖》中另一個關於「船中設有四十至六十個供商人居住的船艙」的記述也與中國古籍中有關「木蘭皮舟」的記載非常相似。毛羅還說，那些海上航行的船舶通過星象判定航行方向，這也與中國古代天文導航技術相一致。此外，毛羅還特別指出，這些船舶曾經由東向西橫穿印度洋。毛羅留下的這些線索都在向我們暗示，《毛羅地圖》注釋中所說的那隻經過好望角、駛入大西洋的船舶來自於中國。

---

1 《元史·耶律楚材傳》記載：「西域曆人奏：五月望，夜月當蝕；楚材曰否，卒不蝕。明年十月，楚材言月當蝕，西域人曰不蝕，至期果蝕八分。」根據《元史·曆志一》中「庚辰歲，太祖西征，五月望，月蝕不效……」的記載，有中國學者推測此次月食發生於一二二〇年，並且在撒馬爾罕可以看到此次月食。

2 引自Piero Falchetta, *Fra Mauro's World Map*, Brepols Publishers, 2006, p. 61.

第四節　尋找古代南極探險者的蹤跡

長期以來，許多學者一直用奇異的眼光看待一五一三年《皮里．雷斯地圖》。這幅地圖之所以遭受如此歧視待遇，就是因為它呈現出南極洲的部分海岸線。

南極洲是地球上最為孤獨的大陸，那裡的嚴寒和勁風長期拒人於千里之外。十九世紀以前，歐洲地理學界長期流傳著一個「南方大陸」的神話。不僅如此，還有八十餘幅十九世紀以前的世界地圖不同程度地描繪出南極洲的輪廓[1]。然而，十九世紀以前沒人知道這個「南方大陸」是否真的存在，更無人知曉「南方大陸」的準確地理位置。十八世紀八〇年代，英、美、俄等國紛紛派遣探險隊，浮海南下尋找傳說中的南方大陸。四十多年間，這些探險隊雖歷盡艱險，但都無功而返。在經歷了數不盡的艱苦奮鬥之後，歐、美探險家最終於一八二〇年發現了南極洲。為了紀念那些為發現南極做出貢獻的探險英雄，歷史學家們撰寫了一些可歌可泣的南極探險故事。美國探險家帕默（Nathaniel Palmer）、俄羅斯探險家別林斯高晉（Fabien Gottleib von Bellingshausen）和英國探險家威德爾（James Wedell）等就是這些探險故事中的英雄人物。他們其中一些人的姓氏還被用於南極海域的命名。近代探險家發現南極洲的歷程如此漫長和艱難，這無疑會使學者們另眼看待《皮里．雷斯地圖》上的南極洲。然而，在南極探險方面捉弄史學界的不僅僅是《皮里．雷斯地圖》，其他一些十六世紀地圖也使史學家們感到十分尷尬。

十六世紀中期地圖學家費納烏斯於一五三一年採用心形投影法繪製了一幅南、北半球世界地圖（見圖6）。此圖的南極部位有一大陸板塊。該大陸板塊與南美洲之間有一個海峽。這應該是麥哲倫海峽。很明顯，費納烏斯地圖繪出的南極大陸就是南極洲。在南極大陸板塊上，費納烏斯寫有一段注釋：「最近被發現、但尚未完全知曉的南方大陸。」[2]費納烏斯在這一注釋中採用的文詞非常值得認真推敲。「被發現」和「尚未完全知曉」這兩個詞語揭示出隱藏在費納烏斯心目中的祕密：第一，費納烏斯不是從傳說中捕風捉影地繪出「南方大陸」，而是根據已掌握的資料繪出了「南方大陸」的輪廓；第二，費納烏斯掌握的資料是一幅地圖，基於此圖費納烏斯確信「南方大陸」已被發現；第三，費納烏斯看到的那幅地圖將「南方大陸」繪在南極，這使得他確信「南方大陸」位於南極；第四，費納烏斯不知道何人是「南方大陸」的發現者，也不知道有關「南方大陸」的訊息是否可靠，因而他在注釋中說「尚未完全知曉的南方大陸」。

在十六世紀期間，繪出南極洲的人不僅僅是皮里・雷斯和費納烏斯。十六世紀地圖學家查沃思、加斯托迪和久德等人都在他們的地圖上描繪出南極洲。此外，一件製作於一五四三年的渾天儀也顯示出南極洲的輪廓。這件渾天儀的製作者是十六世紀德國數學教師及天文愛好者沃普（Caspar Vopell）。沃普渾天儀的中央是一個地球儀，上面繪有陸地輪廓線，其中包括繪在地球儀南端的南極洲（見彩圖24）。令人感到吃驚的是，此地球儀上顯示出的南極艾默里冰架輪廓線與一四一八年《天下諸番識貢圖》摹本非常相似。並且，這件地球儀還顯示出一個源自中國地圖學家的「錯誤」，即將亞洲和北美洲合併為一塊大陸。

十六世紀先後有數幅地圖顯示出南極洲，這說明當時一些歐洲和阿拉伯地理學家已經了解到有關南極洲的地理訊息。然而，問題的關鍵在於，這些十六世紀的地理學家從哪裡得到南極洲的地理訊息呢？

一五五五年，一位名叫特斯徒（Le Testu）的繪圖師繪製了一幅西半球世界地圖，從中可以看到麥哲倫海峽和南極洲的部分海岸線（見彩圖25）。不過，這幅地圖令人感到吃驚的不僅僅是圖中的南極洲，而是圖中浪花紋的繪製方法。這種方法的原創者不是中國古代畫家嗎？將《特斯徒世界地圖》上的浪花與中國古代地圖中的浪花相比較，兩者是多麼地相似（見圖63）。具有中國特色的浪花紋圖案怎麼會跑到十六世紀西方人繪製的地圖上呢？這是否意味著《特斯徒世界地圖》的原本來自中國呢？

---

1 見R. V. Tooley, "Early Antarctica"一文，載於*The Mapping of Australia and Antarctica*第二版，Holland Press, 1985。

2 該注釋原文為："Terra Australis recenter inventa sed nondum plene cognita."其英文翻譯為："Southern land found recently but not fully known."

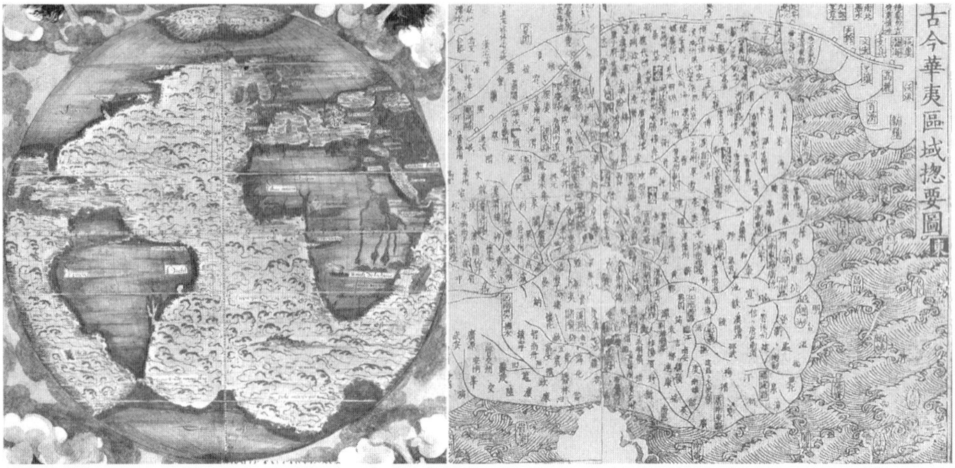

圖63　《特斯徒世界地圖》水波紋與中國古代地圖水波紋的比較

談論古地圖和南極洲，我必須提及《皮里·雷斯地圖》中的注釋。根據皮里·雷斯在地圖中所做的記載，他繪製此幅世界地圖時曾經參考過二十張地圖。在這二十張地圖之中，八張為西元前四世紀亞歷山大大帝時期的地圖，一張阿拉伯人繪製的印度地圖，四張葡萄牙人繪製的印度洋和中國地域地圖，一張由哥倫布繪製的地圖，此外還有六幅無名氏地圖。西元前四世紀人類在航海技能、天文觀測和數學水準等方面尚不具備測繪出南極洲的技術條件。分別由阿拉伯人、葡萄牙人以及哥倫布繪製的地圖也都僅涉及印度、中國和美洲大陸。因此，前十四幅地圖不可能載有南極洲的地理訊息，而剩餘的六幅無名氏地圖很可能就是皮·雷斯獲取南極洲訊息的來源。

回顧地圖發展史，中世紀時期地球上只有三大文化培育出繪製世界地圖的興趣。這三大文化就是：歐洲文化、伊斯蘭文化和中國文化。根據當時各區域地圖學發展的狀況，我們是否有理由推測，這六幅無名氏地圖來源於中國呢？阿拉伯文字是皮里·雷斯熟悉的文字，他理所應當能夠認出阿拉伯人繪製的地圖。辨別出亞歷山大時期地圖和葡萄牙人地圖的能力說明，皮里·雷斯知悉歐洲的文字。皮里·雷斯沒有說出六幅無名氏地圖繪製者身分的原因，是不是因為他不了解這六幅地圖上的文字呢？而皮里·雷斯無法辨別的這些文字是否就是漢字呢？

《皮里·雷斯地圖》中繪出了四個羅盤花（兩個大羅盤花和兩個小羅盤花），而且還顯現出許多看上去雜亂無章的直線。這些羅盤花和直線為我們提供了尋找古代地理訊息來源的線索——「波托蘭航海圖」。跟隨這個線索，我們應當對「波托蘭航海圖」做一番認真、仔細的研究。

第十二章

波托蘭航海圖中的玄機

十三世紀末，義大利熱那亞和威尼斯等沿海城市突然冒出一種布滿橫七豎八線條的地圖。十四世紀下半葉，這種地圖先後在伊斯蘭世界和歐洲其他地區出現[1]。十九世紀之前，這種地圖一直沒有得到足夠的重視。直到十九世紀下半葉，史學界才開始關注這種地圖。

最初，這種地圖並沒有一個公認的稱謂。有的史學家將它們稱之為「航海圖」，有的把它們起名為「斜航海圖」，有的把它們命名為「海港嚮導圖」，還有的則將這種圖叫做「羅盤航海圖」。二十世紀初，史學界統一了認識，將這種地圖命名為「波托蘭航海圖」。「波托蘭」（Portolan）一詞源於義大利語，其最初涵義是指航海日誌或航海手冊。

在學術界得寵後，波托蘭航海圖時常受到史學家們的高度評價。古地圖專家坎博（Tony Campbell）評論說：對中世紀晚期和現代早期地圖學而言，波托蘭航海圖是「基礎性文件」。葡萄牙歷史學家科特紹（Armando Cortesao）將波托蘭航海圖視為「地圖史學中一個重要的轉捩點」。義大利歷史學家麥納吉（Alberto Magnaghi）認為，波托蘭航海圖不僅是「整個地圖史的轉捩點」而且還是「人類文明史中的重要成就」[2]。麥納吉對波托蘭航海圖的評價沒有絲毫過分之處。十四、十五世紀的歐洲航海探險家正是在波托蘭航海圖的引導下，拉開了人類歷史舞台的重要一幕：世界地理大發現。

然而，在給予波托蘭航海圖高度評價的同時，史學界又將這類古地圖視為非常怪異的歷史文獻。一些史學家認為，波托蘭航海圖是一種非常神奇的古地圖，這種地圖隱藏了許多稀奇古怪的問題。一百多年以來，史學界對波托蘭航海圖中存在的問題一直感到束手無策。

為什麼波托蘭航海圖會被視為一種怪異的地圖？波托蘭航海圖之中究竟隱藏著什麼樣的難題呢？

第一節　波托蘭航海圖的神祕面孔

絕大多數十四世紀之前的波托蘭航海圖沒有能夠流傳下來，僅有寥寥幾幅逃脫了佚失的厄運。目前，分別被歐、美幾家著名博物館或圖書館收藏的數張十三世紀末波托蘭航海圖是僅存的幸運之圖。巴黎國立圖書館收藏的一二九〇年《卡特．皮薩圖》（*Carte Pisane*）就是其中之一（見彩圖26）。

十九世紀末，瑞典歷史學家諾登斯科（A. E. Nordenskiold）指出，早期波托蘭航海圖在地中海和黑海輪廓方面極其相似，並且採用了相同的比例尺。據此，諾登斯科推測，早期波托蘭航海圖之中只有一幅是原本，其他都是傳抄件。此外，諾登斯科還指出，早期波托蘭航海圖中比例尺的計量尺寸並不是當時地中海一

1 有一種被史學界稱之為「卡塔蘭地圖」（Catalan Maps），例如一三七五年《卡塔蘭地圖》。這種地圖被認為源自位於西班牙東部馬略卡島的Majorca Cartographic School。這種「卡塔蘭地圖」在繪製方法、羅盤標識等方面與波托蘭航海圖基本相同，只是「卡塔蘭地圖」的範圍主要是陸地，而波托蘭航海圖的範圍主要是海域。在此書中，作者將「卡塔蘭地圖」與波托蘭航海圖視為一類古地圖。

2 見Tony Campbell撰寫的"Portolan Charts from the Late Thirteenth Century to 1500"一文。該文刊載於*The History of Cartography*卷一。

帶所採用的計量單位[1]。

早期波托蘭航海圖的覆蓋範圍大都局限於地中海沿岸地區。令史學界感到非常意外的是，十三世紀末波托蘭航海圖描繪的地中海海岸線相當準確。十五世紀以前，無論歐洲繪圖師還是阿拉伯繪圖師，他們都保持著宗教的繪圖理念，他們創作的地圖仍停留在象徵性的階段。這種宗教地圖僅描繪出宗教觀念中的世界，而不講究準確的海岸輪廓線。從十五世紀末開始，西方地圖學家才普遍關注如何準確描繪海岸線的問題。可是，十三世紀波托蘭航海圖卻顯示出超前的地圖學理念，這種理念超前的時間竟然已達到兩百多年。

現存十四、十五世紀波托蘭航海圖的數量共為一百八十幅左右[2]。這些波托蘭航海圖上的注釋語言是不一致的，有些是阿拉伯語，有些是希臘語，還有的甚至採用了兩種以上語言。這一時期波托蘭航海圖覆蓋的範圍也比以前更為廣泛。有些地圖甚至橫跨歐、亞、非三塊大陸，比如一三七五年《卡塔蘭世界地圖》（見彩圖27）。十四、十五世紀波托蘭航海圖現存數量、注釋語言和覆蓋範圍說明，在這兩個世紀，波托蘭航海圖對歐洲和阿拉伯地圖學界產生了不可忽視的影響。

十五世紀末哥倫布發現美洲大陸之後，歐洲湧現出更多的波托蘭航海圖，其中一些地圖的範圍延伸到澳洲和南、北兩極。十六、十七世紀，波托蘭航海圖對歐洲地圖學界的影響沒有絲毫減弱，許多歐洲地圖家繪製的地圖仍具有波托蘭航海圖的風格。

早期波托蘭航海圖與十七世紀的波托蘭航海圖之間雖然有所不同，但是它們都具有一個共同的特點：這些地圖上都布滿了許多相互交叉的橫線、豎線和斜線。猛然看上去，這些線條顯得有些雜亂無章、毫無秩序。然而，仔細研究就會發現，圖中線條的分布遵循了一定之規。

波托蘭航海圖普遍繪有一些羅盤花和直線交叉點。這些羅盤花和交叉點通常以十六個為一組，均勻地分布成為一個覆蓋大面積地域和海域的圓環。同時，圖中通常有一個中心點均勻地輻射出十六條分別與十六個羅盤花和交叉點連接的直線，由此形成與車輪輻相似的圖形（見圖64）。在有些波托蘭航海圖之中，覆蓋

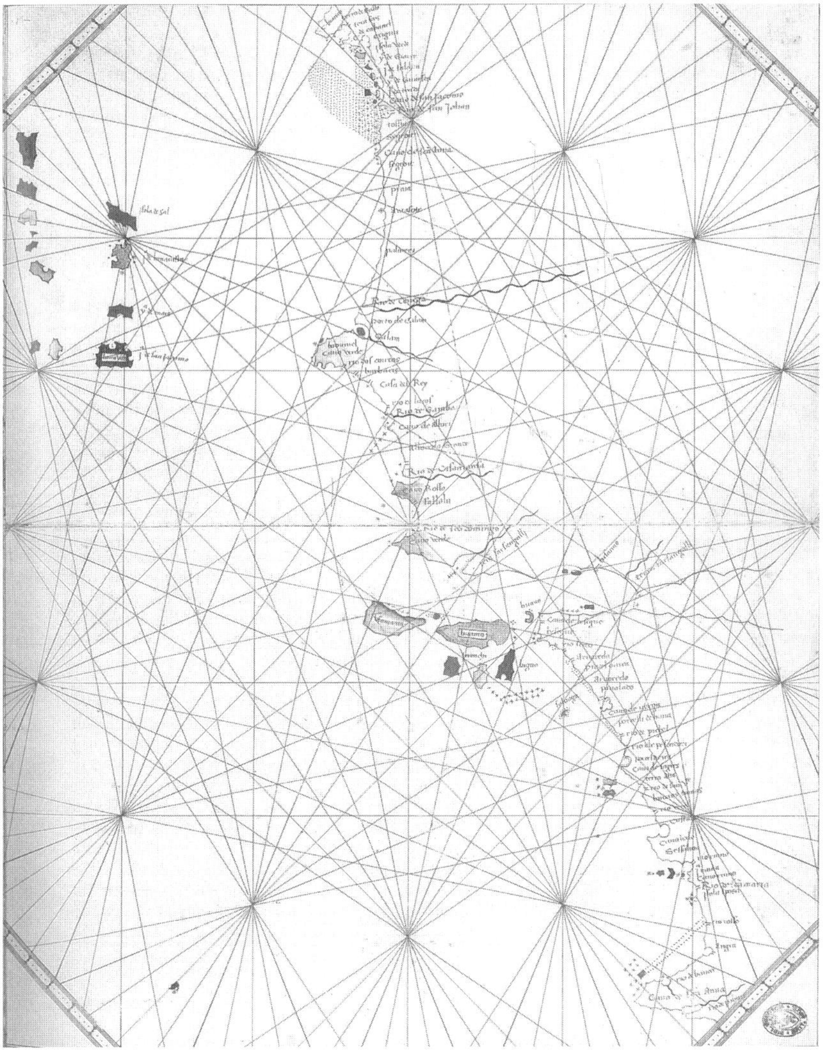

圖64　波托蘭航海圖車輪輻圖形

1 見Charles H. Hapgood, *Maps of the Ancient Sea Kings*, Adventures Unlimited Press, 1996, pp. 9-10.
2 見Tony Campbell, "Portolan Charts from the Late Thirteenth Century to 1500"一文。

大面積區域的圓環由三十二個羅盤花和交叉點組成。還有些地圖顯現出兩組或多組並排在一起的圓環，每個圓環分別覆蓋不同的區域，圓環之間在一個羅盤花或交叉點上並聯，但不重疊。在一二九〇年《卡特．皮薩圖》（見彩圖26）之中，我們能夠辨認出這種由羅盤花和交叉點組成的圓環。

大多數波托蘭航海圖中的羅盤花和交叉點均勻地延伸出三十二條直線（見圖65）。但也有些波托蘭航海圖中的羅盤花和交叉點則延伸出十六或二十四條直線（見圖66和圖67）。這些從羅盤花和交叉點延伸出來的直線大都以紅、綠（或藍，或黑）兩色相間。各個羅盤花和交叉點均勻擴散出來的直線與其他羅盤花和交叉點相交連接，從而構成交錯縱橫的直線網絡。史學界普遍將這些相互交錯的直線稱之為「恆向線」。「恆向線」是一個航海技術用語，它是指航行方向恆定時船舶航行的直線軌跡。「恆向線」也被稱為「斜航曲線」，即在地球彎曲表面上航行的船隻從始發點到終點的直線航道。

除縱橫交錯的「恆向線」外，波托蘭航海圖還具有四個顯著的特點：一是以花瓣形狀的羅盤花作為裝飾圖案；二是採用了比例尺的概念（注：一些波托蘭航海圖的邊緣繪有比例尺標識）；三是海岸線繪得比較準確；四是有關基督教或伊斯蘭教的內容很少，即使有也被繪在一些不顯著的部位。與十三、十四世紀歐洲和阿拉伯的其他類別地圖相比較，波托蘭航海圖的後三個特點顯得尤為凸出。

第二節　波托蘭航海圖中的難題

早期波托蘭航海圖沒有統一的方位，圖中的注釋字體、人物造型和地理標識也沒有固定的朝向。直到十五世紀末，波托蘭航海圖才逐漸形成以北為上的固定格局。對這種轉變，史學家們一直感到困惑不解。十三世紀末波托蘭航海圖出現之後，為什麼經歷了兩百多年的時間才最終形成以北為上的固定方位？並且，

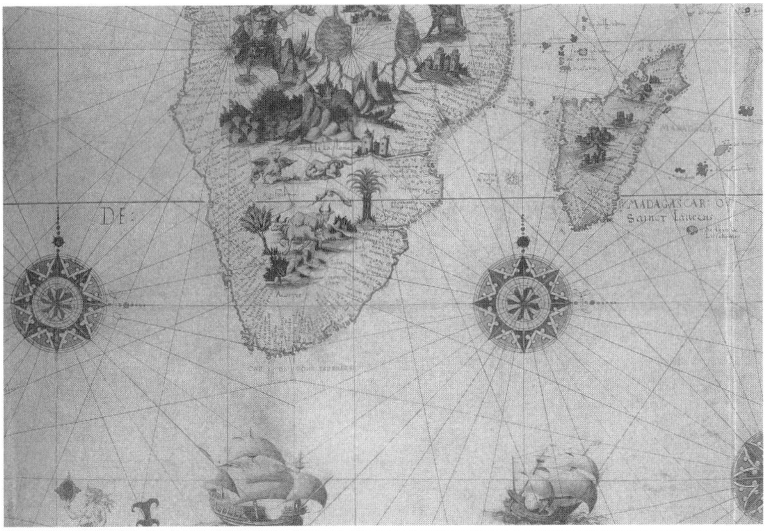

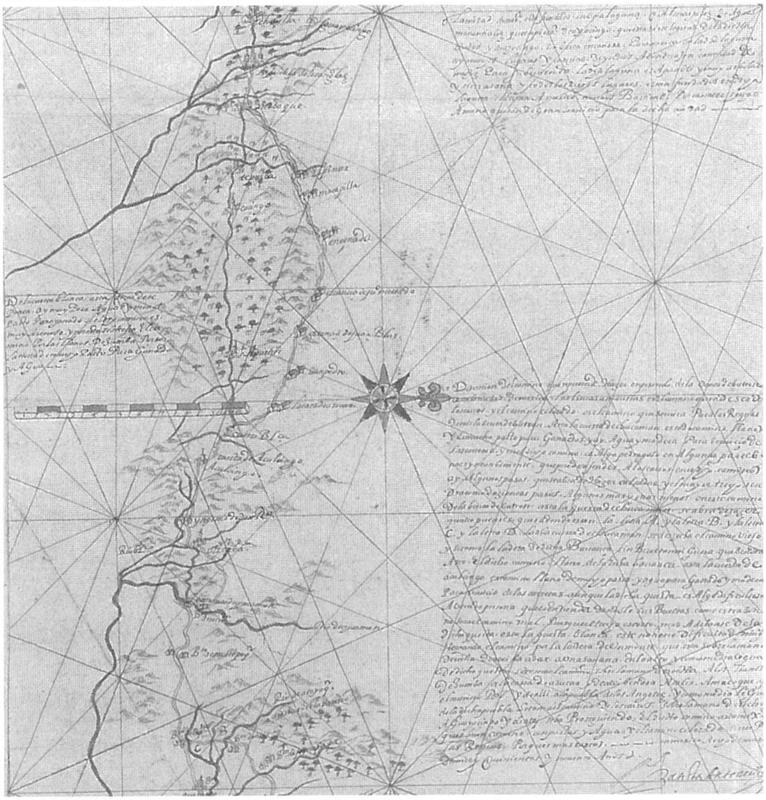

圖65　三十二線羅盤

圖66　十六線羅盤

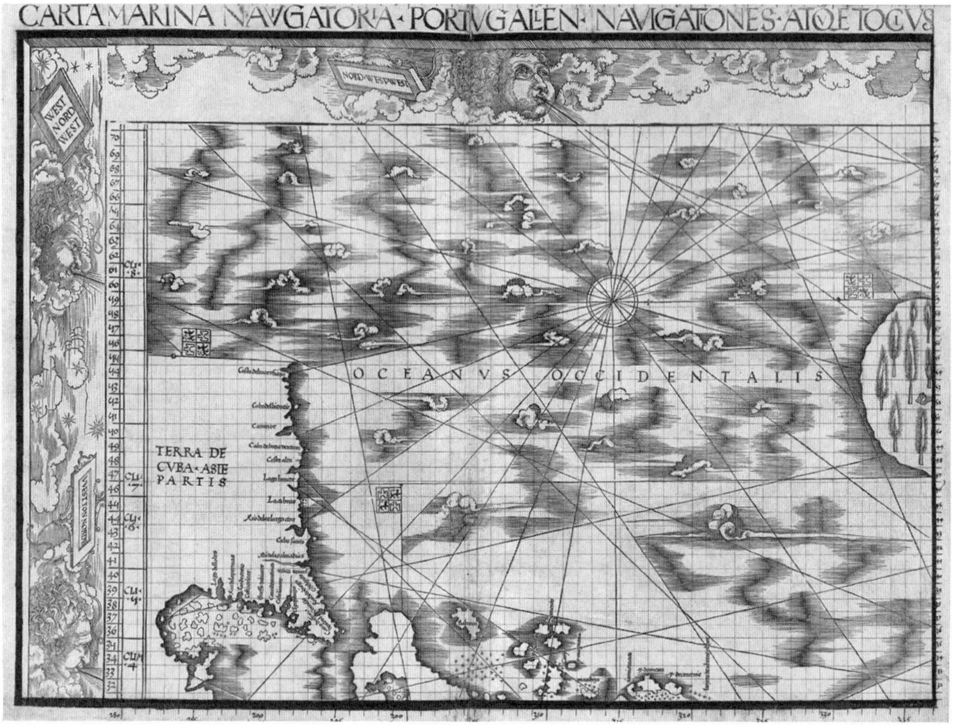

圖67　二十四線羅盤

促使這種轉變的原因究竟是什麼呢？

正統史學觀認為，波托蘭航海圖的主要功能是風向導航，圖中縱橫交錯的直線都是風向導航線。根據這些風向導航線，航海家可以判斷目的港口所在方位，確定船隻航行的方向。最早提出此觀點的是十六世紀末義大利地圖史學家克森左（Bartolomeo Crescenzio）[1]。四百多年來，史學界一直以克森左的理論作為解釋波托蘭航海圖的座右銘。但是，有一些學者對克森左的理論持懷疑態度，他們指出這種理論無法自圓其說。略有氣象常識的人都知道，海洋上的氣流極不穩定，時常會發生變化。海面上的風向也不可能直來直去、毫無偏差。波托蘭航海圖上，每條風向導航線分別與其他風向導航線相交叉，但是自然界的氣流不可能相遇後彼此之間側身而過。若將波托蘭航海圖上的直線解釋為風向線，圖上那些羅盤花和交叉點豈不都應該是風源點了嗎？在自然界，

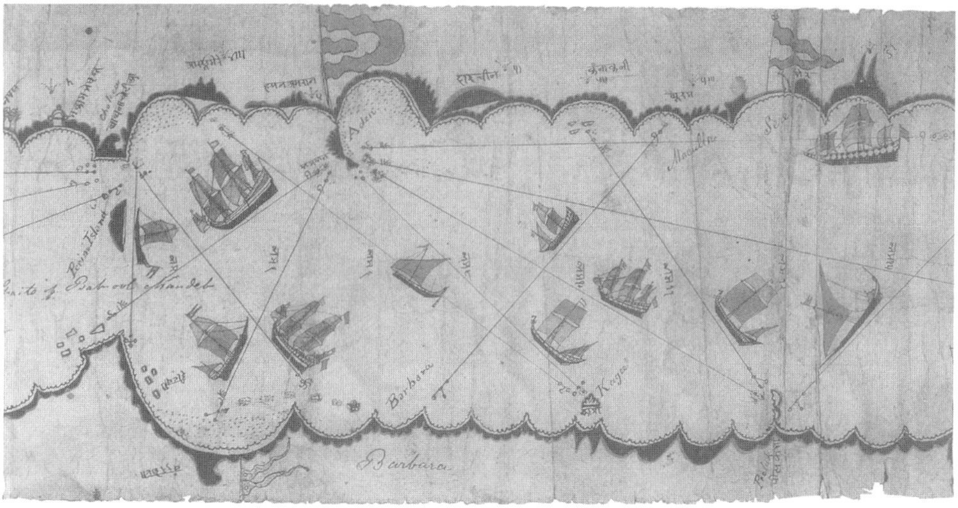

圖68　中世紀航海圖

哪裡可以找到能夠發出十六條、甚至三十二條不同風向的風源呢？

還有一種觀點認為，波托蘭航海圖上的直線是航行方向的「恆向線」。船員可以借助於指南針和「恆向線」確定航行方向。將這種解釋與早期波托蘭航海圖做一番比較，我們就會感到有些莫名其妙。船舶只能夠在港口之間往來航行。然而，早期波托蘭航海圖上的羅盤花和交叉點絕大部分並不在海岸線上。有的羅盤花和交叉點畫在茫茫海洋之中，有的出現在陸地上，還有的甚至位於山脈之間。更令人感到莫名其妙的是，早期波托蘭航海圖上有不少「恆向線」貫穿大陸，一三二一年維斯康緹繪製的世界地圖就是一幅典型的圖例（見彩圖10）。難道中世紀時期人類已經發明出海陸兩用的船隻了嗎？

為了弄清波托蘭航海圖上的直線是否是導航線，我們應該看一看中世紀航海圖的圖例。英國皇家地理協會收藏的一幅紅海地圖是中世紀航海圖的範例（見圖68）。此圖描繪出近二十條表示航線的「恆向線」。這些「恆向線」的起點

1 見Tony Campbell, "Portolan Charts from the Late Thirteenth Century to 1500"一文。

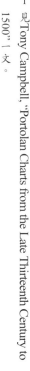

和終點全部都畫在海濱區域，沒有一條「恆向線」延伸到陸地上。

英國國家圖書館的古地圖專家曾對四幅十四、十五世紀波托蘭航海圖的畫法進行了研究。他們通過顯微鏡，仔細察看這四幅圖上的筆跡。研究結果令古地圖專家感到非常意外。這四幅波托蘭航海圖都是先繪出交叉縱橫的直線，之後再描繪海岸線並標出港口所在地及其名稱[1]。這種繪製的先後次序揭示出，波托蘭航海圖上的線條不可能是導航線。略有航海常識的人都知道繪製導航線的正常程序。這就是先標出始發地和目的地，之後再描繪連接兩點間的導航線。古地圖專家、埃及王子尤瑟夫．卡瑪（Youssouf Kamal）曾經指出，波托蘭航海圖中的線條不是用於導航，而是一種地圖繪製法[2]。

種種跡象表明，波托蘭航海圖上的直線不可能是「風向線」或「恆向線」，圖上的羅盤花和交叉點也不可能是風源點或者航程的端點。那麼，這些直線、羅盤花和交叉點究竟具有什麼樣的功能呢？

從羅盤花或交叉點延伸線條的數量也令史學界傷透了腦筋。為什麼這些線條的數量分別為十六、二十四或者三十二呢？這些數字之間存在什麼樣的邏輯關係呢？它們代表了什麼樣的數字體系呢？

在早期波托蘭航海圖中，地中海輪廓略微逆時針傾斜，似乎繪圖者幾經意識到地球磁偏角的問題。但是，歷史教科書告訴我們，歐洲人發現磁偏角現象的時間是十五世紀末。這比波托蘭航海圖出現的年代晚了兩百多年。對此，應該如何解釋呢？

波托蘭航海圖的科技含量是另外一個難以解釋的問題。波托蘭航海圖中的海岸線繪得比較準確，顯示出較高的地理測量水準。這種準確性和測量水準意味著，十三、十四世紀地理學家不僅已經開發出成熟的地理測繪技術，而且還掌握了經、緯度測量技巧。有些史學家甚至推測，波托蘭航海圖的原創者掌握了測量平板儀和六分儀等測量工具以及三角測量術[3]。

正統史學觀告訴我們：歐洲航海家從十五世紀才開始掌握海上天文導航技術，三角測量術、測量平板儀和六分儀在歐洲出現的時間也都是十五世紀之後。波托蘭航海圖顯現出來的科技水準與科技史中的歷史紀錄完全不相吻合。面對這些無法解釋的問題，科技史學界也難免會感到忐忑不安。

一些史學家指出，十三、十四世紀波托蘭航海圖中的地域輪廓具有投影效果。有的地圖史學家更為大膽地聲稱，早期波托蘭航海圖中的投影效果可以與墨卡托地圖相比擬[4]。

這又是與正統史學觀不一致的論調！這種論調在史學界顯得非常刺耳，令許多史學家感到如坐針氈。正統史學觀認為：十三世紀末歐洲地圖學界才開始了解托勒密的投影學，而墨卡托發明地圖投影法的年代是在十六世紀下半葉。有這些確鑿的「歷史紀錄」作為靠山，一些史學家氣勢洶洶地發出了嚴厲的質問：十三世紀波托蘭航海圖的繪製者怎麼可能在地圖投影方面具有先見之明？他們又怎麼能夠搶在墨卡托之前繪出具有墨卡托投影效果的地圖呢？這豈不是太荒唐了嗎！

波托蘭航海圖顯示出來的科技水準確實令許多史學家感到困惑不已。著名史學家孔尼（Gerald R. Crone）指出，波托蘭航海圖完全與此前的地圖學傳統不相連接[5]。技術發展與種植莊稼非常相似，需要經過一定時間的培育期。春天撒下的種子不可能轉眼之間變成成熟的小麥。但是，為什麼十三世紀末的義大利港口城市會突然間出現高水準的測繪地圖？為什麼同期歐洲或阿拉伯世界的其他類別地圖沒有達到相同或相似的測繪水準呢？

波托蘭航海圖不僅與此前的歐洲繪圖傳統不相連接，圖中表現出來的地理勘測技術在此後數百年間發展也極為緩慢。許多波托蘭航海圖呈現出來的測繪水準，直到十七世紀才得到顯著的提高。在改進地理測繪技

1 見Tony Campbell, "Portolan Charts from the Late Thirteenth Century to 1500"一文。
2 見Charles H. Hapgood, *Maps of the Ancient Sea Kings*, Adventures Unlimited Press, 1996, pp. 11.
3 見Tony Campbell, "Portolan Charts from the Late Thirteenth Century to 1500"一文。
4 持這種觀點的學者包括十九世紀末學者Nordenskiold、現代學者Clos-Arceduc和W. R. Tobler等。
5 見Tony Campbell, "Portolan Charts from the Late Thirteenth Century to 1500"一文。

術方面，為什麼歐洲地圖學家花費了四百年的時間？

波托蘭航海圖中的疑問並沒有到此為止。在眾多疑問之中，最令史學界感到棘手的是波托蘭航海圖起源的時間及其發源地。

第三節　尋找波托蘭航海圖起源的線索

在史學界，波托蘭航海圖的起源不僅是一個長期懸而未決的問題，而且還是一個令人生畏的疑難之症。對這一疑難問題，史學界長期存在著兩派之爭。

一種是古代起源派。這種派別認為，波托蘭航海圖起源於西元紀年之初，它的發明者可能是古埃及人、古腓尼基人、古希臘人或古羅馬人。十三世紀波托蘭航海圖是這些古代科技復興的產物。另一種是中世紀起源派。此學派的支持者對波托蘭航海圖發源地的看法並不一致。有些學者認為，中世紀義大利或葡萄牙是波托蘭航海圖的發源地。另外一些學者認為，波托蘭航海圖起源於十世紀，發源地為拜占庭王朝。

兩大學派雖然觀點各異，但都無法對波托蘭航海圖出現的一系列問題做出合理的解釋。尤其是兩大學派都不能舉出史料證明，古代或者中世紀歐洲曾經擁有高水準的地理測繪技術。並且，他們也無法解釋，波托蘭航海圖中羅盤花延伸出來的十六、二十四、三十二條直線具有何種涵義。

十九世紀末期以來，許多史學家在波托蘭航海圖起源的問題上花費了大量的時間和精力。然而，一百多年過去之後，學術界仍然得不到令人信服的結論。古地圖專家坎博評論說：「儘管有大量的學術文章探討這一問題，絕大多數有關波托蘭航海圖起源的假想都無法成立。由於缺乏確鑿的資料，這些學術文章引發的謎團比它們所能解釋的問題還多。」[1]另一位古地圖專家科特紹也持相同看法，他認為這一問題「尚無合理的結論」[2]。

難道我們真的永遠找不到波托蘭航海圖的源頭了嗎？結局未必如此。如果我們放開眼界，就能夠找到破解難題的線索。

審視十三世紀以前出現的各種地圖，在海岸輪廓的準確性方面，只有一一三六年《禹跡圖》可與波托蘭航海圖相媲美。將《禹跡圖》與現代地圖相比較，兩者的海岸輪廓線比較接近。《禹跡圖》的海岸輪廓顯示出，十二世紀的中國不僅具備準確測繪海岸線的理念，而且還具備相應的技術條件。第九章所做的中、西方古代科技比較使我們認識到，十五世紀以前中國在航海、天文、數學、地圖投影和測量儀器等方面居世界領先地位。古代中國的地理測繪能力和領先的科技地位，將尋找波托蘭航海圖起源的視線引向了中國。

羅盤花是波托蘭航海圖的重要特色之一，在不同時期的波托蘭航海圖中，都可以看到各式各樣的羅盤花。有些羅盤花是交錯縱橫直線的交叉點（見圖69），有些則是圖中的裝飾圖案（見圖70）。無論羅盤花採用何種樣式，也無論羅盤花具有何種功能，羅盤花圖案之中都有一個方位羅盤。方位羅盤是指南針的一部分。這似乎暗示出，波托蘭航海圖與指南針之間存在著某種關聯。學術界普遍認為，指南針起源於中國，十二世紀末傳到歐洲[3]。十三世紀，歐洲航海家開始使用指南針。也就是在同一世紀，波托蘭航海圖在歐洲出現。這一時間上的巧合是否意味著，波托蘭航海圖中的羅盤花也是來自中國呢？

---

1 見Tony Campbell, "Portolan Charts from the Late Thirteenth Century to 1500"一文。此段英文原文為："Despite the thousands of scholarly words expended on the subject, most of the hypotheses about portolan chart origins have remained just that. In the absence of corroborating data they often appear to be less explanations than creation myths."

2 見Tony Campbell, "Portolan Charts from the Late Thirteenth Century to 1500"一文。阿曼多．科特紹的原話為："No satisfactory solution has yet been reached."

3 歐洲學者Robert Temple指出，指南針傳入歐洲的時間早於傳入阿拉伯世界。一一九〇年Alexander Neckam在他的著作*De Naturis Rerum*中留下了有關指南針的記載。阿拉伯世界中第一個有關指南針的記載出現在一二三二年。

圖69　羅盤花交叉點

在羅盤花圖案中，指北箭頭正上方經常會出現一個皇冠或寶石的圖形（見彩圖28）。將皇冠或寶石繪在正北方，這無疑表現出一種尊崇北方的信仰。這種裝飾方式，既不符合以南為尊的伊斯蘭慣例，也沒有遵循以東為貴的基督教習慣，而是與中國道教的理念相一致。依據道教的理論，天上的皇帝位於正北方的紫微垣星座，大地之神也位於正北方。羅盤花圖案中描繪指北箭頭的顏色通常是黑色或深藍色，這也是源於道教文化。按照陰陽學的理論，北方為陰，代表色為黑或深藍。在大多數羅盤花圖案中都可以看到花瓣圖形。這種圖形與十一世紀張匡正墓星象圖中的花瓣圖案非常相似。

羅盤花圖案雖然簡單，卻揭示出尋找波托蘭航海圖起源的線索——指南針。

第四節　指南針、羅盤與大地測量

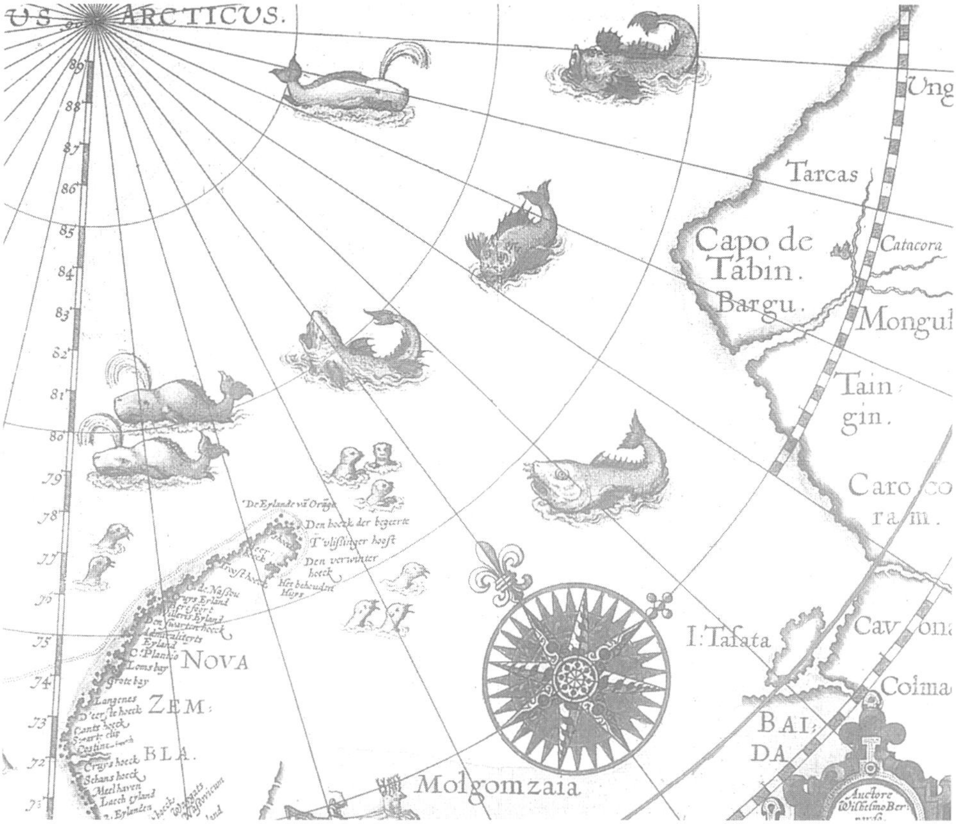

圖70　羅盤花裝飾圖案

數千年以前，華夏祖先開始使用一種稱之為「司南」的磁性指向器。這種磁性指向器是最古老的指南針裝置。西元一世紀學者王充在《論衡・因是篇》中記載了司南的形狀，它由一把磁性石勺和方位指示盤組成，將磁勺放置於指示盤上，勺柄會指向南方（見圖71）。一件西元兩世紀的石刻圖案刻畫出一位風水先生坐觀司南的形象（見圖72）。從中可見，司南是一件勺形器物。

中國早期的方向指示器通常是勺、魚或者烏龜形狀。大約在九世紀中期，中國古人用磁針或鐵針指示方向，從而發明出磁性指南針[1]。

1 有關「磁針」的最早記載可見於九世紀著作《酉陽雜俎》。此書中有「勇帶磁針石」和「遇鉢更投針」等記載。據此推斷，指南針起源於晚唐時期。

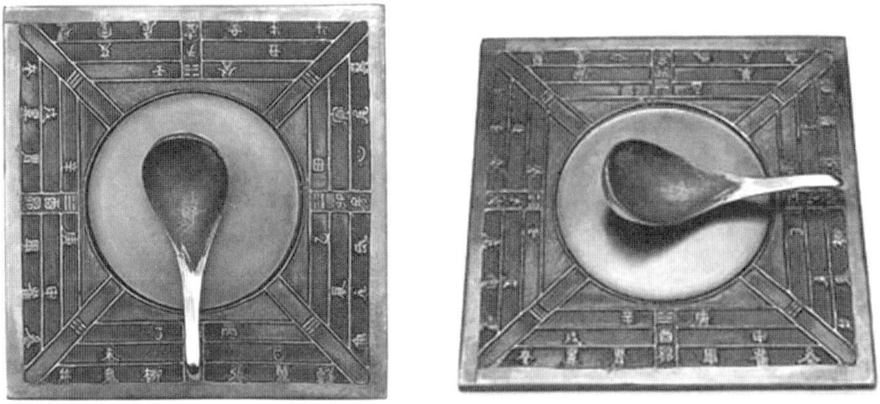

圖71　王充司南復原模型

圖72　漢代坐觀司南圖案

與勺、魚、或烏龜形狀的方向指示器相比較，磁性指南針的指向更為準確。十二世紀科學家沈括在一〇九一年成書的《夢溪筆談》中記載：風水先生用磁石去磨針尖，針尖就能指向南方，不過常常略為偏東，並不完全指向正南。把磁針浮於水面，常晃蕩不停。也可以把磁針放在指甲上和碗口上，磁針轉動更靈快些，但這上面又硬又滑，磁針容易掉落。用絲線懸掛磁針的方法最佳，即從新絲棉中抽取一根蠶絲，用芥菜籽大小的一點蠟黏連在磁針的腰部，懸掛在沒有風的地方，磁針就常常指向南方。磁針也有經磨後指向北的。我家的磁針，指南、指北的都有。磁石的指南，如同柏樹的指西，不能推究出其中的道理。

中國古人將指南針用於航海的最早記載可見於一一一七年成書的《萍洲可談》和一一二二年成書的《宣和奉使高麗圖經》。這兩個記載均比西方有關指南針的記載早半個多世紀。

方位羅盤是指南針不可缺少的組成部分。在中國，指南針方位羅盤的演變經歷了一個漫長而又複雜的過程。

一九八七年，考古人員在安徽含山縣發現一座大約建於四千五百多年以前的古墓，墓中有大量的隨葬玉器。在各式玉器之中，最引人注意的是一套擺放在墓主遺體胸口上的玉器。該套玉器由玉龜和長方形玉版組成，玉龜分為玉龜甲和玉龜腹兩層，兩層之間夾著一塊長方形玉版。該玉版長十一公分，寬八．二公分，厚〇．二至〇．四公分。中國史學界將此方形玉版稱之為「含山玉版」（見圖73）[1]。

含山玉版上鐫刻的圖紋非常奇特，引起中國史學界的極大興趣（見圖74）。玉版圖紋中央為一個內刻有八角圖案的圓形；第一個圓和第二個圓之間均勻地刻有八個等分的箭形紋飾，每個箭形紋飾之間又刻有一條直線，這些箭形紋飾和線條將玉版圖紋中央的第二個圓形均勻切割成十六等份；第二個圓形的外沿刻有四個箭形紋飾，每個箭形紋飾分別對準方形玉版的四個角；玉版的四周邊還鐫刻出一些小型圓孔。

1 見安徽省文物考古研究所，〈安徽含山凌家灘新石器時代墓地發掘簡報〉，刊載於《文物》，一九八九，第四期。

對玉版的用途及其圖紋的涵義，史學界長期爭論不休。雖然仁者見仁，智者見智，但學術界基本一致認為，玉版圖紋是一件早期的方位指示盤，即中國古代羅盤的最初原形[1]。中國科學院自然科學史研究所研究員武家璧認為，玉版圖紋中八等分箭形紋飾代表中國古代天文觀測中的八方位法，而八等分箭形紋飾與其間的八條直線組合成為中國傳統天文學中的十六方位法[2]。

八方位法和十六方位法都是中國古人根據天文現象測定節氣的方法，中國古代文獻對這兩種季節測算法

圖73　含山玉版

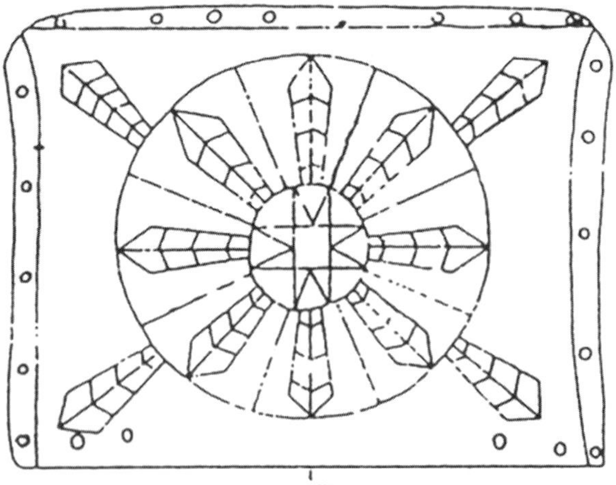

圖74　含山玉版圖紋

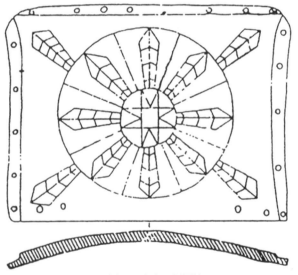

均有記載。西元前兩世紀著作《淮南子》記載的八分方位法是一種根據北斗七星八種不同方位測定節氣的方法。一九七五年發掘出土的《雲夢睡虎地秦簡》為西元前三世紀的竹簡，此竹簡記載了西元前五世紀至前三世紀時期古人採用的十六方位法。這種方法將一天劃分為十六等分，並依據晝夜長短的比例以及日出、日落的方位預測各種節氣[3]。

除八方位法和十六方位法，中國古代還有一種用於度量日、月、行星運動規律的十二方位天文觀測法。此方法將天赤道平均分成十二個部分，每部分都以若干恆星作為標誌[4]。有關十二方位天文觀測法的最早記載可見於西元前五世紀成書的《左傳》和《國語》。自西元前一世紀史學家司馬遷開創紀傳體通史的先例之後，歷代史書大都載有關於各時期天文學家和占星家以十二方位法觀測天文的紀錄。在十二方位天文觀測法的基礎上，中國古代天文學家進一步研發出二十八星宿觀測法，這種方法將二十八星宿分別對應十二個天文方位。

八方位法、十六方位法和十二方位天文觀測法都源於易學。易學是一種起源於遠古時期的中國古代哲學思想。根據《周易》的記載，中國遠古帝王伏羲氏通過觀測天文、測量大地和觀察萬物創造了易學信

1 中國科學院自然科學史研究所副所長陳久金，和安徽省文物考古研究所張敬國，在《文物》一九八九年第四期發表了題為「含山出土玉片圖形試考」的文章。該文認為，含山玉版圖紋與八卦和洛書有關，而八卦和洛書皆與古代天文觀測和曆法有關。中國社會科學院歷史所研究員王育成，在一九九二年第四期《文物》發表了〈含山玉龜及玉片八角形來源考〉的文章。此文也認為，玉版圖紋中的八角圖案與中國傳統天文觀測相關。中國社會科學院考古研究所研究員馮時在他的《中國天文考古學》一書中推測，含山玉版圖紋可能是傳說中的「河圖洛書」，即古代記載天文觀測和地理測量的圖形和文字紀錄。

2 見武家壁，〈含山玉版上的天文準線〉一文，發表於《東南文化》，二〇〇六年，第二期。

3 《雲夢睡虎地秦簡》在〈日書．歲〉一篇中將一天的時間分為十六等分，夏曆十一月（冬至月）白天時間最短，占一天時間的十六分之五；夏曆五月（夏至月）白天時間最長，占一天時間的十六分之十一。

4 有些中國史學家認為，十二方位天文觀測法是將黃道平均分成十二個部分。

仰[1]。這種信仰的核心是「天地合一」，即天意是自然形成的規律，這種規律主宰著人類和大地上的所有物種，而天文現像是這些規律的表現[2]。經過數千年的發展，易學逐漸演變成為一種包羅萬象的哲學理論。在古代社會，這種哲學理論的實踐作用就是推算節氣和星象占卜[3]。

中國古代農耕社會離不開節氣。農家按照節氣分別進行播種、防澇、防蟲和收割等農耕活動。為了測算出不同節氣到來的時間和轉換的規律，易學家研究出數種通過觀測太陽、月亮和二十八星宿的位置變化推測節氣的方法。實施這些觀測方法是以準確的方位為前提，為此中國古人發明出方位指示盤。

此外，史料顯示，中國古人很早就將方位指示盤應用於地理測量。西元前三世紀成書的《考工記》記載：土圭長五寸（約十一．五公分）可用作日晷，也可用於測量土地[4]。同期著作《周禮》也有類似記載：凡建邦國，用土圭測量土地並劃分國界[5]。在這些記載之中，「土圭」就是一種用於天文、地理測量的方位指示盤。在地圖史學方面，將方位指示盤應用於地理測量具有特別重要的意義。這種應用為準確測量地域輪廓奠定了基礎。

早期方位指示盤並沒有磁性指標，古人通過觀測日影和北極星象校正方位指示盤[6]。司南發明之後，古人將天文觀測與司南指向並用，從而更準確地校正出天文、地理觀測的方位。指南針的出現無疑提高了方位判別的精確度，由此，方位指示盤逐漸演變成為羅盤。

中國最早出現的方位指示盤分為正方形和圓形兩種。方形指示盤稱之為「地盤」，上面僅標出十二個方位，以易學中十二地支的名稱命名。圓形指示盤稱之為「天盤」，上面標出二十八個方位，以二十八星宿命名。古人測量地理時觀察「地盤」，觀測天象時則查看「天盤」。古人在推算節氣、測量地理或者占卜命運時，既需要觀察「地盤」，也需要查看「天盤」。為此，古人將「地盤」和「天盤」合二為一，形成方形地盤中間設有圓形天盤的複合方位指示盤。

易學最初僅僅是一種通過天文觀察測算節氣的理論，但這種理論很快就延伸到人生命運的範疇，形成了中國傳統的占卜理論——八卦。這種占卜理論以八方位觀測法為基礎，每一卦分別代表不同方位的天文觀測結果。易學家根據觀測結果預測命運的興衰。

為了準確占卜星象，在八方位天文觀測法的基礎上，易學家將星空進一步劃分為十六、三十六、六十四和七十二個區域，並根據這些區域的星象變化進行占卜。十六方位法的星象占卜稱之為「十六卦」，三十六方位法的星象占卜稱之為「三十六卦」。以此類推，形成「六十四卦」和「七十二卦」。許多古代易學典籍中均記載有十六卦、三十六卦、六十四卦和七十二卦的圖形以顯示星象占卜的轉換規律（見圖75）。這些卦的數字不是隨意選擇的，而是根據易學中有關宇宙形成的理論。此理論認為，宇宙最初只有一種元素，稱

---

1 《周易．繫辭下》：「古者包犧氏之王天下也，仰則觀象於天，俯則觀法於地，觀鳥獸之文與地之宜，近取諸身，遠取諸物，於是始作八卦，以通神明之德，以類萬物之情。」

2 易學的重要貢獻者、中國古代著名哲學家老子曾說：「人法地，地法天，天法道，道法自然。」

3 現代的「季節」與中國傳統的「節氣」與有所不同。「季節」僅分為春、夏、秋、冬四季。「節氣」分為小寒、立春、驚蟄、清明、立夏、芒種、小暑、立秋、白露、寒露、立冬、大雪等二十四個節氣。二十四節氣的命名可分為反應季節、氣候現象和氣候變化三大類。反應季節的是立春、春分、立夏、夏至、立秋、秋分、立冬、冬至，又稱八位；反應氣候現象的是驚蟄、清明、小滿、芒種；反應氣候變化的有雨水、穀雨、小暑、大暑、處暑、白露、寒露、霜降、小雪、大雪、小寒、大寒。

4 《考工記》原文：「土圭尺有五寸，以致日，以土地。」鄭玄注：「土，猶度也。」

5 《周禮》原文：「凡建邦國，以土圭土其地，而制其域。」鄭玄注：「土其地，猶言度其地。鄭司農云，土其地，但為正四方耳。」（《十三經注疏》，中華書局，一九八〇，頁七〇四）《周禮》的另一段記載具有相同涵義：「土圭以致四時日月，封國則以土地。」此外，《周禮》還記載了古人將方位指示盤應用於觀測住宅風水：「土方氏掌土圭之法，以致日景，以土地相宅。」

6 《周禮．考工記》記載：「匠人建國，水地以懸，置埶以懸，視以景，識日出之景，與日入之景，晝考之日中之景，夜考之極星，以正朝夕。」這句話的涵義是：古人在水平地面上豎起一根與地面垂直的木杆，通過觀測日出、日落和正午時木杆的日影測定出南、北正向方位。之後，再通過觀測位於北極的星座對南、北正向方位進行驗證。

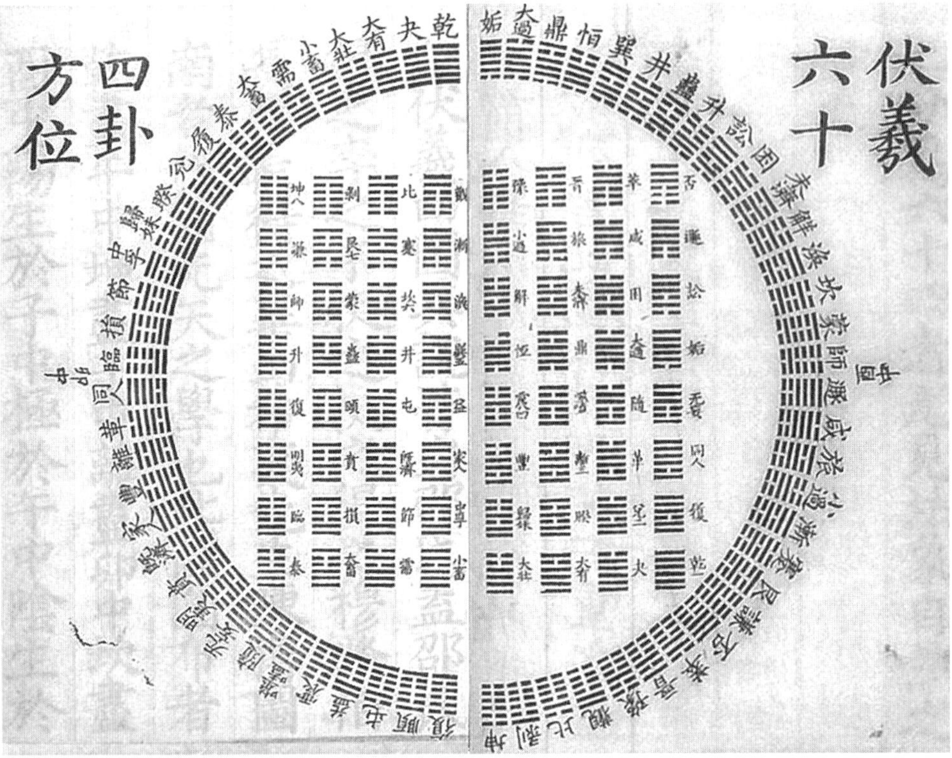

圖75　六十四卦圖形

之為「太乙」，即一種無形的精神。此元素一分為二形成「陰」、「陽」兩極，此兩極相互作用變成以東青龍、西白虎、南朱雀、北玄武四方之神為基礎的一個平面。基於這一平面，宇宙逐漸演變成為一個立體的空間。這個空間可進一步劃分為立體的八等分。根據這種宇宙觀，中國古代易學家以八卦為基礎，研發出十六、三十二、六十四和七十二方位等天文觀測法[1]。這些觀測法中的方位數字都是八的倍數。顯而易見，在易學中，十六、三十二、六十四和七十二等數字都具有特殊的涵義。它們是一組僅使用八的倍數作為記號的數字體系。這種體系與方位和星象觀測緊密相連。

最遲在漢朝，易學家已經普遍使用十六方位指示盤。漢朝時期銅鏡在貴族階層盛行。漢朝哲學家認為，銅鏡照出人的面目就如同大地反映出天象。出於這種理念，一些漢朝銅鏡背面刻有表示天文觀測方位的紋飾。漢代十六方位紋銅鏡就是一例（見圖76）[2]。另一件星雲紋銅鏡也反映出十六分方位觀測法（見圖77）。這面圓形銅鏡背面的紋飾由四個圓圈構成。由內向外，第二和第四個圓圈上有十六個箭頭，這些箭頭表示出十六個方位。第二和第三個圓圈中間二十四顆連星紋的寓意是，通過觀測星象測定二十四個節氣。二十四顆連星紋中有四顆星帶有圓形的星雲，這四顆星分別象徵東方青龍、南方朱雀、西方白虎和北方玄武四位天神。

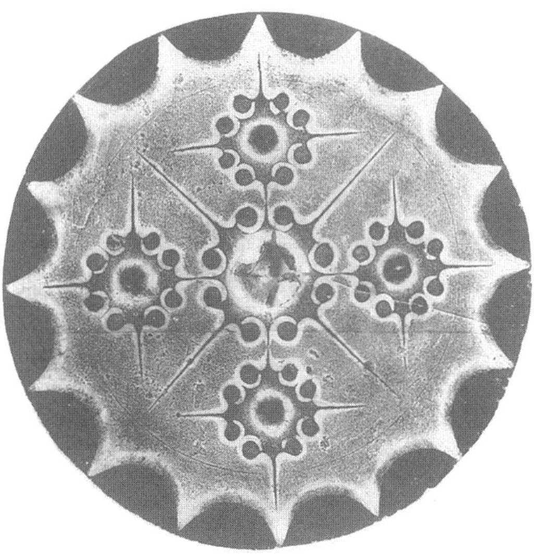
圖76　漢代十六方位紋銅鏡

圖77　漢代星雲紋銅鏡

1 參見十一世紀北宋哲學家邵雍的著作《皇極經世》：「太極既分，兩儀立矣。陽下交於陰，陰上交於陽，四象生矣。陽交於陰、陰交於陽而生天之四象，剛交於柔、柔交於剛而生地之四象，於是八卦成矣。八卦相錯，然後萬物生焉。是故一分為二，二分為四，四分為八，八分為十六，十六分為三十二，三十二分為六十四。」

2 此圖源自李文英，《中國古代銅鏡》，頁三十九，陝西人民出版社，一九九七。

圖78　宋朝張仙人瓷俑

西元九世紀末，磁石製成的司南演變成為以磁石針或鐵針作為指向的指南針。由於磁石針或鐵針的指向更為精確，晚唐風水大師楊均松對前人的方位指示盤進行了一次技術革新，發明出二十四方位圓形羅盤[1]。楊均松發明的圓形羅盤包括天盤和地盤。天盤通過天文觀測進行校正，地盤則以指南針為準。出於地球偏磁角的緣故，與天盤相比較，地盤的方位刻度逆時針旋轉七．五度[2]。

雖然二十四方位羅盤在唐朝已經出現，但宋朝時期一些風水先生仍然使用十六方位羅盤。一九八五年五月，考古人員在江西臨川縣發掘出一座建於一一九八年的古墓，從中出土了一大批陶俑，大部分陶俑底座都有墨筆書寫的陶俑名稱。其中一件陶俑的名稱為「張仙人」。此陶俑的人物造型為一位風水先生，此人物手捧一件標有十六方位的羅盤（見圖78）[3]。

易學占卜理論非常深奧。由於久已失傳，即使易學專家也未必說得清楚。對於這種玄祕深奧的理論，我們沒有必要在此深究。然而，為了尋找波托蘭航海圖的淵源，我們需要看一看源於易學占卜的圖形。

《三十六卦策數循環圖》是一種根據星象變化測算命運的占卜圖（見圖79）。根據十三世紀著作《三易備遺》中的記載，這種圖起源於秦朝之前（即西元前三世紀之前）。《河圖交八卦之圖》也是在西元前已經出現的一種占卜圖，此圖根據星象位置的變化占卜人生命運（見圖80）。在這兩幅圖中，圓環或八角圖

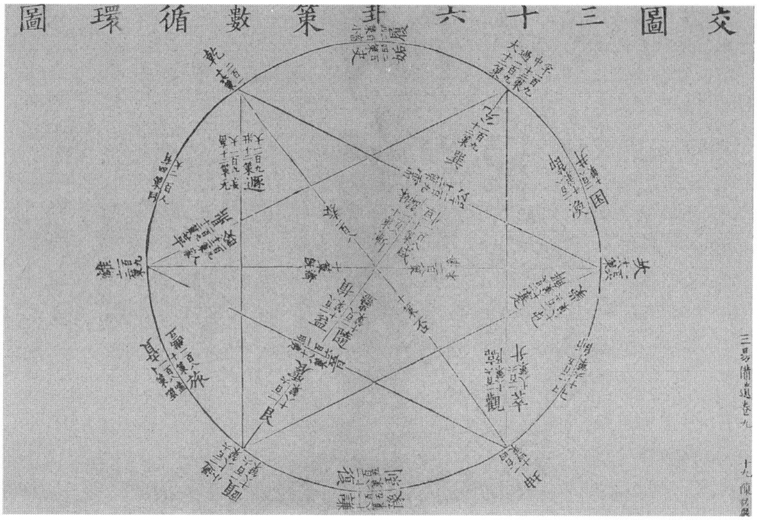

圖79 《三十六卦策數循環圖》

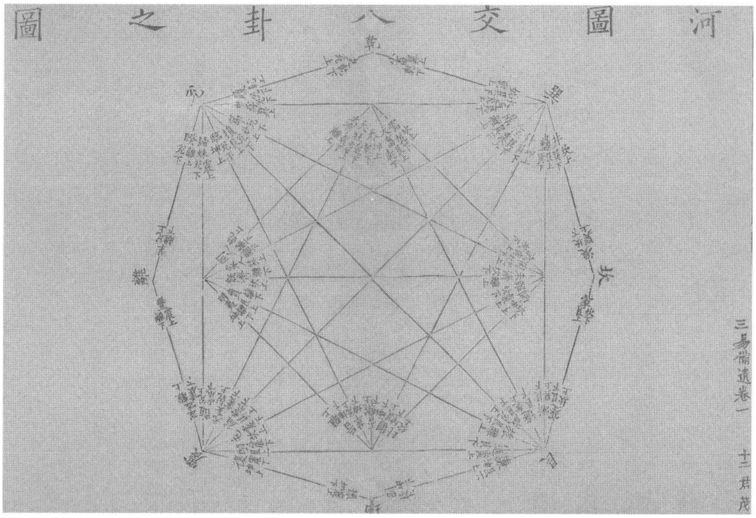

圖80 《河圖交八卦之圖》

1 楊均松的學生曾文迪在風水口訣〈青囊序〉寫道：「先天羅經十二支，後天再用干與維。八干四維輔支位，子母公孫同此推。二十四山分順逆，共成四十有八局。」

2 清代學者陳雯在清康熙三十四年（一六九五）撰寫了一部名為「三才發祕」的易學著作。此著作記載了楊均松地盤的偏磁角。

3 見王育成，〈道教與中國古代旱羅盤指南技術〉一文，載於《宗教學研究》，一九九九，第二期。

形周邊上的各個點分別代表不同的星象，各點之間由直線相連，表示星象之間的位置關係。古代易學家根據各個星象之間的位置變化占卜個人、家庭甚至國家的命運。

理解易學與羅盤之間的不解之緣，我們會對波托蘭航海圖產生一種新的認識。

波托蘭航海圖不是所謂的航海圖，而是一種早期的大地測繪圖。此類地圖中的羅盤花和交叉點既不是航線的起點也不是終點，而是觀察星象位置變化的觀測點，即現代的天文觀測點[1]。圖中的直線既不是指示航向的「風向線」，也不是表示航道的「恆向線」，而是依據星象高低變化測繪地表兩點之間距離的測繪線。正因如此，波托蘭航海圖中的一些羅盤花和交叉點出現在陸地上，並且圖中還有許多橫貫大陸的直線。在波托蘭航海圖中，從羅盤花和交叉點延伸直線的數量都具有易學涵義，每一條直線都對應著中國傳統星象的組合。羅盤花、交叉點和直線以其特殊的語言記載下波托蘭航海圖原創者的身分。這些原創者曾經借助易學占卜的星象體系和觀測結果，對地球表面進行過大規模的測量。

這些偉大的天文、地理學家們首先在大地上確定一個地點作為測繪的中心點，同時借助北極星象在遠離中心點的正北方再確定另外一個天文觀測點，這個測繪點作為測繪的最北端。之後，他們以測繪中心點與最北端之間的距離作為半徑，在球冠形地表上畫出一個巨大的圓環。借助祖傳下來的十六方位天文觀測體系，波托蘭航海圖的原創者在這個巨大圓環的邊緣均勻地分布出另外十五個測繪點。十六個圓環測繪點分別與測繪中心點相連接，並且每個圓環測繪點又分別與其他圓環測繪點相連接，由此形成縱橫交錯的測繪網絡。

這些測繪網絡將巨大的圓環切割為許多三角形，每個三角形構成一個測繪單元。參與地球表面測量的測繪家們都是一些精通三角測量術的數學家。他們通過觀察星象的高低位置，測量出各個測繪點之間的距離以及每個三角形測繪單元內的地域輪廓和島嶼。在取得測繪資料之後，波托蘭航海圖的原創者將巨大圓環和環內各個三角形按照同比例縮小，並把它們拼接到地圖上。出於風水的緣故，這些原創者在繪製地圖時以指南針校正北方。正因如此，一些早期波托蘭航海圖的地中海輪廓略有傾斜。一四九二年阿奎爾（Jorge de

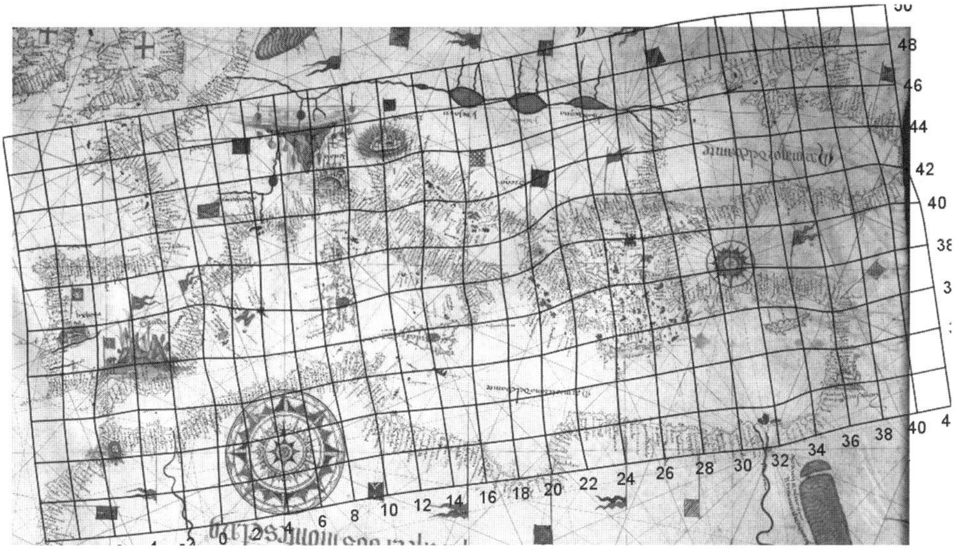

圖81　阿奎爾的波托蘭航海圖（此圖由葡萄牙里斯本大學Joaquim Alves Gaspar 教授提供）

Aguiar）繪製的波托蘭航海圖就是一個典型的例子（見圖81）。在此圖中，羅盤花是天盤，而地域輪廓的校正則是依據地盤。由此，其地中海輪廓逆時針傾斜八度。

完成第一個圓環測繪之後，地理測量師依東、西橫向進行第二個圓環測量。之後依此類推，逐步完成環繞地球的測繪。在測量大地的過程中，中國古代測量師和航海家遇到了千難萬險。但是，道教的天地觀是他們的精神支柱。他們以為，越準確、完整地測繪大地，越能知悉天意。在這種神學理念的支配下，他們克服了重重困難，最終完成了測繪地球的壯舉。

中國古人測繪世界的方法與現代全球定位系統(GPS)所採用的理念很相似。全球定位系統通常由二十四顆環繞地球運行的衛星組成。每顆衛星運行的軌道各不相同，並且在運行過程中向地球發射微波信號（見圖82）。二十四

1　二〇〇五年，考古工作者在山西襄汾陶寺中期城址內發掘出一座總面積為一千四百平方公尺的半圓形大型夯土基址，並發現了三道夯土擋土牆和十一根夯土柱遺跡。從半圓的圓心外側的半圓形夯土牆上留出的幾道縫隙中向東望去，恰好是春分、秋分、夏至、冬至時太陽從遺址以東的帽兒山升起的位置。一些考古學家認為，這是中國最早的天文觀測點。山西襄汾陶寺城址距今已有四千三百多年。

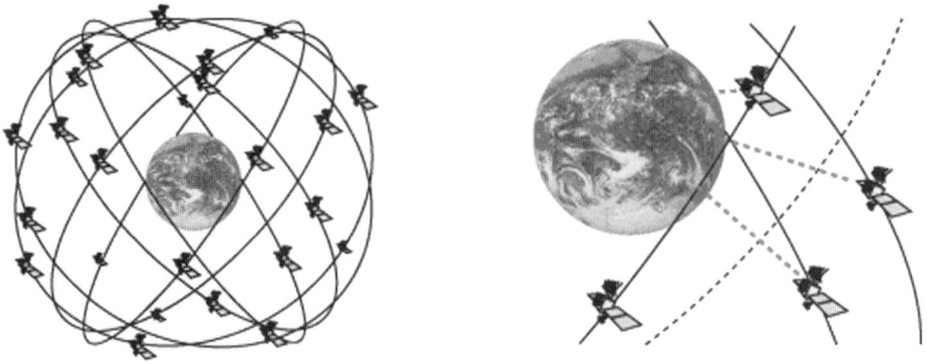

圖82　二十四顆GPS衛星示意圖

顆衛星的分布使得地球上的任何地點在任何時間都收到三顆衛星發射的微波信號。根據衛星的微波信號，地球上的用戶接收器解算出精確的幾何圖形，從而測定地理位置。中國古人測繪世界也是根據來自天空的信號。但是，這些信號並非來自衛星，而是來自於太陽、月亮、北極星、金星、木星、水星、火星、土星以及二十八星宿。中國古人根據這些天文體之間的位置和距離變化測定地理位置。

儘管在史料中尚未找到關於中國古代天文、地理學家測繪世界的完整記載，然而，我們仍然可以從古人留下的文字和藝術作品中看到一些蛛絲馬跡。

張遂是八世紀初一位知名的和尚，法號為「一行」。他雖為佛門弟子，但在易學方面具有極高的造詣，並且精於天文和數學。七二一年，張遂受唐玄宗之命制訂新曆。為此，他主持了歷時七年的大規模天文觀測和地理測量。與前人所做的天文觀測一樣，張遂也以觀測二十八星宿為主。但是，他觀測的方法卻與前人有很大的不同。

在張遂之前，對二十八星宿的觀測僅以赤道為準，而張遂卻將赤道和黃道共同作為二十八星宿觀測的準道。為了得出準確的天文觀測資料，張遂不僅派遣被稱之為「測影使者」的天文觀測人員分別在許多地方設立天文觀測點進行天文和地理觀測，同時他還參考前人留下的天文觀測紀錄。可以推測，為了準確地觀測黃道與二十八星宿之間的關係以及黃道在地球上的軌道，張遂派遣的「測影使者」曾在許多地方設立天文觀測點。然而遺憾的是，留傳下來的史料中僅僅記載了十八個天文觀測點[1]。其中，有兩個天文觀測點最值得一提。

一個位於亞洲大陸北部沿海地區。《舊唐書．天文》描述說：向北可抵達大海；此地白晝長，日暮時間很短；太陽落下與再次升起的間隔與煮熟羊肉的時間相當，即只有幾分鐘的時間。此極晝現象說明，該天文觀測點的位置在北極圈內，即北緯六十六度三十四分以上[2]。另一個天文觀測點位於南半球的海洋之中。《唐會要》記載了一位名叫元太雲的測影使者所做的觀測紀錄：八月（陰曆）在海中南望位於頂端老人星；老人星周圍有許多星，且亮星居多；對這些星象前人既沒有記載也沒有命名；並且，在此觀測點可以觀測到南半球天空的所有星象[3]。元太雲的觀測紀錄說明，他的天文觀測點大約在南緯四十五度左右[4]。此外，這一紀錄還說明，中國古人從八世紀三〇年代開始觀測南半球星象，十一世紀蘇頌在《新儀象法要》中收錄的《渾象南極圖》正是古人對南半球星象長達三個世紀的觀測成果。

---

1 《唐會要》、《舊唐書．天文》和《新唐書．天文》記載了十八個測繪點：骨利干以北、鐵勒、太原府、交州、滑台、白馬、嶽台、扶溝、陽城、浚儀、武津、武陵、襄州、朗州、横野軍、安南、林邑以及一個沒有地名的海上測繪點。但是，為了測量出黃道在大地上的軌跡，這幾個觀測點是遠遠不夠的。可見，現存史書中有關張遂天文觀測時設立測繪點數量的記載是不完整的。

2 《舊唐書．天文》記載：「又按貞觀中，史官所載鐵勒、回紇部在薛延陀之北，去京師六千九百里。又有骨利干居回紇北方瀚海之北……北又距大海，晝長而夕短，既日沒後，天色正曛，煮一羊胛才熟，而東方已曙。蓋近日出入之所云。凡此二事，皆書契所未載也。」《新唐書．天文》也載：「又鐵勒、回紇在薛延陀之北，去京師六千九百里，其北又有骨利干，居瀚海之北。北距大海，晝長而夜短，既夜，天如曛不暝，夕胹羊髀才熟而曙，蓋近日出沒之所。」

3 《唐會要》，卷四十二：「測影使者大相元太雲……以八月自海中南望老人星，殊高。老人星下，眾星璀璨，其明大者甚眾，圖所不載，莫辨其名。大率去南極二十度已上其星皆見，自古渾天家以為常沒地中伏而不見之所也。」

4 老人星位於南赤緯五十二度，因此九月期間（即陰曆八月）在南緯四十五度左右的地理位置可看到老人星位於天體的較高位置，並且可以觀測到天體南極的所有星象。

基於系統的天文觀測結果，張遂不僅校正了漢朝流傳下來二十八星宿的觀測資料，並且測定出黃道在地球上的軌道[1]。張遂在進行天文研究的同時，還對大地進行了測量。他運用前人創造的球面三角測量法，測算出地球子午線每度弧長為一二九．二二公里[2]。子午線是地球的經度線，子午線每度的弧長是天文學和大地測量學的一項基本資料。張遂對子午線每度弧長的測算結果為測量穹形地表兩點間的距離以及測量地球大小奠定了基礎。

為了記錄下天文觀測結果，張遂曾繪製出一套名為「覆矩圖」的地圖集。此地圖集由二十四幅地圖組成，其覆蓋範圍遠遠超出了中國領土[3]。張遂在《覆矩圖》中不僅標出不同地區的緯度和晝夜長短比例，而且還注明日食發生之日不同地區所看到的各種日食現象[4]。雖然張遂的《覆矩圖》未能留傳下來，然而史書中有關《覆矩圖》的記載足以使我們相信，在八世紀初期，中國古人已經掌握了測量地球緯度的技術。

儘管張遂主持的天文觀測得出了一些具有現代科學意義的結果，但是仍然脫離不了迷信的色彩。被派到四面八方的「測影使者」，在觀測天文現象的同時還進行星象占卜和區域劃分。中國古代哲學家將這種星象占卜和區域劃分稱之為「分野」，其涵義是將二十八星宿與大地上的國家和地區相對應，從而預測各個地方的吉凶。「分野」的理念出自易學。易學家認為，根據天象可以占卜出人間各地的命運以及各個國家的興衰。史書記載，張遂主持的星象占卜和區域劃分的範圍非常廣闊，包括中西亞、地中海沿岸、東非、西伯利亞、朝鮮半島、日本和其他一些島國[5]。

張遂測天量地的方法被一些埋在古墓中的繪畫記載下來。二十世紀中葉，考古人員在新疆吐魯番地區發掘出四十餘座中世紀時期的古墓，從中出土了三十餘幅絹本繪畫以及一些道教文書。這三十餘幅繪畫雖有所不同，但都具有相同的人物造型，即古代傳說中的伏羲和女媧。為此，中國考古學家將這些圖統稱為「伏羲女媧圖」。為了弄清這些《伏羲女媧圖》放置在墓中的原因，我們必須先了解這些繪畫的涵義以及它們的功能。

這些《伏羲女媧圖》大都用紅、黃、白、黑四色繪成。圖中，伏羲左手握矩，代表天界，即陽界；女媧右手持規，代表地界，即陰界；兩個造型都是人首蛇身，蛇尾相互纏繞，表現出天地合一的理念。伏羲和女媧的周圍分布著由線條連接的星辰，這些連接星辰的線條既表現出星辰之間的關係，同時也象徵著通過星象確定遠行的方向和路線（或者通過星象勘測地理輪廓）。在這三十餘幅《伏羲女媧圖》中，有一幅分別在伏羲和女媧造型的上面和下面畫出了兩個羅盤花。上方的羅盤花周圍環繞著十六顆星，下方的羅盤花周圍環繞著十七顆星（見圖83）。此幅《伏羲女媧圖》意味深長，它不僅反映出中國古代陰陽和諧的哲學思想，並且以藝術語言表現出唐朝人依據星象測繪大地的理念。

這三十餘幅絹畫分別懸掛在不同古墓墓室的頂部。這種布置的目的是為了使墓主靈魂能看到墓主生前所在的人間，並且有朝一日能夠按照繪畫中記載的星象和路線（或者地域輪廓）順利地返回到自己的故鄉。

中國歷史上可以與張遂相提並論的另一位古代天文、地理學家是元朝的郭守敬。與張遂非常相似，郭守

---

1 《新唐書．天文》：「中晷之法。初，淳風造曆，定二十四氣中晷，與祖沖之短長頗異，然未知其孰是。及一行作《大衍曆》，詔太史測天下之晷，求其土中，以為定數。」注：此記述中的「土」自指大地，「晷」的意思為「軌道」，「二十四氣中晷」指的是黃道。

2 見《新唐書．天文》中「大率三百五十一里八十步而極差一度」的記載。按照現代的測量資料，子午線一度的弧長為一一一．二公里。

3 《舊唐書》和《新唐書》均稱：《覆矩圖》的範圍是從南方的「丹穴」直至北方的「幽都」。「丹穴」和「幽都」都是中國古代傳說中的地名，「丹穴」位於南端，「幽都」位於北端。因此，《舊唐書》和《新唐書》均採用形容的方法描述出《覆矩圖》極其廣闊的地域範圍。

4 《新唐書．天文》：「今更為《覆矩圖》，南自丹穴，北暨幽都，每極移一度，輒累其差，可以稽日食之多少，定晝夜之長短，而天下之晷，皆協其數矣。」

5 《舊唐書．天文》中記載「分野」的範圍包括「北方群狄之國」、「西河戎狄之國」（根據《舊唐書．西戎》，西河戎狄之國包括婆斯、拂菻、大食等國）、「西南徼外夷」、「東盡於徐夷之地」、「東方九夷之國」和「島夷蠻貊之人」。

圖83 《伏羲女媧圖》

敬進行天文觀測和大地測量的最終目的也是為了制訂新曆。一二七六年，元朝皇帝忽必烈委任郭守敬等人制訂新曆。為此，郭守敬花費了三年多的時間研製出一系列天文觀測工具。一二七九年，郭守敬在上報給皇帝的奏摺中陳述說：唐代張遂在開元年間派人到各地去測量日影，書中記載的測量點有十三處；現在疆土比唐代更為廣大，應該設立更多的觀測站，觀察日食出現的時刻、晝夜的長短以及日月星辰的位置；現今測量人員較少，可以先在南北若干地方設立觀測站進行天文觀測[1]。在得到皇帝的准許之後，郭守敬派人分別在二十七個地方設立天文觀測點。其中，最北位於西伯利亞並接近於北極圈，最南設在西沙群島一帶，最東在朝鮮半島，最西位於甘肅武威。根據天文觀測結果，並基於一千多年以來流傳下來的天文觀測資料，郭守敬於一二八〇年編製成《授時曆》。此《授時曆》推算得非常精確，一年誤差只有二十六秒。一二八一年，《授時曆》頒行天下，並在中國實行了三百六十四年。

郭守敬不僅在天文學領域卓有成效，在數學和地理學方面，他也做出了傑出的貢獻。為了制訂《授時曆》，郭守敬對前人的球面三角學和方程式解法做了進一步的發展。並且，他還將「海拔」概念引入地理測量[2]。在現代地理測量學中，「海拔」是一個基礎概念。直到今日，世界各國在測量地形高度時都以「海拔」作為基數。

在中國史料中，不僅能夠看到通過天文觀測進行地理測繪的記載，而且還找到有關借助羅盤方位和縱橫交錯直線複製地圖的紀錄。

十一世紀地圖學家沈括在描述前人的《飛鳥圖》和他的《守令圖》時，提到兩個重要特徵：第一，圖中

1 見《元史・郭守敬傳》。

2 《元朝名臣事略》記載，郭守敬「又嘗以海平面較京師至汴梁地形高下之差，謂汴梁之水去海甚遠，其流峻急，而京師之水去海至近，其流且緩，其言信而有徵，此水利之學，其不可得也」。

具有從圓心點向四周擴散的直線，好似輪輞和輪輻；第二，通過圓形地圖周圍二十四個方位之間的關係，確定各個地點的地理位置。這兩個特徵完全符合波托蘭航海圖的特點。沈括的記載還暗示出，後人可以根據二十四個方位之間的對應關係重新繪製他的地圖。從《海國聞見錄》的記載可以看出，「二十四至」繪圖法的程序是，首先確定交叉縱橫的直線，之後確定地點並描繪地域圖形。這種繪圖方法與古地圖專家發現的波托蘭航海圖繪製順序完全一致。沈括有關《飛鳥圖》和《守令圖》的描述說明，十一世紀之前中國已經出現了波托蘭航海圖的雛形。

第五節　西方地圖學界接受地圖以北為上的緣由

托勒密《地理學指南》的再發現，被史學界視為現代地圖學的開端。傳統史學界觀認為，現代地圖學的許多原則都源於《地理學指南》，其中包括以北為上方。然而，在《地理學指南》中，托勒密既沒有要求地圖必須以北為上，也沒有說明地圖以北為上的緣由。

有些學者猜測，托勒密描述地圖投影時以北作為上方，由此拜占庭地圖學家為《地理學指南》增補地圖時也以北為上，這些附圖影響了歐洲地圖學界，從而形成了地圖以北為上的慣例。這一觀點禁不起仔細推敲。波托蘭航海圖出現的時間早於重新發現《地理學指南》的時間。早期波托蘭海圖顯示出，許多歐洲和阿拉伯地圖學家在知曉《地理學指南》之前已經接受了地圖以北為上的原則。

另有一種觀點認為，中世紀主要文明集中在赤道以北的地中海沿岸，北方在上的地圖可以更好地展示地中海輪廓。然而，這種推測缺乏史料支持。

十五世紀以前，歐洲和阿拉伯的地圖學家分別習慣將東或南作為地圖的上方。這兩種繪圖習慣都源於宗教信仰，並且延續了千年之久。中世紀時期，宗教在歐洲和阿拉伯世界享有絕對的權威，人們的觀念和習慣都必須絕對服從這種權威性。顯而易見，無論對歐洲人還是阿拉伯人而言，以北為上方的地圖既不符合他們的習慣，也不符合他們的宗教觀念。他們不會因為托勒密背信自己的信仰，更不可能由於《地理學指南》或者所謂的審美改變自己崇拜的朝向。然而，十五世紀以後，歐洲和阿拉伯的地圖學家不約而同地接受了地圖以北為上的繪圖方法。這種現象的後面必然隱藏著一種不可逆轉的推動力量。這種力量促使歐洲和阿拉伯地圖學家逐漸地放棄了曾經遵循千年之久的繪圖習慣。

地圖以北為上的規則起源於中國古代天文觀測和宗教信仰。中國古代的大地測量依賴於傳統天文觀測和占卜方術。波托蘭航海圖的原創者也是如此。他們在設計地圖投影時，也是以北為上方。

中國古代地圖學家在仿繪地圖時，同樣遵循以北為上的原則。以十一世紀中國地圖學家沈括為例，他記載的地圖繪製方法是以二十四向為基礎的。自九世紀楊均松發明二十四向方位羅盤以來，二十四向方位一直是以北為上方。

具有波托蘭航海圖風格的中國古代地圖很可能是經過海上貿易之路流傳到義大利港口城市和阿拉伯地區。最初，歐洲和阿拉伯地圖學家在仿繪來自中國的地圖時，都沒有嚴格遵循以北為上的原則。表面看上去，他們仿繪的波托蘭航海圖沒有固定的朝向。然而，圖中的主要文字和符號顯示出，早期波托蘭航海圖都保持了基督教或伊斯蘭教的繪圖習慣。比如，一三七五年《卡塔蘭世界地圖》出自猶太繪圖師之手，圖中主要文字（即大寫字體）的朝向是南方（見彩圖27）。再如，歐洲繪圖師沃爾塞卡（Gabriel de Valseca）於一四四七年繪製的波托蘭航海圖，該圖中的主要文字以及皇冠和盾牌圖案都是以東為上方。

一二九五年發現《地理學指南》希臘文手抄本之後，拜占庭繪圖師對托勒密的理論進行了研究，同時他們收集各類古地圖與托勒密的理論進行比較。在比較過程中，計里畫方地圖和梯形地圖引起拜占庭繪圖師的注意。此類古地圖與托勒密的橫、豎座標定位法極其相似。由於經過多次仿繪，無人能辨認出這些古地圖的最初來源。拜占庭繪圖師猜測，這些古地圖都是源自托勒密的《地理學指南》。於是，他們在參考這些古地圖的基礎上，為《地理學指南》繪製了附圖。正因如此，《地理學指南》的附圖基本上都是以北為上方。

經過數代人的研究，中世紀歐洲和阿拉伯地圖學界逐漸意識到地圖以北為上的重要性。同時，他們看出了波托蘭航海圖的投影效果，並且知曉必須通過數學運算解決地圖方位改變引起的投影變形問題。然而，在《地理學指南》中，托勒密雖然闡述了地圖投影理論並列出了八千多個地點的橫、豎座標，但他既沒有說明如何測繪地域輪廓，也沒有論述相關的數學問題。

十六世紀以前，絕大多數歐洲和阿拉伯地圖學家繪製地圖時參考的資料不是測繪資料，而是收集到的地圖。因此，在改變地圖朝向時，他們難免遇到一些技術難題。當然，對一些地圖學家而言，將以北為上的圓形世界地圖改為以南為上並非是件難事，他們只需將地圖倒置而已。一五四七年《瓦拉德地圖集》（*Vallard Atlas*）中的一幅西南太平洋海域地圖就是一個典型的例子（見彩圖29）。此圖中的人物造型以南為上方，但是羅盤花北方指標上的皇冠卻是頭朝下，顯得非常怪異。這種怪異現象說明，此圖的參考資料是以北為上的地圖。

對於中世紀西方地圖學家而言，改變地中海在地圖中的朝向是一件非常不明智的事情。以《地理學指南》的一幅附圖為例（見圖84）。此圖以北為上，圖中南、北地域的比例尺是不一致的。北部被縮小，南部被放大。若將此圖改為以南為上，首先需要找到一顆位於正南方的恆星作為調整地圖投影的參照點。其次，南部需縮小，北部需放大。若將此圖改為以東為上，則需在正東方找到一顆固定不動的恆星作為調整地圖投影的參照點，同時調整東、西、南、北地域的比例尺。顯而易見，為了改變地圖朝向而調整地圖不同部位的比例尺，需要有天文知識、測繪資料和數學運算的支援。但是，中世紀西方地圖學界不具備這些技術條件。

調整以北為上的航海圖也會遇到類似的技術問題。這不僅涉及地中海輪廓的變形，而且還要求調整許許

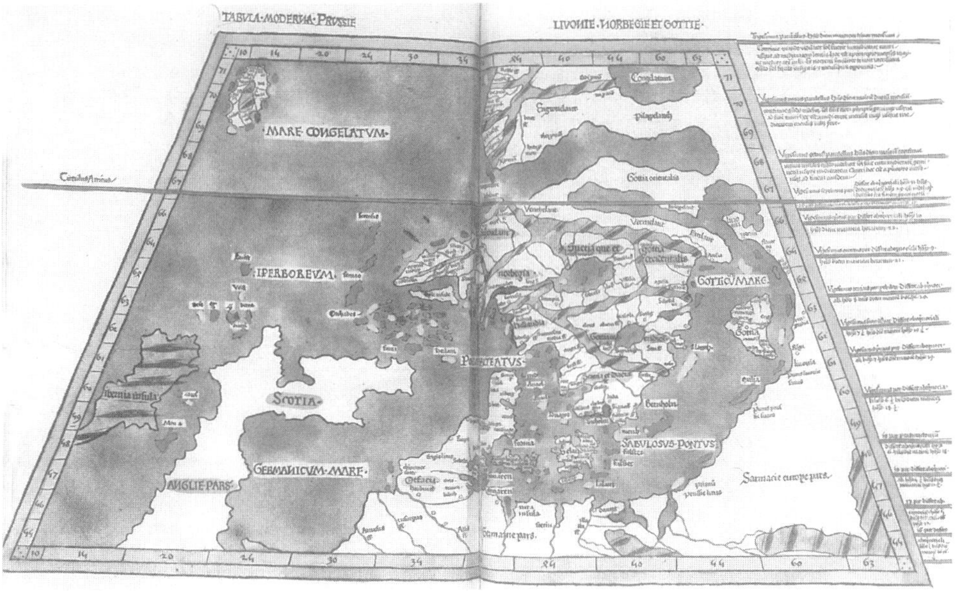

圖84　1486年版《地理學指南》中的梯形地圖

多多「風向線」或「恆向線」的指向。沒有測繪資料和數學運算作為基礎，這種調整是一件可想而不可及的事情。

一些航海史料顯示出，中國古代航海家依據星象導航時首先觀察北極星和華蓋星。為此，中國古代星象導航圖也是以北為上方[1]。歐洲和阿拉伯航海家參照中國航海圖和星象導航方法時，自然而然地接受了以北為先的星象觀測法和以北為上的繪圖規則。如果改變這種星象導航法或繪圖規則，他們必須重新建立起一套新的星象導航觀測法。然而，創建一套完整的星象觀測法不僅需要人力、物力，而且需要花費相當長的時間。

正是基於諸多複雜的技術原因，中世紀歐洲和阿拉伯地圖學家迫不得已改變了各自的繪圖傳統，不約而同地遵循了以北為上的原則。

1 《鄭和航海圖》中收錄了四幅《過洋牽星圖》，即星象導航圖。這幾幅星象導航圖全都是以北為上方。明初導航史料《海道針經》記載了「觀星法」，該「觀星法」顯示，中國古代航海家依據星象進行導航時首先觀測位於北方的恆星。

事實上，中世紀歐洲和阿拉伯地圖學家繪製地圖時都沒有忘記各自的宗教信仰，他們曾經企圖按照自己的信仰和習慣將地圖繪為以東為上或以南為上。《地理學指南》的聖地之圖（Holy Land Map）就是一幅圖例。此圖描繪了耶路撒冷所在的地中海東岸，其方位沿襲了基督教的習慣，以東作為地圖的上方。在一些中世紀波托蘭航海圖中，歐洲地圖學家在將皇冠戴在羅盤花正北指針的頂端時，還不忘在正東指標上畫出一個鑽石或者十字符號，以表示他們對傳統朝向的懷念。

對於中世紀歐洲和阿拉伯地圖學家而言，中國古代地圖學家開發的大地測繪技術以及取得的測繪資料是一種先進技術。沒有這些技術，中世紀歐洲和阿拉伯地圖學界都無法改變地圖以北為上的原則。可以說，中國古人開發的地圖測繪技術是促使西方地圖學界接受以北為上原則的推動力量。

中國古代地圖測繪技術不僅促使西方地圖學家改變了他們的傳統，並且還誘發出歐洲人對外擴張的興趣。

十五世紀，航海圖和地理測繪資料屬於先進技術，掌握這些技術就等於擁有世界的未來。具有遠見卓實的葡萄牙皇室及早地認識到這些技術的價值，他們長期不遺餘力地收集前人流傳下來相關資料並進行系統的研究和分析。基於這些努力，葡萄牙人開拓出新的貿易航線，擴大了他們的統治範圍，充實了皇家的財富。葡萄牙皇室迅速增長的財富和急速擴張的領地刺激了西班牙、英國、法國、荷蘭等其他歐洲皇室的神經。這些國家不約而同地將目光集中到了古代航海圖上，從這些航海圖中他們紛紛獲得了啟示。正是在古代航海圖的誘導和啟發之下，歐洲航海家們先後發現了美洲、大洋洲等新大陸，從此改變了整個世界的歷史進程。

第十三章 西方傳教士與中國古代地圖

十五世紀初鄭和下西洋時，中國古代地理學處於黃金時代。當時，中國地理學家的視野非常開闊，他們不僅知道大地是一個球形體，並且還知曉西半球上的美洲大陸。然而，一百多年以後中國發生了巨大的變化。十六世紀末，中國人的眼界普遍變得非常狹小，他們心目中只有中國本土和周邊的國家和地區。狹隘的眼界使中國人沒能繼承前人取得的許多成就。

我至今仍清晰地記得少年時期在課本中讀到的一段中國歷史常識：十六世紀末，義大利籍教士利瑪竇來華傳教；為了吸引中國人對天主教的興趣，他在教堂內展示出一幅大型世界地圖；此圖不但繪有亞洲、歐洲、非洲，還有美洲和南極洲；利瑪竇的地圖強烈地衝擊了中國傳統的「天下」觀，開闊了中國人的眼界。不僅如此，我的老師還告訴我：通過利瑪竇的世界地圖，中國人學到了地理學的一些基本概念，例如北極、南極、赤道、經緯線等等。三十多年過去了，利瑪竇的這段歷史故事仍然出現在中、小學的歷史教科書之中。

很明顯，這段歷史常識與我讀到的原始資料完全不相吻合。自西元前二〇二年漢朝建立以來，中國古人在地理勘測方面陸續取得了許多輝煌成就。這些成就到了十六世紀末真的消失得無影無蹤了嗎？帶著這一問題，我翻閱了有關利瑪竇的史料，並仔細研究了利瑪竇的世界地圖。

第一節 《利瑪竇中國箚記》與《坤輿萬國全圖》

中國史學界撰寫了許多有關利瑪竇的書籍和學術文章。這些書籍和文章引用的史料基本上來源於一本書——《利瑪竇中國箚記》。此書原名為「基督教遠征中國史」，其作者是法籍傳教士金尼閣（Nicolas Trigault）。

金尼閣於一六一〇年下半年來中國傳教，此時利瑪竇已經去世。一六一四年金尼閣返回梵蒂岡時，將利瑪竇的日記遺稿帶回歐洲。此後，他基於利瑪竇日記撰寫出《基督教遠征中國史》，並於一六一五年初刊印成書。此書的開篇是金尼閣寫給讀者的一封信，在此信中金尼閣寫道：「而我本人呢，我敢向你保證，我所補充的都是我親眼所見或者得自其他神父的真實報告。他們或者是親身目睹，或者是得到教會編年史的肯定。」[1]

金尼閣的這一段文字說明，《基督教遠征中國史》的內容並不完全依據利瑪竇的日記，有些是金尼閣依據自己的見聞所做的補充。拉丁文《基督教遠征中國史》一經出版發行，立即轟動了歐洲史學界。不久該書被翻譯成法、德、義和西班牙四種文本。對於《基督教遠征中國史》，歐洲史學界的評價並不都是正面的。德禮賢神父（Father Pasquale d'Elia）認為，該書「時而確切，時而並不確切」。法國漢學家謝和耐（Jacques Gernet）更指責此書「經常是不忠實的」。魯爾博士（Dr. Paul Rule）則指出，除了明顯增補的章節外此書還有「許多細小的補充和修改」，且有些部分「難以自圓其說……可以說它系統地歪曲利瑪竇的思想」[2]。

《基督教遠征中國史》英文版由美國耶穌會士加勒赫（Louis Joseph Gallagher）於一九五三年編譯發行。不知出於何種原因，英譯本不再承繼原書名，而改為《十六世紀的中國——利瑪竇一五八三至一六一〇年箚記》。此書中文刊印時，書名改為「利瑪竇中國箚記」。

《利瑪竇中國箚記》的原本書名、金尼閣致讀者的信以及西方學者的書評都在提醒學術界，此書內容並不都是源於利瑪竇的日記，學者在參考此書時應與其他相關歷史文獻進行對比。然而，令我感到遺憾並且吃驚的是，一些中國史學家將《利瑪竇中國箚記》視為研究利瑪竇的原始史料。《利瑪竇中國箚記》的編譯者在出版此書時稱讚說：「本書對於研究明代中西交通史、關係史和耶穌會入華傳教史，乃至明史，都具有彌足珍貴的史料價值。」[3]

由於盲目依賴《利瑪竇中國箚記》，史學界在無意之中誇大了利瑪竇的歷史作用。一位大學教授在一次記者採訪中說：「蜜蜂本意是覓食，但它傳播了花粉。這點也正是我們紀念利瑪竇們的原因，無論如何，他們讓中國人知道了，大地是個球。」[4]很明顯，這位教授相信了《利瑪竇中國箚記》中的如下記述：

> 利瑪竇神父是用對中國人來說新奇的歐洲科學知識震驚了整個中國哲學界的，以充分的和邏輯的推理證明了它的新穎的真理。經過了這麼多世紀之後，他們才從他那裡第一次知道地球是圓的。從前他們堅信一個古老的格言，即「天圓地方」……直到利瑪竇神父來到中國之前，中國人從未見過有關地球整個表面的地理說明，不管是做成地球儀的形式，還是畫在一張紙地圖上；他們也從未見過按子午線、緯線和度數來劃分的地球表面，也一點都不知道赤道、熱帶、兩極，或者說地球分為五個地帶。[5]

---

1 見《利瑪竇中國箚記》，廣西師範大學出版社，二〇〇一。
2 見《利瑪竇中國箚記》附錄「一九七八年法文版序言」，頁四五六—四五九。
3 見《利瑪竇中國箚記》封底。
4 見陳一鳴，〈利瑪竇規矩：一種早期的文化交流模式〉，載《南方周末》，二〇〇四年三月十一日。
5 見《利瑪竇中國箚記》，頁二四四—二四五。

「天圓地方」，這是多麼熟悉的術語。我立即想起《周髀算經》對這一術語的解釋，這一解釋明顯與《利瑪竇中國劄記》不同。利瑪竇真的是這樣理解這句名言嗎？我在利瑪竇所繪的《坤輿萬國全圖》中查到這樣一段注釋：「地與海本是圓形而合為一球，居天球之中，誠如雞子，黃在青內，有謂地為方者，乃語其定而不移之性，非語其形體也。」[1]很明顯，此注釋與《周髀算經》對「天圓地方」的解釋以及張衡的宇宙觀非常相似。可見，利瑪竇參考過中國古代天文學家的著作。這一線索引起我對利瑪竇《坤輿萬國全圖》的極大興趣。在這幅地圖中是否能夠找到中國古人勘探世界的痕跡呢？

對利瑪竇《坤輿萬國全圖》的研究最初始於十九世紀末的歐洲。由於當時尚未發現此幅地圖的流傳版本，有關研究僅僅停留在根據文字推測地圖的階段。二十世紀初，一幅《坤輿萬國全圖》的摹本被世人發現，由此引發學術界對這幅世界地圖的深入研究。

近百年來史學家們幾乎一致認為，利瑪竇繪製《坤輿萬國全圖》時參考的資料主要是源於歐洲的世界地圖，其中包括十六世紀末奧特里烏斯（Abraham Ortelius）和墨卡托等人繪製的世界地圖。雖然有個別學者指出，《坤輿萬國全圖》的一些地理訊息來源於中國本地文獻和地圖，但是一直沒有人深究，這些文獻是否包括利瑪竇來華前中國已有的世界地圖[2]。在仔細核對地名、注釋和地域輪廓後，我發現，利瑪竇繪製此幅地圖時參考過中國古代地理資料，其中包括中國古人探險美洲的地圖資料。

利瑪竇在《坤輿萬國全圖》南美地域上寫有兩段注文（見圖85），其中一段稱：「南亞墨利加今分為五邦，一曰孛露，以孛露河為名；二曰金加西蠟，以所產金銀之甚多為名；三曰坡巴牙那，以大郡為名；四曰智里，古名；五曰伯西兒，即中國所謂蘇木也……。」在此段注文右邊，另有一段注文寫道：「伯西爾，此古蘇木，此國人不作房屋，開地為穴以居，好人肉，且食男不食女，以鳥毛織衣。」[3]將此兩段注文連讀，我得到利瑪竇的一段留言：在利瑪竇的古代時期，中國人將現今巴西稱之為「蘇木」。

讀到此留言，我感到非常吃驚。歷史教科書告訴我，在利瑪竇來華之前，中國人對美洲大陸一無所知。

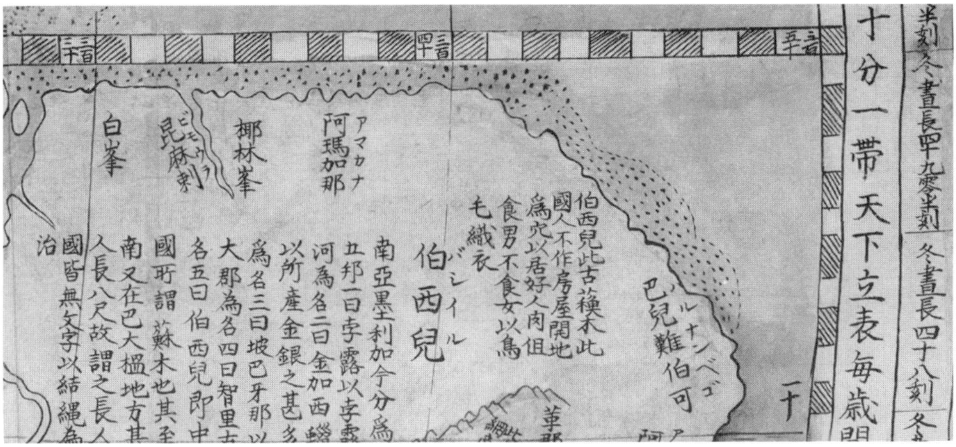

圖85　《坤輿萬國全圖》巴西注釋

然而，利瑪竇的留言卻告訴我一個與歷史教科書完全不同的史實。在歷史教科書與利瑪竇的留言之間，我究竟應該相信誰呢？

利瑪竇不是一位航海家，《坤輿萬國全圖》的地理訊息全部來源於前人的地圖。前面我曾經提及，史學界普遍認為，《坤輿萬國全圖》的地理訊息來源於西方世界地圖。但是，與同期的西方世界地圖比較，《坤輿萬國全圖》的北美哈得遜灣（Hudson Bay）最接近現代地圖。在《坤輿萬國全圖》中，哈得遜灣被稱為「哥泥自斯湖」，此湖的左邊有一段注釋：「此洪湖之水，淡而未審其涯，所至依是下舟，可達沙瓦乃國。」此注釋引發出一個問題：利瑪竇從何處得到有關哈得遜灣的地理訊息呢？

史學界認為，英國航海家哈得遜（Henry Hudson）是發現哈得遜灣的先驅，他率領的探險隊於一六一〇年七月駛入哈得遜海峽。然而，利瑪竇繪製《坤輿萬國全圖》的年代是一六〇二年，

1 在利瑪竇所繪的《兩儀玄覽圖》以及明末刊印的《圖書編》、《三才圖會》和《方輿勝略》等書中，都可以看到利瑪竇所做的類似注釋。

2 見黃時鑑、龔纓晏，《利瑪竇世界地圖研究》。

3 此段注文源自日本東北大學收藏的《坤輿萬國全圖》，該《坤輿萬國全圖》可以在此網頁上看到：http://www2.library.tohoku.ac.jp/kano/ezu/kon/kon_frm_71.html。在另外一種《坤輿萬國全圖》中此段注文略有不同：「伯西爾，此言蘇木……。」

利瑪竇去世的時間是一六一〇年三月。很明顯，《坤輿萬國全圖》中的哈得遜灣訊息絕對不可能來自歐洲。

《坤輿萬國全圖》在白令海海域有一段注釋：「此處古謂兩邊之地相連，今已審，有此大海隔開，此海可通北海。」此注釋說明，一六〇二年之前，已有船隊勘探白令海峽。然而我發現，這一注釋卻無法與地理大發現編年史相吻合。按照歐洲人的紀錄，一六四八年底一支俄羅斯探險隊首先發現白令海峽。在此之前，歐洲流行著關於這一海峽的各種傳說，但未曾有船隊穿越過這一海峽，確認它的存在。

在《坤輿萬國全圖》中，不僅可以讀到一些與歷史教科書不相符的注釋，而且還能找到一些明顯來源於中國的地理名稱。

《坤輿萬國全圖》將紅海標注為「西紅海」，將加利福尼亞灣稱之為「東紅海」。這兩個地名是中國人的地理概念。對歐洲人而言，兩個海域所處的方位完全相反：紅海位於歐洲的東南方向，加利福尼亞灣則位於歐洲的西方。

《坤輿萬國全圖》將靠近南美西岸的南太平洋海域標注為「東南海」，將南印度洋海域稱之為「西南海」。這兩個海域命名也應該來自於中國人，而不可能出自歐洲人。因為，被中國人稱之為「東南海」的南太平洋位於歐洲的西南方，而被中國人稱之為「西南海」的南印度洋則位於歐洲的東南方。

《坤輿萬國全圖》在現今西伯利亞地域寫有「牛蹄突厥」、「嫗厥律」和「烏洛侯」等八條關於當地部族的注文。經過核對，這些注文分別援引自中國十一世紀著作《新五代史》和十三世紀著作《文獻通考》[1]。

利瑪竇在《坤輿萬國全圖》中記載了一千一百一十多個中文地名。有中國學者將這些中文地名逐一與西方史料做了對比，發現其中有三百六十多個中文地名未曾在歐洲地理史料中出現過[2]。這一對比非常具有說服力。它證明，利瑪竇繪製《坤輿萬國全圖》時不僅參考了西方世界地圖，他還參考了已有的中文地圖和地理著作。

明末時期，利瑪竇的《坤輿萬國全圖》對中國知識界產生了很大的影響，尤其是五大洲名稱。當時一些中國地圖學家在仿繪先輩的世界地圖時均將五大洲名稱填入圖中。正是基於這一原因，使得一些史學家誤認為這些世界地圖都是源於利瑪竇[3]。然而，與《坤輿萬國全圖》相比較就會發現，這些世界地圖中的地域輪廓和地理觀念並非出自利瑪竇。

章潢（一五二七—一六〇八）是十六世紀末一位知名的學者。他於一五六二年開始廣泛收集歷代圖譜和釋文。根據收集到的資料，章潢於一五七七年編撰了一部名為「圖書編」的著作。該著作由章潢的學生萬尚烈於一六一三年付梓成書。

《圖書編》是一本分類滙集前人資料的工具書，學術界將此類古籍稱之為「類書」。《圖書編》雖保存了大量的文史資料，但此書輯錄前人之圖時大都省略了原有的解釋，並且對新增的內容也不加以說明。《圖書編》全書共輯錄圖譜兩百餘幅，其中卷二十九收錄了《輿地山海全圖》、《輿地圖上》和《輿地圖下》三幅世界地圖。由於這三幅圖中標注出五大洲名稱，中國史學界將它們認定為利瑪竇早期世界地圖的摹本。

在《輿地山海全圖》等三幅圖中，五大洲名稱與《坤輿萬國全圖》相同，可是這三幅地圖與利瑪竇的世界地圖之間存有諸多實質性區別。《輿地山海全圖》注重水系，並且誇大一些河流的寬度和長度（見圖86）。例如，紅海與地中海相連接，北美有一條河流橫穿大陸，長江和黃河將中國分成兩大塊島嶼，地球南部有幾塊不相連接的大陸等等。這些被誇大的水系不僅在利瑪竇世界地圖中看不到，在歐洲中世紀世界地圖中也是找不到的。

1 例如《坤輿萬國全圖》中有關「牛蹄突厥」的注文幾乎與《新五代史》卷七十三〈四夷〉附錄二所載的「牛蹄突厥」的注文完全一樣。

2 見黃時鑑、龔纓晏，《利瑪竇世界地圖研究》。

3 同前。

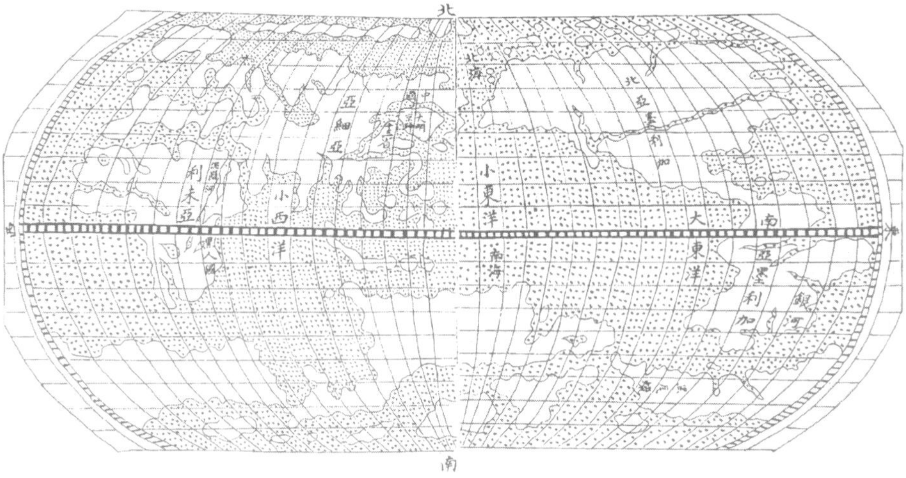

圖86 《輿地山海全圖》

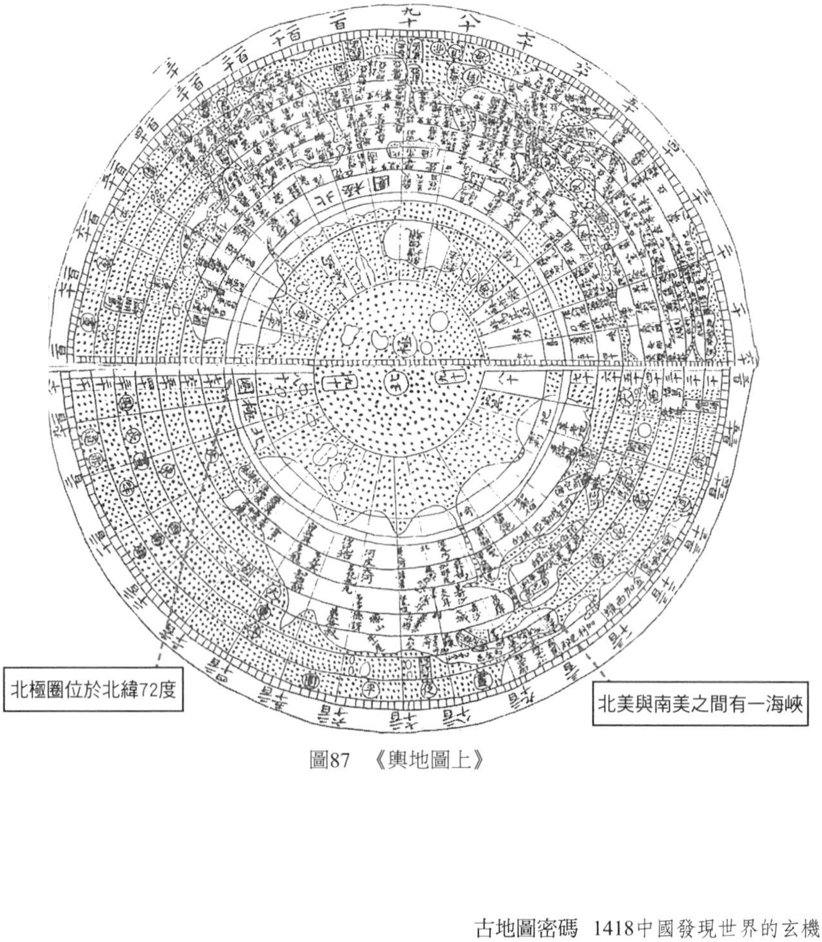

圖87 《輿地圖上》

《輿地圖上》將南、北美洲繪為兩塊不相連接的大陸，該圖在現今巴拿馬繪有一個海峽將北美與南美隔開（見圖87）。這種錯誤在十六世紀上半葉歐洲人繪製的世界地圖中曾經出現過。十六世紀中期之後，由於歐洲人對南、北美洲有了進一步的了解，他們的世界地圖都將南、北美洲繪成兩塊連接的大陸。利瑪竇的世界地圖也同樣如此。利瑪竇在《坤輿萬國全圖》中明確指出：「若亞墨利加者，全為四海所圍，南北以微地相聯。」因此，利瑪竇不可能在他的地圖上將南、北美洲畫成兩塊互不相連的大陸。

《輿地圖上》的北極界和《輿地圖下》的南極界分別位於北緯七十二度和南緯七十二度。很明顯，這是基於中國傳統天文學中「上規」和「下規」的概念。這兩個概念最初起源於張衡的「渾天說」，此後普遍被中國歷代天文學家接受。六四八年成書的《晉書》和八世紀二〇年代成書的《開元占經》等著作均對這兩個概念有所記載。這些記載稱：「上規」繞天體北極七十二度，中國人可以看到「上規」圈內的星辰；「下規」繞南極七十二度，中國人看不到「下規」圈內的星辰。

文獻記載，利瑪竇來華後引進了西方北極界和南極界的概念。在《坤輿萬國全圖》中，北極界和南極界度數分別是北緯六十六．五度和南緯六十六．五度。既然如此，利瑪竇怎麼可能按照中國傳統天文學中的「上規」和「下規」概念繪製地圖呢？

《坤輿萬國全圖》與同期的歐洲世界地圖一樣，在北極圈內畫有四大島嶼。歐洲中世紀世界地圖中的北極四大島嶼源於歐洲古代傳說，實際上這些島嶼根本不存在。《輿地山海全圖》和《輿地圖上》與利瑪竇《坤輿萬國全圖》不同，其北極圈內沒有四大島嶼。

以上分析說明，《輿地山海全圖》、《輿地圖上》和《輿地圖下》的地理輪廓不可能源於利瑪竇，而是出自中國古代世界地圖。史學界對這三幅地圖的誤解應當歸咎於《圖書編》的編撰者。他將中國古地圖輯入《圖書編》時沒有注明出處，並且對增補入圖的西方地理名稱也未做說明。

《圖書編》中還有兩幅地圖值得認真研究。《圖書編》卷十六輯錄了兩幅《昊天渾元圖》。有學者認

為，這兩幅圖是採用西方地圖投影法繪製的東、西兩半球世界地圖[1]。另有學者認為，這兩幅圖源自利瑪竇之手[2]。這兩種觀點都有欠妥之處。《昊天渾元圖》中的地域輪廓雖然不是非常清晰，但還是能夠辨認出地中海、裏海、印度洋和非洲之角的基本輪廓。根據這些輪廓可以看出，《昊天渾元圖》的橫向中心線位於北緯三十五度。這條橫向中心線的緯度與利瑪竇世界地圖有著實質性區別。在利瑪竇世界地圖中，橫向中心線是赤道。這一區別說明，《昊天渾元圖》採用的是中國古典投影術。中國傳統地理學將位於北緯三十三度的「陽城」（即今河南登封）視為「地中」。明末以前，中國古代世界地圖的橫向中心線大都位於北緯三十五度。

「昊天」和「渾元」都是道教術語。《昊天渾元圖》這一名稱表明，此圖出於道士之手。《圖書編》還載有一段有關《昊天渾元圖》釋文：「昊天渾元圖，雖古有此圖像，嘗求之莫可覩也。」（注：「覩」字在此句中的含意為「看清事理」或「懂得」）可見，對《圖書編》的編撰者而言，《昊天渾元圖》是一幅古代地圖。這幅古代地圖採用的東、西兩半球圖形是一個與朱思本一三二〇年世界地圖相互佐證的證據。它證明在利瑪竇來華之前，中國早已出現東、西兩半球圖形的世界地圖。

在第四章中，我曾提及馮應京在《月令廣義》中收錄的《山海輿地全圖》（見圖26）。《月令廣義》成書於一六〇二年，也屬「類書」。此書沒有像《圖書編》那樣包羅萬象，而是專門彙輯前人有關時令、地理、天文等方面的論述和圖譜。在彙編前人資料方面，《月令廣義》犯了與《圖書編》相同的錯誤。此書引用時不注明出處，增減、修改也不做說明。正因如此，一些中國學者誤將《山海輿地全圖》視為利瑪竇的作品。然而，從地圖投影技法、繪圖錯誤、地理名稱等方面可以看出，《山海輿地全圖》的原本是一幅中國古老的世界地圖。

《山海輿地全圖》與一〇九三年《張匡正世界地圖》很相似，採用了不對稱投影技法。在歐洲，這種投影法僅能在十六世紀初期以前出現的世界地圖中看到。十六世紀中期，這種投影技法已經被歐洲地圖學界淘汰。因此，利瑪竇不可能繼續採用這種過時的地圖投影法。

《山海輿地全圖》中有許多中國古代地圖學家犯的繪圖錯誤。諸如：圖中沒有波斯灣，紅海被繪成一個海灣，直布羅陀海峽兩岸距離過於寬闊等等。這些地理錯誤，在十六、十七世紀歐洲人繪製的世界地圖中是見不到的。

《山海輿地全圖》中地理名稱的數目沒有超過七十，這與利瑪竇世界地圖數以千計的地名相差甚遠。特別值得注意的是，一些對歐洲人而言非常主要的地名和地域輪廓沒有出現在《山海輿地全圖》之中。史學界一致認為，利瑪竇繪製世界地圖的主要目的是為了向中國人傳教。在天主教徒的心目中，梵蒂岡是一個神聖的地方。然而，《山海輿地全圖》卻沒有繪出梵蒂岡所處的亞平寧半島。十七世紀時期，英格蘭是歐洲一個舉足輕重的國家。可是，《山海輿地全圖》中卻沒有繪出英倫三島。利瑪竇是義大利人，可是《山海輿地全圖》卻沒有標注出他的祖國。這些重要缺陷說明，此幅地圖的原本不是出自於利瑪竇之手。

明清之際，面對利瑪竇帶來的西方地理學知識，中國學者反應不一。有的妄自菲薄、盲目崇拜，有的冷靜思考、會通中西。

鄭和下西洋之後，明朝政府採取了閉關鎖國的政策。與此同時，曾對中國傳統天文學、地理學發展起到促進作用的道教在中國的影響日益衰退，而墨守成規的孔子哲學逐漸在中國占據了統治地位。這些因素導致了中國傳統天文學、地理學的研究停滯不前，甚至出現了嚴重的倒退。

十五世紀初期，中國人的宇宙觀以「渾天說」為主。然而，一百多年之後中國人卻普遍相信「地為方

1 見黃時鑑、龔纓晏，《利瑪竇世界地圖研究》。

2 見林東陽，〈利瑪竇的世界地圖及其對明末士人社會的影響〉，轉自沈定平，《明清之際中西文化交流史》，商務印書館，二〇〇一，頁三九一。

形」的理論。由於這種倒退，十六世紀末一些文人對中國傳統天文學、地理學的成就知之甚少，以為自古以來中國人都將大地視為一個平面。當看到利瑪竇的《坤輿萬國全圖》時，這些文人感到非常吃驚，從而產生一種對西方文化盲目崇拜的心理。在這些文人之中，比較典型的當屬在利瑪竇世界地圖上留下序跋或題識的李應試、楊景淳、吳中明等人。這些文人對《坤輿萬國全圖》大加讚賞，貶低中國古人在地理發現方面的成就。這些妄自菲薄之語將近現代史學家們引入歧途，以為明末時期中國知識分子的天文、地理知識水準都非常膚淺。實際上並非如此。明末時期，許多對傳統文化卓有學識的人士，在研究西學的同時，認真比較中、西方文化的差異，積極進行兩種文化的融合。在這些人之中，著名天文學家、數學家徐光啟最具代表性。

徐光啟雖然對利瑪竇的世界地圖也表示讚賞，但他對待西學的態度與李應試等人完全不同。徐光啟一方面承認華夏先哲在天文、地理等方面取得的成就，闡述中、西文化的相似之處；另一方面他又指出中、西學之間的差異，提倡「鎔彼方之材質，入大統之型模」，即吸收西學之優、補充中學之不足[1]。徐光啟在為利瑪竇世界地圖所做的序言中指出：唐朝時期，中國古人測定每一緯度的弧長距離為三百五十一里八十步；宋朝時期，中國古人測定十五度緯度的弧長距離為六千里；元朝時期，郭守敬測出了五十度緯度的弧長距離約為兩萬里。徐光啟認為，這些古代科學家必然將地表視為穹隆形[2]。在此序言的最後，徐光啟指出：將中國傳統宇宙觀視為「言圓天而不言圓地」的觀點與《周髀算經》的論述是完全不相符的。

與徐光啟相比較，明末清初學者王夫之對利瑪竇的態度顯得有些偏激。王夫之是一位哲學家和思想家，他學識很廣，在天文、曆法、數學、地理學等方面都有很高的造詣。王夫之曾多次對利瑪竇的地圓說發難，認為利瑪竇剽竊了中國古代的渾天說。

許多中國史學家認為，王夫之對利瑪竇的評論帶有過多的民族感情，他對西學持盲目的排外態度。這種評價具有一定的片面性。固然，王夫之對利瑪竇地圓學說的評論有其欠妥之處。當時中國學界對歐洲歷史不是很了解，王夫之不一定知道西元前古希臘哲學家已經提出了地圓學說。然而另一方面，我們不應該否認王夫之的觀點是以其對中國傳統天文學研究為基礎的。他將利瑪竇的地圓學與中國古代渾天說做比較，論證出在利瑪竇來華之前中國早已有類似的地圓之說。

十七、十八世紀，中國學術界不只是王夫之一個人不贊成有關利瑪竇將地圓說傳入中國的提法。持類似觀點的學者包括黃宗羲、顧炎武、方以智、王錫闡、張雍敬等眾多知名學者。十八世紀著名天文學家、數學家梅文鼎曾說：「《周髀算經》雖未明言地圓，而其理其算已具其中矣。」[3]十九世紀著名數學家阮元指出：「地為圓體，則曾子十篇中已言之。」[4]十九世紀末啟蒙思想家鄭觀應也認為：「地圓之說創自管子。」[5]十九世紀末著名維新學者譚嗣同也曾評論說：「地圓之說，見於《內經》、《周髀算經》、《大戴禮記》及郭守敬，非發於西人。」[6]

上述明清時期知名學者的觀點，給當代史學界提出了一些值得認真思考的問題：這些知名學者都具有紮實的史料考據功力且熟讀過中國古代典籍，在地圓說的問題上，為什麼他們的評論與當代史學界的觀點完全不一致呢？到底是這些明、清知名學者在毫無根據地散布「臆說」？還是一些當代史學家對這一問題未求甚解？

在西方來華傳教士之中，利瑪竇不是唯一參考過中國古代地圖和地理資料的人。有些傳教士還將中國傳統地圖學資料帶回歐洲，作為繪製中國地圖的依據。

1 見《徐光啟集》。
2 見《徐光啟集》中〈題萬國兩圜圖序〉。
3 見梅文鼎，《曆學疑問》。
4 見阮元，《疇人傳》。
5 見《鄭觀應集》。
6 見《譚嗣同全集》。

第二節　衛匡國的《中國新圖志》

衛匡國（Martino Martini）是十七世紀一位頗有國際影響的義大利籍傳教士，他編著的《中國新圖志》在地圖史學中占有非常重要的地位。

一六四三年，衛匡國來到中國傳教，此後在中國居住了八年之久。在華期間，他廣泛交結中國學者和達官貴人，大量閱讀中國古代典籍，並收集中國地圖資料。一六五一年，衛匡國帶著許多中文資料途經荷蘭返回羅馬。據衛匡國本人記載，他從中國啟程時攜帶了五十多種中文著作。在荷蘭停留期間，衛匡國將中國地圖等地理資料交付給當時著名荷蘭地圖學家布勞（Johannes Blaeu），並請其參照這些資料印製中國地圖。布勞曾經在他的日記中寫道：「尊敬的衛匡國牧師從印度歸來，帶回有關中華帝國的地圖和說明。他要求印製並發表這些資料。為了抓緊完成這項工作，我暫時放下了手中的其他工作。」[1]

一六五五年，布勞依據衛匡國提供的地圖資料刊印成一部名為「中國新圖志」的拉丁文地圖集，並在阿姆斯特丹出版發行。此地圖集共收錄了十七幅地圖，其中包括一幅中國全圖、十五幅中國分省地圖和一幅日本地圖。

《中國新圖志》的中國總圖畫有經緯網格，各省地圖則在圖的邊框上標注出經、緯度。《中國新圖志》載有豐富的地理訊息，不僅繪出中國的海岸線、行政區界線、江湖河流以及著名山川，在分省圖中還標注出金、銀、鐵等礦藏所在地點和土壤分類等地質訊息。除地圖外，《中國新圖志》還載有大量有關中國人文、地理的訊息，詳細描述了當時中國各省的地理位置、建置沿革、氣候特點、植物資源、人口數量和各地賦稅等情況。最引人注目的是，《中國新圖志》還列出了一千七百五十四處地理位置的經緯度數據。此部地圖集一經出版立即引起歐洲地圖學界的注意，十幾年之後該地圖集被翻譯成法、德、荷蘭等文字，廣泛在歐洲流傳。

對於衛匡國的《中國新圖志》，史學界給予了很高的評價。中國學者高泳源認為：「無論就其篇幅的規模，資料的充實，或製圖技術的精良來說，在當時可稱得上是第一流的水準了。」[2]歐洲地圖史學家托雷（Ronald Vere Tooley）評價說：「（此圖）基於中國的資料，它比此前的任何歐洲作品更為先進。」[3]然而，史學界對《中國新圖志》的訊息來源卻看法不一。一種觀點認為，《中國新圖志》主要參考了中國的史籍資料和地圖；另一種觀點推測，《中國新圖志》主要依據衛匡國本人所做的地理勘測。根據《中國新圖志》中豐富的地理訊息可以判斷，前一種觀點更為可信。《中國新圖志》出版之前，衛匡國在中國居住的時間不足八年。在八年之間，衛匡國一個人不可能完成對中國地理、水文、地質、人口和氣候等方面的全面勘測和調查。《中國新圖志》記載的一千七百五十四對經緯度數據更能說明問題。首先從工作量方面，這些經緯度數據需要由眾多的勘測人員在一年的某一時間段分別位於一千七百五十四處地點根據星象進行測算（注：一年四季的星象並不完全相同）。其次從技術方面分析，一千七百五十四對經緯度數據中許多地點的經度比較準確。然而，歐洲當時仍然處於經度的困惑之中。有些中國史學家推測，衛匡國採用了磁針偏差的方法測定經度。實際上，這種經度測定法非常不準確。

《中國新圖志》的中國全圖以跨越北京的子午線作為本初子午線。從本初子午線所在的位置可以推測，一千七百五十四對經緯度數據來自官方主持的經緯度測量。據《明史》記載，明朝政府體制中設有一專門負責收集、保管全國各地地圖的機構，並且明朝皇帝要求全國各地每三年向中央上報一次測繪地圖[4]。《明

---

1 見Johannes Keuning, "Blaeu' Atlas", *Imago Mundi*, Vol. 14, (1959), pp. 74-89.

2 見高泳源，〈衛匡國（馬爾蒂尼）的《中國新圖志》〉，載《自然科學史研究》，卷一，第四期（一九八二）。

3 見Ronald Vere Tooley, *Maps and Map-Makers*, Outlet, 6th edition, Oct., 1983.

4 《明史》卷七十二、志第四十八〈職官一〉載：「職方，掌輿圖、軍制、城隍、鎮戍、簡練、征討之事。凡天下地裡險易遠近，邊腹疆界，俱有圖本，三歲一報，與官軍車騎之數偕上。」

史》還記載，明朝政府曾下令在全國進行土地普查，將各地的普查結果匯總成一種被稱之為「魚鱗圖冊」的地圖。該土地普查以農田為主，但同時包括其他類型的土地。明朝政府根據「魚鱗圖冊」記載的土地資料，並參考人口普查資料制定各地的賦稅。可見，《中國新圖志》中有關經緯度數據和土壤分類等訊息來源於明朝的官方統計資料。《中國新圖志》中有關各地人口的統計資料也無疑來源於官方的人口普查。《明史》記載，明朝政府曾經進行過全國範圍的人口普查，普查結果滙集到中央政府編制全國戶籍，該戶籍在每年皇帝進行社稷禮儀時擺在祭壇之下作為祭祀的貢品，社稷禮儀之後由中書省保管[1]。除官方的統計資料之外，衛匡國或許還參考過民間學者編撰的地理著作，其中包括《廣輿圖》、《徐霞客遊記》和《地圖綜要》。

《中國新圖志》的地理訊息基本上來源於中國人的勘測和統計。但是無可否認，衛匡國曾經花費了大量的時間和精力對這些資料進行篩選和編撰。為了符合歐洲地圖學界的習慣，衛匡國對中文地圖做了修正。他通過測算，將中國「計里畫方」的方格網轉換為歐洲地圖學家採用的經緯線。《中國新圖志》出版後，長期被歐洲地圖學界視為有關中國輿地的權威著作。這種權威性保持了將近八十年，直到法國人赫德（Jean-Baptiste Du Halde）編撰出《中華帝國全志》[2]。

第三節 《皇輿全覽圖》

一七一七年，清朝政府印製了一套名為「皇輿全覽圖」的地圖集。此地圖集包括全國總圖一幅，分省圖和地區圖二十八幅。一七一九年清朝政府再次刊印《皇輿全覽圖》，增補了西藏和蒙古的區域地圖，並標注出世界最高峰——珠穆朗瑪峰的地理位置[3]。《皇輿全覽圖》繪有經緯線，用梯形投影法，以北京為本初子午線，東西橫跨經度四十餘度，南北跨越緯度達七十餘度，其範圍東北至庫頁島，東南至臺灣，西至新疆阿克蘇以西，北至貝加爾湖，南至海南島。《皇輿全覽圖》詳細地標注出中國主要山脈、河流以及各省、府、州、衛、所、縣、鎮所在地，其精確度相當高。《皇輿全覽圖》刊印後不久，其版本被傳教士送到歐洲，成為赫德編撰《中華帝國全志》以及司徒勒爾（Henri Scheruleer）編撰《中華新地圖集》所依據的原始資料。

史學界對《皇輿全覽圖》的繪製水準給予了相當高的評價。然而，有關何人主持測繪《皇輿全覽圖》的問題卻長期成為一個歷史懸案。

傳統史學觀認為，《皇輿全覽圖》的測繪是由西方傳教士提議並由這些傳教士主導完成的。余定國在《中國地圖學史》中寫道：「一六九八年，耶穌會士向康熙皇帝建議應該由他們測量全中國時，雙方面都知道耶穌會士們已經證明了，他們所使用的天文方法優於傳統的中國方法和阿拉伯方法，具有優越的預測功能……耶穌會教士的全國測繪於一七一七年完成，次年他們將地圖集呈獻給康熙帝，題為「皇輿全覽圖」，意思指康熙帝可以一眼看到整個大清帝國。康熙帝對結果表示滿意，並說『山川水道，俱與《禹貢》合』。」[4]中國地質學家翁文灝對西方傳教士在《皇輿全覽圖》測繪方面的作用大加讚賞，他在一篇題為「清初測繪地圖考」的文章中評論說：「中國地圖之重要根據，首推清初聘用西洋天主教士之測量。」[5]還有一些史學家雖然認可中國地理學家參與《皇輿全覽圖》的測繪，但又認為這些人大都受過西方傳教士的培

1 見《明史》卷七十七、志第五十三〈食貨一〉。
2 該書全名為「中華帝國及其所屬韃靼地區的地理、歷史、編年紀、政治和博物」。
3 圖中珠穆朗瑪峰的名字為「朱母郎馬阿林」。
4 余定國在《中國地圖學史》中做的此段記述與史實相差極大。康熙皇帝所說的「山脈水道，俱與《禹貢》合」出自《清史稿》。在《清史稿》中這一評述是康熙皇帝對何國棟等中國地理學家主持繪製的《皇輿全覽圖》的褒評。在《中國地圖學史》，此褒評的受評者卻是耶穌會傳教士。
5 《地學雜誌》，一九三〇，卷十八，第三期。

訓，他們採用了西方的地理測繪方法。

這種傳統史學觀與中國史料記載之間存在著相當大的差距，造成這種差距的原因是十八世紀一些西方學者著作中出現的誤解。這些西方學者的著作，包括法國傳教士赫德於一七三五年撰寫的《中華帝國全志》以及司徒勒爾於一七三七年編著的《中華新地圖集》等。這些著作均極大地誇張了西方傳教士在《皇輿全覽圖》測繪中的作用。赫德等西方學者產生誤解的原因是他們僅僅依賴傳教士書信中的自我吹噓之詞，而沒有機會與中國的資料進行核對。

中國史料顯示，《皇輿全覽圖》的測繪以中國天文、地理學家為主，西方傳教士為輔。並且，《皇輿全覽圖》的繪製者曾經參考過中國古代地圖。

一六七二年，大學士衛周祚奏請康熙皇帝，提議纂修一部名為「大清一統志」的地理總志[1]。康熙皇帝採納了衛周祚的提議，從此拉開了清朝政府全國疆域測繪的序幕。一六八六年，康熙諭旨負責編撰《大清一統志》的大學士勒德洪等人：「顧由漢以來，方輿地理，作者頗多，詳略既殊，今昔互異。爰敕所司，肇開館局，網羅文獻，質訂圖經，將薈萃成書，以著一代之鉅典，名曰《大清一統志》。」並且，康熙還進一步旨令：「務求采搜徵博，體例精詳，厄塞山川、風土人物，指掌可治，畫地成圖，萬機之餘，朕將親覽。」[2]從康熙皇帝諭旨中關於「網羅文獻」和「采搜徵博」的要求可以看出，此次疆域測繪的方法之一是參考古代流傳下來的輿圖資料。

測繪《皇輿全覽圖》與編撰《大清一統志》緊密相關。為了準確繪製《皇輿全覽圖》，除參考古代文獻外，清朝政府還下令進行全國範圍的實地測量。一七一一年，康熙皇帝命令滿族人穆克登負責東北地區的地理勘測；一七一四年，康熙皇帝委派天文學家何國棟負責中國長江以南的地理勘測[3]；同年，康熙皇帝還派遣西藏喇嘛和其他中國官員一起對西藏地區進行勘測[4]；此外，當時著名天文學家梅瑴成和明安圖等人也都參與了實地測量。眾多的測量人員之中包括一些西方傳教士，但是他們採用的是中國傳統勘測方法。

史料記載，清朝政府要求《皇輿全覽圖》測繪採用官方的標準尺度，即「一度當二百里」。並且，康熙皇帝還下令要求各支測量隊伍採用統一的測量方法，即「以天度定準望」[5]。所謂「以天度定準望」是指裴秀創立的中國古典地圖投影術，這種測繪技術以北極星作為測量的主要參照物之一。《清史稿》記載，參與《皇輿全覽圖》繪製的測量人員都採用「測北極高度及日景」的方法，《清史稿》還評論說：此方法是裴秀、賈耽等前輩創造的古代測繪法[6]。從《皇輿全覽圖》中略微傾斜的經度線和橫向緯度線可以看出，此圖採用了三角測量術和梯形投影法，其經緯線構成了裴秀宣導的「斜方」圖式（見彩圖30）。

一些中國史學家認為，《皇輿全覽圖》的測繪採用了由傳教士傳入中國的西方經、緯度測量技術。然而，史實並非如此。十八世紀初，歐洲地理學家還在為如何準確測繪經度煩惱不已，當時歐洲沒有任何一個國家擁有準確測繪經度的技術。將《皇輿全覽圖》與同期的歐洲地圖相比較，前者的精確程度遠遠高於後者。可以說，在《皇輿全覽圖》付梓成書時，那些所謂的「西方經度測量先進技術」還處在完善的過程之中。

西方傳教士將中國人測繪的地圖帶回歐洲，使歐洲地圖學界了解到中國傳統地理測量技術，由此或多或少地影響了歐洲地圖學的發展。李約瑟在他的名著《中國科學技術史》中評論說：

---

1 見《康熙萊陽縣誌》，卷首，〈奉上修志敕文〉引禮部咨文：「請敕下直省各督撫，聘集宿儒名賢，接古續今，纂輯成書，發總翰林院，匯為《大清一統志》。」

2 見《聖祖仁皇帝實錄》，卷一二六。

3 見《清史稿·列傳七十》。

4 見《大清一統志》。

5 見《清史稿·列傳七十》。

6 《清史稿》中的原文為：「揆之於古，其裴秀、賈耽之倫歟？」此句話採用了反問句式，其後半句的釋義為：（《皇輿全覽圖》的測繪方法）難道不是源於裴秀、賈耽之原理嗎？

文藝復興時期的地圖學在利瑪竇時傳入中國的事實雖然不能低估，但是，東亞地理知識傳到十七世紀歐洲地理學家的事實同樣也不能忽視。這是由於一代又一代中國地圖學家的紮實工作，東亞的地理知識才能在現代地理學上體現出來。[1]

1 見李約瑟，《中國科學技術史》，卷三。

第四篇
歷史之鑑

第十四章

李約瑟難題——中國近代科學何以落後

中國歷史非常悠久，流傳下來古代典籍數不勝數。對任何一位中國本土學者而言，在浩瀚的古代文獻之中查找史料、梳理頭緒，就如同乘獨木舟逆流而上。然而，李約瑟，這位中國歷史學業餘愛好者卻下定決心做出一番嘗試[1]。他從學習中文起步，歷經四十餘年，最終寫出了一部鴻篇巨著——《中國科學技術史》。此著作分為二十四卷，一萬五千多頁，共計三百多萬字。李約瑟的這部巨著揭示出中國古人為人類做出的多項發明和創造，其中既有火藥、指南針、印刷術等曾對社會文明發展起到過關鍵作用的發明，也有折疊椅、衛生紙、壁紙等看上去無關緊要的創新。李約瑟的巨著打開了中國古代科技文化的寶庫，它幾乎成為中國古代科學史的代名詞。

在對中國古代科技文化做了一番研究之後，李約瑟提出了一系列令人深思的問題：為什麼從十五世紀末開始中國古代科技發展停滯不前？為什麼擁有悠久科學技術史的中國沒有萌發現代科學？為什麼十五世紀以前一直處在落後狀態的歐洲卻成為現代科學的發源地？李約瑟的這些疑問引起各類學者的關注，學術界將這些問題命名為「李約瑟難題」。數十年來，許多學者參與了李約瑟難題的求解、論證和質疑，他們分別從不同角度提出了各自的觀點。

以美國漢學家卜德（Derk Bodde）為代表的一些西方學者認為，中華民族的語言和邏輯是中國古代科技發展的主要障礙。有一些學者認為，中國被山脈、沙漠及海洋環抱，形成了一個封閉的地理環境，因而中國古代科學缺乏與外界交流的機會從而逐漸退化，最終導致落後。另有些學者從人口學角度分析李約瑟難題，他們認為八世紀至十二世紀中國科技創新活躍的主要原因在於這一時期中國人口的增長，人口愈多意味著天才愈多。一些中國科學家認為，中國現代科學落後是傳統陰陽學說的惡果。李約瑟本人傾向的社會形態論則主張，近代科學之所以沒有在中國而是在歐洲產生，其根本原因是歐洲最先採用了資本主義社會制度，而中國的封建官僚體制則阻礙了傳統科學的發展。

還有一些學者將「李約瑟難題」視為一個偽問題，他們認為：中國古代技術與現代科學毫無關係，十六、十七世紀的歐洲科學革命完全發源於古希臘文化。

歷史研究應該具有連貫性。對某一時期歷史問題的研究不應僅僅局限在一個特定時期。對李約瑟難題的分析也應如此。在解答李約瑟難題之前，我們應該回顧歷史：為什麼十五世紀之前中國古代科技的發展處於世界領先地位？

第一節　中國古代科技發展的動力——道教哲學觀

縱觀中國古代科技發展史，道教一直扮演著非常重要的角色[2]。十七世紀著名英國哲學家培根（Francis

1 李約瑟是一位生物化學家，三十七歲時在幾位中國留學生的啟發下開始研究中國古代科學技術史，從此一發而不可收。

2 中國史學界將「道家」和「道教」視為兩個不同的概念。「道家」指先秦時期的一種哲學派別，「道教」指東漢時期出現的具有神祕色彩的宗教流派。外國史學界對道教的研究並沒有嚴格遵循這種區分。縱觀道教發展史，「道教」在很大程度

Bacon）在其著作《新方法》中指出，在中世紀轉向現代社會的進程中，紙張與印刷、火藥、指南針這三項發明所起的作用遠遠大於任何宗教、占卜或政權對歐洲社會的影響。培根在做出這一評論時並不了解，這三項發明都與道士有關。

火藥的發明最初源於道家的煉丹術。唐朝時期，許多帝王和貴族深信長生不老的傳說，這種理念驅使一些道士熱中於煉製可以使人長壽的「仙丹」。在煉丹過程中，古代道士發現硝、硫黃和木炭的混合物能夠燃燒爆炸，由此發明了黑火藥。西元八〇八年，唐朝煉丹家清虛子在《太上聖祖金丹祕訣》中記載了「伏火礬法」，這是世界上有關火藥的最早文字記載。煉丹的本意是為了製造出長生不老的仙藥，然而在煉丹過程中發明的火藥卻在一千多年以後演變成為在一瞬間奪取成千上萬人生命的核武器。

在古籍中最早記載磁石吸鐵現象的是道教名著《鬼谷子》。這部成書於西元前四世紀的著作記載：「若磁石之取鐵。」《史記》載，西元前一世紀，有一名道士為了取悅漢武帝，利用磁石的特性設計出一種稱之為「鬥棋」的棋子，兩個棋子放在棋盤上，有時相互吸引，有時相互排斥。這兩個有關磁石現象的記載說明，磁石特性的最先發現者是道士。北宋科學家沈括在《夢溪筆談》中記載：「方家以磁石磨針鋒，則能指南。」沈括所述的「方家」專指從事風水勘察的道士。

史書記載，紙張的發明者是西元一世紀宦官蔡倫，他用樹皮、麻線、破布和漁網等材料製造出可以在上面寫字的紙張。史書雖然沒有記述蔡倫的宗教信仰，但有關蔡倫職責和行為的記載暗示出，此人崇尚道教。蔡倫學識淵博，他曾受皇帝之命監管《東觀漢記》的修訂工作。《東觀漢記》中有很多涉及天文、地理、祭祀、曆法和陰陽五行等與道教相關的內容，這說明蔡倫在道教方面具有很高的造詣。蔡倫還有一種非常奇特的嗜好，每逢閒暇之日他總是喜歡光著身子在田野裡享受日光浴。這種在野外裸體暴曬的舉止與道教崇尚自然的理念相吻合[1]。

道教對中國古代科技發展的影響極為廣泛，涉及天文學、地理學、化學、數學、物理學、建築學、農學、植物學、醫學、營養學等諸多領域。許多中國古代科技人物都是道士或者道教的崇拜者。比如，西元前一世紀天文學家、曆法家落下閎，西元兩世紀宇宙學家、地理學家張衡，西元兩世紀醫學家華佗，西元三世紀數學家劉徽，西元三世紀地理學家裴秀，西元四世紀化學家葛洪，西元七世紀藥物學家孫思邈，西元十三世紀在光學方面卓有成效的物理學家趙友欽和西元十四世紀營養學家賈銘等等。許多中國古代科學論著，或者記載中國古代科技成就的書籍也都是出自道家之手。尤其是在中國傳統數學著作方面，大多數作者是道教的信奉者或者曾經信奉過道教。

道教對中國古代科技影響的根源在於道教的哲學觀。這種哲學觀萌芽於數千年以前的原始農耕時代。中國有幅員遼闊的土地以及黃河、長江等眾多江河流域，非常適合耕種作業。在這種自然環境下，中國成為世界上農業起源最早的國家之一。最遲在距今七、八千年以前，黃河流域已種植粟，長江中、下游已種植稻。

由於華夏民族進入農耕社會的時間比較早，對農業的依賴性比較強，中國古人很早就開始觀察時節、天象與農作物生長之間的關係問題。經過長時間的觀察，古代巫師們逐漸發現了時節與天象之間存在著某種規律。為了記載這種規律並且推算出各個時節，古代巫師在觀測天文、地理和動植物特點的基礎上設計出既代表圖騰又反映天、地之間關係的圖形，後人將此稱之為「八卦圖」[2]。

八卦的「卦」是一個會意字，左邊是「圭」，指用於測日影的土圭；右邊是「卜」，表示占卜、測度之

（續）

上繼承了「道家」的哲學思想。可以說，「道教」與「道家」一脈相承。有鑑於此，本書所述的「道教」涵蓋先秦時期的道家思想。

1 見《後漢書·蔡倫傳》。

2 《周易·繫辭》載：「古者包犧氏之王者天下也，仰則觀象於天，俯則觀法於地，觀鳥獸之文與地之宜，近取諸身，遠取諸物，於是始作八卦，以通神明之德，以類萬物之情。」

意。八卦圖的核心理念是反映天與地、陰與陽的並存關係。大約在西元前八世紀，古代巫師在總結前人占卜經驗的基礎上撰寫出一部用於卜筮的書——《周易》[1]。此書不僅繼承了八卦之中天地和諧、陰陽結合的理論，將八卦推演成為六十四卦，並且提出了「一陰一陽之謂道」的思想和天、地、人三重宇宙觀[2]。基於這種哲理，戰國時期哲學家老子提出了一整套以「道」為核心的哲學體系。

據《史記》載，老子本姓李，名耳，生活在春秋末期（約西元前六世紀至前五世紀期間）。老子的傳世之作是哲學經典著作《道德經》。老子繼承了《周易》有關「道」的哲學理念，在《道德經》中對「道」做了一番系統的論述。老子認為，「道」是自然而然形成的規律，這種規律虛無縹緲、無形無象，人類視而不見、觸而不著，只能通過觀察人世間的物質和體驗社會中的事務感悟出「道」的存在以及它的精神；「道」雖無形態，但卻是宇宙中有形之物生成的根源；「道」從不作為，然而它的能量卻無窮無盡、無所不在，它是所有物體和事物的主宰者；「道」永遠存在、無源無終，並時刻處在變化之中，這種變化是正、反兩方面相互依存、相互作用的結果。老子進一步認為，「道」在人世間的表現就是「德」，「德」是人類社會中善惡、美醜、是非、強弱、成敗、禍福、君臣、主次等所有正、反兩方面事物相互依賴和相互變化的體現；人間最佳的「德」就是順從自然，使得正、反兩方面的事物和諧共存。老子在《道德經》中對「道」的論述是一種自然主義哲學觀，這種崇尚自然的理念成為道教哲學思想的基石。

西元前三世紀哲學家莊子是老子崇尚自然理念的繼承者和發展者。莊子的哲學思想非常豐富，其中對道教哲學的主要貢獻在於莊子的認識論、自由觀和企求長生的思想。莊子認為所有事物都處於不斷的變化之中，人對事物的認識都是相對的，人在不同環境下對事物的理解是不相同的。莊子鄙視物質享受和虛偽的名譽，主張追求逍遙自得的自由精神世界。莊子還認為，人類可以通過養生、修煉延長生命，達到長生不老的「神人」境界。

西元前兩世紀的學者董仲舒是一名為道教哲學增添神祕色彩的哲學家。他將老子的自然主義哲學、孔子的儒家哲學與陰陽五行學說相結合，建立了一個「天人感應」的思想體系。董仲舒認為，天是至高無上、創造萬物的神，這種神不僅具有意志而且與人一樣具有喜、怒、哀、樂之情；天空中星象運行是神的道德意識的體現，雷、電、風、霹、雨、露、霜、雪則表現出神的情感；人間所作所為都應當符合天意，否則將會受到上天的懲罰。

西元六世紀學者劉勰在評論道教起源時曾說：「案道家立法，厥有三品，上標老子，次述神仙，下襲張陵。」[3]劉勰所說的張陵指被史書譽為道教創始人的張天師。張陵出生於西元三十四年，他自幼習讀老子、莊子、孔子等哲學家的著作，成年之後成為一位通曉天文、地理和哲學的學者。據史載，張陵於西元一四二年創立了道教。該教尊老子為教祖，以「道」為最高信仰，奉老子《道德經》為最高經典，並借鑑吸收了莊子和董仲舒的哲學理念。縱觀道教發展史，張陵對道教的形成和傳播做出了兩個非常重要的貢獻：一是，將老子的自然主義哲學觀與「天人感應」、長生不老理念以及煉丹術相結合；二是，在老子、莊子和董仲舒的哲學思想基礎上將道教哲學發展為一個有組織、有教義的宗教體系，通過這種宗教體系道教哲學得以廣泛傳播。

自西元紀年之初，儒、釋、道逐漸成為中國社會的三大主流哲學思想。這三種哲學體系既相互吸收，又經常相互排斥。在長期的爭鬥之中，道教曾在盛唐、北宋時期占據了很大的優勢。

大唐王朝的創立者李淵（六一八—六二六在位）與老子（即李耳）同姓，為此李淵聲稱他是老子的後

1 關於《周易》的寫作年代，眾說紛紜。舊說伏羲作八卦，「文王拘而演周易」。東漢馬融及唐孔穎達則指出，《周易》中爻辭說的多是周文王以後之事，由此認為《周易》成書的時間在周文王之後。今人據《周易》中反映的史實、表現的思想以及語言特點等認為，《周易》是西周末年卜筮之官根據舊筮辭編撰而成。

2 《周易．說卦》載：「立天之道曰陰與陽，立地之道曰柔與剛，立人之道曰仁與義。」

3 見《弘明集》，卷八，劉勰，〈滅惑論〉。

代。唐朝創立之後，李淵對道教大加推崇，他不僅撥款、劃地建造道教宮觀，並且極力提高道教在儒、釋、道三教之中的地位。李淵曾先後三次召集儒、釋、道三教進行辯論，通過辯論貶低儒教和佛教。在一次佛、道之間的辯論之後中，李淵直截了當地表達了自己的觀點，認為「道大佛小」[1]。在儒、道之間，李淵也是以道為先。他於六二五年頒布〈先老後釋詔〉，明確規定「令先老、次孔、末後釋宗」[2]。

李淵之後，盛唐時期的幾位皇帝一直推行「抑佛崇道」的政策，以崇道為基本國策。尤其是唐武宗在位時期（八四一—八五六），唐朝政府曾經開展了一次大範圍的「滅佛」運動，全國許多佛家寺院被毀，僧尼被勒令還俗。受惠於唐朝皇帝的扶持政策，道教哲學理論在唐朝時期得到了進一步的發展，湧現出一批著名的道教學者。這些人之中，有些還對中醫、數學、天文、農業和化學研究的發展做出過重要貢獻。比如，孫思邈（中醫）、李淳風（數學、天文和農業）、李榮（化學）、司馬承禎（中醫）等人。在道教崇尚自然的哲學理念引導下，唐朝人非常關注與域外的交往以及外來物品，吸收外來文化的精華。這種開放的風尚使唐朝成為了一個開放型的社會。

繼盛唐之後，宋朝是另一個極力推崇道教的朝代，尤其是北宋時期。宋朝的開國君主趙匡胤（九六〇—九七六在位）在沒有坐上皇位之前便與道士交往甚密。奪取政權之後，趙匡胤利用道教為自己取得皇位製造輿論宣傳。在執政期間，趙匡胤對道教的發展給予了極大的關注，他不僅向著名道士賜贈封號、獎賞財物，還召集道士進行道教學術考核。趙匡胤之後的歷代宋朝皇帝基本上沿襲了趙匡胤對道教的扶持政策。在這種政策的支持下，道教經歷了一個長達三百多年的興盛期。修建道教宮觀、舉行祈禳道場是宋朝道教的一個重要特點，在宋朝皇帝的宣導下，道教門徒極力推崇祭拜天地的祭祀活動。出於祭祀目的，擅長天文學和地理學的道士熱中於準確地繪製天文圖和地圖。這些用於祭祀的天文圖和地圖將中國傳統天文學和地理學推向了頂峰。

自西元前八世紀道教理念萌發直至西元十四世紀，「道」對中國古代科技發展一直起著積極的促進作用。在中國古代社會之中，巫師占有很重要的社會地位。巫師擅長的巫術是古人鬼神信仰的結果，然而巫術卻又是一種原始科學與魔術相結合的產物。根據觀察星體的運動規律，巫師可以推算出季節變化和特定天文現象，因而深受廣大民眾的信賴。基於巫術，古代智者將自然規律與宗教結合在一起，提出了「道」的理念。由於道教哲學發源自老子的自然主義哲學觀，道教的信仰者非常注重對各種自然現象的觀察，並演繹出企求長壽的煉丹術。

煉丹術在道教中扮演著非常重要的角色。道教的煉丹術分為「外丹術」和「內丹術」。「外丹術」通過在自然界尋找中草藥和礦物質元素，企圖研製出能夠使人長生不老的「仙丹」。「內丹術」則是講究修身養性，提倡在人的體內蓄積、協調「精」、「氣」和「神」三種能量，從而延長人的壽命。

在外丹術的引導下，道家逐漸從觀察自然發展到通過實驗了解自然。經過觀察和實驗，道家運用古樸的邏輯推論探索被稱之為「道」的自然規律和生命的奧祕，從而萌發出科學研究的雛形。雖然道家對自然規律的認識僅停留在神學玄想的水準，但正是在神學主義的激發下，道教中人運用觀察和實驗的方法探索自然規律，從而使中國古代科技在中世紀時期處於世界領先地位。這種領先地位不僅僅局限於天文、地理、數學，而且還包括化學和物理學等其他領域。

西元四世紀的道士葛洪堪稱為化學試驗的先驅者之一。葛洪認為，長生之道在於研製出服用後成仙的金丹大藥。為了研製所謂的「仙丹」，葛洪曾經做過多次配方實驗。在其代表作《抱朴子》中，葛洪記載了他自己以及前人所做的兩百八十二種煉丹配方——「仙經神符」。煉丹成仙雖然是一種迷信，但是煉丹術本身

1 見《大正藏》，卷五十。
2 見《大正藏》，卷五十。

卻是一種實驗，這種實驗實際上就是近代化學實驗的前身。例如，葛洪在《抱朴子》中記載：「丹砂燒之成水銀，積變又成丹砂。」[1]這一記載描述了從丹砂（即硫化汞）中提煉水銀的化學實驗過程。在葛洪等煉丹師的影響下，唐朝時期盛行「外丹術」。當時許多道士認為，金、銅、水銀等物質不易消失，因此將這些物質提煉出人服用後可以吸收的仙丹，就可以使人長生不老。正是唐朝盛行的「外丹術」導致了火藥的誕生。

中文「物理」一詞最早出於道家典籍，其涵義是萬物之理[2]。西元三世紀哲學家楊泉撰寫了一部名為「物理論」的著作[3]。此著作探討了宇宙萬物生成的規律，認為無論日月星辰還是風雨雷電都是由具有陰陽之性的「元氣」形成的。在《物理論》中，楊泉還對機械大加讚賞，認為人類借助機械是一種自然規律的體現[4]。

道教物理學研究的範圍非常廣泛，涉及力學、光學等許多方面。雖然道士對物理學的研究十分零散，尚未形成系統的理論，但是有些研究成果不乏現代科學思想的火花。比如在光學方面，中國古人很早就開始對光線的直射、針孔成像等問題進行研究。十四世紀道士趙友欽通過實驗研究歸納出小孔成像的規律，即照度隨光源的增大而增大，隨距離的增大而減少。趙友欽運用實驗方法研究光學，他的研究比伽利略早兩百多年。

從中國古代科學著作和發明事例可以看出，中國傳統科技發展與道教哲學有著千絲萬縷的聯繫。正是由於兩者之間的緊密聯繫，十四世紀道教哲學理念的演變成為中國傳統科技發展停滯不前的重要原因。

第二節　中國古代科技衰退的主要原因

一二七一年，元太祖忽必烈率領蒙古大軍攻占了中國北方領土，建立起元朝帝國。為了統治這個疆域遼闊、民族眾多、信仰各異的大元帝國，元朝政府一方面實施武力鎮壓的政策，另一方面採取利用宗教穩定民心的策略。

早在成吉思汗時期，蒙古人就確定了相容並蓄的宗教政策，允許佛教、道教、基督教、伊斯蘭教等各種宗教在其領土中傳播。在這些宗教之中，佛教（尤其是喇嘛教）受到蒙古人的推崇。成吉思汗深知，道教發源於中國本土並且有著悠久的歷史。為了給今後統治中國創造有利條件，從十三世紀初開始，成吉思汗就積極採取拉攏道教的策略。當時道教分為許多派別，在這些派別之中成吉思汗選擇了有利於統治階層的全真道。

全真道創立於十二世紀末，創立者為王喆。全真道雖然仍以老子視為教祖，但是它的哲學理念與以往的道教有著實質性區別。十二世紀之前的道教以崇尚自然和「外丹術」為主，講究從自然環境和物質之中探索長生不老、修道成仙的真諦。全真道則提倡「內丹術」，它從人的內心世界尋找長生的祕訣，主張通過閉目養神、調整呼吸，達到心平氣和、「明心見性」的冥想境界。全真道認為，經過冥想，修煉人可以實現「修身濟世，超凡入聖」的目的。全真道的另外一個顯著特點就是提倡儒、釋、道三教合一。為此，全真道不僅

---

1 見《抱朴子．內篇．金丹篇》。

2 《鶡冠子．王斧第九》載：「龐子曰：『願聞其人情物理。』所以嗇萬物與天地總，與神明體正之道？」《莊子．知北遊》曰：「聖八者，原天地之美而達萬物之理。」晉代道士葛洪在《抱朴子．內篇》卷八中寫道：「古人質樸，又多無才，其所論物理，既不周悉，其所證按（據），又不著明，皆闕所要而難解，解之又不深遠，不足以演暢微言……。」南宋道士吳悞在《指歸集總敘》中寫道：「天下有自然之道，萬物有自然之理，不得於理，物且不通，而況於道乎？」

3 楊泉的《物理論》很早就已失散，清代學者孫星衍、馬國翰和嚴可均等人根據《意林》和《太平御覽》中的引文編輯出《物理論》的輯本。

4 在《物理論》中，楊泉對織布機做了一番讚賞之後寫道：「事物之宜，法天之常。既合利用，得道之方。」

在哲學理念方面吸收了儒家的忠孝觀與釋家的心性學說，而且將儒家經典《孝經》、佛教《般若波羅蜜多心經》視為與老子《道德經》同等重要的必讀經典。

《孝經》是一部倫理學著作，該書以「孝」為中心闡述了儒家的倫理思想。在此書中，「孝」被定義為一種天、地共有的規範，「孝」在人間是諸德之本，「人之行，莫大於孝」，國君可以用孝治理國家，臣民能夠用孝立身理家，保持爵祿。《孝經》還將孝親與忠君聯繫起來，認為忠君是孝親的一種表現。

全真道宣導忠孝的主張無疑是一種有利於統治階層的思想工具，因而受到成吉思汗的賞識。一二一九年，成吉思汗派使者前往登州（今屬山東）宣召全真道首領丘處機。應成吉思汗之召，一二二〇年丘處機率領十八位弟子從山東萊州啟程北上，兩年後抵達蒙古軍隊位於興都庫（現阿富汗境內）的軍營拜見成吉思汗。從此以後，全真道深受蒙古統治者的優寵。經過幾代元朝皇帝的扶持，全真道在十四世紀成為道教中最具影響力的教派。

全真道強調清心寡欲，並且將儒家的忠孝思想引入道教的哲學體系，這種變化是道教哲學的一次實質性演變。這種演變將道教由一個原本崇尚自然、提倡探索自然規律的哲學轉變為一個不注重自然環境只關注內心修煉的哲學。由於全真道受到元朝政府推崇，其影響力日益擴大。這種影響不僅體現在全真道追隨者日益增多，並且還波及另外兩支重要的道教派別——太一教（太乙道）和大道教（真大道教）。這兩個教派紛紛效仿全真道，將守氣養神和忠孝思想吸收到自己的教理之中。

全真道在道教哲學方面的演變對中國古代科技發展具有重大的不利影響，這種演變將中國學者的注意力從自然事物引向內心世界。從十四世紀全真道興盛開始，中國知識階層逐漸由崇尚自然轉變為講究修身養性。無論皇家宗室、達官貴族，還是士大夫階層，「清心寡欲」成為社會時尚。由於作為促進中國古代科技發展的道教哲學在思想理念方面發生了變化，中國人逐漸喪失了對探索自然的興趣。停止對自然的探索必然導致中國古代科技的停滯不前，這種變化在中國傳統數學研究方面表現得尤為明顯。

唐、宋時期，中央政府體制中設有專門負責數學研究的算學館，而這種算學館自一二七一年宋朝滅亡之後四百年間不復存在。十三世紀末，中國數學家朱世傑在四元高次方程組的建立和求解問題方面做出了重要突破，他於一三〇三年撰寫的《四元玉鑑》將方程式發展到十四次方程。朱世傑之後，由於道教哲學出現重大轉變，中國社會幾乎無人繼續對方程式求解問題做進一步探索，從此中國傳統數學研究停滯不前。

一三六八年朱元璋創立明朝之後制定了儒、釋、道三教並用的宗教政策。朱元璋認為，儒、釋、道對於民眾都可以起到教化的作用，對治理國家都有很大幫助。在三教之中，朱元璋主張以儒為主，佛、道為輔。他認為：「假如三教，惟儒者凡有國家不可無。」[1]在明朝之前，儒、道的地位幾乎是平起平坐，有時儒家處於上風（比如西漢提倡「罷黜百家，獨尊儒術」），有時道家的社會地位遠高於儒家（比如盛唐和北宋）。自朱元璋執政開始，儒家思想逐漸在中國哲學領域占據了絕對的主導地位，成為中國文化的核心。

儒家與道教是兩種完全不同的哲學體系。道家崇尚自然，勢必對各種各樣的自然現象和事物產生極大的興趣，而儒家是一種以尊卑等級和道德規範為核心的思想體系，它將錯綜複雜的社會關係歸納為君臣、父子式的等級關係，主張以道德教育人，通過仁義、禮治維護各種社會關係。儒家只注重人的內心世界，不關注自然現象和規律。在儒家的觀念中，做官是人生最高的追求目標，而動物、植物、礦物和人體都是一些毫無意義、不屑一顧的東西。在儒家眼中，那些關注自然事物的人都是一些「玩物喪志」之徒。

道家關注自然，在觀察和實驗過程中自然會與從事技藝的平民百姓相接觸，有的道士甚至放棄官職以技藝為生。最典型的事例就是西元六世紀道士、醫藥學家陶弘景。他數次拒絕皇帝的聘書，潛心在深山老林中研究中草藥，最終寫出一本中醫名著《本草經集注》。然而，儒家卻完全相反。儒學具有強烈的等級觀念，提倡「學而優則仕」。在儒家眼中，技藝者都是下層社會的「小人」。由於儒家的哲學觀念與道家完全不

1 見《明太祖御製文集補・釋道論》。

同，儒家思想在中國哲學界占據主導地位之後，中國知識分子對自然和技藝不予重視的態度日趨嚴重。

朱元璋雖然推崇儒家思想，但他並沒有完全擯棄道教。然而，朱元璋扶持的道教與傳統道教有著實質性區別。明朝初年道教分為兩大派別，一個是全真道，另一個是正一道。明太祖朱元璋曾在〈御製玄教齋醮儀文序〉中評論說：「朕觀釋道之教，各有二徒。僧有禪，有教。道有正一，有全真。」[1] 一三二八年，朱元璋下令設置道錄司負責管理全國道教，將道教分為正一道與全真道兩種派別加以管理。朱元璋認為，正一道更有利於加強民眾的思想教化。因此，兩派之間正一道受到朱元璋的推崇[2]。正一道與全真道很相似，講究從心理方面修身養性。但是，正一道比全真道更加注重吸收儒家的忠孝思想，將道教與儒家的基本概念相互貫通[3]。

由於原本注重自然的道教哲學受儒家思想的影響，所以雖有朱棣執政時期為道教建造宮觀並且編撰道教經典著作《道藏》，但中國傳統科學研究幾乎沒有任何起色。朱棣執政時期，中國既沒有出現令人矚目的科學家，也沒有留下任何值得稱讚的科學著作。這種現象直到嘉靖皇帝朱厚熜於一五二二年上臺之後才開始所有改觀。

嘉靖皇帝是明朝諸帝中最為崇尚道教的一位皇帝。他寵通道徒、篤信方術，達到了走火入魔的程度。出於對道教的崇拜，嘉靖皇帝以奉道作為首要事務，將道教信仰與政治相結合，他不僅把一切有利於國家的成就都歸功於尊崇道教，而且朝廷政務若有不決者也聽命於神道。嘉靖皇帝對外丹術特別感興趣，相信仙藥能夠使人長生不老。他不僅向提供仙方丹藥的道士授予高官厚祿，而且派人四處收集民間仙藥密方[4]。由於嘉靖皇帝崇拜道教並且深信外丹術，當時道教界出現了一絲探索自然的興趣。嘉靖皇帝之後，萬曆、天啟等幾朝皇帝繼續信奉外丹術。正是在這種社會環境下，明朝末期出現了一些知名學者和具有科學價值的名著，比如李時珍於一五七八年撰寫的《本草綱目》、宋應星於十七世紀中期編撰的《天工開物》和徐霞客於十七世紀中期編著的《徐霞客遊記》[5]。十六世紀末期，以利瑪竇為代表的傳教士來到中國，帶來了西方天文、地理和數學知識，從而進一步激發出民間對自然的興趣。但是，這種回歸自然的傾向卻因改朝換代而戛然停止。

一六四四年，清朝取代了明朝。清朝創立者來自中國東北地區的一個民族，在宗教信仰方面信奉薩滿教。清朝建立後，統治者逐漸接受了儒家思想，但對道教缺乏認同[6]。出於籠絡漢族人的目的，清初統治者沒有立即對道教實行嚴厲的打壓，而是採取了不予支持、任其自生自滅的態度[7]。然而，一七三六年乾隆皇帝繼位後，清朝政府極力推崇儒家理學，並採取抑制道教的政策。乾隆皇帝曾下旨，降、貶道教首領的地

---

1 見《道藏》，第九冊。

2 朱元璋在〈御製玄教齋醮儀文序〉中寫道：「禪與全真，務以修身養性，獨為自己而已。教與正一，專以超脫，特為孝子慈親之設，益人倫，厚風俗，其功大矣哉。」

3 正一道代表人物、四十三代天師張宇初在《峴泉集》中寫道：「故知道者，不觀於物而觀乎心也。」他在《度人經通義》卷一中寫道：「元始道之元神也，寶珠即心也，儒曰太極、釋曰圓覺，蓋一理也。」

4 嘉靖三十七年（一五五八）十月，禮部將四方進獻的總計一千八百六十副仙藥藥方一起呈報給嘉靖皇帝，對此嘉靖皇帝仍表示不滿足。

5 明朝末期除李時珍、宋應星和徐霞客的名著外，還出現有朱載堉，《律學新說》（一五八四）；潘季馴，《河防一覽》（一五九〇）；程大位，《算法統宗》（一五九二）；屠本畯，《閩中海錯疏》（一五九六）；徐光啟，《農政全書》（一六三三）；和吳有性，《瘟疫論》（一六四二）等科學名著。可以說，明朝中國傳統科學名著全部出現在其末期。

6 康熙皇帝曾在一六八七年發出的一份詔諭中說：「至於僧道邪教，素悖禮法，其惑世誣民尤甚。愚人遇方術之士，聞其虛誕之言，輒以為有道，敬之如神，殊堪嗤笑，俱宜嚴行禁止。」康熙皇帝還曾說：「道法自然，為天地根，老氏之學，能養其真。流而成弊，弄名放蕩，長生久視，語益惝怳。況神仙之杳渺，氣歷動而難聚，縱白日兮飛升，與世道乎奚補？慨秦漢之往事，求方藥而何愚！用清淨而獲效，寧化美於皇初，養身壽人。懦者有道，保合太和，何取黃老？」（見《文淵閣四庫全書》，臺灣，商務印書館，一九八六，第四九五冊，頁二十七）

7 清朝學者黃鈞宰曾說：「我朝於此二者（佛道兩教），不廢其教，亦不用其言，聽其自生自息（於）天地之間。」（見《清朝野史大觀》，上海書店，一九八一，第五冊，頁一二七—一二八）

位，限制道教傳播的範圍[1]。從此以後，道教一蹶不振，並逐漸走向沒落的境地。

從《周易》萌發出「道」的理念直至西元十七世紀，道教思想歷經了數千年的歷史。在這漫長的歲月之中，道教為中國傳統科學的發展做出了非常重要的貢獻，留下豐富多彩的文化遺產。然而，由於道教將中國傳統科技與神仙方術糅合在一起，使許多人產生了誤解，認為道教是一種愚昧無知的文化，道教哲學完全是封建迷信，道教信徒全都是一些裝神弄鬼的人。

1 據《清朝續文獻通考》，卷八九，載：乾隆四年（一七三九），「議奏：嗣後真人差委法員往各省開壇傳度，一概永行禁止。如有法員潛往各省選道士，受（授）籙傳徒者，一經發覺，將法員治罪，該真人一併議處」。

第十五章 以史為鑑

自從收藏《天下諸番識貢圖》摹本之後，我在探索旅途中度過了八年之久。在探究之中，我曾為困擾而煩惱，也曾為驚奇而興奮。現在回想起來，我的求索之途是多麼的奇妙。一幅古地圖促發我對歷史疑案的興趣，驅使我獲得許多驚奇的發現。八年的探求引起我思考一個問題：在中國漫長的興衰歷史之中，我們究竟應該領悟到什麼樣的經驗和教訓呢？

許多學者將孔夫子視為聖人，將中國古代科技的功勞歸功於儒家文化。然而史實卻告訴我們，在傳統科技發展進程中，真正起到促進作用的不是儒家的忠孝觀念，而是道家的自然主義哲學。在自然哲學觀占主導地位時期，中國古代科技居世界領先地位；而當儒家文化占據統治地位，中國傳統科技則發展滯緩。

儒家哲學的核心是「仁」與「禮」。「仁」是指仁愛與正義，「禮」提倡用道德教化建立社會秩序。這種通過道德觀念維護社會秩序的主張是不符合社會自然規律的。社會是由許許多多具體的人組成，每一個人分別處在不同的環境之中，具有各不相同的經歷，歸屬於不同的利益團體。由於環境不同、經歷不同、利益不同，每個人的道德觀念是不可能完全一致的。即使同一個人，當他所處的環境發生變化、當他有了新的經歷或者當他歸屬的利益團體發生改變，這個人的道德觀念會發生轉變。一個社會在不同歷史階段，公認的道德水準也會有差異。道德觀念因人而異、因時而異是人類社會的自然規律。由於每個人的道德觀念不同並且會發生變化，僅僅依賴道德教化建立起來的社會秩序是不可能長治久安的。穩定社會秩序需要依靠合理的社會制度和完善的法律，道德教化只能起到輔助性作用。社會制度的建立以及法律的制訂應當根據特定的社會基礎。不同國度有著各不相同的文化和價值觀念。一種適合某些國家的制度未必同樣適用於另外一些國度，這也是一種社會自然規律。

「忠孝」是儒家仁禮思想衍生出來的一種道德規範。「忠孝」的本意是「孝親」，即尊老養幼。然而，儒家將這種淳樸的家庭倫理延伸到政治倫理和社會道德的範疇，提出了「以孝治國」的理念，形成了一種臣民對君王、下級對上級、晚輩對前輩的行為準則。這種行為準則在中國根深柢固，成為中國社會發展的重大阻礙。與歐洲相比較，封建思想之所以在中國長久不息，其主要原因就是「忠孝」觀念長期存在於中國社會意識形態之中。在「忠孝」思想的影響下，中國人的眼界和思維受到禁錮。

歐洲之所以能夠在十七、十八世紀從相對落後的境地一躍成為世界先進地區，其主要原因是這一時期歐洲人的思維由封閉型轉變成為開放型。在文藝復興和宗教改革的影響下，歐洲人眼界變得非常開闊，他們借鑑、吸收阿拉伯、印度和中國等地的文化，將這些外來文化的精華與本土文化相結合。正是在這種開闊眼界和開放思維的促進下，歐洲孕育出現代科學。雖然現代科學最先出現在歐洲，但是它卻是世界性的，它是阿拉伯文化、印度文化、中國文化和希臘文化遺產的結晶。

中國的歷史教訓和歐洲的歷史經驗給予我們一種啟示：先進並且持續發展的社會應該是以開放為前提的。這種開放不應僅僅意味著經濟開放和貿易開放，更重要的是社會具有開闊的眼界和開放的思維。在歷史方面，全面、客觀地研究中外歷史發展進程，吸取中外歷史的各種經驗教訓，繼承優秀的中國傳統，吸收外來文化的精華；在同一空間認真研究不同國度和不同制度，博眾取精，在適合本國社會條件和民族文化的基礎上借鑑其他國家的先進經驗和制度。當站在巨人肩膀上，我們的眼界肯定比巨人更加開闊。

在中國傳統文化之中，最有價值並且最值得繼承的是老子的自然主義哲學觀，這種哲學觀曾經是中國傳統科技發展的主要動因。老子自然主義哲學觀的精髓是發現自然規律並且遵循自然規律。這種哲學觀雖然誕生在兩千年之前，但是仍然適用於現代社會。現代人類可以通過各種途徑和方法改變自然環境和自然現象，但卻永遠無法改變自然規律。違反自然規律必然受到自然規律的懲罰，這種懲罰本身就是自然規律的結果。綜觀人類社會發展史，主宰人類並且決定人類命運的主要因素既不是財富，也不是武器，而是自然規律與哲學理念。

The University of Waikato

Radiocarbon Dating Laboratory

Private Bag 3105
Hamilton,
New Zealand.
Fax +64 7 838 4192
Ph +64 7 838 4278
email c14@waikato.ac.nz
Head: Dr Alan Hogg

Report on Radiocarbon Age Determination for Wk- 18031

(AMS measurement by IGNS [NZA-23887])

Submitter	S Boreham
Submitter's Code	Liugang001
Site & Location	Unknown, China
Sample Material	Paper (parchment)
Physical Pretreatment	Visible contaminants removed. Sample broken up.
Chemical Pretreatment	Sample was washed in hot 10% HCl, rinsed and treated with hot 0.5% NaOH. The NaOH insoluble fraction was treated with hot 10% HCl, filtered, rinsed and dried.

$d^{14}C$	-28.0 ± 3.5	‰
$\delta^{13}C$	-26.6 ± 0.2	‰
$D^{14}C$	-27.6 ± 3.8	‰
% Modern	97.2 ± 0.4	%
Result	**225 ± 31 BP**	

Comments

7/2/06

- Result is *Conventional Age or % Modern* as per Stuiver and Polach, 1977, Radiocarbon 19, 355-363. This is based on the Libby half-life of 5568 yr with correction for isotopic fractionation applied. This age is normally quoted in publications and must include the appropriate error term and Wk number.
- Quoted errors are 1 standard deviation due to counting statistics multiplied by an experimentally determined Laboratory Error Multiplier of 1 .
- The isotopic fractionation, $\delta^{13}C$, is expressed as ‰ wrt PDB.
- Results are reported as *% Modern* when the conventional age is younger than 200 yr BP.

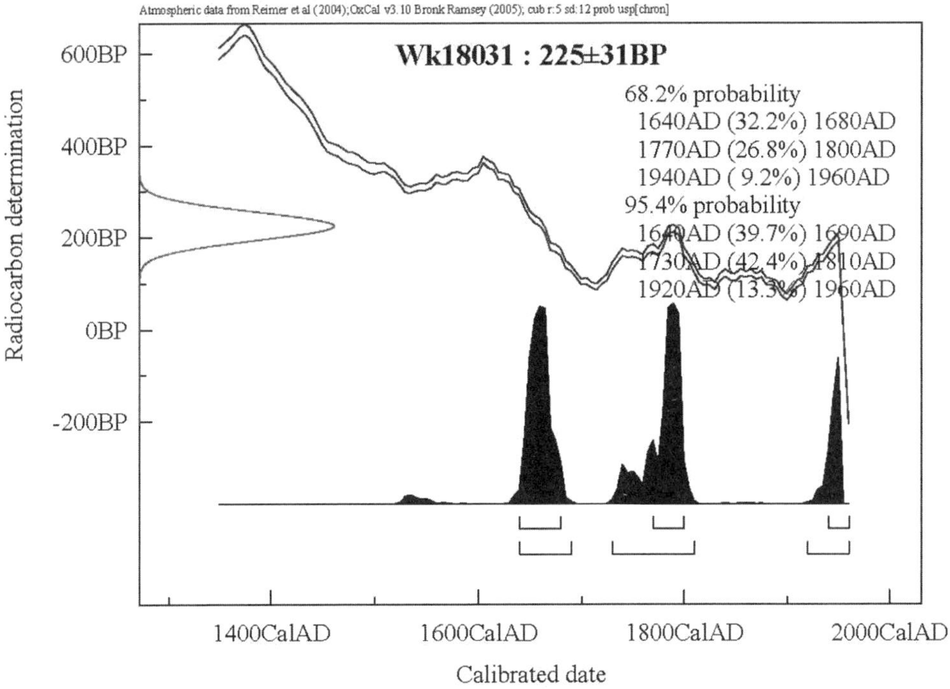
Atmospheric data from Reimer et al (2004);OxCal v3.10 Bronk Ramsey (2005); cub r:5 sd:12 prob usp[chron]
Wk18031 : 225±31BP
68.2% probability
1640AD (32.2%) 1680AD
1770AD (26.8%) 1800AD
1940AD (9.2%) 1960AD
95.4% probability
1640AD (39.7%) 1690AD
1730AD (42.4%) 1810AD
1920AD (13.3%) 1960AD
600BP
400BP
200BP
0BP
-200BP
Radiocarbon determination
1400CalAD
1600CalAD
1800CalAD
2000CalAD
Calibrated date

附錄二　張匡正墓頂黏貼物痕跡分析

張匡正墓後室頂部繪有一個直徑為一公尺的圓形星象圖。此星象圖中央有一個直徑為四十二．八公分的六瓣牡丹花圖案，圖案中心牆內鑲嵌著一根鐵棍。該鐵棍曾將一件物品固定在牆上。六瓣牡丹花圖案內以白灰為底，上面塗一層淺灰色。圖案邊緣部位的塗色幾乎完好無損，但是中央有大塊塗料脫落的痕跡和棕色的印跡。很明顯，這些痕跡是牆上物品脫落後形成的。

在清理張匡正墓後室時，考古人員在地上發現許多隨葬遺物，其中包括在墓室桌子下面發現的一個木製鏡架和兩面圓形銅鏡[1]。《宣化遼墓考古發掘報告》推測，兩面銅鏡之中較大者原鑲嵌在六瓣牡丹花圖案中心，後從墓頂脫落；小銅鏡則原懸掛在木製鏡架上，後從該鏡架上脫落[2]。《宣化遼墓考古發掘報告》的這種推測值得商榷。從痕跡學角度分析，大銅鏡不可能是張匡正墓後室頂部的黏貼物。

一、墓頂黏貼物痕跡的顏色與銅鏡的鏽色不一致

《宣化遼墓考古發掘報告》稱，大銅鏡的鏽色為綠色[3]。但是，墓頂黏貼物痕跡的顏色為棕色。很明顯，在顏色方面，墓頂黏貼物的痕跡與大銅鏡的鏽色不吻合。

二、墓頂黏貼物痕跡的尺寸與銅鏡的尺寸不一致

墓頂黏貼物棕色痕跡的最大直徑為二十八・四公分，大銅鏡的直徑為二十五・一公分，棕色痕跡的直徑比銅鏡的直徑大出三・三公分。客觀上，銅鏡不可能在牆頂上留下比自身直徑大的痕跡。

三、墓頂黏貼物的痕跡與銅鏡背面圖案不吻合

在張匡正墓附近的張文藻墓、張世卿墓和張恭誘墓中分別發現了四件鑲嵌在墓室頂部的銅鏡（張文藻墓中有兩件鑲嵌在墓室頂部的銅鏡，一件鑲嵌在前墓室頂部，另一件鑲嵌在後墓室頂部）。這四件銅鏡都是素面鏡，背面沒有任何紋飾。而張匡正墓中的大銅鏡非常特殊，其背面刻有一龍一鳳的精美圖案，此圖案與墓頂黏貼物的痕跡不相吻合。

四、墓頂黏貼物痕跡的輪廓

張文藻墓、張世卿墓和張恭誘墓頂鑲嵌銅鏡之處都有圓狀鑲嵌的痕跡，並且圓形輪廓比較規整。這些痕跡顯示出，銅鏡都是鑲嵌在牆內的，而不是黏貼在牆上的。以張世卿墓為例，銅鏡的懸掛方法是在銅鏡的背紐上繫一鐵鼻直接掛在用方磚削成比銅鏡略大的圓磚餅的中心，鏡體四周用斜磚支撐，白灰加固[4]。但是，張匡正墓室星象圖中央既沒有用於固定銅鏡的圓磚餅，也沒有圓形鑲嵌物留下的圓窟窿。更為重要的是，墓

1 見河北省文物研究所，《宣化遼墓——一九七四—一九九三年考古發掘報告》，頁四十。

2 《宣化遼墓——一九七四—一九九三年考古發掘報告》，頁十八、四十。

3 《宣化遼墓——一九七四—一九九三年考古發掘報告》，頁四十八。

4 《宣化遼墓——一九七四—一九九三年考古發掘報告》，頁二一一—二一三。

頂黏貼物痕跡的輪廓並非規整的圓形。

五、銅鏡與木製鏡架之間的比例關係

張匡正墓中發現的木製鏡架為長方形，通高五十五公分，上下橫木寬為三十三公分；小銅鏡的直徑僅為十．三公分[1]。張匡正墓中的小銅鏡直徑與木製鏡架的高度相差五倍之多，與木製鏡架橫木的寬度相差三倍之多，明顯相互不般配。小銅鏡的尺寸顯示出，此為手銅鏡。這種銅鏡大都用於手持，通常不會擺放在鏡架上。張匡正墓中的大銅鏡直徑為二十五．一公分，這一尺寸與木製鏡架的高度和寬度相匹配。

與張匡正同期建造的張世本墓中也有一幅畫在墓室頂部的星象圖，該星象圖中沒有懸掛或者鑲嵌銅鏡的痕跡。在該墓中也出土了兩面銅鏡。大銅鏡直徑十六．四公分，與一件通高三十八．五公分、上下橫木寬二十二公分的長方形鏡架相配。小銅鏡為手銅鏡，其直徑為十．二公分。張世本墓中出土的兩面銅鏡和鏡架可以佐證，張匡正墓中的大銅鏡不是固定在該墓室頂部星象圖中，而是擺在木製鏡架上的。

通過上述分析，我們可以得出這樣的結論：張匡正墓頂星象圖中心的黏貼物並非是大銅鏡，而是另外一個物件。

1《宣化遼墓——一九七四—一九九三年考古發掘報告》，頁五十、六十一。

附錄三　裴秀「製圖六體」新釋

裴秀，字季彥，魏晉期間河東聞喜（今山西省聞喜縣）人，西元二二四年生於一個世代官宦家庭。西元二六八年，裴秀被晉朝皇帝委任為司空，其職責是「掌水土事」，其中包括祭地神和祭祖先之事。裴秀的一生，在政治上相當顯赫。但是他深為後人稱讚的，是他在地圖學方面的貢獻。

裴秀曾經主持編繪《禹貢地域圖》十八篇，在此地圖集的序言中，他對前人的地圖繪製方法提出了嚴厲的批評：「各不設分率，又不考正準望，亦不備載名山大川。雖有粗形，皆不精審，不可依據。」[1]在此評論中，裴秀特別強調地圖必須「載名山大川」。據此可以推測，裴秀論述的地圖是專門用於祭神祇和祭祖先的祭品[2]。

為了糾正前人的錯誤，統一地圖繪製規範，裴秀提出了「分率」、「準望」、「道里」、「高下」、「方邪」和「迂直」等六項與繪製地圖相關的法則，並對此做了一番精心的論述：

---

1 見《晉書》。

2 正如《漢書．郊祀志》中記載：「祀天則天文從，祭地則地理從。三光，天文也；山川，地理也。」

今製地圖之體有六：一曰分率，所以辨廣輪之度也。二曰準望，所以正彼此之體也。三曰道里，所以定所由之數也。四曰高下，五曰方邪，六曰迂直，此六者各因地而製形，所以校夷險之故也。有圖象而無分率，則無以審遠近之差；有分率而無準望，雖得之於一隅，必失之於他方；雖有準望而無道里，則施於山海絕隔之地，不能以相通；有道里而無高下、方邪、迂直之校，則徑路之數必與遠近之實相違，失準望之正。故必以此六者參而考之，然後遠近之實定於分率，彼此之實定於準望，徑路之實定於道里，度數之實定於高下、方邪、迂直之筭。故雖有峻山鉅海之隔，絕域殊方之迴，登降詭曲之因，皆可得舉而定者。準望之法既正，則曲直遠近無所隱其形也。[1]

史學界將這六項法則簡稱為「製圖六體」。裴秀對「製圖六體」的論述言簡意賅，唯有兩百五十五個字。然而，裴秀絕對沒有預料到，他的經典論述竟被後人誤讀為兩百五十五字的謎語。

十七世紀學者胡渭曾說：世人對「製圖六體」理論「莫知其義」[2]。兩百多年之後，這一疑惑仍無獲解。中國地圖史學家曹婉如先生在一篇文章中承認：「後人對六體的理解，並不十分清楚，也不完全一致。」[3]學者余定國在《中國地圖學史》中也說：「流傳下來的裴秀序文，對於這些原則講解得都不夠明白。」這些評論反映出，史學界在解讀「製圖六體」方面長期存在著困惑。

自清以降，史學界對「分率」的涵義基本達成了共識，認為「分率」是指比例尺繪圖法。但「分率」是否與經緯線網絡有關，學術界卻一直存有爭議。胡渭認為「分率」是經緯線網絡。他在《禹貢錐指》中解釋說：「今按分率者，計里畫方，每方百里，五十里之謂也。」當今一些地圖史學家對胡渭的這種觀點頗有微詞。他們認為，裴秀之前的地圖學家沒有採用比例尺繪圖法，因此「分率」僅僅是在探討比例尺問題，其與經緯線沒有任何關係。這種將「分率」僅局限於比例尺的觀點與史實不符。

裴秀不僅是理論家，他還是一位繪圖師，《禹貢九州地域圖》就是他的傑作。裴秀提倡的「分率」並不局限於比例尺，它還是一種計算地域遠近的尺度。史書記載，裴秀曾對漢代地圖提出了諸多批評，其中之一就是責備這些圖「各不設分率」。據《說文解字注》，「設」的字義為「施陳」、或者「布列」。這一字義說明，裴秀對漢代地圖的批評是指這些地圖中沒有一種「分率」的施陳，而不是指責這些圖沒有採用比例尺。西元紀年之前成書的《周髀算經》早已提出了比例尺繪圖的理念。此書在「七衡圖」一節中寫道：「凡為此圖，以丈為尺，以尺為寸，以寸為分，分一千里。凡用繒方，八尺一寸。今用繒方，四尺五分，分為二千里。」從七幅戰國時期的《放馬灘木板地圖》和三幅馬王堆西漢地圖可以看出，秦漢時期地圖學家已經普遍採用比例尺繪圖法。可見，認為裴秀之前的地圖學家沒有採用比例尺繪圖的觀點與史料不相吻合。

裴秀對「分率」的用途做過解釋：「所以辨廣輪之度也。」即「分率」是一種用於辨別東西（即橫向）和南北（即縱向）遠近的尺度[4]。裴秀還進一步論述說：地圖若僅有圖像而沒有「分率」的設置，則無法審核地域之間的遠近距離[5]。從這些論述可以分析出，裴秀所說的「分率」既指一種經、緯線設置，也指比例尺繪圖法[6]。

1 有關裴秀「製圖六體」論述，《藝文類聚》、《初學記》和《晉書》均有記載。相比較而言，唐朝初期官修類書《藝文類聚》卷六中收錄裴秀「製圖六體」論述的時間最早，內容最為詳備，因此也最為可信。故本文引用的「製圖六體」論述源自《藝文類聚》。

2 見胡渭，《禹貢錐指》。

3 見科學出版社，一九九三版，《中國古代科學家傳記》中曹婉如撰寫的有關裴秀生平的文章。

4 東漢馬融對《周禮．地官．大司徒》中「周知九州之地域廣輪之數」一句所做的注釋中稱「東西為廣，南北為輪」。

5 裴秀相關論述的原文是：「有圖象而無分率，則無以審遠近之差。」「遠近之實定於分率。」

6 有些史學家將「分率」中「率」字僅僅解釋為「比例」，這種理解不是很全面。「製圖六體」中「率」字的涵義非常豐富，既指「比例」，又具有「網絡設置」和「計算」的涵義。按照《說文解字注》中的釋義，「率」字最初指捕鳥用的史學界普遍認為，「製圖六體」中的「準望」與地圖方位有關。但是，對「準望」的具體涵義，歷來存有不同的理解。清初地理學家劉獻廷認為「準望」是計里畫方，他在《廣陽雜記》中評論說：晉朝裴秀為地圖學創立了「準望」的原則，可惜裴秀的理論早已失傳，元朝朱思本用橫、縱線條繪製地圖，圖中每一個方格的間距為五十里，這種方法是裴秀「準望」的遺風[1]。有些史學家推測，「準望」是利用地圖中的一個單一的控制點來度量距離並確定方向，但此說有些牽強附會[2]。裴秀在「製圖六體」的論述中明確指出，無「高下」、「方邪」和「迂直」之校則會「失準望之正」，並且「準望之法既正，則曲直遠近無所隱其形也」。這些論述說明，「準望」與高低和曲線有關。利用圖中一個控制點確定方向只能使用直線，而不會涉及高低，更不可能涉及曲線。

「準望」中「準」字的涵義為「箭靶」、「準心」。因此，從字義上理解，「準望」是指通過觀望一個準點來確定地圖的方位。裴秀「準望」之說源於古人根據北極星確定方向的法則。先秦時期的手工藝專著《考工記》記載：匠人建造城邑，應用懸繩，以水平法定地平，樹立表杆，以懸繩校直，觀察日影，畫圓，分別識記日出與日落時的杆影。白天參究日中時的杆影，夜裡考察北極星的方位，用以確定東西南北方向[3]。從《考工記》可以看出，當時人們確定方向的方法之一是在夜間觀望、考正北極星。《周髀算經》中的記載更為詳細。《周髀算經》記述說：「冬至日加酉之時，立八尺表，以繩繫表顛，希望北極中大星，引繩至地而識之。」裴秀參照先哲發明的北方定位法，確立了「準望」的法則，即通過準望北極星確定地圖的方位。這一法則意味著，繪製地圖必須以北作為上方。

一些中國學者將「製圖六體」中的第三項法則「道里，所以定所由之數」釋義為：道路里程。這種解釋有失妥當。古語中，「道」字具有「引導」之義，先賢在對《論語．學而》的注釋中寫道：「道，本或作導。」「定」字具有「標明」之義，《毛傳》曰：「定，題也。」「所由」在此句中的意思為去往的走向。裴秀在對「道里」的論述中兩次提及「徑路」一詞。「徑」具有直線的涵義，裴秀所說的「徑路」是指兩地彼此之間的直線距離。由此可見，「道里」是一種標識，它示意出從一個地點去往另外一個地點的方向和直線距離。

正確解釋「高下」、「方邪」、「迂直」三項法則是理解「製圖六體」的關鍵。目前學術界普遍將此三項法則解釋為與道路相關的繪圖原則。有些學者認為，「高下」、「方邪」、「迂直」三項法則的目的是為了正確測定彎曲高低道路的水平直線距離[4]。還有一些學者認為，「高下」、「方邪」、「迂直」三項法則要求在描繪道路時，逢高取下，逢方取斜，逢迂取直，從而將道路里程變成水平直線距離[5]。很明顯，這種對「高下」、「方邪」、「迂直」三法的解釋在邏輯方面存有諸多疏漏。

據《藝文類聚》、《初學記》和《晉書》的記載，「製圖六體」是裴秀為《禹貢九州地域圖》而作的

（續）網子。可見，「率」字的涵義之一是指一種網狀的尺度設置，這也就應該是經緯線網絡。從史書記載和後人繪製的地圖可以看出，經緯線網絡之法可以有效地審定地圖東西橫向或者南北縱向的遠近之差。「率」字還是中國古代數學中的一個術語，其基本涵義為「數字比例計算」。魏晉時期著名數學家劉徽在對古代數學名著之一《九章算術》的注釋中多次採用「率」的概念，他對「率」做了一個明確並且科學的定義：「凡數相與者謂之率。」此定義中「數相與」的涵義是指數字比例計算。唐代著名文獻學家顏師古在注解《漢書．高帝紀》「郡各以其口數率」一句時寫道：「率，計也。」

1 《廣陽雜記》：自裴秀「作準望，為地學之宗，惜其不傳於世。至宋（按：當為元）朱思本，縱橫界畫，以五十里為一方，即準望之遺意也」。

2 見余定國，《中國地圖學史》。

3 《考工記．匠人》：「匠人建國，水地以懸，置槷以懸，眡以景，為規，識日出之景與日入之景，晝參諸日中之景，夜考之極星，以正朝夕。」

4 見葛劍雄，《中國古代的地圖測繪》，商務印書館，一九九八。

5 見譚其驤主編，《中國歷代地理學家評傳》刊載的曹婉如文章〈裴秀京相璠〉和《自然科學史研究》，一九八三，卷二，第三期，刊載的曹婉如文章〈中國古代地圖繪製的理論和方法初探〉。

序言[1]。《禹貢九州地域圖》是一部地圖集，其中包括十八幅覆蓋地域遼闊的地圖。裴秀在論述中也說，「製圖六體」理論涉及的地圖，涵蓋遙遠的區域，即「故雖有峻山鉅海之隔，絕域殊方之迥……皆可得而定者」。可見，裴秀探討的地圖是一種比例尺小、覆蓋地域遼闊的地圖。繪製這種地圖，無需對道路的高低不平或者曲直不一做出調整。裴秀對「製圖六體」的論述思路清晰、言簡意賅，依古人行文簡約的風格，他不應該並且也不可能將「製圖六體」中的「道里」、「高下」、「方邪」、「迂直」四項法則都局限於地圖繪製的一個枝節問題，即道路的描繪。若將「方邪」釋為道路的「逢方取斜」、「迂直」釋為道路的「逢迂取直」，則「方邪」與「迂直」這兩個原則完全可以合二為一。並且，更為重要的是，古代根本沒有平坦的馬路，所有的道路都是彎曲不平。對這些高低不平、曲曲彎彎的道路，古人如何才能做到一步一步地測量出每段路程的水平直線距離呢？

裴秀在「製圖六體」的論述中特別強調「高下」、「方邪」、「迂直」三項法則之間的緊密聯繫，他認為：「高下」、「方邪」、「迂直」應同時做出「校」（指仿效），否則「徑路之數必與遠近之實相違，失準望之正矣」，並且，「度數之實定於高下、方邪、迂直之算」。這些論述表明，「高下」、「方邪」、「迂直」三法不僅與地圖以北為上的方位格局有關，而且還與長短度量緊密相連[2]。然而，一幅地圖在道路描繪方面出現差錯，是不會影響整個地圖的方位格局，更不會導致「失準望之正」。顯而易見，裴秀的「高下」、「方邪」、「迂直」三法並不是與道路有關。那麼，此三法的涵義究竟是什麼？它們在「製圖六體」理論中的作用又是什麼呢？

「製圖六體」理論的開篇之言為：「今製地圖之體有六」，並且裴秀還強調：「準望」的作用是端正「彼此之體」。這兩句論述中的「體」字為我們破解「製圖六體」之謎提供了線索。在古代漢語中，「體」字的涵義既包括「形體」和「效法」之意，又指八卦中的「卦體」（即占卜中預示凶吉的圖形）。根據「體」字的涵義，我們可以揣摩出，「製圖六體」理論應該與地圖的形體有關。

裴秀認為「高下」、「方邪」、「迂直」這三法：「各因地而製形，所以校夷險之故也。」在此論述中，「地」的本義指大地或者地表；「形」指地圖的形體；「校」在此通「效」字，意為「仿效」[3]；「夷」字的意思是「弄平」[4]；「險」與「夷」字相對成文，意為地勢坡起[5]。裴秀此句論述的涵義是：運用「高下」、「方邪」、「迂直」三法，使地圖的形體表現出地表的穹隆形狀，由此平面地圖可以反映出地表彎曲。在「製圖六體」的論述中，裴秀還提道：大地有「登降詭曲之因」，即大地地表呈奇異的彎曲狀。從這些論述可以看出，在裴秀的觀念中地表為彎曲狀。

裴秀對地表彎曲的理解與史書中的記載完全吻合。依據《晉書．天文志》，蓋天說和渾天說都是裴秀時期的主流宇宙觀。這兩種宇宙觀雖有區別，但在地表彎曲方面，兩者的認識是一致的。

蓋天說和渾天說不僅對地表彎曲的認識是相同的，而且都認為北極高於華夏之地，而南極在中國的下方[6]。基於裴秀時期古人對大地地表的認識以及地圖以北為上的方位格局，「製圖六體」中的「高下」既指大地北高南低的地形，同時也指地圖圖形的上邊和下邊。

「準望」在「製圖六體」中的作用正如裴秀所言：「所以正彼此之體也。」此句中的「正」字應為「正對」之義，「彼此之體」四個字是指地圖左、右兩邊構成的形體。因此，「準望，所以正彼此之體也」一句

1《晉書．裴秀傳》稱之為「禹貢地域圖」。
2 在古語中，「度」指的是計算長度。《漢書．律曆志》記載：「度者，分、寸、尺、丈、引也，所以度長短也。」
3 唐朝學者尹知章在校注《管子》一書中寫道：「校，效也。」
4《後漢書．西羌傳》：「夷營壁，破積聚。」
5《左傳．成公二年》：「苟有險，余必下推車。」銀雀山漢墓竹簡《孫臏兵法．十部》：「故易則利車，險則利徒。」
6 據《晉書．天文志》，蓋天說宇宙觀「蓋天說」認為「北極之下為天地之中，其地最高，而滂沲四頹」；渾天說宇宙觀認為「北極出地三十六度，南極入地三十六度」。

的涵義是，通過地圖左、右兩邊「準望」北極星從而調整地圖的形體。這種調整的結果自然是縮短了地圖上邊的尺寸。

「迂」字的本義為曲折，在「製圖六體」中其涵義是指與直線相對應的曲線。

古語中，「方」字具有多種涵義，它即指正方形，也是地圖的代稱。古言「計里畫方」中的「方」字就是地圖的代名詞。同時，「方」還是中國古代數學的一個術語，漢代數學名著《九章算術》所說的「方田術」就是指正方形和長方形田地面積的計算方法。「邪」字也是古代數學的一個術語。《九章算術》記載了一道數學題：現有一片「邪田」，上邊長為三十步，下邊長為四十二步，腰高六十四步，請問該「邪田」的面積為多少[1]？從這一數學命題給予的條件可以看出，「邪田」是指梯形田。古漢語中，「邪」通「斜」，即偏斜之義。依據「方」和「邪」兩字的詞義，「製圖六體」中「方邪」的涵義是：為了表現出地表彎曲，地圖的正方形形體和經緯線形成的小方格應變為梯形。也正因如此，地圖上、下兩邊的長短就需要進行調整，同時左、右兩邊也需要有相應的傾斜。

地圖形體調整後，地圖中兩點間距離必然會發生變化，尤其是梯形地圖上半部分的比例尺需要相應縮小。對此裴秀做了一番論述：「度數之實定於高下、方邪、迂直之算。」這就是說，地圖中兩點之間的長度決定於地圖上、下兩邊的長短、梯形的形狀和由直線變成曲線等三方面的計算。

裴秀非常注重「準望之正」，他強調：「準望之法既正，則曲直遠近無所隱其形也。」此句的涵義是：地圖形體的調整應當準望北極星，準望正確，則地圖中直線與曲線以及地域的遠近將能顯現出地表的彎曲狀。

基於上述字句的分析，我們可以對裴秀「製圖六體」理論做出如下釋義：

地圖形體應遵守六項法則。一是「分率」（即由橫豎線布成的網狀設置和比例尺），由此作為辨別東西和南北遠近的標準。二是「準望」（即準望北極星），據此調整地圖左、右兩邊構成的形體。三是「道里」

（即導向和距離的標識），從而示意出由此往彼的方向和直線距離的里數。四是「高下」（即圖形的上、下兩邊）；五是「方邪」（即形體由方形變為梯形）；六是「迂直」（即圖中直線與曲線之間的相互調整）。此六法則是為了通過地圖的形體反映出地表的形狀。由此而來，平面地圖也可以顯現出地表的彎曲。若地圖只有地域圖形而不設置「分率」，則無法辨認地域之間的遠近。若地圖只設置「分率」而不根據「準望」對地圖形體做出調整，即使圖中某一側畫得準確，而另一側必定會失準。若只考慮對地圖形體做出調整而忽略對「道里」指向的調整，「道里」標識所指示的方向則如同進入山海隔絕之地，根本無法相通。若只對「道里」標識指向做出調整，而忽略地圖上下兩邊、正斜之體以及直曲之間等三方面對球冠形地表的仿效，則「道里」示意出的路徑遠近就會違背實際情況，從而也會喪失「準望」之校正。由此，六項法則應當相互參考、相互依賴。通過方格網和比例尺確定圖中地域之間的距離；通過地圖左、右兩邊校準北極星從而對地圖形體做出調整；通過對「道里」標識朝向的調整從而指明兩地之間實際的直線距離；並且，圖中兩地間的長度決定於圖形上下兩邊的長短、梯形的形狀和由直線變成曲線等三方面的計算。地圖繪製雖然面臨高山大海之隔，天涯地角相距遙遠，以及地表彎曲等問題，正確運用這些法則可以反映出真實的地理狀況。「準望」尤其重要，「準望」正確，則地圖可以通過直線與曲線以及地域的遠近顯現出地表的彎曲狀。

從上述釋義可以看出，裴秀的「製圖六體」論述的是一種梯形投影繪圖法。

1 《九章算術》的原文為：「今有邪田，一頭廣三十步，一頭廣四十二步，正從六十四步，問為田幾何。」

後記

古地圖是直觀的。表面看上去，它們似乎無祕可藏。然而，有關中國古人世界探險的祕密卻隱蔽在古地圖的線條和注釋之中。歷史祕密不僅隱藏了史實，也掩蓋了許多傑出人物的名字。為了測繪大地，有多少中國古代探險家葬身海底，又有多少中國古代科學家、地圖學家耗盡了一生。他們測繪的世界地圖為哥倫布、麥哲倫等歐洲航海家指明了探險的方向。然而，歷史教科書卻隻字不提他們為人類社會發展做出的貢獻。這是多麼的不公平！

翰墨淋漓書歷史，毛穎半寸撬乾坤。這部書把古地圖隱藏的祕密揭示在世人面前。讓公眾去判斷，什麼是編造的故事，什麼是被故事掩蓋的史實。

書稿完成之後，我來到福建長樂，站在〈天妃靈應碑〉的面前，告慰中國古代探險家、科學家和地圖學家的在天之靈。這座石碑雖為鄭和的遺物，但它卻是眾多中國古代先哲的紀念碑。沒有前人開發的技術和繪製的世界地圖，絕對不會有鄭和下西洋。

望著飽經滄桑的古碑，我感慨萬分。感歎之餘，借用〈滿江紅〉的句式作詞一首。現將詞句載錄於後，作為此書的收筆：

〈長樂祭海〉

東眺滄溟，波依舊，暗湧推潮；
蓋當初，技超萬邦，一世天驕。
萬里狂瀾浪接天，百帆高張風中嘯；
極天地，遠探遐壤域，環球遨。

拂古碑，歎滄桑；
品文詞，感情豪；
願早生千季，親錄航道。
萬卷休藏鄭和跡，盲臣復明識真詰；
先哲功，舉世終將認，仰天笑。

古地圖密碼：1418中國發現世界的玄機

2010年11月初版
2011年1月初版第五刷
2018年11月二版
2021年9月二版二刷

定價：新臺幣420元

著　　者　劉　　鋼
叢書主編　簡 美 玉
校　　對　陳 龍 貴
內頁組版　不倒翁工作室
封面設計　陳 文 德

出版者　聯經出版事業股份有限公司
地址　新北市汐止區大同路一段369號1樓
叢書主編電話　(02)86925588轉5305
台北聯經書房　台北市新生南路三段94號
電話　(02)23620308
台中分公司　台中市北區崇德路一段198號
暨門市電話　(04)22312023
郵政劃撥帳戶第0100559-3號
郵撥電話　(02)23620308
印刷者　世和印製企業有限公司
總經銷　聯合發行股份有限公司
發行所　新北市新店區寶橋路235巷6弄6號2F
電話　(02)29178022

副總編輯　陳 逸 華
總 編 輯　涂 豐 恩
總 經 理　陳 芝 宇
社　　長　羅 國 俊
發 行 人　林 載 爵

行政院新聞局出版事業登記證局版臺業字第0130號

本書如有缺頁，破損，倒裝請寄回台北聯經書房更換。　ISBN 978-957-08-5213-4 (平裝)
聯經網址 http://www.linkingbooks.com.tw
電子信箱 e-mail:linking@udngroup.com

本書繁體中文版由中國廣西師範大學出版社授權出版

國家圖書館出版品預行編目資料

古地圖密碼：1418中國發現世界的玄機/
劉鋼著．二版．新北市．聯經．2018.11
408面．17×23公分
ISBN 978-957-08-5213-4（平裝）
[2021年9月二版二刷]

1.歷史地圖　2.古地圖　3.世界地理

716　　107018875

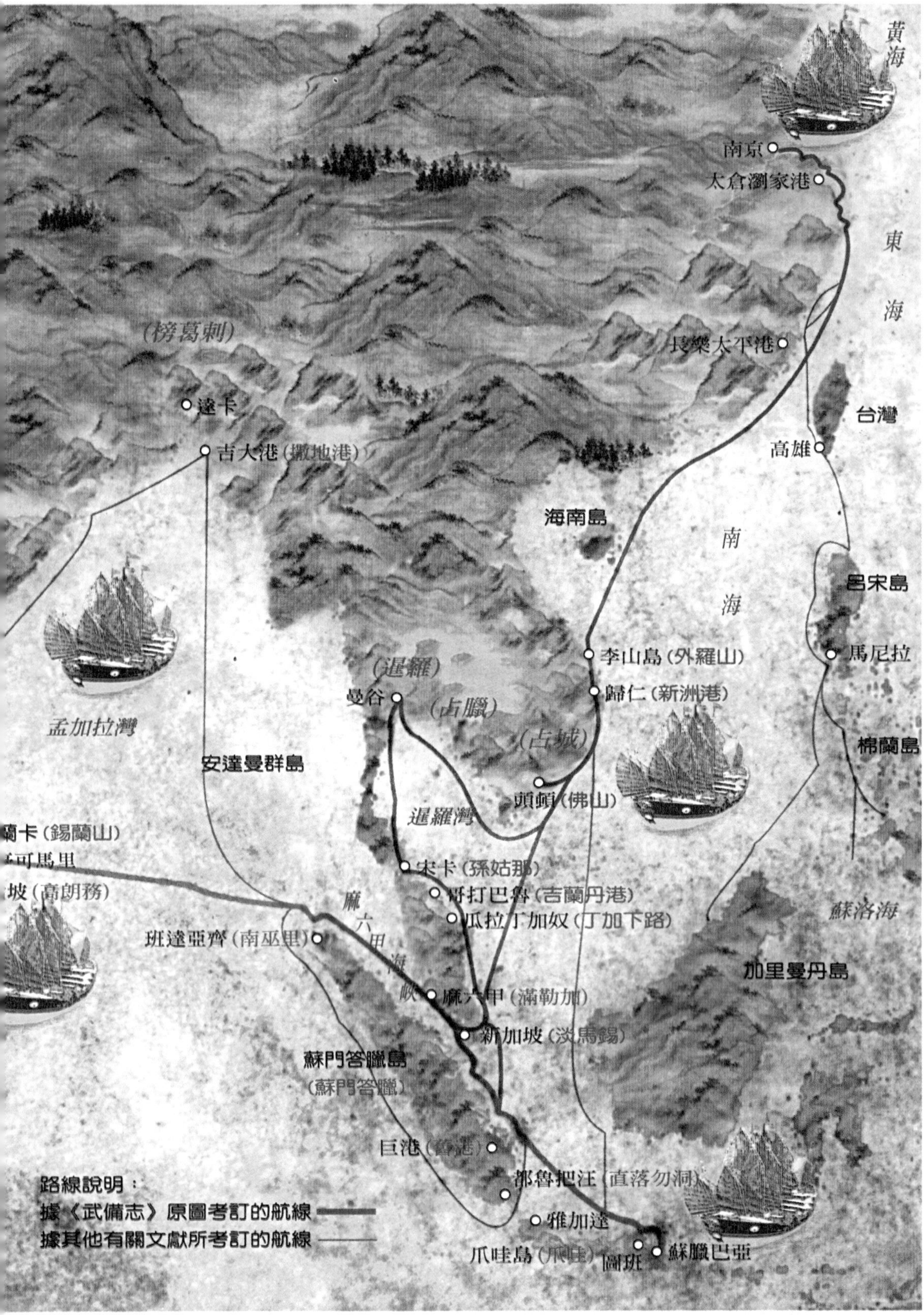

黃海
南京
太倉瀏家港
東海
長樂太平港
台灣
高雄
(榜葛剌)
達卡
吉大港(撒地港)
海南島
南海
呂宋島
李山島(外羅山)
馬尼拉
(暹羅)
曼谷
歸仁(新洲港)
(占臘)
(占城)
棉蘭島
孟加拉灣
安達曼群島
頭頓(佛山)
暹羅灣
蘭卡(錫蘭山)
可馬里
坡(高朗務)
宋卡(孫姑那)
哥打巴魯(吉蘭丹港)
瓜拉丁加奴(丁加下路)
蘇洛海
班達亞齊(南巫里)
麻六甲海峽
加里曼丹島
麻六甲(滿勒加)
新加坡(淡馬錫)
蘇門答臘島
(蘇門答臘)
巨港(舊港)
都魯把汪(直落勿洞)
路線說明：
據《武備志》原圖考訂的航線
據其他有關文獻所考訂的航線
雅加達
爪哇島(爪哇)
圖班
蘇臘巴亞

《鄭和下西洋航海圖》

提供單位｜《經典雜誌》